Praxishandbuch Vorsorgevollmacht und Patientenverfügung

Praxishandbuch Vorsorgevollmacht und Patientenverfügung

Rechtsgrundlagen – Gestaltung – Einsatz

von

Sonja Hecker und **Bernd Kieser**

2., aktualisierte Auflage

Reguvis

Bibliografische Information der Deutschen Nationalbibliothek
Die Deutsche Nationalbibliothek verzeichnet diese Publikation in der Deutschen Nationalbibliografie; detaillierte bibliografische Daten sind im Internet über http://dnb.d-nb.de abrufbar.

Reguvis Fachmedien GmbH
Amsterdamer Str. 192
50735 Köln
www.reguvis.de

Beratung und Bestellung:
Tel.: +49 (0) 221 97668-229
Fax: +49 (0) 221 97668-236
E-Mail: familie-betreuung@reguvis.de

Hinweis: Geschlechtergerechte Sprache ist der Autorin und dem Autor sowie dem Verlag ein Anliegen. Im Falle der Verwendung der ausschließlich weiblichen oder männlichen Form, geschieht dies der besseren Lesbarkeit halber; angesprochen sind stets Angehörige aller Geschlechtszugehörigkeiten.

ISBN (Print): 978-3-8462-1338-4
ISBN (E-Book): 978-3-8462-1339-1

Herstellung: Günter Fabritius
Satz: Cicero Computer GmbH, Bonn
Druck und buchbinderische Verarbeitung: Appel & Klinger Druck und Medien GmbH, Schneckenlohe

Printed in Germany

Vorwort

Laut der Statistik des Zentralen Vorsorgeregisters waren zum 31.12.2021 5,3 Millionen Vorsorgevollmachten, Betreuungsverfügungen und Patientenverfügungen bei der Bundesnotarkammer registriert. Dieser Zahl stehen jährlich etwa 198.000 neuangeordnete Betreuungen gegenüber. Rund 1,3 Millionen Menschen stehen derzeit in Deutschland unter gesetzlicher Betreuung. In den höchstrichterlichen Entscheidungen im Bereich von Vorsorgevollmachten und Betreuungen zeichnet sich sowohl die Aktualität als auch die Brisanz der Themengebiete ab.

Aber wie genau ist eine Vorsorgevollmacht, Betreuungsverfügung und Patientenverfügung zu gestalten, damit es am Ende kein böses Erwachen gibt?

Der Dschungel aus Literatur, Vorsorgemappen und Empfehlungen im Internet ist kaum mehr überschaubar und birgt zudem Gefahren. So können z.B. nach dem Tod des Vollmachtgebers von dessen Erben Ansprüche gegen den Bevollmächtigten gestellt werden, die in einer zeit- und geldraubenden Rechtsstreitigkeit münden. Auch zu Lebzeiten können Bevollmächtigte Angriffen Dritter ausgesetzt sein, welche letztendlich das Risiko eines staatlichen Eingriffs eröffnen. Ebenso sind die Interessen des Vollmachtgebers zu wahren, der vor der Frage steht, wie er sich vor einem Missbrauch der Vollmacht durch den Bevollmächtigten schützen kann.

Zum 1.1.2023 trat eine umfangreiche Reform des Betreuungsrechts in Kraft. Mit der Reform soll einerseits das Selbstbestimmungsrecht der Betreuten gestärkt, zum anderen die Qualität der Betreuung angehoben und sichergestellt werden.

Das Werk richtet sich an alle Berater, die sowohl mit der Erstellung von Vorsorgeregelungen als auch mit deren Ausübung beschäftigt sind. Es ist ebenso geeignet für interessierte Laien. Das Augenmerk ist dabei auf die anwaltliche Vorsorgeregelung gerichtet, die mit der Ernennung eines Unterstützungs- und Kontrollbevollmächtigten ein Eingreifen des Betreuungsgerichts in die selbstbestimmte Vorsorge verhindert.

In die Neuauflage wurde neben der jüngsten Rechtsprechung das Betreuungsrechtsänderungsgesetz eingearbeitet, das in vielen Nebengesetzen seinen Niederschlag gefunden hat.

Vorwort

Inhaltsverzeichnis

Literatur

Bauer, Axel; Deinert, Horst, HK-BUR – Gesetzessammlung zum Betreuungsrecht, Heidelberg 2023.

Beck'scher Online-Kommentar BGB, 41. Edition, München, Stand 2016 (zitiert: BeckOK-BGB/*Bearbeiter*, § … Rn. …).

Beck'scher Online-Kommentar GBO, 28. Edition, München, Stand 2016 (zitiert: BeckOK-GBO/*Bearbeiter*, § … Rn. …).

Bühler, Martin, Vollmachtserteilung zur Vermeidung einer Betreuerbestellung, FamRZ 2001, 1585.

Bundesärztekammer, Verbot der geschäftsmäßigen Förderung der Selbsttötung (§ 271 StGB) – Hinweise und Erläuterungen für die ärztliche Praxis, 20.01.2017, Deutsches Ärzteblatt 2017, A 334 ff.

Bundesrat Drucksache 505/16.

Bundestag Drucksache 11/4528.

Bundestag Drucksache 17/10488.

Bundestag Drucksache 18/5373.

Bundestag Drucksache 18/8034.

Chabot, Boudewijn; Walther, Christian, Ausweg am Lebensende. Selbstbestimmtes Sterben durch freiwilligen Verzicht auf Essen und Trinken, 3. Auflage, München/Basel 2012.

Damrau, Jürgen; Bittler, Jan, Widerruf eines gemeinschaftlichen Testaments gegenüber dem Betreuten, ZErb 2004, 77.

Damrau, Jürgen; Tanck, Manuel, Praxiskommentar Erbrecht, 4. Auflage, Bonn 2020 (zitiert: Damrau/Tanck/*Bearbeiter*, Erbrecht, § … Rn. …).

Damrau, Jürgen; Zimmermann, Walter, Betreuungsrecht, Kommentar zum materiellen und formellen Recht, 4. neu bearbeitete Auflage, Stuttgart 2011 (zitiert: *Damrau/Zimmermann*, § … Rn. …).

Daragan, Hanspeter, Vorratsvollmachten beschränkt geschäftsfähiger Kinder, ZErb 2015, 168.

Dodegge, Georg; Roth, Andreas, Systematischer Praxiskommentar Betreuungsrecht, 6. vollständig aktualisierte Auflage, Köln 2023 (zitiert: *Dodegge/Roth*, Kap. … Rn. …).

Dodegge, Georg, Skript zum 10. Deutschen Vorsorgerechtsymposium der dvvb 2015, S. 35.

Dodegge, Georg, Skript zum 12. Deutschen Vorsorgerecht-Symposium der Deutschen Vereinigung für Vorsorge- und Betreuungsrecht, 30.6.2017.

Doering-Striening, Gudrun, Das Negativattest bei Behandlungsabbruch i.S. des § 1904 II BGB, FamFR 2010, 341.

Drasdo, Michael, Heimunterbringung und „Betreutes Wohnen", Im Focus: Zivilrecht unter dem Wohn- und Betreuungsvertragsgesetz seit 2013, NZM 2015, 601.

Empfehlungen der Bundesärztekammer und der Zentralen Ethikkommission bei der Bundesärztekammer zum Umgang mit Vorsorgevollmacht und Patientenverfügung in der ärztlichen Praxis, Deutsches Ärzteblatt 2011, 108.

Fröschle, Tobias, Anmerkung zum Beschluss des BGH vom 05.11.2014 zur Beschwerdebefugnis des Vorsorgebevollmächtigten, FamRZ 2015, 251.

Grüneberg, Bürgerliches Gesetzbuch, mit Nebengesetzen, 81. neu bearbeitete Auflage, München 2022 (zitiert: Grüneberg/*Bearbeiter*, § … Rn. …).

Grunewald, Barbara, Die Verwendung post- und transmortaler Vollmachten zum Nachteil des Erben, ZEV 2014, 579.

Herrler, Sebastian, Münchener Vertragshandbuch, Band 6 Bürgerliches Recht II, 8. Auflage, München 2020.

Herzog, Stephanie, Skript zum 19. Deutschen Erbrechtsymposium 2016, S. 36.

Höch, Malte, Skript zum 11. Deutschen Vorsorgerechtsymposium der dvvb 2016.

Jürgens, Andreas; von Crailsheim, Guido Freiherr von; Kretz, Jutta; Marschner, Rolf; Winterstein, Peter, Betreuungsrecht, Kommentar, 6. überarbeitete Auflage, München 2019 (zitiert: *Jürgens*, Betreuungsrecht, § ... Rn. ...).

Kroiß, Ludwig; Ann, Christoph; Mayer, Jörg, Nomos Kommentar BGB Erbrecht, Band 5, §§ 1922–2385, 6. Auflage, Baden-Baden, 2022 (zitiert: NK-BGB Bd. 5/*Bearbeiter*, §... Rn. ...).

Meier, Sybille; Deinert, Horst, Handbuch Betreuungsrecht, 2. Auflage, Heidelberg 2016.

Mensch, Sebastian, Widerruf einer Vorsorgevollmacht durch einen Betreuer, BWNotZ 2016, 102.

Möwisch, Anja; Hons, Caren, Der Heimvertrag, 2. völlig neu bearbeitete Auflage, Heidelberg 2010.

Müller, Gabriele, Neuregelung der Einwilligung des Betreuers bzw. des Bevollmächtigten in ärztliche Zwangsmaßnahmen – Auswirkungen auf die Gestaltung von Vorsorgevollmachten, ZEV 2013, 304.

Müller, Gabriele; Renner, Thomas, Betreuungsrecht und Vorsorgeverfügungen in der Praxis, 4. Auflage, Köln 2015.

Münchener Kommentar zum Bürgerlichen Gesetzbuch, Band 9, 7. Auflage, München 2017 (zitiert: MüKo-BGB/*Bearbeiter*, §... Rn. ...).

Münchener Kommentar zum Bürgerlichen Gesetzbuch, Band 10, 7. Auflage, München 2017 (zitiert: „MüKo-BGB/*Bearbeiter*, §... Rn. ...).

Musielak, Hans-Joachim; Voit, Wolfgang, Zivilprozessordnung mit Gerichtsverfassungsgesetz, 20. neu bearbeitete Auflage, München 2023 (zitiert: „Musielak/Voit/*Bearbeiter*, § ... Rn. ...).

Nedden-Boeger, Claudio, Der Widerruf der Vorsorgevollmacht durch den Kontrollbetreuer, FamRZ 2014, 1589.

Roth, Wolfgang, Erbfall und Betreuungsrecht – Ein Leitfaden für die Betreuungspraxis, Köln 2016.

Rudolf, Michael; Bittler, Jan; Roth, Wolfgang, Vorsorgevollmacht, Betreuungsverfügung und Patientenverfügung, 5. Auflage, Bonn 2020

Schulze, Reiner; Grziwotz, Herbert; Laud, Rudolf, Bürgerliches Gesetzbuch, Kommentiertes Vertrags- und Prozessformularhandbuch, 3. Auflage, Baden-Baden 2017.

J. v. Staudingers Kommentar zum Bürgerlichen Gesetzbuch, §§ 1896-1921, Band 1, neubearbeitete Auflage, Berlin 2019 (zitiert: Staudinger/*Bearbeiter*, §... Rn. ...).

Steenbreker, Thomas, Zivilrechtliche Unbeachtlichkeit eines „natürlichen Willens" für den Widerruf der Patientenverfügung, NJW 2012, 3207.

Tersteegen, Jens, Bankgeschäfte mittels Vorsorgevollmacht – Verpflichtung der Banken zur Anerkennung von Vorsorgevollmachten, NJW 2007, 1717.

Zimmermann, Walter, Betreuung und Erbrecht – Der Betreute als Erbe oder Erblasser –, 3. völlig neu bearbeitete Auflage, Bielefeld 2023.

Zimmermann, Walter, Vorsorgevollmacht, Betreuungsverfügung, Patientenverfügung, Ehegattennotvertretungsrecht, 4. neu bearbeitete und erweiterte Auflage, Berlin 2023.

Teil A – Vorsorgevollmachten und Patientenverfügungen

1 Auswirkungen der Betreuungsrechtsreform 2023

Der Bundestag hat mit Zustimmung des Bundesrats am 4.5.2021 mit dem **Gesetz zur Reform des Vormundschafts- und Betreuungsrechts** eine umfangreiche Reform des Vormundschafts- und Betreuungsrechts verabschiedet (BGBl I 2021,S. 882). Das Gesetz ist zum 1.1.2023 in Kraft getreten.

Mit der Reform wurde das Vormundschafts- und Betreuungsrecht neu strukturiert und inhaltlich modernisiert. Im Rahmen der Reform wurden zahlreiche Bestimmungen aus dem Bereich der (Minderjährigen-)Vormundschaft (u.a. zur Vermögenssorge, zur gerichtlichen Aufsicht und zum Aufwendungsersatz/zur Vergütung) in das Betreuungsrecht (d.h. „nach hinten") verschoben. Dadurch soll die Rechtsanwendung vereinfacht werden.

Die Mehrzahl der Änderungen betreffen das **Minderjährigenvormundschaftsrecht.** Dazu wird nachfolgend nur ein erster Überblick gegeben.

Mit der Reform wird zudem ein wechselseitiges **gesetzliches Vertretungsrecht für Ehegatten** in Angelegenheiten der Gesundheitssorge eingeführt (§ 1358 BGB n.F.). Ehegatten können einander nun in Gesundheitsangelegenheiten kraft Gesetzes für die Dauer von sechs Monaten gegenseitig vertreten, wenn ein Ehegatte aufgrund von Bewusstlosigkeit oder Krankheit vorübergehend seine Angelegenheiten der Gesundheitssorge nicht rechtlich besorgen kann. Das gesetzliche „Not"-Vertretungsrecht ist ausgeschlossen,

- wenn die Ehegatten getrennt leben,
- ein Betreuer mit entsprechendem Aufgabenkreis bestellt ist,
- der vertretene Ehegatte eine Vertretung ablehnt (wobei ein Widerspruch in das ZVR eingetragen werden kann, vgl. § 1 Abs. 1 Nr. 7 VRegV n.F.) oder er eine andere Person in Angelegenheiten der Gesundheitssorge bevollmächtigt hat.

(Vgl. zum Ehegattenvertretungsrecht auch *Dutta*, FamRZ 2020, 1881 ff.; *Müller-Engels*, DNotZ 2021, 84 ff.)

Bedeutsam sind die **Änderungen im Bereich der Vorsorgevollmacht und der Kontrollbetreuung.** So sind (nahezu) alle Bestimmungen, die die Vorsorgevollmacht und die Kontrollbetreuung betreffen, in einer Norm (§ 1820 BGB) zusammengefasst .

Die **Vorsorgevollmacht**soll nach dem Willen des Gesetzgebers weiter gefördert werden. Von der Einführung eines Formerfordernisses oder weiterer Wirksamkeitsvoraussetzungen wurde abgesehen. Der Kreis der Bevollmächtigten, für die das Vorrangprinzip nicht gilt (vgl. § 1896 Abs. 2 S. 2 Alt. 1 BGB), istdurchdie Reform erheblich ausgeweitet und zwar auf alle Personen, die im Rahmen der institutionellen Versorgung des Vollmachtgebers tätig sind. Er umfasst damit beispielsweise auch Mitarbeiter von ambulanten Pflege- oder Essensdiensten (vgl. § 1814 Abs. 3 S. 2 Nr. 1 i.V.m. § 1816 Abs. 6 BGB).

Die sogenannte **Kontrollbetreuung,** die in § 1896 Abs. 3 BGB a.F. nur als besonderer Aufgabenkreis des Betreuers geregelt war, hat nun einschließlich deren Voraussetzungen in § 1820 Abs. 3 BGB eine eigenständige Regelung gefunden.

§ 1820 Abs. 5 BGB betrifft den **Widerruf der Vorsorgevollmacht**, wobei das Widerrufsrecht jedem Betreuer (nicht nur dem Kontrollbetreuer) im Rahmen seines Aufgabenkreises – und ohne dass dies explizit ausgesprochen werden müsste – zustehen soll. Der Widerruf durch einen Betreuer, der nach dem Gesetz nur unter engen Voraussetzungen zulässig ist, bedarf nun erstmals der (vorherigen) betreuungsgerichtlichen **Genehmigung**.

Völlig neu ist auch die in § 1820 Abs. 4 BGB vorgesehene Möglichkeit des Betreuungsgerichts, eine **Vorsorgevollmacht vorläufig zu „suspendieren"**. Hiermit soll dem Bedürfnis Rechnung getragen werden, eine wirksame Vollmacht bei einem bestehenden, aber noch nicht bestätigten Missbrauchsverdacht vorübergehend außer Kraft setzen zu können, ohne sie zugleich widerrufen zu müssen (vgl. BT-Drucks. 19/24445, S. 247). Um sicherzustellen, dass der Bevollmächtigte während des Verbotes keinen Gebrauch von der Vollmacht macht, kann das Gericht zugleich die **Herausgabe der Vollmachtsurkunde** anordnen.

2 Vorsorgevollmachten

2.1 Vorsorgevollmacht und Betreuung

Nach § 1814 Abs. 1 BGB (§ 1896 Abs. 1 BGB a.F.) ist die **Bestellung eines Betreuers** nur dann erforderlich, wenn ein Volljähriger aufgrund einer Krankheit oder einer Behinderung seine Angelegenheiten ganz oder teilweise nicht mehr selbst besorgen kann. Ein Betreuer darf nach § 1814 Abs. 3 BGB (§ 1896 Abs. 2 Satz 1 BGB a.F.) ferner nur für Aufgabenkreise bestellt werden, in denen die Betreuung erforderlich ist. Nach § 1821 Abs. 1 Satz 1 BGB (§ 1901 Abs. 1 BGB a.F.) umfasst die Betreuung alle Tätigkeiten, die erforderlich sind, um die Angelegenheiten des Betreuten rechtlich zu besorgen.

Der Betreuer hat also in erster Linie die Rechtsfürsorge für den Betroffenen zu übernehmen und nicht – wie oft fälschlicherweise angenommen wird – die soziale Betreuung. Dabei soll er die Betreuung vornehmlich in Art einer **Assistenz** ausüben und den Betroffenen unterstützen (§ 1821 Abs. 1 Satz 2 1. HS BGB). Von seiner Vertretungsmacht soll er nur dann Gebrauch machen, soweit dies erforderlich ist, § 1821 Abs. 1 Satz 2 2. HS).

Die Bestellung eines Betreuers erfolgt durch gerichtlichen Beschluss. Ausschließlich zuständig für die Erstbestellung ist das Amtsgericht – Betreuungsgericht –, in dessen Bezirk der Betroffene seinen gewöhnlichen Aufenthalt hat oder in dessen Bezirk das Fürsorgebedürfnis auftritt oder das Amtsgericht Schöneberg in Berlin, wenn der Betroffene Deutscher ist (§ 272 FamFG). Funktional zuständig ist nach § 3 Ziff. 2b i.V.m. § 15 Abs. 1 Satz 1 Nr. 1 bis 3 RPflG der Richter.

Für die Bestellung eines Kontrollbetreuers war vor Inkrafttreten des Reformgesetzes nach § 3 Ziff. 2b i.V.m. § 15 Abs. 1 Satz 2 RPflG a.F. der Rechtspfleger zuständig. Mit dem Reformgesetz wurde für die Geschäfte im Zusammenhang mit der **Kontrollbetreuung** nach § 1820 BGB ein Richtervorbehalt eingeführt (§ 15 Abs. 1 Nr. 1 RepflG). Sowohl für die Bestellung eines Kontrollbetreuers nach § 1815 Abs. 3 BGB als auch für die Genehmigung zum **Widerruf** einer Vollmacht § 1820 Abs. 5 BGB ist der Richter zuständig.

Voraussetzung für die Bestellung eines Betreuers ist die Einholung eines Gutachtens über die Notwendigkeit der Betreuung (§ 280 FamFG). Dies gilt nun auch für die Bestellung eines Kontrollbetreuers. Der bisherige § 281 Abs. 1 Nr. 2 FamFG ist entfallen. Nach dem Willen des Gesetzgebers sollen regelmäßig Fachärzte für Psychiatrie oder Neurologie sowie Spezialisten auf diesen Gebieten (Geronto-Psychiater) mit dem **Gutachten** beauftragt werden (*Kretz* in Jürgens, Betreuungsrecht, § 280 Rn. 4). Die Auswahl des Gutachters liegt im pflichtgemäßen Ermessen des Gerichts (*Kretz* a.a.O., § 280 Rn. 4).

Beantragt der Betroffene die Bestellung eines Betreuers, kann die Vorlage eines ärztlichen Zeugnisses über den Zustand des Betroffenen genügen, § 281 FamFG. Daneben ist der Betroffene persönlich anzuhören (§ 278 FamFG). Ebenso sind die übrigen Beteiligten, wie bspw. ein Verfahrenspfleger oder die **Betreuungsbehörde**, zu hören (§ 279 FamFG).

Kann der Betroffene seine Rechte im Betreuungsverfahren nicht mehr selbst wahrnehmen, muss das Gericht für ihn einen **Verfahrenspfleger** bestellen (§ 276 FamFG). Die Bestellung eines Verfahrenspflegers kann entbehrlich sein, wenn der Betroffene von einem Rechtsanwalt im Betreuungsverfahren vertreten wird. Da der Betroffene nach § 275 FamFG ohne Rücksicht auf seine Geschäftsfähigkeit als verfahrensfähig gilt, kann er wirksam einen Verfahrensbevollmächtigten bestellen. Dies gilt selbst dann, wenn der Betroffene nicht mehr in der Lage ist, einen natürlichen Willen zu bilden (BGH, Beschluss v. 30.10.2013, NJW 2014, 215).

Bestehen dringende Gründe für die Annahme, dass die Voraussetzungen für die Bestellung eines Betreuers gegeben sind, und besteht ein dringendes Bedürfnis für ein sofortiges Tätigwerden, kann das Gericht per einstweiliger Anordnung einen vorläufigen Betreuer bestellen, § 300 Abs. 1 FamFG. Anstelle des Gutachtens reicht in diesem Fall die Vorlage eines ärztlichen Zeugnisses über den Zustand des Betroffenen. Bei Gefahr im Verzug kann das Gericht die **einstweilige Anordnung** auch ohne Anhörung des Betroffenen erlassen. Die Anhörung ist dann unverzüglich nachzuholen, § 301 FamFG. Die vorläufige Betreuung darf längstens für die Dauer von sechs Monaten angeordnet werden, § 302 FamFG.

Hinweis

Die Anordnung einer Betreuung lässt sich durch Erteilung einer umfassenden Vorsorgevollmacht vermeiden.

Denn nach § 1814 Abs. 3 Nr. 1 BGB (§ 1896 Abs. 2 Satz 2 BGB a.F.) ist eine Betreuung nicht erforderlich und darf nicht angeordnet werden, wenn die Angelegenheiten durch einen Bevollmächtigten ebenso gut wie durch einen Betreuer besorgt werden können. Die Vorsorgevollmacht ist demnach gesetzlich verankert. § 1814 Abs. 3 Nr. 1 BGB (§ 1896 Abs. 2

Satz 2 BGB a.F.) enthält den Grundsatz der **Subsidiarität der Betreuung**, dem Verfassungsrang zukommt.

Das Subsidiaritätsprinzip gilt jedoch nicht uneingeschränkt, sondern nur, wenn durch andere Hilfen die Angelegenheiten ebenso gut wie durch einen Betreuer besorgt werden können.

2.2 Außenverhältnis und Innenverhältnis

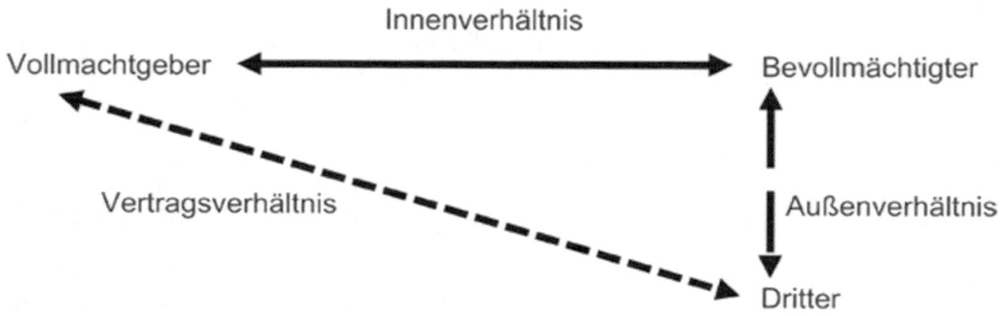

Wurde eine Vorsorgevollmacht erteilt, sind zwei Rechtsverhältnisse zu unterscheiden:

2.2.1 Außenverhältnis

Das Außenverhältnis ist bei Handeln des Bevollmächtigten gegenüber Dritten betroffen. Ob der Bevollmächtigte den Vollmachtgeber wirksam im Außenverhältnis vertreten kann, bestimmt sich nach den §§ 167 ff. BGB.

Gem. § 167 Abs. 1 BGB wird die Vollmacht durch Erklärung gegenüber dem zu Bevollmächtigenden oder dem Dritten, dem gegenüber die Vertretung stattfinden soll, erteilt. Die Bevollmächtigung erfolgt damit durch eine einseitige empfangsbedürftige Beglaubigung. Als solche wird sie mit Zugang beim Erklärungsempfänger wirksam, § 130 Abs. 1 Satz 1 BGB. Wie sich aus § 165 BGB ergibt, kann auch ein beschränkt Geschäftsfähiger bevollmächtigt werden. In diesem Fall soll es wegen § 131 Abs. 2 Satz 2 BGB genügen, wenn die Vollmachtserklärung dem beschränkt Geschäftsfähigen zugeht (BeckOK-BGB/Hau/Poseck, § 167 Rn. 5).

Die wirksame Vollmachtserteilung setzt auf Seiten des Vollmachtgebers die Abgabe einer wirksamen **Willenserklärung** voraus. Hierfür muss der Vollmachtgeber zunächst einmal geschäftsfähig sein. Ein beschränkt Geschäftsfähiger kann lediglich eine auf Rechtsgeschäfte i.S.d. § 107 BGB (lediglich rechtlich vorteilhaft) beschränkte Vollmacht erteilen (*Daragan*, Vorratsvollmachten beschränkt geschäftsfähiger Kinder, ZErb 2015, 168; *Kurze*, Vorsorgerecht, 1. Aufl. 2017, § 164 BGB Rn. 45). Die Willenserklärung wird als private Äußerung, welche auf einen rechtsgeschäftlichen Erfolg gerichtet ist, verstanden und setzt subjektiv sowohl einen Handlungs- und Erklärungswillen als auch einen Rechtsbindungswillen voraus.

Handelt der Bevollmächtigte ohne oder mit mangelhafter Vollmacht, haftet er dem Vertragspartner nach § 179 Abs. 1 BGB auf Erfüllung oder Schadensersatz. Hierbei handelt es sich um eine schuldunabhängige gesetzliche Garantiehaftung des Bevollmächtigten (Grüneberg/*Ellenberger*, 82. Aufl., § 179 Rn. 1). Allerdings wird der Schadensersatzanspruch nach § 179 Abs. 2 BGB auf den Vertrauensschaden beschränkt, wenn der Bevollmächtigte den Mangel der Vertretungsmacht nicht kannte. Unschädlich ist, wenn der Bevollmächtigte den Mangel hätte erkennen müssen (Grüneberg/*Ellenberger*, 82. Aufl., § 179 Rn. 7). Unter **Vertrauensschaden** werden alle Nachteile erfasst, die durch das Vertrauen auf die Gültigkeit des Rechtsgeschäfts entstanden sind, bspw. hierfür aufgewandte Kosten.

Nach § 164 Abs. 1 BGB wird der Vollmachtgeber durch das Handeln des Bevollmächtigten berechtigt und verpflichtet. Der Bevollmächtigte handelt also mit unmittelbarer Wirkung für und gegen den Vollmachtgeber.

Beispiel

Der Bevollmächtigte schließt im Namen des Vollmachtgebers einen Pflegeheimvertrag.

Hier kommt das Vertragsverhältnis zwischen dem Pflegeheim und dem Vollmachtgeber zustande. Der Vollmachtgeber kann demnach vom Pflegeheim die Erfüllung der vertraglichen Leistungspflichten verlangen, die Ansprüche des Pflegeheims richten sich umgekehrt gegen den Vollmachtgeber und nicht gegen den Bevollmächtigten.

Praxistipps

- *Wichtig ist, dass der Bevollmächtigte zu erkennen gibt, dass er für einen anderen handelt. Kommt dieser Wille nicht zum Ausdruck, treffen ihn die Folgen des Rechtsgeschäfts selbst, § 164 Abs. 2 BGB.*
- *Als Vertragspartner im Rubrum eines Vertrages ist immer der Vollmachtgeber aufzuführen – mit dem Hinweis, dass er durch den Bevollmächtigten vertreten wird. Dies gilt nicht für Bargeschäfte des täglichen Lebens, bei denen es dem Geschäftspartner gleichgültig ist, mit wem er kontrahiert. Die Wirkungen solcher Rechtsgeschäfte treffen denjenigen, „den es angeht".*

2.2.2 Innenverhältnis

Das Innenverhältnis dagegen betrifft die **Rechtsbeziehung zwischen Vollmachtgeber und Bevollmächtigtem**. Mit Erteilung der Vorsorgevollmacht entsteht regelmäßig ein Auftragsverhältnis nach den §§ 662 ff. BGB. Wird die Vorsorgevollmacht entgeltlich geführt, liegt ein Geschäftsbesorgungsvertrag nach § 675 BGB zugrunde. (Einzelheiten hierzu siehe unter 2.15 ff.)

Praxistipp

▶ *Da aus dem Auftragsverhältnis gegenseitige Rechte und Pflichten erwachsen, sollte dieses in einer schriftlichen Vereinbarung geregelt werden. Insbesondere die Haftung des Bevollmächtigten sowie der Umfang der Rechnungslegungspflicht und die Beweislast sollten im Interesse der Beteiligten einer individuellen Regelung unterworfen werden. Ebenso können konkrete Handlungsanweisungen aufgenommen werden, die dem Bevollmächtigten Handlungssicherheit geben und das Selbstbestimmungsrecht des Vollmachtgebers absichern.*

2.3 Form der Vorsorgevollmacht

Die Bevollmächtigung eines Dritten ist grundsätzlich **nicht formbedürftig**, § 167 BGB. Sie kann demnach in wirksamer Weise auch mündlich erteilt werden. Von diesem Grundsatz macht das Gesetz jedoch einige Ausnahmen.

2.3.1 Überblick über die gesetzlichen Formschriften

2.3.1.1 Schriftform

Ist die Schriftform vorgeschrieben, muss die Urkunde vom Aussteller (= Vollmachtgeber) eigenhändig durch Namensunterschrift oder mit notariell beglaubigtem Handzeichen unterzeichnet werden, § 126 Abs. 1 BGB. Die Urkunde muss schriftlich abgefasst worden sein. Besteht die Urkunde aus mehreren Blättern oder Texten, muss deren Zusammengehörigkeit erkennbar sein (Grüneberg/*Ellenberger*, 82. Aufl., § 126 Rn. 4). Die Unterschrift muss den Urkundentext räumlich abschließen (BGHZ 113, 48). Nachträge müssen erneut unterschrieben werden (Grüneberg/*Ellenberger*, 82. Aufl., § 126 Rn. 6).

Sofern vom Gesetz nicht ausgeschlossen, kann die schriftliche Form durch die elektronische Form ersetzt werden, §§ 126 Abs. 3, 126a BGB.

2.3.1.2 Öffentliche Beglaubigung

Notarielle Beglaubigung

Nach § 129 Abs. 1 BGB muss die Erklärung schriftlich abgefasst und die Unterschrift des Erklärenden von einem Notar beglaubigt werden. Dabei kann die Unterschrift vor dem Notar vollzogen oder eine bereits geleistete Unterschrift vor dem Notar als die eigene anerkannt werden. Das Verfahren ist in den §§ 39, 40 BeurkG geregelt.

Da § 40 Abs. 4 BeurkG lediglich auf § 10 BeurkG und nicht auf § 11 BeurkG verweist, besteht grundsätzlich bei der Beglaubigung keine Prüfungspflicht des Notars dahingehend, ob der Unterzeichner bzw. Anerkennende geschäftsfähig ist (DNotI Report 2015, 154).

Bei Zweifeln an der Geschäftsfähigkeit darf der Notar die Beglaubigung vornehmen, ohne einen Zweifelsvermerk in die Urkunde aufnehmen zu müssen. Ablehnen muss er die Beglaubigung gem. §§ 40 Abs. 2, 4 BeurkG aber dann, wenn er von der Geschäftsunfähigkeit des Unterzeichners/Anerkennenden überzeugt ist (DNotI Report 2015, 154).

Behördenbeglaubigungen

Nach § 68 BeurkG sind die Länder befugt, durch Gesetz die Zuständigkeit für die öffentliche Beglaubigung von Abschriften oder Unterschriften anderen Personen oder Stellen zu übertragen.

Befugt, Unterschriften und Abschriften öffentlich zu beglaubigen, sind bspw. der Ratsschreiber in Baden-Württemberg nach § 35b Abs. 2 BWLFGG, der Ortsgerichtsvorsteher in Hessen nach § 13 HessOrtsGG. In Rheinland-Pfalz sind die Ortsbürgermeister und Ortsvorsteher, die Verbandsgemeindeverwaltungen und die Gemeindeverwaltungen der verbandsfreien Gemeinden, die Stadtverwaltungen der kreisfreien und großen kreisangehörigen Städte und die Kreisverwaltungen zur öffentlichen Beglaubigung von Unterschriften befugt, § 2 BeglG RP.

In Hessen und Rheinland-Pfalz ist die örtliche Zuständigkeit der landesrechtlich zuständigen Stellen auf Beteiligte mit Wohnsitz oder Arbeitsplatz in der betreffenden Kommune beschränkt. Verstöße beeinträchtigen die Wirksamkeit jedoch nicht.

Die nach Landesrecht öffentlich beglaubigten Urkunden sind im gesamten Bundesgebiet anzuerkennen. Die Bestimmungen über das notarielle Beglaubigungsverfahren gelten entsprechend (BeckOK GBO/*Otto*, 46. Ed. 1.6.2022, GBO § 29 Rn. 200).

Beglaubigung von Vorsorgevollmachten durch die Betreuungsbehörde

Vorsorgevollmachten können auch durch die Betreuungsbehörde im Rahmen des § 6 BtBG beglaubigt werden.

Streitig war zuletzt die Frage, ob von der Betreuungsbehörde beglaubigte Vorsorgevollmachten, die über den Tod hinaus erteilt werden, den Anforderungen an das Grundbuchrecht entsprechen (OLG Köln, Beschluss v. 30.10.2019 – 2 Wx 327/19: verneinend; OLG Karlsruhe, Beschluss v. 14.9.2015 – 11 Wx 71/15: bejahend). In seiner Entscheidung vom 12.11.2020 (BGH, Beschluss v. 12.11.2020 – V ZB 148/19, BeckRS 2020, 43343, NJW-Spezial 2021, 710) stellt der Bundesgerichtshof klar, dass eine durch eine Betreuungsbehörde nach § 6 Abs. 2 BtBG beglaubigte Vollmacht grundbuchtauglich und transmortal wirksam ist.

Dies ändert sich jedoch durch das neue Betreuungsorganisationsgesetz. Nach **§ 7 Abs. 1 Satz 1 Betreuungsorganisationsgesetz (BtOG)** verbleibt es zunächst bei der Beglaubigungskompetenz der Betreuungsbehörde für Vorsorgevollmachten.

Eine Vorsorgevollmacht, die in erster Linie zum Zweck der Vermeidung einer rechtlichen Betreuung erteilt wird, kann auch mit Wirkung über den Tod des Vollmachtgebers hinaus erteilt werden (transmortale Vollmacht). Auch solche Vollmachten können von der Betreuungsbehörde beglaubigt werden. Allerdings endet nach § 7 Abs. 1 Satz 2 BtOG die Wirkung der öffentlichen Beglaubigung beim Tod des Vollmachtgebers und genügt damit nicht mehr den Anforderungen des Grundbuchrechts und anderer Verfahren, die öffentlich beglaubigte Erklärungen verlangen.

Muster Beglaubigungsvermerk

> Hiermit beglaubige ich die vor mir vollzogene/anerkannte Unterschrift des Herrn Gustav Lehmann, geb. am ..., in ..., wohnhaft ..., ausgewiesen durch Vorlage seines Personalausweises.
>
> Unterschrift Notar – Siegel

2.3.1.3 Notarielle Beurkundung

Die strengste Form stellt die notarielle Beurkundung dar. Für die Beurkundung sind die Notare zuständig. Vor dem Notar findet eine Verhandlung statt, in der die Beteiligten die zu beurkundende Willenserklärung abgeben, § 8 BeurkG. Hierüber errichtet der Notar eine Niederschrift, die von ihm vorgelesen, von den Beteiligten genehmigt und sowohl von den Beteiligten als auch vom Notar unterschrieben wird, §§ 9, 13 BeurkG.

Die Urschrift der Niederschrift verbleibt in der Urkundensammlung des Notars, § 45 BeurkG. Die Beteiligten erhalten Ausfertigungen der Urkunde, welche das Original im Rechtsverkehr vertreten, § 47 BeurkG.

Im Beurkundungsverfahren hat der Notar gem. § 11 Abs. 1 Satz 1 BeurkG die Beurkundung abzulehnen, wenn er von der Geschäftsunfähigkeit des Erklärenden überzeugt ist. Zweifel an der Geschäftsfähigkeit sollen vom Notar in der Niederschrift vermerkt werden, § 11 Abs. 1 Satz 2 BeurkG.

2.3.2 Gesetzliche Formerfordernisse in Bezug auf Vollmachten

2.3.2.1 Vollmacht zur Einwilligung oder Nichteinwilligung in ärztliche Maßnahmen und zur Einwilligung in eine Unterbringung oder freiheitsentziehende Maßnahme

Nach § 1820 Abs. 2 BGB setzen folgende Maßnahmen eines Bevollmächtigten voraus, dass die Vollmacht schriftlich erteilt ist und diese Maßnahmen ausdrücklich umfasst:

- Einwilligung sowie ihr Widerruf oder die Nichteinwilligung in eine Untersuchung des Gesundheitszustandes, einer Heilbehandlung oder eines ärztlichen Eingriffs;
- Unterbringung des Vollmachtgebers, die mit einer Freiheitsentziehung verbunden ist, oder freiheitsentziehende Maßnahmen;
- Ärztliche Zwangsmaßnahmen oder die Verbringung des Vollmachtgebers zu einem stationären Aufenthalt gegen dessen Willen.

Die Schriftform ist nach § 126 BGB dann gewahrt, wenn die Vollmachtsurkunde von dem Vollmachtgeber eigenhändig unterschrieben oder seine Unterschrift notariell beglaubigt wurde.

In der Praxis sollten daraus Folgerungen für den gesamten Bereich der nichtvermögensrechtlichen Angelegenheiten gezogen werden:

Praxistipp

Soweit es um höchstpersönliche Angelegenheiten geht, muss der Umfang der Bevollmächtigung „unmissverständlich und klar benannt" werden, sog. Konkretisierungsgebot (Müller/Renner, Betreuungsrecht und Vorsorgeverfügungen in der Praxis Rn. 376).

Gerade vor dem Hintergrund der Entscheidung des BGH vom 6.7.2016 – XII ZB 61/16, veröffentlicht u.a. in BtPrax 2016, 187; FamRZ 2016, 1671, ist bei der Formulierung von Vorsorgevollmachten äußerste Sorgfalt zu wahren. Nach der Entscheidung des Bundesgerichtshofes kann der Bevollmächtigte in eine der in § 1904 Abs. 1 Satz 1, Abs. 2 BGB genannten Maßnahmen nur einwilligen, nicht einwilligen oder die Einwilligung widerrufen, wenn der Vollmachttext **hinreichend klar umschreibt**, dass sich die Entscheidungskompetenz des Bevollmächtigten auf die im Gesetz genannten ärztlichen Maßnahmen sowie darauf bezieht, sie zu unterlassen oder am Betroffenen vornehmen zu lassen.

Hierzu muss aus der Vollmacht auch deutlich werden, dass die jeweilige Entscheidung **mit der begründeten Gefahr des Todes oder eines schweren und länger dauernden gesundheitlichen Schadens** verbunden sein kann. Dem Vollmachtgeber muss nämlich unmissverständlich vor Augen geführt werden, dass er dem Bevollmächtigten (auch) für Situationen, in denen die Gefahr des Todes oder schwerer und länger dauernder Gesundheitsschäden besteht, die Entscheidungsbefugnis überträgt.

Praxishinweis für die Gestaltung

Anders als im vermögensrechtlichen Bereich ist es bei nichtvermögensrechtlichen Angelegenheiten dringend geboten, die Bereiche möglichst gegenständlich zu beschreiben, in denen der Bevollmächtigte handeln darf. Abstrakte Formulierungen reichen nicht. Dabei empfiehlt sich eine Anlehnung an die gesetzliche Wortwahl, insbesondere der §§ 1829, 1831 und 1832 BGB.

Selbst wenn die Übernahme des Gesetzeswortlautes ausreicht, sollten die gesetzlichen Formulierungen um beispielhafte Aufzählungen ergänzt werden. Dadurch werden dem Erklärenden vielfach erst die Bedeutung und die Folgen seiner Erklärungen verdeutlicht.

Auch die konkreten Gefahren bzw. möglichen Folgen, die mit bestimmten Maßnahmen verbunden sind, sollten dargestellt werden.

2.3.2.2 Ausschlagung einer Erbschaft für den Vollmachtgeber

Fällt dem Vollmachtgeber eine Erbschaft an, die ausgeschlagen werden soll, so kann der Vollmachtgeber nur anhand einer öffentlich beglaubigten Vollmacht vertreten werden, § 1945 Abs. 1 und 3 BGB. Die Ausschlagung kann auch durch einen General- bzw. Vorsorgebevollmächtigten erfolgen (OLG Düsseldorf, Beschluss v. 17.4.2018 – 25 Wx 68/17, ZEV 2019, 422). Der Bevollmächtigte muss die öffentlich beglaubigte Vollmacht der Ausschlagungserklärung beifügen oder innerhalb der gesetzlichen Ausschlagungsfrist dem Nachlassgericht nachreichen.

Die Ausschlagungserklärung hat gegenüber dem Nachlassgericht zu erfolgen. Sie ist entweder zur Niederschrift der Geschäftsstelle oder in öffentlich beglaubigter Form abzugeben.

Die öffentlich beglaubigte Form ist nach § 129 BGB dann gewahrt, wenn die Erklärung schriftlich abgefasst und die Unterschrift des Erklärenden von einem Notar beglaubigt wurde.

Muster Ausschlagungserklärung

An das Nachlassgericht …

Az. …

In der Nachlassangelegenheit auf Ableben des Herrn W, verstorben am …, zuletzt wohnhaft in … erkläre ich hiermit als rechtsgeschäftlich bestellte Vertreterin meiner Mutter, Frau M. …, in deren Namen die Ausschlagung der Erbschaft nach Herrn W. aus allen Berufungsgründen und ohne jede Bedingung. Der Erblasser ist am … in … verstorben. Er war kinderlos und nicht verheiratet. Der Erblasser ist der Bruder meiner Mutter, Frau M. Weitere Geschwister des Erblassers sind und waren nicht vorhanden. Die Eltern des Erblassers sind beide vorverstorben.

Unter dem … hat der Erblasser ein Testament errichtet, in welchem er meine Mutter zur alleinigen Erbin berufen hat.

Durch diese Ausschlagung meiner Mutter kommen ich und mein Bruder C., geboren am …, in …, wohnhaft …, kraft gesetzlicher Erbfolge als Erben in Frage.

Hiermit erkläre auch ich in eigenem Namen die Ausschlagung der Erbschaft nach Herrn W. aus allen möglichen Berufungsgründen und ohne jede Bedingung.

Durch meine Ausschlagungserklärung kommt meine minderjährige Tochter T. als gesetzliche Erbin in Betracht. Hiermit erklären ich, …, und mein Ehemann, Herr B., als gesetzliche Vertreter der T. die Ausschlagung der Erbschaft nach Herrn W. aus allen Berufungsgründen und ohne jede Bedingung.

(Ort, Datum, Unterschriften)

Beglaubigungsvermerk des Notars

Hinweise zum Muster

Die Erklärung ist gegenüber dem zuständigen Nachlassgericht abzugeben. Örtlich zuständig ist das Nachlassgericht am letzten Wohnort des Erblassers, § 343 Abs. 1 FamFG. Hatte der Erblasser zum Zeitpunkt seines Todes keinen gewöhnlichen Aufenthalt im Inland, ist das Gericht zuständig, in dessen Bezirk der Erblasser seinen letzten gewöhnlichen Aufenthalt im Inland hatte. Ist auch dies nicht gegeben, ist das Amtsgericht Schöneberg in Berlin zuständig.

Wichtig ist, die öffentlich beglaubigte Vollmacht innerhalb der Ausschlagungsfrist dem Nachlassgericht vorzulegen!

2.3.2.3 Abschluss eines Verbraucherdarlehensvertrages

Kraft Legaldefinition ist jeder entgeltliche Darlehensvertrag, bei dem der Darlehensgeber ein Unternehmer und der Darlehensnehmer ein Verbraucher ist, ein Verbraucherdarlehensvertrag, § 491 Abs. 1 BGB.

Um den Vollmachtgeber bei Abschluss eines Verbraucherdarlehensvertrages wirksam vertreten zu können, muss die Vollmacht schriftlich erteilt werden, § 492 Abs. 4 BGB. Darüber hinaus muss die Vollmachtsurkunde die Bevollmächtigung sowie den Vertragsinhalt aufweisen und vom Darlehensnehmer unterzeichnet sein. Ferner muss die Berechnung des effektiven Jahreszinses vorgenommen worden sein.

Der Inhalt des Verbraucherdarlehensvertrages muss also bei Erteilung der Vollmacht bereits vorliegen. Der Vollmachtgeber soll hierüber Kenntnis nehmen und wissen, wozu er sich durch den vom Vertreter vorzunehmenden Vertragsschluss verpflichtet (Grüneberg/*Weidenkaff*, 82. Aufl., § 492 Rn. 6). Wird die Formvorschrift verletzt, ist der Verbraucherdarlehensvertrag nichtig, § 494 BGB. Eine Ausnahme gilt allerdings für notariell beurkundete Vollmachten und für Prozessvollmachten, § 492 Abs. 4 Satz 2 BGB.

Praxistipp

▶ *Soll der Bevollmächtigte für den Vollmachtgeber auch in der Lage sein, Verbraucherdarlehensverträge abzuschließen, ist die Vorsorgevollmacht zweckmäßigerweise notariell zu beurkunden.*

2.3.2.4 Erklärungen gegenüber dem Grundbuchamt

Verfügt der Vollmachtgeber über Grundbesitz oder soll die Möglichkeit offengehalten werden, Grundbesitz für diesen zu erwerben, muss die Vollmacht öffentlich beglaubigt werden.

Nach § 29 GBO darf eine Eintragung in das Grundbuch nur vorgenommen werden, wenn die der Eintragung zugrundeliegenden Erklärungen in öffentlich beglaubigter Form vorliegen. Die öffentlich beglaubigte Form ist gewahrt, wenn die Vollmacht schriftlich abgefasst, von dem Vollmachtgeber unterschrieben und die Unterschrift des Vollmachtgebers von einem Notar beglaubigt wurde, § 129 BGB. Nach § 129 Abs. 2 BGB wird die öffentliche Beglaubigung durch die notarielle Beurkundung ersetzt.

(Zur Zuständigkeit von öffentlichen Beglaubigungen siehe oben Ziff. 2.3.1.2)

2.3.2.5 Zwangsvollstreckungsunterwerfung

Wird der Schuldner bei der Abgabe einer Zwangsvollstreckungsunterwerfung in einer Urkunde nach § 794 Abs. 1 Nr. 5 ZPO vertreten, muss die Vollmacht nicht notariell beurkundet sein (BGH, NJW 2008, 2266). Allerdings muss die Vertretungsbefugnis im Klauselerteilungsverfahren anhand öffentlicher Urkunden nachgewiesen und vor Beginn der Zwangsvollstreckung zugestellt werden (Musielak/Voit/*Lackmann*, ZPO, 19. Aufl., § 794 Rn. 36).

2.3.2.6 Misstrauen bei Banken

Banken bestehen auf eigenen Vordrucken für Vollmachtserteilungen ihnen gegenüber. Zur Begründung wird in der Praxis u.a. angeführt, diese dienten der sicheren Identitätsfeststellung und der Absicherung, dass der Vollmachtgeber bei Erteilung geschäftsfähig gewesen sei. Auch Gesichtspunkte der Arbeitsentlastung dienen als Ablehnung anderer „fremder" Vollmachtsurkunden.

Die Bank macht sich jedoch schadensersatzpflichtig, wenn sie vom Notar erteilte Vollmachten zurückweist (*Tersteegen*, NJW 2007, 1717; AG Brandenburg, Beschluss v. 3.6.2021 – 85 XVII 79/21, BeckRS 2021, 12849). Denn solche Vollmachten dienen gerade dem Zweck gewissenhafter Identitätsfeststellung gemäß den §§ 10, 40 BeurkG und sind mit gleichzeitiger Prüfung der Geschäftsfähigkeit des Vollmachtgebers verbunden, § 11 BeurkG (LG Detmold v. 14.1.2015 – 10 S 110/14, BeckRS 2015, 03780).

Veranlasst eine Bank einen Vorsorgebevollmächtigten zur Stellung eines Betreuungsantrags, weil sie die vorgelegte Vorsorgevollmacht nicht akzeptiert, sondern eine bankinterne Vollmacht für erforderlich hält, können ihr die Kosten des Betreuungsverfahrens auferlegt werden (u.a. LG Hamburg, ErbR 2018, 354).

Praxistipp

▶ *Im Sinne einer einfachen Handhabung ist die Erteilung von bankinternen Vollmachten flankierend zur Vorsorgevollmacht zu empfehlen. Damit wird dem Bevollmächtigten die Vorlage der Ausfertigung seiner Vollmachtsurkunde vor jeder einzelnen Verfügung erspart.*

2.4 Umfang und Grenzen der Vorsorgevollmacht

Damit eine Vorsorgevollmacht den ihr zugedachten Zweck erfüllen kann und „ebenso gut" wie eine gerichtliche Betreuung die Besorgung der Angelegenheiten des Betroffenen sicherstellen kann, empfiehlt sich, die **Vorsorgevollmacht so umfassend wie möglich zu erteilen.**

Regelmäßig werden daher Vorsorgevollmachten als Generalvollmachten erteilt. Sie berechtigen zur Vornahme von allen Rechtsgeschäften, bei denen eine Vertretung zulässig ist. Nicht möglich ist eine Vertretung im höchstpersönlichen Bereich, bspw. bei der Eheschließung oder bei der Errichtung von letztwilligen Verfügungen.

In der prozessualen Praxis ist zu beachten, dass gemäß § 51 Abs. 3 ZPO auch die gewillkürte Vertretung eines nicht Prozessfähigen bei einem gerichtlichen Verfahren möglich ist. Die Vollmacht muss aber den Wirkungskreis umfassen, auf den sich der Prozess bezieht (Kurze/*Lang*, 1. Aufl. 2017, ZPO § 51 Rn. 12).

Die Vollmacht stößt allerdings an ihre Grenzen, wenn und soweit das Rechtsgeschäft, das abgeschlossen werden soll, die **Vertretung durch einen gesetzlichen Vertreter** erfordert.

Beispiele

Ehevertrag, § 1411 BGB, Erb- u. Pflichtteilsverzichtsvertrag, § 2347 Abs. 2 Satz 2 BGB, Einwilligung in klinische Studien nach § 40b AMG (siehe hierzu S. 132 ff.).

2.5 Gesetzliche Vertretung Volljähriger

Die gesetzliche Vertretung eines Volljährigen kann nur durch einen vom Gericht bestellten Betreuer erfolgen. Dieser vertritt den Betreuten in seinem Aufgabenkreis gerichtlich und außergerichtlich, § 1823 BGB. Nach § 1824 BGB ist der Betreuer von der Vertretung allerdings ausgeschlossen

- bei einem Rechtsgeschäft zwischen seinem Ehegatten oder einem seiner Verwandten in gerader Linie einerseits und dem Betreuten andererseits, es sei denn, dass das Rechtsgeschäft ausschließlich in der Erfüllung einer Verbindlichkeit besteht,
- bei einem Rechtsgeschäft, das die Übertragung oder Belastung einer durch Pfandrecht, Hypothek, Schiffshypothek oder Bürgschaft gesicherten Forderung des Betreuten gegen den Betreuer oder die Aufhebung oder Minderung dieser Sicherheit zum Gegenstand hat oder die Verpflichtung des Betreuten zu einer solchen Übertragung, Belastung, Aufhebung oder Minderung begründet,
- bei einem Rechtsstreit zwischen den vorgenannten Personen sowie über eine der vorgenannten Angelegenheiten.

Exkurs: Ehegattenvertretung in Angelegenheiten der Gesundheitssorge

Nach längerer Vorbereitung hat der Bundestag am 5.3.2021 das „Gesetz zur Reform des Vormundschafts- und Betreuungsrechts" verabschiedet. Der Bundesrat hat am 26.3.2021 zugestimmt. Nach Unterzeichnung durch den Bundespräsidenten wurde das Gesetz am 12.5.2021 im Bundesgesetzblatt veröffentlicht und ist mit Wirkung zum 1.1.2023 in Kraft getreten.

Die Neuerungen haben auch Auswirkungen auf Vorsorgevollmachten:

Die rechtliche Betreuung und damit einhergehend auch die Vorschriften zur Ehegattenvertretung und Vorsorgevollmacht sind nun in den §§ 1358 BGB, 1814–1881 BGB geregelt.

Mit Blick auf das Verhältnis zwischen Ehegatten soll die Anordnung einer vorläufigen Betreuung und die damit verbundenen zusätzlichen Belastungen in den Fällen vermieden werden, in denen eine solche Anordnung allein wegen fehlender Vorsorgevollmacht nötig wird. Durch die Reform wurde deshalb die gegenseitige Vertretung von Ehegatten in Angelegenheiten der Gesundheitssorge eingeführt (§ 1358 BGB). Ein Ehegatte (vertretender Ehegatte) kann danach den anderen (vertretener Ehegatte) in bestimmten Angelegenheiten der Gesundheitssorge vertreten. Voraussetzung ist, dass der vertretene Ehegatte diese Angelegenheiten wegen Krankheit oder Bewusstlosigkeit selbst rechtlich nicht besorgen kann und dass kein Ausschlussgrund gemäß § 1358 Abs. 3 BGB greift.

*Die Befugnisse sind in **§ 1358 Abs. 1 BGB** abschließend aufgezählt und umfassen folgende Angelegenheiten:*

- *Nr. 1: Einwilligung in Untersuchungen des Gesundheitszustandes, Heilbehandlungen oder ärztliche Eingriffe oder diese zu untersagen sowie ärztliche Aufklärungen entgegenzunehmen,*
- *Nr. 2: Behandlungsverträge, Krankenhausverträge oder Verträge über eilige Maßnahmen der Rehabilitation und der Pflege abzuschließen und durchzusetzen,*
- *Nr. 3: Entscheidungen über freiheitsentziehende Maßnahmen durch mechanische Vorrichtungen, Medikamente oder auf andere Weise, sofern die Dauer der Maßnahme im Einzelfall sechs Wochen nicht überschreitet,*
- *Nr. 4: Geltendmachung von Ansprüchen, die dem vertretenen Ehegatten aus Anlass der Erkrankung gegenüber Dritten zustehen, und diese an die Leistungserbringer aus den Behandlungsverträgen, Krankenhausverträgen oder Verträgen über die Rehabilitation und Pflege abzutreten oder Zahlung an diese zu verlangen.*

Ausschlussgründe nach § 1358 Abs. 3 BGB sind:

- *Nr. 1: die Ehegatten leben getrennt,*
- *Nr. 2: dem vertretenden Ehegatten oder dem behandelnden Arzt ist bekannt, dass der vertretene Ehegatte eine Vertretung durch ihn in den oben genannten Angelegenheiten ablehnt oder jemanden zur Wahrnehmung seiner Angelegenheiten bevollmächtigt hat, soweit diese Vollmacht die oben genannten Angelegenheiten umfasst,*
- *Nr. 3: für den vertretenen Ehegatten ein Betreuer bestellt ist, soweit dessen Aufgabenkreis die oben genannten Angelegenheiten umfasst, oder*
- *Nr. 4: die Voraussetzungen der oben genannten Angelegenheiten nicht mehr vorliegen oder mehr als sechs Monate seit dem durch den Arzt festgestellten Zeitpunkt vergangen sind.*

§ 1358 Abs. 4 BGB:

Der vertretende Ehegatte benötigt für sein Vertretungsrecht einen Nachweis seiner Vertretungsberechtigung. Abs. 4 sieht vor, dass im Zusammenhang mit der erstmaligen Ausübung des Vertretungsrechts ein Dokument auszustellen ist, aus dem sich das Vorliegen der Voraussetzungen für das Vertretungsrecht und seine Dauer ergeben. Dieses Dokument ist dem vertretenden Ehegatten auszuhändigen.

Der Arzt, gegenüber dem das Vertretungsrecht ausgeübt wird, hat

- *Nr. 1: das Vorliegen der Voraussetzungen des Absatzes 1 und den Zeitpunkt, zu dem diese spätestens eingetreten sind, schriftlich zu bestätigen,*
- *Nr. 2: dem vertretenden Ehegatten die Bestätigung nach Nummer 1 mit einer schriftlichen Erklärung über das Vorliegen der Voraussetzungen des Absatzes 1 und das Nichtvorliegen der Ausschlussgründe des Absatzes 3 vorzulegen und*

- *Nr. 3: sich von dem vertretenden Ehegatten schriftlich versichern zu lassen, dass*
  - *das Vertretungsrecht wegen der Bewusstlosigkeit oder Krankheit, aufgrund derer der Ehegatte seine Angelegenheiten der Gesundheit Sorge rechtlich nicht besorgen kann, bisher nicht ausgeübt wurde und*
  - *kein Ausschlussgrund des Absatzes 3 vorliegt.*

Das Dokument mit der Bestätigung nach Satz 1 Nummer 1 und der Versicherung nach Satz 1 Nummer 3 ist dem vertretenden Ehegatten für die weitere Ausübung des Vertretungsrechts auszuhändigen.

Das Vertretungsrecht des Ehegatten endet mit der Bestellung eines Betreuers, dessen Aufgabenkreis die in Absatz 1 Nummer 1–4 bezeichneten Angelegenheiten umfasst (§ 1358 Abs. 5 BGB).

Im Übrigen finden die Vorschriften zum Betreuungsrecht in begrenztem Umfang entsprechende Anwendung.

2.6 Person des Bevollmächtigten

Gesetzlicher Ausschluss bestimmter Personen nach §§ 1814 Abs. 3 Ziff. 1 i.V.m. 1816 Abs. 6 BGB:

Zur vorangegangenen gesetzlichen Regelung des § 1897 Abs. 3 BGB a.F. war strittig, ob als Bevollmächtigte alle Personen ausscheiden, die zu einer Anstalt, einem Heim oder einer sonstigen Einrichtung, in welcher der Vollmachtgeber untergebracht ist oder wohnt, in einem Abhängigkeitsverhältnis oder in einer engen Beziehung stehen.

Wurde eine derartige Person bevollmächtigt, war die Vollmacht nicht unwirksam (OLG München FamRZ 2006, 441). Diese Regelung soll den Gerichten lediglich Gelegenheit bieten, die Erforderlichkeit der Betreuerbestellung in diesen Fällen anhand der besonderen Umstände des Einzelfalls **individuell** und unabhängig von gesetzlichen Regelvorgaben zu prüfen (BeckOK-BGB/*Müller-Engels*, § 1896 BGB a.F., Rn. 35).

Die Neuregelung des § 1816 Abs. 6 BGB greift § 1897 Abs. 3 BGB a.F. auf, fasst den Ausschluss von Personen als Betreuer jedoch weiter (Grüneberg/*Götz*, 82. Aufl. 2023, § 1816 Rn. 12). Zwar kann grundsätzlich eine zu diesem Personenkreis gehörende Person wirksam bevollmächtigt werden, jedoch entfällt der Nachrang der Betreuung (§ 1814 Abs. 3 Ziff. 1 BGB), sodass die Bestellung eines Betreuers trotz bestehender Vorsorgevollmacht möglich ist (Grüneberg/*Götz*, 82. Aufl. 2023, § 1814 Rn. 17).

Als Betreuer ausgeschlossen sind nun alle Personen, die zu einem Träger von Einrichtungen oder Diensten gehören, die in der Versorgung des Betroffenen tätig sind und in einem Abhängigkeitsverhältnis oder anderen engen Beziehung stehen. Wie bei Beschäftigten von Wohnungseinrichtungen bestehen auch bei ambulanten Diensten, deren Kontrolle zur Aufgabe des Betreuers gehört, die Gefahr von Interessenskonflikten. Damit werden auch die Fälle deutlich ausgeweitet, in denen das Betreuungsgericht trotz Bestehens einer Vosrogevollmacht einen Betreuer bestellen und hierdurch einen gegebenenfalls drohenden

Missbrauch der Vollmacht von vornherein verhindern kann. (Grüneberg/*Götz*, 82. Aufl. 2023, § 1816 Rn. 12).

Allerdings besteht das Bestellungshindernis nicht, wenn im Einzelfall die konkrete Gefahr einer Interessenkollision nicht besteht, § 1816 Abs. 6 Satz 2 BGB.

Im Einzelfall kann die Vollmacht dann nichtig sein, wenn sich die Heimleitung routinemäßig und in einem größeren Umfang, als mit den Interessen des Heimes zu vereinbaren wäre, Vollmachten erteilen lässt und noch dazu die Aufnahme in das Heim von der Erteilung der Vollmacht abhängig macht und diesbezüglich Druck ausübt (*Rudolf/Bittler/Roth*, Vorsorgevollmacht, Betreuungsverfügung und Patientenverfügung).

Gleiches muss für den Fall der Erteilung einer unwiderruflichen Vollmacht, insbesondere einer Generalvollmacht, gelten oder wenn jegliche Kontrollen ausgeschlossen sind.

2.7 Inhalt der Vorsorgevollmacht

Der Inhalt der Vorsorgevollmacht richtet sich nach den Anordnungen des Vollmachtgebers. Die Vertretungsmacht kann nicht mehr Angelegenheiten als bei einer entsprechenden Betreuerbestellung umfassen.

Praxistipp

▶ *Zu beachten ist bei der Ausgestaltung der Vollmacht, dass Vollmachtgeber und Vollmachtnehmer und diejenigen, denen gegenüber die Vollmacht Wirkung entfalten soll, regelmäßig Laien sind. Es empfiehlt sich daher ein einfacher und nachvollziehbarer Aufbau, die Verwendung von Überschriften sowie Untergliederungen der einzelnen Bereiche und beispielhafte Aufzählungen.*

2.7.1 Bevollmächtigungsarten

Eine Vorsorgevollmacht im eigentlichen Sinne liegt vor, wenn der Vollmachtgeber die Vertretungsbefugnis des Bevollmächtigten davon abhängig macht, dass er selbst nicht mehr handeln kann. Dieser Wunsch wird vor allem von Alleinstehenden geäußert, wenn sie eine familienfremde Person ohne näheres Vertrauensverhältnis bevollmächtigen, weil keine geeignete nahestehende Person vorhanden ist.

Die Regelung des Inkrafttretens einer solchen Vollmacht stellt eines der zentralen Gestaltungsprobleme der Vorsorgevollmacht dar.

2.7.1.1 General- und Spezialvollmacht

Eine Vorsorgevollmacht kann im Interesse des Vollmachtgebers nur für bestimmte Rechtsgeschäfte, aber auch als Generalvollmacht in allen Vermögensangelegenheiten erteilt werden. Wird, wie in der Vielzahl aller Fälle üblich, eine Vorsorge zur Vermeidung einer Betreuerbestellung angestrebt, ist allein die Generalvollmacht hierzu geeignet.

Bei einer Generalvollmacht in allen **Vermögensangelegenheiten** ist nach deutschem Recht keine Einzelaufzählung der Befugnisse des Bevollmächtigten erforderlich; die Vollmacht kann abstrakt gefasst sein. Bei dem Geschäftspartner des Bevollmächtigten können jedoch Zweifel darüber auftreten, ob das von ihm beabsichtigte Geschäft von der allgemein formulierten Vollmacht abgedeckt ist. Auch wird eine Generalvollmacht als auslegungsfähig angesehen, sodass sich insoweit Einschränkungen der Vertretungsmacht ergeben können, insbesondere bei ganz außergewöhnlichen Geschäften (*Bühler*, FamRZ 2001, 1592 m.w.N.).

Praxistipp

▶ *Deshalb kann die Verwendbarkeit der Generalvollmacht dadurch gestärkt werden, dass Einzelbefugnisse beispielhaft genannt werden, etwa mit der Formulierung „insbesondere".*

Eine abstrakt formulierte Generalvollmacht umfasst auch nicht die Vertretung in bestimmten **Gesundheitsangelegenheiten** (§ 1820 Abs. 2 Nr. 1 BGB), für eine freiheitsentziehende Unterbringung (§ 1820 Abs. 2 Nr. 2 BGB) oder für ärztliche Zwangsmaßnahmen (§ 1820 Abs. 2 Nr. 3 BGB). Hierfür muss die Vollmacht schriftlich erteilt werden und die Maßnahmen ausdrücklich umfassen.

2.7.1.2 Bedingte Vollmacht

Die Wirksamkeit der Vollmacht wird unter der aufschiebenden Bedingung erteilt, dass der Vollmachtgeber geschäftsunfähig oder handlungsunfähig ist.

Bedingte Vorsorgevollmachten sind praktisch nicht verwendbar, weil der Bedingungseintritt im Rechtsverkehr nicht zuverlässig nachgewiesen werden kann. Gleiches gilt, wenn die Vorsorgevollmacht auch nach außen von der Respektierung des Grundverhältnisses abhängig gemacht wird.

Beispiel nach OLG Köln, ZEV 2007, 592 (ebenso OLG Schleswig, NJW-RR 2010, 1316)

Bei einem Grundstückskaufvertrag wurde der Verkäufer durch einen Bevollmächtigten vertreten. Die Vollmacht war ausdrücklich nur für den Fall erteilt, dass der Vollmachtgeber infolge einer körperlichen und/oder geistigen Erkrankung in seiner Entscheidungsfreiheit so eingeschränkt ist, dass er seine Angelegenheiten nicht mehr selbst regeln kann.

Das Grundbuchamt verlangte zur Eigentumsumschreibung den Nachweis des Eintritts dieser Bedingung in Form des § 29 GBO. Der Bevollmächtigte legte ein ärztliches Attest vor, in dem der Arzt die entsprechende Erkrankung bestätigte. Das Grundbuchamt wies das Attest als unzureichend zurück.

Gründe: *Der Bedingungseintritt (Geschäftsunfähigkeit) muss durch öffentliche Urkunde nachgewiesen werden. Auch eine Beweiserleichterung greift in diesem Fall nicht ein. Es liegt auch kein Fall der Beweisnot vor. Der Vollmachtgeber hat es selbst zu verantworten, wenn er die Vollmacht unter eine Bedingung stellt, die nicht in* *grundbuchmäßiger Form nachzuweisen ist. Die ausdrückliche Bedingung „Geschäftsunfähigkeit" in der Vollmacht kann nicht in eine nur schuldrechtliche „Gebrauchsanweisung" umgedeutet werden.*

In dieser Entscheidung werden die Probleme deutlich, die bei einer Grundstücksbeurkundung aufgrund einer solchen Vollmacht entstehen. Der Bedingungseintritt kann nicht in Form des § 29 GBO nachgewiesen werden. Selbst wenn der Arzt seine Unterschrift beglaubigen lässt, nimmt die inhaltliche Richtigkeit der ärztlichen Erklärung nicht an der formellen Beweiskraft der Urkunde nach § 415 ZPO teil, weil sich die **Beweiskraft** der notariellen Beurkundung lediglich darauf **beschränkt**, dass eine derartige Erklärung abgegeben wurde, **nicht aber auch deren Richtigkeit umfasst** (§§ ZPO § 418, ZPO § 415 ZPO).

Abzuraten ist auch von der Aufnahme der Anweisung, von der Vollmacht nur im Falle des Eintritts des Vorsorge- bzw. Betreuungsfalls Gebrauch zu machen. Denn ist der Vollmachtstext insoweit nicht eindeutig bzw. bestehen berechtigte Zweifel, ob sich diese Anweisung auf das Innenverhältnis bezieht oder eine Bedingung der Vollmachtserteilung darstellt, so kann vom Grundbuchamt eine klarstellende zusätzliche Erklärung des Vollmachtgebers in der Form des § 29 GBO verlangt werden, aus der sich ergibt, dass die Vollmacht im Außenverhältnis unbeschränkt erteilt werden sollte, oder der Nachweis, dass die Voraussetzungen für das Gebrauchmachen der Vollmacht (Vorsorgefall) erfüllt sind (OLG Frankfurt, DNotZ 2011, 745).Eine solche Erklärung wird nach dem Eintritt des Vorsorgefalls nur schwer einholbar sein.

Praxistipp

▶ *Um derartigen Problemen zu entgehen, sollte die Anweisung, wann von der Vollmacht Gebrauch gemacht werden darf, in einer separaten Vereinbarung geregelt werden.*

2.7.1.3 Unbedingt erteilte Vorsorgevollmacht

Alternativ zur Erteilung der Vorsorgevollmacht unter einer aufschiebenden Bedingung besteht für den Vollmachtgeber die Möglichkeit, eine Person bedingungslos zu bevollmächtigen und lediglich in dem der Vollmachterteilung zugrundeliegenden Innenverhältnis die Ausübung der Vollmacht von Bedingungen abhängig zu machen.

Der **Vorteil** liegt darin, dass eine unbedingt erteilte Vollmacht den Rechtsverkehr von einer etwaigen Überprüfung des Bedingungseintritts befreit und daher im Verhältnis zu Dritten weitaus eher Anerkennung finden wird. Ferner kann der Vollmachtgeber ein Interesse daran haben, dass im Rechtsverkehr gegenüber Dritten nicht offenbar wird, dass er sich nicht mehr selbst zu helfen weiß und ohne einen Bevollmächtigten nicht mehr in der Lage ist, seine Angelegenheiten zu regeln.

Von **Nachteil** ist dagegen für den Vollmachtgeber, dass der Bevollmächtigte bereits in der Zeit vor Eintritt seiner Handlungs- oder Geschäftsunfähigkeit gegenüber Dritten missbräuchlich von der Vollmacht Gebrauch machen kann. Letzteres lässt sich u.a. dadurch vermeiden, dass der Vollmachtgeber dem Gebrauch der unbedingt erteilten Vorsorgevollmacht durch den Bevollmächtigten vor Eintritt seiner Handlungs- oder Geschäftsunfähigkeit dadurch vorbeugt, dass er die Vollmachtsurkunde einer ihm vertrauenswürdig erscheinenden dritten Person aushändigt (z.B. dem Hausarzt, dem Steuerberater oder dem Rechtsanwalt) mit der Weisung, sie erst nach Eintritt der Hilfsbedürftigkeit an den Bevollmächtigten weiterzuleiten.

Eine weitere Möglichkeit, dem Sicherungsbedürfnis des Vollmachtgebers vor Missbrauch zu genügen, ist eine notariell beurkundete Vollmacht, die erst mit Erlangung der Ausfertigung wirksam wird.

Bei dieser Gestaltung wird die Vollmacht unter der Bedingung erteilt, dass sie erst in Kraft tritt, wenn der Bevollmächtigte eine Ausfertigung der Urkunde besitzt.

Formulierungsbeispiel: Handhabung der Vollmacht

Die Vollmacht wird mit der Unterzeichnung dieser Urkunde wirksam und berechtigt meine Bevollmächtigten zum sofortigen Handeln. Die Bevollmächtigten werden jedoch im Innenverhältnis, also ohne Nachweispflicht gegenüber Dritten, angewiesen, von dieser Vollmacht nur in Abstimmung mit dem Vollmachtgeber oder dann Gebrauch zu machen, wenn der Vollmachtgeber durch Alter oder Krankheit daran gehindert ist, für sich selbst zu sorgen, und zwar nur in der eingangs bestimmten Reihenfolge, bei Verhinderung des jeweils vorrangig Bevollmächtigten.

Wirksamkeitsvoraussetzung der Vollmacht ist die Vorlage einer Ausfertigung dieser Vollmacht.

Untervollmacht darf im Rahmen der meinen Bevollmächtigten zuteilgewordenen Vertretungsmacht erteilt werden. Entscheidungen, die die Zustimmung zu ärztlichen Behandlungen, zu Unterbringungen und zu unterbringungsähnlichen Maßnahmen betreffen, haben meine Bevollmächtigten immer persönlich zu treffen. Eine Unterbevollmächtigung ist – mit Ausnahme einer Rechtsanwältin/eines Rechtsanwalts – insoweit nicht möglich.

Alternativ hierzu kann der Notar vom Vollmachtgeber i.S.v. § 51 Abs. 2 BeurkG angewiesen werden, dem Bevollmächtigten auf seinen Antrag eine Ausfertigungerst zu erteilen, wenn ihm eine ärztliche Bescheinigung vorgelegt wird, wonach der Vollmachtgeber die in der Vollmacht genannten Angelegenheiten ganz oder teilweise nicht mehr selbst wahrnehmen kann.

Formulierungsbeispiel: Ausfertigungen

Der beurkundende Notar, dessen Vertreter oder dessen Nachfolger im Amt wird angewiesen, meinem Bevollmächtigten eine 1. Ausfertigung dieser Urkunde nur dann zu erteilen, wenn durch Vorlage eines ärztlichen Attests nachgewiesen ist, dass ich meine Angelegenheiten ganz oder teilweise nicht mehr selbst wahrnehmen kann. Dem Notar wird insoweit hiermit Vollmacht erteilt, die Ausfertigung in meinem Namen meinem Bevollmächtigten auszuhändigen.

Auf Antrag sind meinem Bevollmächtigten jederzeit weitere Ausfertigungen und beglaubigte Abschriften dieser Urkunde in der von ihm benötigten Anzahl zu erteilen. Der beurkundende Notar, dessen Vertreter oder dessen Nachfolger im Amt wird angewiesen, meinem Bevollmächtigten die gewünschten Ausfertigungen zu erteilen, ohne dass er zur Vorlage der ihm ursprünglich erteilten Ausfertigung verpflichtet ist. Dies gilt nicht, wenn dem Notar der Widerruf dieser Vollmacht schriftlich zur Kenntnis gebracht wurde.

2.7.1.4 Transmortale und postmortale Vollmachten

Eine **transmortale** Vollmacht liegt vor, wenn diese mit Wirkung über den Tod hinaus Geltung haben soll. Ob eine ohne ausdrückliche Anordnung der Fortgeltung über den Tod hinaus erteilte Vorsorgevollmacht transmortale Geltung hat, ist umstritten.

Nach § 168 BGB bestimmt sich das Erlöschen der Vollmacht nach dem ihrer Erteilung zugrundeliegenden Rechtsverhältnis. Im Bereich von Vorsorgevollmachten ist dies regelmäßig ein Auftragsverhältnis, sodass die Vorsorgevollmacht nach der gesetzlichen Regelung des § 672 BGB (oder § 675 BGB für den Geschäftsbesorgungsvertrag) nicht durch den Tod des Auftraggebers (Vollmachtgebers) erlischt.

Nach den Entscheidungen des OLG Hamm vom 17.9.2002 und des OLG München vom 7.7.2014 ist jedoch durch Auslegung des Auftragsverhältnisses zu ermitteln, ob die Vollmacht über den Tod hinaus Geltung haben soll. Bei einer Vorsorgevollmacht, die dem Bevollmächtigten Vollmacht entsprechend dem Umfang der Vertretungsmacht eines Betreuers einräumen soll, erlischt sie mit dem Tod des Vollmachtgebers auch für den Bereich der Vermögensverwaltung (OLG Hamm, NJW-RR 2003, 800; OLG München, DNotZ 2014, 677). Dies soll sich aus dem Zweck der Vollmachtserteilung ergeben, bei welcher die Personenbetreuung im Mittelpunkt steht (OLG München a.a.O.).

Anders dagegen bei der **postmortalen** Vollmacht. Sie ist aufschiebend bedingt auf den Tod des Vollmachtgebers und wird erst nach seinem Tod wirksam.

Formulierungsbeispiel

▶ *Die Vollmacht bleibt in Kraft, auch wenn ich geschäftsunfähig werde oder sterbe.*

2.7.1.5 Einzelbevollmächtigung/Doppelbevollmächtigung/ Ersatzbevollmächtigung (Kontrollbevollmächtigung)

Einzelbevollmächtigung

Eine Vollmacht kann auf eine Einzelperson ausgestellt werden. Im Falle der Verhinderung des Bevollmächtigten ist jedoch dann die Kontinuität der Versorgung des Vollmachtgebers in Frage gestellt, möglicherweise wird sogar die Bestellung eines Betreuers erforderlich.

Doppelbevollmächtigung

Als mögliche Lösung bietet sich für diesen Fall eine sogenannte Doppelbevollmächtigung an, in der beiden Vertretern dieselben Aufgaben übertragen werden. Hier sind mehrere Alternativen denkbar, insbesondere, dass die Bevollmächtigten unabhängig voneinander handeln können oder die Bevollmächtigten lediglich zur Gesamtvertretung des Vollmachtgebers berechtigt sind. Auch kann in diesen Fällen unterschieden werden, ob es sich um vermögensrechtliche oder persönliche Angelegenheiten des Vollmachtgebers handelt.

Allerdings darf nicht übersehen werden, dass die Doppelbevollmächtigung in der Form der Gesamtvertretung im Rechtsverkehr nur eingeschränkt praktikabel ist, denn es wird nur selten die Möglichkeit für beide Bevollmächtigte bestehen, sich vor jeder einzelnen Entscheidung abzusprechen und auf dieser Grundlage gemeinsam zu handeln.

Aus praktischen Gründen wird daher die Erteilung von Einzelvertretungsbefugnissen vorzuziehen sein.

Muster Einzelvertretungsbefugnis

Nach eingehender Beratung über die Möglichkeiten der rechtlichen Vorsorge und deren Tragweite und nach eingehender Belehrung über die mit der Erteilung einer Vorsorgevollmacht verbundenen Risiken

bevollmächtige ich

Herr/Frau ...

– nachstehend Vollmachtgeber genannt –

im Vollbesitz meiner geistigen Kräfte und in Kenntnis der Tragweite meiner Anordnungen zur Vermeidung einer rechtlichen Betreuung gemäß § 1814 Absatz 1 BGB hiermit gem. §§ 164, 167 ff. BGB

meinen Sohn, Herrn ...

und

meine Tochter, Frau ...

– nachstehend Bevollmächtigte genannt –

und zwar je einzeln und alleinvertretungsberechtigt, jedoch mit den unten gesondert aufgeführten Einschränkungen,

mich in allen persönlichen und vermögensrechtlichen Angelegenheiten, soweit eine Stellvertretung gesetzlich zulässig ist, gerichtlich und außergerichtlich zu vertreten und meine Rechte zu wahren. Die Rechtshandlungen meiner Bevollmächtigten sollen dieselbe Wirksamkeit haben, wie wenn ich sie selbst ausführen würde.

Zur Klarstellung sollte man in die Urkunde eine Einschränkung dahingehend aufnehmen, dass ein **Widerruf** der Vollmacht unter den Bevollmächtigten nicht möglich ist.

Zwar ist nach der Rechtsprechung ein Widerruf unter gleichrangigen Bevollmächtigten ausgeschlossen, da diese Möglichkeit vom Willen des Vollmachtgebers nicht gedeckt sei (OLG Karlsruhe, Beschluss v. 3.2.2010 – 19 U 124/09, BtPrax 2010, 178). Jedoch kann die Vollmacht durch einen Widerruf unter den Bevollmächtigten in der Praxis bis zu einer Klärung der Wirksamkeit des Widerrufs „lahmgelegt" werden. Es bietet sich daher an, bei Bevollmächtigung mehrerer Personen folgende Einschränkung in die Vollmachtsurkunde mit aufzunehmen.

Formulierungsbeispiel: Einschränkungen der Vollmacht

> *Ein gegenseitiger Widerruf dieser und anderer den Bevollmächtigten durch mich erteilten Vollmachten (z.B. Bankvollmachten) durch die Bevollmächtigten untereinander ist nicht möglich. Auch sind die Bevollmächtigten nicht berechtigt, die dieser Vollmacht zugrunde liegenden Verträge zu kündigen.*

Zweckmäßig kann die Anordnung der Gesamtvertretung dagegen im Hinblick auf besonders **gewichtige Aufgabenbereiche** sein, so insbesondere in höchstpersönlichen Angelegenheiten wie Gesundheitsangelegenheiten, Unterbringung etc., da es den Bevollmächtigten in solchen Ausnahmefällen durchaus zumutbar ist, ihr Handeln entsprechend aufeinander abzustimmen.

Formulierungsbeispiel: Einschränkungen der Vollmacht

> *Bei Entscheidungen im Bereich der Gesundheitssorge können meine Bevollmächtigten mich nur gemeinsam vertreten. Die ihnen erteilte Einzelvertretungsbefugnis gilt insoweit nicht.*

Die Gefahr bei dieser Gestaltung besteht darin, dass einer der Bevollmächtigten selbst nicht oder nicht rechtzeitig handeln kann. Alternativ kann es bei der Einzelvertretungsbefugnis im Außenverhältnis bleiben.

Im Innenverhältnis wäre dann eine Handlungsanweisung dahingehend zu erteilen, dass die Bevollmächtigten im Bereich der Gesundheitssorge nach Möglichkeit gemeinsam handeln sollen. Allerdings besteht hier das Risiko wiederum darin, dass ein Bevollmächtigter die Handlungsanweisung missachtet und die Entscheidung ohne Absprache mit dem Mitbevollmächtigten trifft.

Praxishinweis

> *Werden mehrere Personen in der Vollmachtsurkunde mit Einzelvertretungsbefugnis ausgestattet, sollte im Innenverhältnis die Rangfolge geregelt werden, um Unklarheiten zu beseitigen.*

Formulierungsbeispiel

> *Die Beauftragten sind in der Vorsorgevollmacht des Auftraggebers mit einer gleichrangigen Einzelvertretungsberechtigung nebeneinander ausgestattet. Die Bevollmächtigung ist von den Beauftragten einvernehmlich auszuüben, vorrangig soll jedoch nach Möglichkeit Herr/Frau … handeln.*

Ersatzbevollmächtigung

Für den Fall, dass der Bevollmächtigte als Vertreter ausfällt, weil er das Amt nicht oder nicht mehr wahrnehmen kann oder will, sollte der Vollmachtgeber einen Ersatzbevollmächtigten benennen. Die Ersatzbevollmächtigung sollte jedoch im Außenverhältnis nicht unter der Bedingung der Handlungs- und Geschäftsunfähigkeit des Bevollmächtigten stehen, sondern ebenso wie die Bestellung des Bevollmächtigten durch den Vollmachtgeber bedingungslos erfolgen. Entsprechende Regelungen über das Rangverhältnis sind im Grundverhältnis zu regeln. Der Ersatzbevollmächtigte sollte ohne Einschränkung alleinvertretungsberechtigt und nur im Innenverhältnis auf den Vertretungsfall beschränkt sein.

Formulierungsbeispiel

▶ *Herr/Frau … ist neben dem Bevollmächtigten … in der Vollmacht des Auftraggebers mit einer Einzelvertretungsbefugnis ausgestattet. Von dieser darf jedoch nur dann Gebrauch gemacht werden, wenn der Bevollmächtigte … an der Ausübung der Vollmacht gehindert ist. Herr/Frau … ist insoweit Ersatzbevollmächtigter.*

Kontrollbevollmächtigung

Einen Unterfall der Doppelbevollmächtigung bildet die sogenannte Kontrollbevollmächtigung.

Der Vollmachtgeber kann im Vorsorgefall die Handlungen des Bevollmächtigten oft nicht überwachen, da er seine Angelegenheiten nicht mehr regeln kann. Daher entsteht bei jeder Vorsorgevollmacht, bei der nur ein Bevollmächtigter eingesetzt ist, zwangsläufig ein Bereich, für den keine Kontrolle möglich wird. In diesen Fällen müsste eigentlich regelmäßig ein Betreuer zur Überwachung des unbeaufsichtigten Vertreters bestellt werden.

Nach §§ 1815 Abs. 3, 1820 Abs. 3 BGB (§ 1896 Abs. 3 BGB a.F.) kann zum Aufgabenkreis eines Betreuers auch die Geltendmachung von Rechten des Betreuten gegenüber seinem Bevollmächtigten zählen. Ein Kontrollbetreuer darf jedoch nur dann bestellt werden, wenn dies erforderlich ist. Auch hier gilt der Grundsatz der Subsidiarität der Betreuung. Nach ständiger höchstrichterlicher Rechtsprechung reicht die Tatsache, dass der Vollmachtgeber aufgrund seiner Erkrankung nicht mehr in der Lage ist seinen Bevollmächtigten zu überwachen, für sich alleine betrachtet nicht aus, um ein Betreuungsbedürfnis zu begründen (zuletzt BGH, Beschluss v. 9.9.2015 – XII ZB 125/15, DNotZ 2016, 52). Hinzutreten müssen weitere Umstände, die die Errichtung einer Kontrollbetreuung erforderlich machen. Notwendig ist dabei der konkrete, d.h. durch hinreichende tatsächliche Anhaltspunkte untermauerte Verdacht, dass mit der Vollmacht dem Betreuungsbedarf nicht Genüge getan wird (BGH, DNotZ 2016, 52, FamRZ 2014, 1693 Rn. 11). Dabei ist ein Missbrauch der Vollmacht oder ein entsprechender Verdacht nicht erforderlich. Ausreichend für die Anordnung einer Kontrollbetreuung sind konkrete Anhaltspunkte dafür, dass der Bevollmächtigte nicht mehr entsprechend der Vereinbarung und dem Interesse des Vollmachtgebers handelt (BGH, DNotZ 2016, 52). Weitere Voraussetzung für die Anordnung einer Kontrollbetreuung ist das Vorliegen einer wirksam erteilten Vollmacht (BayObLG, FamRZ 1993, 1249).

In Ausnahmefällen kann das Gericht anstelle eines Kontrollbetreuers einen Vollbetreuer einsetzen. Zwar steht das Bestehen einer wirksamen Vorsorgevollmacht der Bestellung eines Betreuers grundsätzlich entgegen. Nach der Rechtsprechung des Bundesgerichtshofes (BGH, Beschluss v. 17.2.2016 – XII ZB 498/15, FGPrax 2016, 127) kann eine Betreuung trotz bestehender Vollmacht dann erforderlich sein, wenn

- **Zweifel** an der Wirksamkeit der Vollmachtserteilung oder am Fortbestand der Vollmacht bestehen und diese Zweifel geeignet sind, die Akzeptanz der Vollmacht im Rechtsverkehr und damit die Wahrnehmung der Rechte des Vollmachtgebers durch den Betroffenen zu beeinträchtigen, oder
- wenn **der Bevollmächtigte ungeeignet** ist, die Angelegenheiten des Vollmachtgebers zu besorgen, insbesondere weil zu befürchten ist, dass die Wahrnehmung der Interessen des Vollmachtgebers durch den Bevollmächtigten eine konkrete Gefahr für das Wohl des Vollmachtgebers begründet. Dies ist dann der Fall, wenn der Bevollmächtigte wegen erheblicher Zweifel gegen seine Geeignetheit oder seine Redlichkeit oder als ungeeignet erscheint.

Diese durch die bisherige höchstrichterliche Rechtsprechung formulierten Voraussetzungen sind nunmehr in § 1820 Abs. 3 BGB normiert. Hiernach darf ein Kontrollbetreuer nur bestellt werden, wenn der Vollmachtgeber aufgrund einer Krankheit oder Behinderung nicht mehr in der Lage ist, seine Rechte gegenüber dem Bevollmächtigten auszuüben, und wenn aufgrund konkreter Anhaltspunkte davon auszugehen ist, dass der Bevollmächtigte die Angelegenheiten des Vollmachtgebers nicht entsprechend der Vereinbarung oder dem erklärten oder mutmaßlichen Willen des Vollmachtgebers besorgt.

Neu ist die neben die Möglichkeit des Widerrufs der Vorsorgevollmacht durch den Betreuer (§ 1820 Abs. 5 BGB) tretende Sanktionierung durch ein vorübergehendes Verbot der Ausübung der Vorsorgevollmacht an den Bevollmächtigten durch das Betreuungsgericht und die Herausgabe der Vollmachtsurkunde an den Betreuer (§ 1820 Abs. 4 BGB).

Voraussetzung hierfür ist, dass die dringende Gefahr besteht, dass der Bevollmächtigte nicht den Wünschen des Vollmachtgebers entsprechend handelt und dadurch die Person des Vollmachtgebers oder dessen Vermögen erheblich gefährdet oder der Bevollmächtigte den Betreuer bei der Wahrnehmung seiner Aufgaben behindert.

Liegen diese Voraussetzungen nicht mehr vor, hat das Betreuungsgericht die Anordnung aufzuheben und den Betreuer zu verpflichten, dem Bevollmächtigten die Vollmachtsurkunde herauszugeben, wenn die Vollmacht nicht erloschen ist.

Muster: Antrag auf Bestellung eines Kontrollbetreuers

An das Amtsgericht Betreuungsgericht …

Az. neu

Betreuung für Herrn …

Unter Vorlage einer Kopie der auf uns lautenden Vollmacht zeigen wir an, dass wir mit der Wahrnehmung der Interessen des Herrn … beauftragt sind.

Namens und in Vollmacht unseres Mandanten regen wir an, für den Betroffenen einen Betreuer mit dem Aufgabenkreis der Geltendmachung von Rechten des Betroffenen gegenüber seinen Bevollmächtigten nach § 1820 Abs. 3 BGB zu bestellen.

Begründung:

Unser Mandant ist der Sohn des Betroffenen. Dieser hat seinem weiteren Sohn und Bruder unseres Mandanten unter dem Az. ... eine umfassende Vorsorgevollmacht erteilt. Eine Kopie der Vollmachtsurkunde ist beigefügt.

Beweis: Vorsorgevollmacht vom ..., beigefügt in Kopie als Anlage 1

Gegen die Wirksamkeit der Vollmacht bestehen keine Bedenken. Insbesondere gibt es keine Anhaltspunkte dafür, dass der Betroffene zum Zeitpunkt der Vollmachtserteilung geschäftsunfähig war.

Nach Kenntnis unseres Mandanten, der bis zur Bevollmächtigung des Bruders die Steuerangelegenheiten des Betroffenen regelte, verfügte der Betroffene zum Zeitpunkt der Vollmachtserteilung über ein Kapitalvermögen in Höhe von rund 350.000 EUR. Darunter befand sich ein Sparkonto bei der Sparkasse in Höhe von 100.000 EUR. Weiteres Vermögen ist nicht vorhanden.

Wie unser Mandant nun von der vom Vorsorgebevollmächtigten getrennt lebenden Ehefrau, Frau ..., wohnhaft ..., erfahren hat, soll Herr ... in Ausübung seiner Vollmacht das Sparkonto gekündigt haben und der Betrag soll ihm ausgezahlt worden sein. Die Kündigung des Sparbuches und Auszahlung an den Bevollmächtigten ist nicht in Einklang mit dem Willen des Betroffenen zu bringen. Dieser hatte das Sparbuch zur Deckung seiner Pflegekosten zurückgelegt. Nun soll ein Teil des abgehobenen Betrages nach Angaben der Zeugin Frau ... in die Anschaffung eines neuen Pkw des Vorsorgebevollmächtigten geflossen sein. Frau ... hat sich bereit erklärt, den Sachverhalt vor Gericht zu bezeugen.

Aufgrund seiner Demenzerkrankung ist der Betroffene nicht mehr in der Lage, seine Kontrollbefugnisse gegenüber dem Bevollmächtigten auszuüben. Durch das Handeln des Bevollmächtigten, das dem Willen des Betroffenen widerspricht, sind die Vermögensinteressen des Betroffenen und dessen Versorgung im Falle des Eintritts der Heimbedürftigkeit unmittelbar gefährdet.

Unterschrift Rechtsanwalt

Hinweise zum Muster:

Örtlich zuständig ist das Betreuungsgericht, in dessen Bezirk der Betroffene seinen gewöhnlichen Aufenthalt hat, § 273 Abs. 1 Nr. 2 FamFG, oder das Gericht, in dessen Bezirk das Bedürfnis der Fürsorge hervortritt. Funktionell zuständig ist der Richter (§ 15 Abs. 1 Nr. 1 RPflG n.F.).

Möchte man spätere Streitigkeiten rund um die Vollmacht vermeiden, sollte man der Möglichkeit der Anordnung einer Kontrollbetreuung durch Benennung eines qualifizierten Kontrollbevollmächtigten die Grundlage entziehen. Denn die Betreuung darf wegen des

Erforderlichkeitsgrundsatzes nur dort angeordnet werden, wo der Vollmachtgeber selbst eine Lücke hinterlassen hat. Sorgt der Vollmachtgeber selbst für die Einhaltung und Überwachung seiner Interessen im Fall seines eigenen Unvermögens, bleibt für die Anordnung einer Kontrollbetreuung kein Raum.

Die Benennung eines Kontrollbevollmächtigten hat jedoch auch im Hinblick auf den **späteren Erbfall** positive Effekte. Zwischen dem Vollmachtgeber und dem Bevollmächtigten entsteht nämlich regelmäßig ein Auftragsverhältnis. Aus dem Auftragsverhältnis als gesetzliches Schuldverhältnis erwachsen u.a. Auskunfts- und Rechnungslegungspflichten des Bevollmächtigten gegenüber dem Vollmachtgeber. Diese Rechte und Pflichten gehen mit dem Erbfall auf den Erben über. Fallen die Person des Erben und des Bevollmächtigten auseinander, ist Ärger vorprogrammiert. Zum Verhängnis kann hier insbesondere die gesetzliche Beweislastverteilung werden. Da der Bevollmächtigte im Rahmen seiner Rechenschaftspflicht darzulegen und zu beweisen hat, dass und welche Aufwendungen er für den Vollmachtgeber getätigt hat, zahlt er möglicherweise in den Nachlass, wenn ihm dieser Nachweis nicht gelingt. Die Rechenschaft kann unter Umständen über einen Zeitraum mehrerer Jahre hinweg verlangt werden. Wurde ein Kontrollbevollmächtigter benannt, welchem gegenüber jährlich Rechenschaft zu legen ist, so ist der Anspruch erfüllt und kann von den Erben mehr verlangt werden.

Zu Einzelheiten zum Auftragsverhältnis siehe unten unter 2.15 ff.

In der Praxis kann ein fachlich qualifizierter Kontrollbevollmächtigter (beispielsweise eine Rechtsanwältin/ein Rechtsanwalt) auch die Funktion haben, dem Bevollmächtigten bei der Erledigung seiner Aufgaben mit Rat und Tat zur Seite zu stehen und damit eine gewisse Hilfsfunktion auszuüben.

Formulierungsbeispiel

▶ *Zu meinem Kontrollbevollmächtigten über die Frau/Herrn … erteilte Vollmacht bevollmächtige ich hiermit im rechtlich weitestmöglichen Umfang Herrn Rechtsanwalt …, geboren am …, kanzleiansässig …, ersatzweise eine/n durch meine Bevollmächtigten zu bestimmende/n Rechtsanwalt/-anwältin der deutschen Vereinigung für Vorsorge und Betreuungsrecht (dvvb).*

Mein Kontrollbevollmächtigter soll meine Interessen bei allen im Zusammenhang mit der Vollmacht zwischen mir und dem Bevollmächtigten auftretenden Problemen vertreten und auf eine gütliche Einigung hinwirken und alle meine Rechte aus dem dieser Vorsorgevollmacht zugrunde liegenden Geschäftsbesorgungsvertrag wahrnehmen, wenn ich dazu selbst nicht mehr in der Lage bin.

Hierzu zählen im Einzelfall:

- *Verlangen nach Auskunft und Rechnungslegung wie der Auftraggeber*
- *Widerruf der Vollmacht*
- *Geltendmachung des durch die Geschäftsführung Erhaltenen für den Auftraggeber*
- *Herausverlangen des zur Auftragsführung Erhaltenen für den Auftraggeber*

- *Erheben von Schadensersatzansprüchen zugunsten des Auftraggebers*
- *Entscheidung über das Abweichen vom Auftrag, § 665 Satz 2 BGB*
- *Jährliche Prüfung der Rechnungslegung und Entlastung des Beauftragten für seine Tätigkeit mit befreiender Wirkung gegenüber dem Auftraggeber und seinen Rechtsnachfolgern*

Formulierungsbeispiel: Innenverhältnis zu den Pflichten des Kontrollbevollmächtigten

▶ *Die Rechte des Beauftragten als Kontrollbevollmächtigter richten sich im Wesentlichen nach der Vorsorgevollmacht des Auftraggebers. Der Beauftragte hat seine Rechte als Kontrollbevollmächtigter nach eigenem pflichtgemäßen Ermessen auszuüben.*

Mit zuverlässiger Kenntnis der Beauftragten von Unstimmigkeiten zwischen dem Auftraggeber und seinen Bevollmächtigten oder bei Unstimmigkeiten zwischen diesen untereinander oder diesen und dritten Personen im Zusammenhang mit ihrer Bevollmächtigung oder im Fall eines Missbrauchs der Vollmacht durch einen der Bevollmächtigten des Auftraggebers hat der Beauftragte als Kontrollbevollmächtigter seines Auftraggebers die Rechte und Interessen des Auftraggebers wahrzunehmen und durchzusetzen. Dabei soll der Beauftragte nach Möglichkeit immer auf eine gütliche Einigung hinwirken.

Nach den Bestimmungen der Vorsorgevollmacht unterliegen folgende Rechtsgeschäfte der Zustimmung der Kontrollbevollmächtigten:

die Veräußerung, Übertragung und Belastung der Immobilien des Auftraggebers mit Ausnahme von Belastungen zugunsten des Sozialhilfeträgers und

- *die dauerhafte Heimunterbringung sowie die Auflösung des Haushalts des Auftraggebers.*

Der Beauftragte entscheidet über die Erteilung oder Versagung der Zustimmung nach eigenem pflichtgemäßen Ermessen. Er ist bei seiner Entscheidung lediglich an das Wohl des Auftraggebers gebunden. Die Zustimmung ist zu versagen, wenn das beabsichtigte Rechtsgeschäft dem Wohl des Auftraggebers zuwiderläuft.

Bei Veräußerungsgeschäften oder Belastungen ist insbesondere zu prüfen, ob finanzielle Mittel für den Auftraggeber, bspw. für seine Pflege und/oder Gesundheit, durch die Veräußerung oder Belastung beschafft werden müssen und ob sichergestellt ist, dass die erzielten Erlöse tatsächlich für den Auftraggeber Verwendung finden. Der Beauftragte darf insoweit von dem Bevollmächtigten die entsprechenden Nachweise anfordern. Er hat dem Bevollmächtigten weniger einschneidende Alternativen aufzuzeigen und diese mit ihm zu erörtern.

Vor Erteilung der Zustimmung zu einer dauerhaften Heimunterbringung hat der Beauftragte soweit möglich den Auftraggeber persönlich anzuhören. Er hat zu prüfen, ob durch Hinzuziehung weiterer pflegerischer Dienstleistungen eine adäquate

Pflege in der Wohnung des Auftraggebers auch weiterhin gewährleistet werden kann. Hierzu darf er auf Rechnung des Auftraggebers fachkundigen Rat, bspw. eines Arztes der Fachrichtung Palliativmedizin, einholen. Die Zustimmung ist zu erteilen, wenn eine adäquate Pflege zu Hause nicht mehr gewährleistet werden kann.

2.7.1.6 Verfahrensbevollmächtigung, Unterstützungsbevollmächtigung

Nach § 276 FamFG hat das Gericht dem Betroffenen einen geeigneten Verfahrenspfleger zu bestellen, wenn dies zur Wahrnehmung der Interessen des Betroffenen erforderlich ist. Regelmäßig ist das dann der Fall, wenn der Betroffene sich nicht mehr im Verfahren äußern kann.

Bei der Ausübung von Vorsorgevollmachten kommt die Bestellung eines Verfahrenspflegers insbesondere dann in Betracht, wenn wegen eines Dissenses zwischen Bevollmächtigten und dem behandelnden Arzt bspw. über den Abbruch von lebensverlängernden Maßnahmen eine gerichtliche Entscheidung herbeigeführt werden muss (§ 298 Abs. 2 FamFG), oder bei der Genehmigung einer Einwilligung in eine ärztliche Zwangsmaßnahme nach § 1906 a Abs. 1 BGB (§ 317 Abs. 1 Satz 3 FamFG).

Nach § 276 Abs. FamFG soll die Bestellung eines Verfahrenspflegers unterbleiben oder aufgehoben werden, wenn die Interessen des Betroffenen von einem Rechtsanwalt oder einem anderen geeigneten **Verfahrensbevollmächtigten** vertreten werden.

Formulierungsbeispiel

▶ *Als Unterstützungsbevollmächtigten über diese Vollmacht und als Verfahrensbevollmächtigten für alle im Zusammenhang mit dieser Urkunde und der Patientenverfügung des Vollmachtgebers gegebenenfalls notwendigen Verfahrenspflegschaften (§§ 276, 297 Abs. 5, 298 Abs. 2, 317 FamFG) bevollmächtige ich hiermit im rechtlich weitestmöglichen Umfang als meinen Vertreter i.S.d. §§ 276 Abs. 5, 317 Abs. 5 FamFG Herrn Rechtsanwalt ..., ersatzweise eine/n durch meine Bevollmächtigten zu bestimmende/n Rechtsanwalt/-anwältin der deutschen Vereinigung für Vorsorge und Betreuungsrecht (dvvb).*

Als Unterstützungsbevollmächtigter soll er die Bevollmächtigten im Bedarfsfall bei ihrer Tätigkeit als Bevollmächtigte unterstützen und ihnen Leistungen seiner Netzwerkpartner vermitteln.

Formulierungsbeispiel: Geschäftsbesorgungsvertrag mit dem Unterstützungsbevollmächtigten

▶ *Der Beauftragte hat als Unterstützungsbevollmächtigter die Bevollmächtigten des Auftraggebers nach Kräften zu unterstützen und zu beraten. Dies gilt insbesondere bei Entscheidungen, welche die Patientenverfügung des Auftraggebers betreffen.*

Formulierungsbeispiel: Geschäftsbesorgungsvertrag mit dem Verfahrensbevollmächtigten

Als Verfahrensbevollmächtigter verpflichtet sich der Beauftragte, die Interessen des Auftraggebers in allen im Zusammenhang mit der Vorsorgevollmacht und den Patientenverfügungen des Auftraggebers ggf. notwendigen Verfahrenspflegschaften selbstständig und nicht weisungsgebunden wahrzunehmen. Er hat die verfahrensgemäßen Rechte des Auftraggebers zu wahren. Insbesondere hat der Beauftragte den tatsächlichen oder mutmaßlichen Willen des Auftraggebers zu erforschen und in das Verfahren einzubringen. Dies geschieht in erster Linie durch eine persönliche Anhörung und Befragung des Auftraggebers bzw. durch Verschaffung eines persönlichen Eindrucks vom Auftraggeber.

2.7.1.7 Untervollmacht

Grundsätzlich ist im Wege der Auslegung zu ermitteln, ob ein Bevollmächtigter berechtigt ist, einen Unterbevollmächtigten mit der Wahrnehmung der ihm übertragenen Aufgaben zu betrauen. Ausgangspunkt der Auslegung nach Wortlaut und Sinn ist das Interesse des Vertretenen am persönlichen Vertreterhandeln. Je weiter die Vollmacht reicht, desto eher kann eine Befugnis zur Unterbevollmächtigung für einzelne Angelegenheiten angenommen werden. Führt die Auslegung zu keinem eindeutigen Ergebnis, ist grundsätzlich der geringere Umfang der Vollmacht und damit keine Befugnis zur Unterbevollmächtigung anzunehmen.(OLG München Beschluss v. 21.4.2011 – 34 Wx 1/11, BeckRS 2011, 22446).

Bei Vollmachten, die innerhalb eines Vertrauensverhältnisses erteilt werden, ist im Zweifel davon auszugehen, dass eine Berechtigung zur Unterbevollmächtigung nicht besteht (BGH, WM 1959, 377 ff.). Ein Generalbevollmächtigter hingegen soll in der Regel begrenzte Untervollmachten erteilen können.

Bei der Vorsorgevollmacht bedeutet dies, dass man hier zu differenzieren hat.

Soweit der Vollmachtgeber zur Erledigung seiner Angelegenheiten selbst Dritte eingesetzt hat oder dies verkehrsüblich ist, ist auch der Bevollmächtigte mangels gegenteiliger Weisungen in der Vollmachtsurkunde nicht zur Wahrnehmung der ihm übertragenen Aufgaben in persona verpflichtet. Die Bevollmächtigung umfasst insoweit auch die Befugnis zur Delegation.

Während im Bereich der Vermögenssorge von einer Befugnis zu Unterbevollmächtigung auszugehen ist, wird in Angelegenheiten der Personensorge die Auslegung der Vollmacht eher dafür sprechen, dass die Delegation der übertragenen Aufgaben an Dritte ausgeschlossen sein soll.

Um Unklarheiten zu vermeiden, sollte die Vorsorgevollmacht einen Hinweis darauf enthalten, ob und in welchem Umfang (möglicherweise auch an wen) der Bevollmächtigte ermächtigt sein soll, Untervollmachten zu erteilen.

Formulierungsbeispiel

▶ *Untervollmacht darf im Rahmen der meinen Bevollmächtigten zuteilgewordenen Vertretungsmacht erteilt werden. Die Vertretungsmacht des Unterbevollmächtigten ist auf die Geschäfte des täglichen Lebens zu beschränken und berechtigt den Unterbevollmächtigten nur zur Verfügung über mein laufendes Girokonto im Rahmen des eingeräumten Limits. Entscheidungen, die die Zustimmung zu ärztlichen Behandlungen, zu Unterbringungen und zu unterbringungsähnlichen Maßnahmen betreffen, haben meine Bevollmächtigten immer persönlich zu treffen. Eine Unterbevollmächtigung ist – mit Ausnahme eines Rechtsanwalts/einer Rechtsanwältin – insoweit nicht möglich.*

2.8 Vorsorgevollmachten und Erbrecht

2.8.1 Widerruf wechselbezüglicher oder vertragsmäßiger letztwilliger Verfügungen gegenüber dem geschäftsunfähigen Ehegatten

Ein durchaus praxisrelevantes Problem ist der Widerruf von wechselbezüglichen oder vertragsgemäßen letztwilligen Verfügungen gegenüber dem geschäftsunfähigen Ehegatten. Ist der eine Ehegatte geschäftsunfähig und infolgedessen ein gemeinschaftlicher Widerruf nicht möglich, bleibt nur ein einseitiger Widerruf der wechselbezüglichen Verfügungen durch den geschäftsfähigen Ehegatten. Der Widerruf ist gem. § 2271 Abs. 1 Satz 1 BGB zu Lebzeiten des anderen Ehegatten durch notariell beurkundete Widerrufserklärung möglich, die dem anderen Ehegatten im Original oder Ausfertigung zugehen muss. Da § 2271 Abs. 2 Satz 1 BGB den Verlust der Geschäftsfähigkeit auch nicht dem Tod des anderen Ehegatten gleichstellt, ist ein wirksamer Widerruf nach h.M. auch möglich, nachdem beim anderen Ehegatten Geschäftsunfähigkeit (bzw. Testierunfähigkeit) eingetreten ist (OLG Nürnberg, NJW 2013, 2909; OLG Hamm, Beschluss 5.11.2013, BeckRS 2014, 00943; Grüneberg/*Weidlich*, § 2271, 82. Aufl. Rn. 6; NK-BGB Bd. 5; *Müßig*, § 2271 Rn. 15).

Die weit überwiegende Auffassung und jetzt auch der **BGH** (NJW 2021, 1434; BeckRS 2021, 3387) nehmen an, dass der Rücktritt vom Erbvertrag – bzw. der Widerruf wechselbezüglicher Verfügungen – bei Geschäftsunfähigkeit des anderen Vertragschließenden – bzw. anderen Ehegatten – gegenüber einem von diesem wirksam Bevollmächtigten erfolgen kann (vgl. LG Leipzig, FamRZ 2010, Seite 403; BeckOK BGB/*Litzenburger, 64. Edition*, Stand 1.11.2022, § 2271 Rn. 20 i.V.m § 2296 Rn. 5; BeckOGK/*Braun*, Stand 15.7.2020, § 2271 Rn. 50; BeckOK/Litzenburger, 64. Edition Stand 1.11.2022, § 2296 Rn. 5; *Burandt/Rojahn/Braun*, Erbrecht, 2. Aufl., § 2271 BGB Rn. 17c; *Erman/S. Kappler/T. Kappler*, BGB, 16. Aufl., § 2296 Rn. 3; *Jauernig/Stürner*, BGB, 18. Aufl., § 2271 Rn. 2 und § 2296 Rn. 1; jurisPK-BGB/*Reymann*, Stand 3.4.2020, § 2271 Rn. 27 f.; jurisPK-BGB/*B. Hamdan/R. Hamdan*, Stand 18.5.2020, § 2296 Rn. 9; MüKo-BGB/*Musielak*, 8. Aufl., § 2296 Rn. 5 i.V.m § 2271 Rn. 8; Grüneberg/*Weidlich*, BGB, 82. Aufl., § 2296 Rn. 3 i.V.m § 2271 Rn. 6; Reimann/Bengel/Dietz/J. Mayer/*Sammet*, Testament und Erbvertrag, 7. Aufl., § 2271 BGB

Rn. 20; Reimann/Bengel/Dietz/J. Mayer/*Röhl,* Testament und Erbvertrag, 7. Aufl., § 2296 BGB Rn. 6; Staudinger/*Kanzleiter,* BGB, 2019 § 2271 Rn. 14; *Müller/Renner,* Betreuungsrecht und Vorsorgeverfügungen in der Praxis, 3. Aufl. Rn. 194; Nieder/Kössinger/*R. Kössinger/Zintl*, Handbuch der Testamentsgestaltung, 6. Aufl., § 11 Rn. 6; *Keim,* ZEV 2010, 358; *Lange,* jurisPR-FamR 12/2010 Anm. 2; wohl auch *Soergel/Wolf,* BGB, 13. Aufl., § 2296 Rn. 3).

Nach richtiger Ansicht kann der Rücktritt vom Erbvertrag gemäß § 2296 Abs. 2 Satz 1 BGB bei Geschäftsunfähigkeit des anderen Vertragschließenden jedenfalls grundsätzlich wirksam gegenüber dessen Vorsorgebevollmächtigtem erfolgen. Begründen lässt sich dies damit, dass § 131 Abs. 1 nur den Zugang einer Willenserklärung beim gesetzlichen Vertreter regelt und dadurch die Möglichkeit des Zugangs einer Willenserklärung bei einem Empfangsbevollmächtigten nach § 164 Absatz III nicht verdrängt wird (BeckOK BGB/*Litzenburger* Rn. 14 c mit weiteren Argumenten; jurisPK-BGB/*Reymann,* Rn. 27).

Ist der Ehegatte selbst bevollmächtigt, kann er den Widerruf nur entgegennehmen, wenn er von den Beschränkungen des § 181 befreit ist und kein Fall des Missbrauchs der Vertretungsmacht (§ 242) vorliegt (*Keim,* ZEV 2010, 358, 360; BeckOK BGB/*Litzenburger* Rn. 14 c; Gutachten DNotI-Report 2015, 105, 106), wonach ein Missbrauch u. a. dann vorliegt, wenn durch das Handeln des Widerrufenden auch als Bevollmächtigter des Empfängers die Ausübung des Widerrufs verschleiert werden soll.

2.8.2 Vorsorgevollmachten und erbrechtliche Verträge

Ob der Bevollmächtigte den Vollmachtgeber beim Abschluss eines Erb- oder Pflichtteilsverzichtsvertrages vertreten kann, hängt davon ab, auf wessen Seite die Stellvertretung erfolgen soll. Geregelt ist die Zulässigkeit der Vertretung in § 2347 BGB zum Erbverzichtsvertrag. Die Vorschrift ist jedoch auf alle Arten von Erbverzichtsverträgen anzuwenden, also auch auf den Zuwendungsverzicht nach § 2352 Satz 3 BGB.

2.8.3 Rechtsgeschäftliche Vertretung des Erblassers

Nach § 2347 Abs. 2 BGB kann der Erblasser den Erb- oder Pflichtteilsverzichtsvertrag nur persönlich abschließen. Ist er geschäftsunfähig, kann der Vertrag durch seinen gesetzlichen Vertreter (Betreuer) geschlossen werden. Der Betreuer benötigt hierfür die Genehmigung des Betreuungsgerichts, § 2347 BGB. Ferner muss der Aufgabenkreis des Betreuers den Erbverzicht umfassen (MüKo/*Wegerhoff*, 8. Aufl. 2020, § 2347 Rn. 10), er muss demnach für den Aufgabenkreis „erbrechtliche Angelegenheiten" bestellt worden sein.

Praxistipp

Der Verzicht kann von dem Betreuer nur wirksam abgegeben werden, wenn der Erblasser tatsächlich geschäftsunfähig ist, weshalb es sich in der Praxis empfiehlt, sowohl den Erblasser als auch den Betreuer den Verzicht erklären zu lassen (MüKo/Wegerhoff a.a.O.).

Der Erblasser kann sich nicht rechtsgeschäftlich vertreten lassen, da es sich hierbei um ein höchstpersönliches Rechtsgeschäft handelt, bei dem eine Stellvertretung ausgeschlossen ist (OLG Düsseldorf, NJW-RR 2002, 584). Der Vorsorgebevollmächtigte kann also keinen Erbverzichtsvertrag auf Seiten des Erblassers abschließen. Wird der Abschluss eines Erbverzichts- oder Zuwendungsverzichtsvertrages erforderlich, muss sich der Bevollmächtigte vom Betreuungsgericht zum Betreuer mit dem Aufgabenkreis „Erbrechtliche Angelegenheiten" bestellen lassen.

Muster: Anregung einer Betreuerbestellung

An das Amtsgericht

Betreuungsgericht

...

Betreuung für Herrn ..., geboren am ..., wohnhaft in ...

Sehr geehrte Damen und Herren,

Herr ... hat mir am ... eine umfassende Vorsorgevollmacht erteilt und mich mit der Wahrnehmung seiner Interessen beauftragt. Mittlerweile ist Herr ... nicht mehr in der Lage, seine Angelegenheiten selbst zu regeln, sodass ich seine Interessen als Vorsorgebevollmächtigter wahrnehme. Nach dem beigefügten fachärztlichen Kurzgutachten ist Herr ... geschäftsunfähig. Die Vorsorgevollmacht vom ... beinhaltet gleichfalls eine Betreuungsverfügung, nach welcher ich zum Betreuer bestellt werden soll, sollte die Anordnung einer solchen erforderlich sein. Dies ist nun aus folgenden Gründen der Fall:

Unter dem ... hat Herr ... mit seinem Bruder, Herrn ..., einen Erbvertrag geschlossen, worin er diesem mit vertraglicher Wirkung das Hausgrundstück in ..., FlSt ... vermacht hat. Eine Kopie des Erbvertrages reiche ich Ihnen zu den Akten. Das Hausgrundstück stammt ursprünglich von den Eltern meines Vollmachtgebers und wurde diesem im Wege der damaligen Erbauseinandersetzung übertragen. Der Bruder ist zwischenzeitlich in Insolvenz gefallen. Er möchte in Respektierung des elterlichen Willens, das Familienvermögen in der Linie der Eltern zu erhalten, das Vermächtnis „zurückgeben". Hierzu soll nun ein Zuwendungsverzichtsvertrag zwischen den beiden Geschwistern geschlossen werden.

Da für den Erblasser bei einem Zuwendungsverzichtsvertrag gem. den §§ 2347, 2352 Satz 3 BGB nur ein gesetzlicher Vertreter handeln kann, rege ich an, mich zum Betreuer des Herrn W. mit dem Aufgabenkreis „Regelung erbrechtlicher Angelegenheiten" zu bestellen.

Mit freundlichen Grüßen

Hinweis

Durch den Verweis in § 2352 Satz 3 BGB auf § 2347 BGB muss der Betreuer nach Abschluss des Vertrages die betreuungsgerichtliche Genehmigung einholen.

Die Genehmigung ist gegenüber dem Betreuer zu erklären, § 1855 BGB. Dieser entscheidet dann letztendlich, ob er von der Genehmigung Gebrauch machen möchte.

Die Genehmigung wird erst dann wirksam, wenn sie dem anderen Teil durch den Betreuer mitgeteilt wurde, § 1856 Abs. 1 Satz 2 BGB. Bis dahin bleibt der Vertrag schwebend unwirksam, § 1856 Abs. 1 BGB.

2.8.4 Rechtsgeschäftliche Vertretung des Verzichtenden

Der Verzichtende soll sich beim Abschluss des Erbverzichtsvertrages grundsätzlich vertreten lassen können.

Wird der Verzichtende **durch einen Betreuer** vertreten, ist hierzu wieder die betreuungsgerichtliche Genehmigung einzuholen, § 2347 Abs. 1 Satz 2 BGB. Bei einer Vertretung **durch den Vorsorgebevollmächtigten** besteht das Genehmigungserfordernis nicht. Die Vollmacht bedarf auch nicht der notariellen Form (MüKo/*Wegerhoff*, 8. Aufl. 2020, § 2347 BGB Rn. 3). Ebenso ist eine Vertretung **durch einen vollmachtlosen Vertreter** möglich. Die Wirksamkeit des Vertrages hängt dann von der Genehmigung des Verzichtenden ab.

Die Genehmigung muss allerdings bis zum Eintritt des Erbfalls erklärt und zugegangen sein, da die Erbfolge bei Eintritt des Erbfalls eindeutig bestimmbar sein muss (MüKo/*Wegerhoff* a.a.O.). Die Genehmigung eines Pflichtteilsvertrages soll auch noch nach Eintritt des Erbfalls möglich sein (Damrau/*Kurze*, Praxiskommentar Erbrecht, § 2347 Rn. 9).

2.8.5 Grundstücksverfügungen mittels Vollmachten über den Tod hinaus

2.8.5.1 Handeln für die Erben

Mit dem Erbfall erwirbt der Bevollmächtigte aufgrund der Ermächtigung des Erblassers die Befugnis, innerhalb der ihm eingeräumten Vertretungsmacht über das zum Nachlass gehörende Vermögen in Vertretung des (der) Erben zu verfügen (§ 672 BGB), und zwar ohne Erbnachweis und Namhaftmachung der Erben.

Der Bevollmächtigte **leitet seine Befugnis zum Handeln vom Erblasser ab**. Da dieser allerdings als Rechtssubjekt nicht mehr existiert, **vertritt** der Bevollmächtigte nach dem Tod des Erblassers **die Erben** (BGH, NJW 1962, 1718). Seine **Vertretungsmacht beschränkt sich nur auf den Nachlass**, nicht aber auf das persönliche Vermögen des jeweiligen Erben (BGH, FamRZ 1983, 476 ff.). Soweit der Bevollmächtigte die Vollmachterteilung durch den Erblasser in öffentlicher oder öffentlich beglaubigter Form nachweist, kann der Bevollmächtigte auch noch handeln, wenn der Erbe bereits im Grundbuch als Eigentümer eingetragen ist (OLG Frankfurt, ZEV 2014, 202).

Gelangt **ausländisches Erbrecht** zur Anwendung, z.B. weil ein deutscher Erblasser seinen gewöhnlichen Aufenthalt im Ausland hatte und er daher ohne Vorliegen einer Rechtswahl nach Art. 21 Abs. 1 EuErbVO nach ausländischem Recht beerbt wird, so beeinträchtigt dies die Wirksamkeit der Vollmacht ebenfalls nicht. Nach h.M. bemisst sich das für die Vollmacht maßgebende Recht nach dem Recht des Landes, in dem die Vollmacht ihre Wirkungen entfaltet (sog. Wirkungsstatut). Auch wenn nach dem für das Erbstatut geltende Recht eine Vollmacht mit dem Tod des Erblassers erlischt, gilt dies daher nicht für eine in Deutschland zu verwendende Vollmacht, die über den Tod hinaus fortgelten soll.

Obwohl der Bevollmächtigte nach Ableben des Erblassers für den Erben bzw. für die an der Erbengemeinschaft beteiligten Personen handelt, besteht für diesen **keine Pflicht, die Erben oder deren Rechtsnachfolger namhaft zu machen** (OLG Hamburg, DNotZ 1967, 31; OLG Dresden, ZEV 2012, 339; OLG Frankfurt, ZEV 2015, 648 ff.). Da die Vollmacht ihre Bedeutung und ihren Umfang beibehält, kann er daher auch nach Ableben des Erblassers ohne namentliche Bezeichnung der Erben über Nachlassgrundstücke verfügen und die Auflassung erklären. Verfahrensrechtlich ist allerdings § 39 GBO zu beachten, wonach eine Eintragung nur erfolgen soll, wenn die Person, deren Rechte betroffen sind, *als* Berechtigter *eingetragen ist.* Bei Vorliegen einer Erbfolge macht § 40 GBO eine Ausnahme. Die Notwendigkeit der Voreintragung des Erben entfällt, wenn es sich um die Übertragung oder Aufhebung eines Rechts handelt. Bei der Übertragung des Eigentums muss der Bevollmächtigte somit keinen Nachweis über die Erbfolge vorlegen (OLG Frankfurt a.a.O.).

Soll oder muss (§ 39 GBO) die **berichtigende Voreintragung** der Erben erfolgen, muss der Nachweis im Sinne von § 35 GBO geführt werden (BeckOK GBO/Hügel, § 35 Rn. 79). Eine Berichtigungsbewilligung durch den Bevollmächtigten scheidet aus, da diese Nachweisform in der GBO nicht vorgesehen ist.

Exkurs: Entbehrlichkeit der Voreintragung bei Finanzierungsvollmachten

In der Rechtsprechung ist die Frage relevant geworden, ob der bzw. die Erben nach § 39 GBO voreingetragen sein müssen, wenn zum Zwecke der Veräußerung eines Grundstücks ein Finanzierungsgrundpfandrecht eingetragen werden soll und der Bewilligende aufgrund einer post- oder transmortalen Vollmacht handelt. Während dies nach früher nahezu einhelliger Auffassung bejaht wurde, weil § 40 Abs. 1 Alt. 1 GBO nur die Übertragung oder Aufhebung eines Rechts, nicht aber seine Belastung umfasse, gehen das OLG Köln, das OLG Frankfurt und das OLG Stuttgart nunmehr in Analogie zu § 40 Abs. 1 Alt. 2 GBO davon aus, dass es einer solchen Voreintragung nicht bedarf.

Entgegen einer verbreiteten Auffassung im Schrifttum ist dem zuzustimmen, weil ein durch post- oder transmortale Vollmacht Bevollmächtigter in systematischer Hinsicht einem Nachlasspfleger, der ebenfalls als Vertreter der Erben und nicht im eigenen Namen handelt, gleichzustellen ist. Wenn der Gesetzgeber für die Befreiung vom Voreintragungsgrundsatz die Bewilligung eines Nachlasspflegers nach § 40 Abs. 1 Alt. 2 GBO genügen lässt, kann für den Bevollmächtigten nichts anderes gelten. Seine Bewilligung bindet die Erben in gleicher Weise wie die Erklärung des Nachlasspflegers. Selbst wenn die Erben die Vollmacht bereits widerrufen haben, wirkt die Vollmachtsurkunde bzw. ihre im Grundbuchverfahren vorgelegte Ausfertigung nach § 172 BGB fort (Joachim/Lange, ZEV 2019, 62; OLG Köln, ZEV 2018, 418; OLG Frankfurt, ZEV 2017, 719; OLG Stuttgart, ZEV 2019, 109 Ls.).

2.8.5.2 Grenzen der Handlungsbefugnis gegenüber den Erben

Die Befugnis des Bevollmächtigten, innerhalb der ihm eingeräumten Vertretungsmacht über das zum Nachlass gehörende Vermögen in Vertretung des bzw. der Erben zu verfügen, gilt nach OLG Frankfurt auch für den Fall, dass der letztversterbende Erblasser durch ein gemeinschaftliches Testament oder einen Erbvertrag gebunden war (OLG Frankfurt, ZEV 2015, 648).

Ist die Vollmacht nach außen unbeschränkt, z.B. bei entsprechender General- und Altersvorsorgevollmacht, trägt das Risiko ihres Missbrauchs der Vertretene. Der Vertragspartner hat keine Prüfpflicht, ob und inwieweit der Vertreter im Innenverhältnis gebunden ist, von einer nach außen unbeschränkten Vertretungsmacht nur begrenzt Gebrauch zu machen. Der Vertretene ist nur dann im Verhältnis zum Vertragspartner geschützt, wenn für den Vertragspartner begründete Zweifel, d.h. massive Verdachtsmomente für einen Missbrauch, bestehen.

Hinweis

Enthält die Vollmacht eine Befreiung von den Beschränkungen des § 181 BGB, kann die unentgeltliche Übertragung von Grundbesitz im Wege eines Insichgeschäfts allein nicht ausreichen, um eine evidente Überschreitung der nach außen hin erteilten Vollmacht anzunehmen oder den Erben durch den Grundbuchrechtspfleger anzuhören (OLG Frankfurt, ZEV 2014, 202 ff.).

Problematik: In einem gemeinschaftlichen Testament setzen sich die Eheleute EM und EF wechselseitig zu Alleinerben und den Sohn (S) zum Erben des Letztversterbenden ein. Zwei Tage vor seinem Tod hatte der an das Testament nach dem Tod seiner Ehefrau gebundene Ehemann (E) seiner Freundin (L) eine Vollmacht erteilt, die sie 13 Tage nach dem Tod des E nutzte, um ein Grundstück des E ohne Gegenleistung auf sich zu übertragen.

Nach der Entscheidung des OLG Frankfurt ist der Sohn (S) als Erbe des E von der L bei der Übertragung des Eigentums auf sich vertreten worden. Gleichwohl soll es aber auf die Interessen des S nicht ankommen. Maßgeblich sei allein der Wille des E. Dem Erben S steht dann nur die Möglichkeit offen, die Vollmacht zu widerrufen. Das setzt aber voraus, dass S von der Vollmacht überhaupt Kenntnis hat.

Dieses Beispiel zeigt, dass sogar ein bindend gewordenes gemeinschaftliches Testament durch eine Vollmacht quasi aufgehoben werden kann. Man könnte meinen, dem im gemeinschaftlichen Testament Bedachten, also dem Sohn (S), könne mit einer analogen Anwendung von § 2287 BGB geholfen werden. Passen würde die Norm aber nicht, denn geschenkt hat ja der Begünstigte, also der Sohn (S), vertreten durch die Bevollmächtigte selbst!

Dieses Ergebnis wird in der Literatur in Frage gestellt (ausführlich Grunewald, ZEV 2014, 579). Das alleinige Abstellen auf die Interessen des Erblassers bis zum Widerruf der Vollmacht widerspreche der Tatsache, dass der Erbe als Geschäftsherr in das der Vollmacht zugrunde liegende Rechtsverhältnis zwischen Erblasser und Bevollmächtigtem eintritt. Damit sei der Bevollmächtigte aber auch dem Interesse des Erben verpflichtet. Daraus folge eine Pflicht des Bevollmächtigten, beim Erben rückzufragen, wenn er vom Todesfall weiß und die Rückfrage im Interesse des Erben liegt, was regelmäßig bei Schenkungen der Fall sei.

2.8.6 Minderjähriger Erbe

Soweit der Erbe minderjährig ist, bedarf das Handeln des Bevollmächtigten nach h.M. weder der Zustimmung des gesetzlichen Vertreters noch der Genehmigung des Familiengerichts, da der Bevollmächtigte aus vom Erblasser abgeleitetem Recht handelt und der Minderjährige nur mit dem Nachlass verpflichtet wird (Grüneberg/*Weidlich*, 82. Aufl., Einf. v. § 2197 Rn. 11).

2.8.7 Vollmacht über den Tod hinaus zugunsten des Alleinerben

Nach teilweise vertretener Ansicht führt dies dazu, dass die Vollmacht durch *Konfusion* erlischt und damit ihre Legitimationswirkung verliert. Würde man dem folgen, könnte dies für das Grundbuchverfahren dazu führen, dass bei einem Handeln aufgrund einer über den Tod hinaus geltenden Vollmacht allgemein ein Nachweis zu erbringen ist, dass keine Alleinerbenstellung vorliegt.

Das OLG München (FamRZ 2012, 402) ist einem derartigen Ansatz nicht gefolgt und hat den Fortbestand der Legitimationswirkung der Vollmacht bejaht:

Der grundbuchliche Vollzug einer Eigentumsübertragung durch zugelassenes Insichgeschäft, das der Bevollmächtigte aufgrund einer transmortalen Vollmacht des verstorbenen eingetragenen Berechtigten sowie in eigenem Namen an sich vornimmt, ist nicht zwingend von einem Erbennachweis nach § 35 GBO abhängig, auch wenn der Bevollmächtigte als potenzieller Alleinerbe in Betracht kommt (Ergänzung zu OLG Schleswig v. 15.7.2014 – 2 W 48/14, ZEV 2015, 225; Abgrenzung zu OLG Hamm v. 10.1.2013 – I-15 W 79/12, DNotZ 2013, 689 m. Anm. *Keim* = ZEV 2013, 341 m. Anm. *K. W. Lange*).

Nach OLG Hamm (ZEV 2013, 341) erlischt eine vom Erblasser erteilte Vollmacht, die nach seinem Tode weiter gelten soll, wenn der Bevollmächtigte den Erblasser allein beerbt. Soweit sich aus der Erklärung des Verfügenden ergibt, dass er eine Erklärung in seiner Eigenschaft als Alleinerbe abgegeben hat, kann es sich nicht um ein Rechtsgeschäft des Vertreters, sondern nur um ein eigenes des Alleinerben handeln. Die Entscheidung des OLG Hamm ist überwiegend auf Ablehnung gestoßen.

Für den Fall, dass der Bevollmächtigte **Miterbe** wird, hat das OLG Schleswig die Notwendigkeit eines Erbnachweises abgelehnt (OLG Schleswig, ZEV 2015, 225). Es hat dabei die gesamthänderische Bindung des Nachlasses betont und den Fortbestand der Vollmacht wegen der von § 164 BGB vorausgesetzten und auch nach Ableben des Erblassers weiterhin vorhandenen Personenverschiedenheit von Vertreter und allen vertretenen Personen bejaht. Ferner hat das OLG Schleswig auf die Bedürfnisse des Rechtsverkehrs in Bezug auf die Legitimationswirkung der transmortalen Vollmacht hingewiesen.

2.8.8 Vertretung des Nacherben aufgrund einer trans- oder postmortalen Vorsorgevollmacht für den Nacherben

Hinsichtlich der Vor- und Nacherbfolge ist umstritten, ob der Bevollmächtigte vor Eintritt des Nacherbfalls nur den Vorerben oder auch den Nacherben vertreten kann.

Hierzu wird einerseits die Auffassung vertreten, eine vom Erblasser dem Vorerben oder einem Dritten erteilte Vollmacht berechtige bis zum Nacherbfall nur zur Vertretung des Vorerben, sodass auch ein Bevollmächtigter dessen Verfügungsbeschränkungen unterliege (Müko-BGB/*Grunsky*, 7. Aufl. 2017, § 2112 Rn. 10; Kroiß/Ann/Mayer/*Gierl*, BGB Erbrecht, 5. Aufl. 2018, § 2112 Rn. 20; Erman/*Schmidt*, BGB, 15. Aufl. 2017, § 2112 Rn. 5; Staudinger/*Avenarius*, BGB, Neubearbeitung 2013, § 2112 Rn. 33 f., § 2100 Rn. 47; Grüneberg/*Edenhofer*, BGB, 67. Aufl., § 2112 Rn. 7; *Böttcher*, NotBZ 2011, 269, 276).

Das Rechtsverhältnis, auf dem die Fortdauer der Vollmacht gemäß § 168 BGB beruhe, bestehe nach Ableben des Vollmachtgebers nur zwischen dem Vollmachtnehmer und dem Vorerben, der Nacherbe sei vor Eintritt des Nacherbfalls an diesem Rechtsverhältnis nicht beteiligt. Ein Widerruf der Vollmacht durch den Nacherben sei daher nicht möglich (*Grunsky* a.a.O.). Überdies könne es zu einem Widerruf häufig allein aus tatsächlichen Gründen nicht kommen, weil der Nacherbe von der Vollmacht nichts erfahre oder noch nicht lebe und kein Pfleger bestellt wurde (*Avenarius* a.a.O.). Eine Vertretung des Nacherben würde dessen Schutzrechte gegenüber dem Vorerben aushöhlen, weil dadurch die aus § 2136 BGB folgende Grenze der Befreiungskompetenz des Erblassers überschritten wäre. Der Bevollmächtigte könnte ansonsten über den Kopf des Nacherben ohne dessen Eingriffsmöglichkeit auch unentgeltliche Verfügungen vornehmen.

Teilweise wird vertreten, dass die dem Vorerben erteilte Vollmacht mit dem Ableben des Erblassers durch Konsolidation erlösche, niemand könne sich selbst vertreten (BeckOGK/*Müller-Christmann*, Stand 1.10.2022, BGB § 2112 Rn. 67; KEHE/*Munzig*, Grundbuchrecht, 8. Aufl. 2019, § 51 GBO Rn. 12; *Keim*, DNotZ 2008, 175, 181 zu III 1; Meikel/*Böhringer*, GBO, 11. Aufl., § 51 Rn. 64).

Das OLG Stuttgart (Beschluss v. 29.5.2019 – 8 W 160/19, BeckRS 2019, 11670) schließt sich der Gegenauffassung an, wonach der von dem Erblasser trans- oder postmortal Bevollmächtigte auch den Nacherben wirksam vertreten kann und in seiner vom Erblasser abgeleiteten Verfügungsmacht nur den Beschränkungen unterliegt, die ihm vom Erblasser selbst direkt auferlegt wurden.

Anders das OLG München (Beschluss v. 14.6.2019 – 34 Wx 2347/18, BeckRS 2019, 11659). Danach kann der Vorerbe die Zustimmung zu einer Verfügung sich selbst gegenüber nicht unter Berufung auf eine vom Erblasser erteilte Generalvollmacht namens des Nacherben erklären, wenn nicht der Nacherbe ihm gegenüber zur Erteilung der Zustimmung verpflichtet ist.

Mit der zunehmenden Verbreitung von Vorsorgevollmachten, die eine umfassende Generalvollmacht beinhalten, gewinnt die vom Senat entschiedene Frage immer größere praktische Bedeutung. Aufgrund der bestehenden Unsicherheit dürfte sich eine **klarstellende Regelung in der Vorsorgevollmacht** anbieten (*Horn*, NotF Vorsorgevollmachten § 20 Rn. 29):

Formulierungsbeispiel

▶ *Diese Vollmacht berechtigt auch (/nicht) zur Vertretung etwaiger Nacherben, vor (und nach) dem Nacherbfall. Sie tritt selbstständig neben eine etwaig angeordnete Nacherbenvollstreckung. Zustimmungsvorbehalte zugunsten des Nacherbenvollstreckers werden nicht gewünscht.*

2.8.9 Vertretung gegenüber Banken mittels Vollmachten über den Tod hinaus

Oftmals verweigern Sparkassen und Banken trotz Vorlage einer trans-/postmortalen Vollmacht die Auszahlung gegenüber dem Bevollmächtigten mit dem Argument, eine Auszahlung könne nur dann erfolgen, wenn er sich als Erbe legitimiere oder eine Legitimierung durch die von ihm vertretenen Erben vorweise.

Bereits mit dem Urteil vom 25.10.1994 hat der **BGH** (NJW 1995, 250) entschieden, dass eine Bank, die ihr von einem postmortal Bevollmächtigten erteilten Weisungen **unverzüglich und vorbehaltlos** auszuführen habe, es sei denn, die Vollmacht sei zwischenzeitlich (bekanntermaßen) widerrufen oder der Bevollmächtigte handle in ersichtlich verdächtiger Weise, sodass begründete Anhaltspunkte für einen Missbrauch der Vertretungsmacht bestünden.

In dieser Entscheidung hat der BGH ausgeführt, dass sich die Frage nach der Legitimation der Erben nicht stelle, wenn der postmortal Bevollmächtigte der Bank eine Vollmachtsurkunde vorlege und aufgrund der Vollmacht über das Bankguthaben verfüge. Die Bank sei verpflichtet, den Weisungen des Bevollmächtigten unverzüglich nachzukommen, so wie sie dies im Verhältnis zum Erblasser hätte tun müssen. Die Bank dürfe die **Auszahlung nicht bis zur Klärung der erbrechtlichen Rechtsnachfolge zurückstellen.**

Hinweis

Beim Handeln eines trans- oder postmortal Bevollmächtigten geht es also nicht um den Nachweis des Erbrechts (der von ihm vertretenen Erben), sondern um den Nachweis einer Verfügungsberechtigung, die er nicht von den Erben, sondern vom Erblasser ableitet.

Eine Grenze der Verfügungsmacht des transmortal Bevollmächtigten wird allerdings bei der **Auflösung von Konten und Depots** des Erblassers gezogen. Der Bevollmächtigte ist selbst nicht Forderungsinhaber und daher grundsätzlich nicht befugt, die vertragliche Rechtsstellung des Kontoinhabers aufzuheben oder zu verändern (BGH, NJW-RR 2009, 979).

2.8.10 Kontoumschreibung auf den überlebenden Ehepartner mit Vorsorgevollmacht?

Die Vorstellung, mit einer solchen Vollmacht könnten Testament, Testamentseröffnung, Erbschein und Testamentsvollstreckung stets vermieden werden, ist verlockend. Dies zeigt die Entscheidung des XI. (Banken-)Senats des BGH (ZEV 2009, 306 m. Anm. *Werkmüller*).

Nach Meinung des Senats berechtigt selbst eine transmortale Vollmacht, die einem Ehepartner erteilt ist, grundsätzlich weder zu Lebzeiten des Erblassers noch nach seinem Tod zur Umschreibung des Kontos auf den Bevollmächtigten. Anders als die Befugnis, über das Konto in beliebiger Weise zu verfügen, handele es sich bei der Umschreibung um eine „lebensgestaltende Entscheidung", die mit der Verfügungsbefugnis über das Konto nicht einhergehe.

2.8.11 Vorsorgevollmacht und Testamentsvollstreckung

Problematisch ist das Verhältnis von Vorsorgevollmacht und Testamentsvollstreckung, insbesondere wenn die Vollmacht sich auf die postmortale Vertretung erstreckt und Bevollmächtigter und Testamentsvollstrecker verschiedene Personen sind. Es ist nicht abschließend geklärt, in welchem Verhältnis die Vollmacht, die der Erblasser mit Wirkung über den Tod hinaus erteilt hat, zur Testamentsvollstreckung steht.

Die Rechtsprechung und die im Schrifttum überwiegende Meinung gehen davon aus, dass Testamentsvollstreckung und Bevollmächtigung unabhängig nebeneinander bestehen (vgl. MüKo/*Zimmermann*, vor § 2197 Rn. 13 ff.; OLG München, BeckRS 2011, 27053; OLG München, Beck RS 2012, 17465). Die Wirkungen der Vollmacht – insbesondere der Umfang der Vertretungsvollmacht – werden danach von der Anordnung der Testamentsvollstreckung grundsätzlich nicht beeinträchtigt, gleich, ob diese vor, mit oder nach Erteilung der Vollmacht angeordnet wurde.

Hinweis

Der Bevollmächtigte kann nach dem Erbfall im Gegensatz zum Testamentsvollstrecker unentgeltliche Verfügungen über Nachlassgegenstände treffen. Insoweit gehen die Befugnisse des Bevollmächtigten teilweise über die des Testamentsvollstreckers hinaus.

Im Erbfall kann die Vorsorgevollmacht jederzeit von den Erben oder von dem Testamentsvollstrecker im Rahmen der Verwaltung (§ 2205 BGB) widerrufen werden.

Praxistipp

Es ist daher in Erwägung zu ziehen, die Testamentsvollstreckung durch eine postmortale Vollmacht zu ergänzen. Diese Gestaltung führt dazu, dass die Rechte des Testamentsvollstreckers erweitert werden und die Handlungsfähigkeit für den Nachlass beschleunigt wird, da der Testamentsvollstrecker als Bevollmächtigter früher und schneller handeln kann, weil er mit der Vorsorgevollmacht bereits vor Amtsbeginn über den Nachlass verfügen kann.

2.8.12 Vertretung im Erbscheinsverfahren durch einen Vorsorgebevollmächtigten

Nach nunmehr weit verbreiteter Ansicht kann sich der Antragsteller im Verfahren auf Erteilung eines Erbscheins vertreten lassen, §§ 10, 11 FamFG. Hierfür ist eine schriftliche Vollmacht ausreichend.

Die Abgabe der eidesstattlichen Versicherung gem. 352 Abs. 3 Satz 3 FamFG kann bei einem nicht geschäftsfähigen Antragsteller durch einen Vorsorgebevollmächtigten erfolgen (im Anschluss an OLG Celle, FD-ErbR 2018, 407258 m. Anm. *Litzenburger*; OLG Düsseldorf, BeckRS 2018, 41433) (Amtliche Leitsätze).

2.9 Vollmachten im Familienrecht (Sorgerechtsvollmacht)

2.9.1 Praktisches Bedürfnis

Eltern minderjähriger Kinder können für den Fall ihrer beider Handlungsunfähigkeit Vorsorge für die Vertretung der Kinder treffen. Hier bietet sich das Instrument der **Sorgerechtsvollmacht** an.

Im Unterschied zur **Sorgerechtsverfügung**, welche nach dem Tod der Eltern oder des allein sorgeberechtigten Elternteils zum Tragen kommt und in Form einer letztwilligen Verfügung errichtet werden muss, greift die Vollmacht ein, wenn beide Eltern oder der sorgeberechtigte Elternteil vorübergehend nicht in der Lage sind, das minderjährige Kind zu vertreten. Eltern können aufgrund ihres gesetzlichen Vertretungsrechts einem Dritten eine Generalvollmacht zur Wahrnehmung der Kindsbelange erteilen, solange die Widerrufbarkeit der Vollmacht gewährleistet bleibt (Grüneberg/*Götz*, 81. Aufl., § 1629 Rn. 5, str. siehe unten). Die Vollmacht erlischt allerdings mit dem Tod des/der Sorgeberechtigten (Gutachten des Deutschen Notarinstituts Abruf-Nr.: 123621, letzte Aktualisierung: 31.7.2013).

Die Erteilung einer Sorgerechtsvollmacht kann auch unter den sorgeberechtigten Eltern erfolgen, bspw. dann, wenn für einen Elternteil eine weitgehende alleinige Handlungsmöglichkeit über den Fall der Notvertretung nach § 1629 Abs. 1 Satz 4 BGB oder über Entscheidungen in Angelegenheiten des täglichen Lebens in den Fällen des § 1687 Abs. 1 Satz 2 BGB hinaus eröffnet werden soll. Auf diese Weise kann eine gerichtliche Entscheidung zur Übertragung des Sorgerechts oder von Teilen hiervon auf einen Elternteil entbehrlich gemacht werden (BGH, NJW 2020, 2182). Allerdings nur dann, wenn und soweit sie dem bevollmächtigten Elternteil eine ausreichend verlässliche Handhabe zur Wahrnehmung der Kindesbelange gibt. Dies setzt eine ausreichende Kooperationsfähigkeit und -bereitschaft der Eltern voraus, soweit eine solche unter Berücksichtigung der durch die Vollmacht erweiterten Handlungsbefugnisse des bevollmächtigten Elternteils unerlässlich ist (BGH, NJW 2020, 2182 Rn. 21, 28; OLG Brandenburg, NZFam 2022, 493).

2.9.2 Rechtliche Einordnung

Erteilen Eltern einem Dritten eine Sorgerechtsvollmacht, so liegt dieser im Innenverhältnis in der Regel ein Auftragsverhältnis oder ein Geschäftsbesorgungsvertrag zugrunde (Grüneberg/*Götz*, 81. Aufl., § 1626 Rn. 3). Auch Dienstverträge kommen im Rahmen von Betreuungsverträgen praktisch häufig zur Anwendung. Die Erteilung der Vollmacht selbst richtet sich nach den §§ 167 ff. BGB. Noch nicht abschließend geklärt ist die Frage, ob dem Dritten eine umfassende Generalvollmacht erteilt werden kann (bejahend Grüneberg/*Götz*, 81. Aufl., § 1629 Rn. 5; zum Streitstand siehe auch Gutachten des Deutschen Notarinstituts, Abruf-Nr.: 105855, Erscheinungsdatum: 31.10.2010 und *Amend-Traut*, FamRZ 2020, 805 ff.).

Zwingende Grenze der an einen Dritten zu erteilenden Sorgerechtsvollmacht ist ihre Widerruflichkeit. Andernfalls läge ein unzulässiger Verzicht des die Vollmacht erteilenden Elternteils auf das eigene Sorgerecht vor (Ament-Traut, FamRZ 2020, 805, 810). Ebenfalls können Angelegenheiten der elterlichen Sorge, die höchstpersönlicher Natur sind, nicht übertragen werden (*Ament-Traut*, a.a.O.). Nicht übertragbar sind auch Angelegenheiten, die nicht in der (alleinigen) Disposition der Eltern stehen, bspw. die freiheitsentziehende Unterbringung des Kindes oder dessen Sterilisation (§§ 1631b, 1631c BGB).

Praxistipp

▶ *Vor diesem Hintergrund wird empfohlen, einzelne Angelegenheiten aus der Vollmacht auszuklammern und die jederzeitige Widerruflichkeit in den Vollmachtstext mit aufzunehmen.*

Zur Ermöglichung des alleinigen Vertreterhandelns eines mitsorgeberechtigten Elternteils werden sowohl dessen Bevollmächtigung nach § 167 BGB als auch, entsprechend der für die offene Handelsgesellschaft geltenden Regelung in § 125 Abs. 2 HGB, dessen Ermächtigung für zulässig gehalten (BGH, Urteil v. 26.5.2020, NJW 2020, 2182 Rn. 22). Die Möglichkeit der **Ermächtigung** schließt eine Bevollmächtigung des mitsorgeberechtigten Elternteils nicht aus. Anders als im Gesellschaftsrecht lässt sich ein derartiger Ausschluss im Bereich der gesetzlichen (Gesamt-)Vertretung Minderjähriger dem Gesetz nicht entnehmen (BGH a.a.O.). Die gesetzlichen Regeln zur Stellvertretung nach §§ 164ff. BGB finden unmittelbare Anwendung und ermöglichen neben der Bevollmächtigung von Dritten ebenfalls die Bevollmächtigung des einen gesamtvertretungsberechtigten Elternteils durch den anderen (BGH, NJW 2020, 2182 Rn. 24).

Der BGH führt in seiner Entscheidung vom 26.5.2020 weiter aus, dass sich das der Sorgerechtsvollmacht zugrunde liegende Rechtsverhältnis aus der fortbestehenden gemeinschaftlichen Sorge nach § 1629 BGB ergibt. Aus dieser ergeben sich Mitwirkungspflichten sowie Kontrollbefugnisse und -pflichten des vollmachtgebenden bzw. ermächtigenden Elternteils (BGH, NJW 2020, 2182 Rn. 26).Als Folge der Bevollmächtigung ist der bevollmächtigte Elternteil von den Beschränkungen der Gesamtvertretung befreit, sodass dieser unmittelbar für das Kind rechtsgeschäftlich handeln kann. Eine Notwendigkeit, dass der (Unter-)Bevollmächtigte außer im Namen des Kindes auch im Namen des bevollmächtigenden Elternteils handelt, besteht nicht (BGH, NJW 2020, 2182 Rn. 27).

Eine vollständige Lossagung der elterlichen Verantwortung dürfte den sorgeberechtigten Eltern nicht gestattet sein, sodass dem bevollmächtigenden Elternteil zwingend die uneingeschränkte Verantwortung für das Kind und die Befugnis seiner Vertretung verbleiben müssen (*Ament-Traut* a.a.O., S. 807).

2.10 Aufgabenkreise

2.10.1 Befugnisse des Bevollmächtigten in vermögensrechtlichen Angelegenheiten

Im Rahmen einer Generalvollmacht ist der Bevollmächtigte zur Vertretung in Vermögensangelegenheiten befugt.

Die Vertretung des Vollmachtgebers im vermögensrechtlichen Bereich unterliegt keinerlei Beschränkungen, so wie diese für den Betreuer gelten. Der Bevollmächtigte ist bei der

Wahrnehmung vermögensrechtlicher Angelegenheiten grundsätzlich weder Vertretungsverboten noch Genehmigungsvorbehalten durch das Betreuungsgericht unterlegen.

Vor diesem Hintergrund sollte der Vollmachtgeber jedoch überlegen, ob die Beschränkung der Vertretungsmacht des Bevollmächtigten in bestimmten Fällen nicht in seinem Interesse liegen könnte. So kann beispielsweise der Verkauf eines Grundstücks von so fundamentaler Bedeutung sein, dass es möglicherweise sinnvoll ist, die Entscheidung hierüber einem vom Betreuungsgericht kontrollierten Betreuer oder einem Kontrollbevollmächtigten zu überlassen. Ferner dürfte es ratsam sein, Verfügungen über das Vermögen im Ganzen sowie die zugehörigen Verpflichtungsgeschäfte von der Vollmacht auszunehmen.

Formulierungsbeispiel: Einschränkung der Vollmacht

▶ *Für Verfügungen über den Grundbesitz des Vollmachtgebers bedarf der Bevollmächtigte der Zustimmung des in dieser Urkunde berufenen Kontrollbevollmächtigten.*

Wird der Bevollmächtigte dem Zustimmungserfordernis des Kontrollbevollmächtigten unterworfen, so ist im Innenverhältnis mit dem Kontrollbevollmächtigten zu regeln, unter welchen Voraussetzungen die Zustimmung zu erteilen ist.

Formulierungsbeispiel: Innenverhältnis

▶ *Nach den Bestimmungen der Vorsorgevollmacht unterliegen folgende Rechtsgeschäfte der Zustimmung der Kontrollbevollmächtigten:*

- *die Veräußerung, Übertragung und Belastung der Immobilien des Auftraggebers mit Ausnahme von Belastungen zugunsten des Sozialhilfeträgers.*

Der Kontrollbevollmächtigte entscheidet über die Erteilung oder Versagung der Zustimmung nach eigenem pflichtgemäßen Ermessen. Er ist bei seiner Entscheidung lediglich an das Wohl des Auftraggebers gebunden. Die Zustimmung ist zu versagen, wenn das beabsichtigte Rechtsgeschäft dem Wohl des Auftraggebers zuwiderläuft.

Bei Veräußerungsgeschäften oder Belastungen ist insbesondere zu prüfen, ob finanzielle Mittel für den Auftraggeber, bspw. für seine Pflege und/oder Gesundheit, durch die Veräußerung oder Belastung beschafft werden müssen und ob sichergestellt ist, dass die erzielten Erlöse tatsächlich für den Auftraggeber Verwendung finden. Der Beauftragte darf insoweit von dem Bevollmächtigten die entsprechenden Nachweise anfordern. Er hat dem Bevollmächtigten weniger einschneidende Alternativen aufzuzeigen und diese mit ihm zu erörtern.

Wenn der Bevollmächtigte die Möglichkeit hätte, durch die Ausschlagung einer dem Vollmachtgeber angefallenen Erbschaft selbst in deren Genuss zu gelangen, sollte er zur Ausschlagung nicht befugt sein.

Soll der Bevollmächtigte berechtigt sein, Kredite für den Vollmachtgeber aufzunehmen, ist an eine Begrenzung der Höhe nach zu denken. In gleicher Weise sollte der Vollmachtgeber überlegen, ob es in seinem Interesse liegt, die Eingehung von Bürgschaften durch den Bevollmächtigten auszuschließen oder zumindest der Höhe nach zu begrenzen.

Formulierungsbeispiel: Einschränkungen der Vollmacht

▶ *Der Bevollmächtigte ist nicht befugt, Erbschaften im Namen des Vollmachtgebers auszuschlagen. Dies gilt jedoch nur, wenn der Bevollmächtigte durch die Ausschlagung selbst als Erbe in Betracht kommt.*

Der Bevollmächtigte darf im Namen des Vollmachtgebers Kredite nur bis zu einem Höchstbetrag in Höhe von ... EUR aufnehmen.

Der Bevollmächtigte ist nicht befugt, Bürgschaftserklärungen im Namen des Vollmachtgebers abzugeben. Er ist auch nicht befugt, Änderungen von Bezugsberechtigungen an Lebensversicherungen vorzunehmen.

Um zu verhindern, dass der Bevollmächtigte das Vermögen des Vollmachtgebers in großem Umfang durch Schenkungen reduziert, kann es angebracht sein, eine dem § 1854 Nr. 8n BGB entsprechende Klausel in die Vollmacht aufzunehmen, sodass der Bevollmächtigte auf übliche Gelegenheitsgeschenke oder Geschenke, die den Lebensverhältnissen des Vollmachtgebers angemessen sind, beschränkt ist und für darüber hinausgehende Schenkungen die Zustimmung des Kontrollbevollmächtigten benötigt. (Einzelheiten s.u. „Schenkungen".)

Möchte man von der Möglichkeit, die Vollmacht im vermögensrechtlichen Bereich einzuschränken, keinen Gebrauch machen, bietet sich die nachfolgende Formulierung an:

Formulierungsbeispiel: Vermögensangelegenheiten

▶ *Diese Vollmacht berechtigt, ohne dass die nachfolgende, nur beispielhafte Aufzählung eine Einschränkung bewirkt, insbesondere bei:*

- *Zur Verwaltung meines gesamten beweglichen und unbeweglichen Vermögens.*
- *Zur Geltendmachung von Ansprüchen und Rechten jeder Art, zum Rechts- und Vermögenserwerb, zum Inkasso.*
- *Zur Verfügung über Rechte und Vermögen jeder Art, auch über meinen Grundbesitz.*
- *Des Weiteren können die Bevollmächtigten auch Banken und Sparkassen gegenüber alle Geschäfte vornehmen, die mit der Konto- und Depotführung in Zusammenhang stehen. Die Bevollmächtigten können also Konten einrichten, hierüber im Rahmen des eingeräumten Kreditrahmens verfügen und Konten auflösen sowie*
- *über die jeweiligen Guthaben durch Überweisungen, Barabhebungen und Schecks verfügen.*
- *Die Bevollmächtigten können weiterhin Depots lautend auf den Kontoinhaber einrichten, Depotanerkenntnisse abgeben und Aufträge zum An- und Verkauf von Wertpapieren vornehmen. Beim Ankauf von Wertpapieren umfasst die*

Bevollmächtigung auch Verfügungen über das Depot-Verrechnungskonto im Rahmen des Kontoguthabens sowie den für das Verrechnungskonto eingeräumten Kreditrahmen.

- *Die Vollmacht umfasst auch die Beantragung von EC-Karten sowie PC-Banking. Die Bevollmächtigten können außerdem Kredite beantragen einschließlich einer Zwangsvollstreckungsunterwerfung, eingeräumte Kredite in Anspruch nehmen sowie Kontenabrechnungen, Kontoauszüge und Ähnliches entgegennehmen und anerkennen, sie können*
- *dingliche Rechte jeder Art an Grundstücken (Hypotheken, Grundschulden, Reallasten usw.) sowie an anderen Gegenständen bestellen, kündigen und aufgeben.*
- *Zur Ausübung von Gesellschafterrechten.*
- *Zur Vertretung gegenüber der Eigentümergemeinschaft und dem Verwalter, insbesondere zur Teilnahme an Eigentümerversammlungen und zur Stimmrechtsausübung.*
- *Verfügungen von Todes wegen anzuerkennen oder anzufechten, Erbschaften anzunehmen*
- *oder auszuschlagen, mich als Erben, Pflichtteilsberechtigten, Vermächtnisnehmer, Schenker oder Beschenkten in jeder Weise, auch bei Vermögens- und Gemeinschaftsauseinandersetzungen, zu vertreten und Erklärungen für mich abzugeben und alles zu tun, was zur vollständigen Regelung von Nachlässen und zu deren Teilung notwendig ist.*

2.10.2 Schenkungen

Von besonderer Bedeutung bei der Entscheidung über die Reichweite der Vollmacht ist die Frage, ob der Bevollmächtigte Schenkungen vornehmen darf. Gerade wenn ihm die Befugnis eröffnet ist, Vermögen des Bevollmächtigten sich selbst zu schenken, kann im Missbrauchsfall erheblicher Schaden beim Vollmachtgeber entstehen.

Dieses Risiko ist derart groß, dass das Gesetz Schenkungen und unentgeltliche Zuwendungen durch den Betreuer dem **Genehmigungsvorbehalt** unterstellt, es sei denn, es handelt sich um übliche Gelegenheitsgeschenke oder Schenkungen, die dem Lebensstandard des Betreuten entsprechen (z.B. Geburtstagsgeschenke oder Trinkgeld an Heimpersonal, § 1908i Abs. 2 i.V.m. § 1804 BGB; § 1854 Nr. 8 BGB). Vor der Reform wurde dem Betreuer – obwohl dieser der Überwachung durch das Betreuungsgericht untersteht – sogar ein Schenkungsverbot auferlegt, von welchem nur Anstands- und Pflichtgeschenke ausgenommen waren, § 1908u Abs. 2 BGB i.V.m. § 1804 BGB.

Ein wesentlicher Vorteil der Vorsorgevollmacht ist, dass der Genehmigungsvorbehalt für Bevollmächtigte nicht gilt. Das kann einerseits sehr hilfreich sein, um z.B. Vermögensübertragungen im Wege der vorweggenommenen Erbfolge zu ermöglichen. Andererseits hat ein Missbrauch in diesem Bereich besonders schwerwiegende Folgen.

Innerhalb der Regelung für Schenkungen muss der Vollmachtgeber also nach dem jeweiligen Fall entscheiden, ob er die Befugnisse des Vertreters zu schenken auf die eines Betreuers beschränkt oder ihm in Kenntnis der bestehenden Risiken freie Hand lässt.

Für die Praxis sind jedoch nicht nur Fälle des Missbrauchs zu bedenken, sondern gerade im Hinblick auf die Befugnis des Bevollmächtigten, Schenkungen vorzunehmen, auch an „unliebsame" betreuungsgerichtliche Verfahren. Ein solches lag bspw. der Entscheidung des Bundesgerichtshofes (BGH, NJW 2013, 1085) zugrunde. Hier hatte der Bevollmächtigte aufgrund der ihm von der Vollmachtgeberin ausdrücklich eingeräumten Befugnis Gebrauch gemacht und Geldschenkungen an seine Kinder vorgenommen. Der Bundesgerichtshof stellt in seiner Entscheidung fest, dass erhebliche Zweifel an der Redlichkeit eines Bevollmächtigten diesen als ungeeignet erscheinen lassen können, mit der Folge der Einrichtung einer Betreuung. Allerdings folge, da die erteilte Vorsorgevollmacht ausdrücklich auch Schenkungen umfasst, allein aus der Tatsache, dass der Bevollmächtigte hiervon Gebrauch gemacht hat, noch nicht seine Unredlichkeit (BGH a.a.O).

In einem betreuungsgerichtlichen Verfahren werden konkrete Feststellungen über bestehende Beschränkungen der Schenkungsvollmacht im Innenverhältnis, insbesondere darüber, ob die vom Bevollmächtigten getroffenen Vermögensverfügungen dem früher geäußerten Willen der Betroffenen widersprachen oder sie eine konkrete Gefahr für das Wohl der Betroffenen begründeten und deshalb einen Vollmachtsmissbrauch darstellen, vom Gericht zu treffen sein (BGH, NJW 2013, 1085 Rn. 10).

Auch vor dem Hintergrund dieser Entscheidung ist es von erheblicher Bedeutung, den Umfang der Schenkungsbefugnis im Innenverhältnis konkret zu regeln.

Formulierungsbeispiel

▶ *Der Bevollmächtigte darf keine Schenkungen machen. Ausgenommen sind Schenkungen, die einer sittlichen Pflicht und dem Anstand entsprechen.*

Bei der Beurteilung, welche Geschenke der sittlichen Pflicht und dem Anstand entsprechen, kommt es auf die Lebensverhältnisse und die bisherigen Gewohnheiten des Vollmachtgebers an. Damit der Bevollmächtigte auch weiß, in welchem Rahmen er Schenkungen tätigen darf, empfiehlt es sich, eine detaillierte Regelung in das Grundverhältnis aufzunehmen. Denkbar wäre die Begrenzung auf einen Höchstwert.

Formulierungsbeispiel: Innenverhältnis

▶ *Der Beauftragte ist grundsätzlich nicht befugt, Schenkungen im Namen des Auftraggebers zu machen. Ausgenommen hiervon sind Schenkungen, die einer sittlichen Pflicht und dem Anstand entsprechen.*

Der Auftraggeber hat in der Vergangenheit seinen Nichten und Neffen, namentlich …, jeweils zu Weihnachten, Ostern und Geburtstagen Geldgeschenke in Höhe von jeweils 50,00 EUR gemacht. Geschenke in diesem Rahmen dürfen auch in Zukunft von dem Beauftragten getätigt werden. Sie entsprechen einer den Lebensverhältnissen des Auftraggebers gemäßen sittlichen Pflicht. Zu besonderen Anlässen wie Hochzeit, Erwerb einer Immobilie dürfen an die vorgenannten Personen Geldgeschenke in Höhe von 500,00 EUR gemacht werden.

Sollte ich mich in einem Krankenhaus, Pflegeheim oder in einer Rehaeinrichtung aufhalten, so ist es mein Wunsch, dass dem Personal ein Trinkgeld in Höhe von bis zu 20,00 EUR pro Woche zugutekommt. Das Trinkgeld ist von meinem Beauftragten in die Kaffeekasse zu zahlen.

Erst recht sollte man detaillierte Anweisungen in das Innenverhältnis aufnehmen, wenn man unentgeltliche Zuwendungen, die über Anstandsschenkungen hinausgehen, durch den Bevollmächtigten zulassen möchte. Als Kontrollmechanismus können unentgeltliche Zuwendungen der Zustimmung eines Kontrollbevollmächtigten unterworfen werden. Die Voraussetzungen, unter welchen die Zustimmung erteilt werden darf, sind dann in dem der Kontrollbevollmächtigung zugrunde liegenden Vertrag zu fixieren.

2.10.3 Rechtsgeschäftliche Vertretung des Vollmachtgebers

Damit der Bevollmächtigte Verträge abschließen, Gestaltungserklärungen abgeben und den Vollmachtgeber gegenüber Behörden, Krankenkassen u.a. vertreten kann, bietet sich folgende Formulierung an.

Formulierungsbeispiel: Verträge, Erklärungen, Anträge

- *Verträge jeglicher Art unter beliebigen Bedingungen abzuschließen.*
- *Vereinbarungen mit Kliniken, Alters- und/oder Pflegeheimen abzuschließen und zum Zwecke hierfür Sicherungshypotheken auch für den Sozialhilfeträger zu bestellen.*
- *Erklärungen jeder Art (Einwilligungen, Anfechtungen, Kündigungen, Austritte, Rücktritte, Widerrufe, Verzichte etc.) abzugeben und entgegenzunehmen.*
- *Zur Vertretung in Steuerangelegenheiten sowie zur Vertretung und Beantragung von Renten-, Versorgungs-, Beihilfe-, Pflegeversicherungs- u.a. Versicherungsleistungen, Sozialhilfe, Grundsicherung sowie sonstigen Angelegenheiten.*
- *Zu geschäftsähnlichen Handlungen (Mahnungen, Fristsetzungen, Anträgen, Mitteilungen etc.) und zu allen Verfahrenshandlungen, auch i.S.v. § 13 SGB X.*
- *Rechtsstreitigkeiten für mich als Kläger oder Beklagter durch alle Rechtszüge zu führen und hierbei die Rechte eines Prozess- oder Verfahrensbevollmächtigten im vollen Umfang des § 81 ZPO bzw. des § 10 FamFG auszuüben, Bevollmächtigte zu bestellen, Vergleiche abzuschließen, Verzichte zu erklären und Ansprüche anzuerkennen, Wiedereinsetzung in den vorigen Stand, einstweilige Verfügungen und Arreste zu erwirken und mich in allen gerichtlichen und außergerichtlichen Verfahren als Gläubiger oder Schuldner, Kläger oder Beklagter oder in jeder sonst wie in Frage kommenden Eigenschaft zu vertreten.*

Diese Vollmacht erstreckt sich auch auf meine Vertretung bei allen öffentlichen Registern.

2.11 Befugnisse des Bevollmächtigten im persönlichen Bereich

Eine Vertretung im höchstpersönlichen Bereich ist seit Inkrafttreten des BtÄndG vom 1.1.1999 für medizinische Maßnahmen, für die Unterbringung und für unterbringungsähnliche Maßnahmen im Rahmen der §§ 1829, 1820 Abs. 2 Nr. 1 BGB und 1831, 1820 Abs. 2 Nr. 2 BGB zulässig.

Weitere Aufgabenkreise im Rahmen der persönlichen Angelegenheiten können u.a. sein: Die Bestimmung des Aufenthaltsrechtes, Heimunterbringung, Aufgabe der Mietwohnung im Sinne der §§ 1833, 1853 BGB , Bestimmung des Umgangsrechtes, Empfangnahme und Öffnen der Post und vieles andere mehr.

Praxistipp

▶ *Um eine umfassende eine Betreuung vermeidende Vorsorgevollmacht zu gewährleisten, sollte ein Abgleich mit den Aufgabengebieten aus dem Betreuungsrecht vorgenommen werden.*

2.11.1 Umgang und Herausgabe der Person

Ein weiterer Aufgabenkreis aus dem Betreuungsrecht ist die Herausgabe des Betreuten oder dessen Umgang mit Dritten, § 1834 BGB . Die Herausgabe der Person und das Recht, den Umgang zu bestimmen, ist dem Bereich der Personensorge zuzuordnen.

In der Praxis gibt es oft Fälle, in denen es angezeigt ist, den Umgang des Betreuten mit bestimmten Personen zu verbieten, da der Umgang mit diesen Personen seiner Gesundheit nicht förderlich ist. Zur Vermeidung eines Betreuungsverfahrens und zur Einrichtung einer Betreuung über den Aufgabenkreis Herausgabe des Betreuten oder dessen Umgang mit Dritten sollte in der Vorsorgevollmacht eine Regelung derart getroffen werden, dass der Bevollmächtigte berechtigt ist, die Herausgabe der Person des Vollmachtgebers von jedem zu verlangen, der ihn dem Bevollmächtigten gegenüber widerrechtlich festhält. Des Weiteren darf der Bevollmächtigte den Umgang des Vollmachtgebers mit Wirkung für und gegen Dritte bestimmen.

Auch über diesen Bereich findet man in handelsüblichen Vordrucken, aber auch in notariellen Vollmachten oftmals keine Regelung. Hier daher ein Vorschlag:

Formulierungsbeispiel:

▶ *Die Vollmacht umfasst das Recht, die Herausgabe meiner Person von jedem zu verlangen, der mich meinen Bevollmächtigten gegenüber widerrechtlich vorenthält.*

Die Vollmacht umfasst das Recht, meinen Umgang auch mit Wirkung für und gegen Dritte zu bestimmen.

Das Bedürfnis, den Umgang des Vollmachtgebers zu regeln, kann auch dann entstehen, wenn der Vollmachtgeber in einer Einrichtung (bspw. in einem Pflegeheim) wohnt. Der Einrichtung steht zwar ein Hausrecht zu, dieses wird allerdings durch die Privatsphäre des Betroffenen begrenzt und endet damit spätestens an der Zimmertür des Bewohners (*Dodegge*, Skript zum 10. Deutschen Vorsorgerechtsymposium 2015, S. 35).

2.11.1.1 Gerichtliche Durchsetzung von Umgangsverboten

Wurde durch den Bevollmächtigten ein Kontaktverbot ausgesprochen, kann sich der Adressat des Kontaktverbotes unter Umständen gerichtlich dagegen zur Wehr setzen.

Bejaht wurde dies im Falle eines Vaters eines volljährigen Kindes, welchem durch die bevollmächtigte Mutter (und geschiedene Ehefrau des Vaters) ein Kontaktverbot zu dem im Krankenhaus liegenden behinderten Sohn ausgesprochen wurde. Das Amtsgericht Ellwangen hatte ein Recht des Vaters auf Umgang mit seinem volljährigen Sohn mit Verweis auf den Beschluss des Bundesverfassungsgerichts vom 18.4.1989 (BVerfG, 2 BVR 11669/84) direkt aus Art. 6 GG bejaht (AG Ellwangen, FamRZ 2014, 1927). Die Beziehung der Eltern zu ihren volljährigen Kindern sei in den Schutzbereich des Grundrechts einbezogen, wenn auch nach dem Auszug des Kindes aus dem Elternhaus die ursprüngliche Erziehungsgemeinschaft zu einer bloßen Begegnungsgemeinschaft mit gelegentlichem Umgang werden kann. Denn die Familie biete erwachsenen Familienmitgliedern immer noch Raum für Ermutigung und Zuspruch und festige die Fähigkeit zu verantwortlichem Leben in der Gesellschaft. Auch für den Erwachsenen sei die Familie eine Gemeinschaft, die der auf Dialog angelegten geistigen Natur des Menschen entspreche. Der Staat habe – so das AG Ellwangen – auch in diesem Bereich die noch bestehenden, lockerer werdenden Beziehungen zu schützen und durchzusetzen. Das Gericht sprach dem Vater im Ergebnis einen Unterlassungsanspruch gegen die Mutter nach § 1004 BGB zu. Von ihrer rechtsgeschäftlichen Vollmacht durfte die Mutter im Interesse des Sohnes nur im Rahmen der guten Sitten und nach dem Gebot von Treu und Glauben Gebrauch machen, nicht jedoch zur Durchsetzung persönlicher Interessen. Anhaltspunkte, dass ein Besuch des Vaters dem Wohl des Sohnes entgegensteht, waren nicht ersichtlich, sodass das Gericht von einem Missbrauch der Vollmacht ausging. Die Mutter wurde letztendlich verurteilt, das Kontaktverbot gegenüber dem Krankenhaus zu widerrufen und die Besuche des Vaters zu dulden.

Umgekehrt muss dem Vollmachtnehmer gleichfalls das Recht aus § 1004 BGB eingeräumt werden, Umgangsverbote gegenüber Dritten gerichtlich durchzusetzen.

Der Störungsbeseitigungs- bzw. Unterlassungsanspruch ist im streitigen Verfahren geltend zu machen.

Muster: Eilantrag auf Duldung des Umgangs

An das Amtsgericht …

Betreuungsgericht

Az. neu

Antrag auf Erlass einer einstweiligen Anordnung

des Herrn …

– Antragsteller –

Prozessbevollmächtigte: …

gegen

Frau …

– Antragsgegnerin –

Prozessbevollmächtigte: …

wegen: Duldung des Umgangs

Namens und in Vollmacht des von uns vertretenen Antragstellers beantragen wir wegen der besonderen Eilbedürftigkeit ohne mündliche Verhandlung, im Wege der

einstweiligen Verfügung

Folgendes anzuordnen:

1. Die Antragsgegnerin wird verpflichtet, das gegenüber der … Klinik, betreffend den Patienten …, geb. …, in Bezug auf den Antragsteller ausgesprochene Besuchs-/Kontakt- und Informationsverbot zu widerrufen und es zu dulden, dass der Antragsteller seinen oben genannten Vater in der Klinik besucht.
2. Die Antragsgegnerin trägt die Kosten des Verfahrens.

Begründung:

Die Parteien sind Geschwister und Abkömmlinge des am … geborenen Vaters … Unter dem … erteilte Herr … der Antragsgegnerin eine Vorsorgevollmacht. Unter anderem wurde sie darin auch zur Regelung des Umgangs ermächtigt.

Die Bevollmächtigung der Antragsgegnerin war zuvor innerhalb der Familie besprochen. Da der Antragsteller zum Zeitpunkt der Bevollmächtigung für mehrere Jahre beruflich in Kanada tätig war, kam er als Bevollmächtigter nicht in Betracht. Trotz seines Auslandsaufenthaltes hatte der Antragsteller regelmäßigen Kontakt mit seinem Vater. So haben beide einmal wöchentlich über Skype telefoniert. In seinen Urlauben besuchte der Antragsteller regelmäßig seinen Vater. Umgekehrt verbrachte auch der Vater seit Eintritt in das Rentnerdasein viel Zeit bei dem Antragsteller in Kanada. Die Vater-Sohn-Beziehung war stets sehr eng und liebevoll und von gegenseitiger Fürsorge geprägt.

Glaubhaftmachung: Eidesstattliche Versicherungen des Antragstellers vom ..., beigefügt in Urschrift als Anlage 1

Eidesstattliche Versicherung der Frau ..., (Schwester des Herrn ...), beigefügt in Urschrift als Anlage 2

Am ... erlitt Herr ... einen schweren Herzinfarkt. Er befindet sich seither in der Klinik ... Der Antragsteller, der von Freunden von dem Schicksal seines Vaters erfuhr, nahm den erstmöglichen Flug und wollte seinen Vater in der Klinik besuchen. Dort ließ man ihn jedoch nicht in das Zimmer des Vaters vor, sondern verwies ihn auf ein durch die Antragstellerin ausgesprochenes Umgangs- und Kontaktaufnahmeverbot. Die Antragstellerin sprach das Verbot nochmals in ihrer E-Mail vom ... gegenüber dem Antragsteller aus.

Glaubhaftmachung: Ausdruck der E-Mail der Antragstellerin vom ..., beigefügt als Anlage 3

Als Begründung wird in der E-Mail angeführt, dass der Vater ein Recht darauf habe, „in Ruhe zu sterben". In der E-Mail ist zu lesen, dass Herr ... im Sterben läge.

Glaubhaftmachung: wie vor

Die Beziehung zwischen Eltern und Kindern liegt im Schutzbereich des Art. 6 GG (BVerfG, 2 BVR 11669/84). Denn die Familie bietet erwachsenen Familienmitgliedern immer noch Raum für Ermutigung und Zuspruch und festigt die Fähigkeit zu verantwortlichem Leben in der Gesellschaft (AG Ellwangen, FamRZ 2014, 1927). Dem Antragsteller steht als Sohn ein Umgangsrecht mit seinem Vater zu. Der Umgang entspricht auch dem mutmaßlichen Willen des Vaters, der, wie oben dargelegt, schon immer eine sehr enge Bindung zu dem Antragsteller hat.

Die Eilbedürftigkeit ergibt sich aus der Natur der Sache. Der Vater liegt im Sterben. Ohne gerichtliche Anordnung wird das Recht des Antragstellers, seinen Vater zu sehen, vereitelt.

Für den Fall, dass das Gericht über diesen Antrag nicht ohne mündliche Verhandlung entscheiden sollte, wird gebeten, unter Abkürzung der Einlassungs- und Ladungsfrist einen möglichst nahen Termin zur mündlichen Verhandlung zu bestimmen.

Rechtsanwalt

2.11.1.2 Gerichtliche Durchsetzung der Herausgabe der Person des Vollmachtgebers

Hält ein Dritter den Vollmachtgeber widerrechtlich fest, kann der Bevollmächtigte die Herausgabe der Person des Vollmachtgebers verlangen. Ein widerrechtliches Vorenthalten ist dann gegeben, wenn der Dritte den Vollmachtgeber ohne rechtfertigenden Grund in seiner unmittelbaren oder mittelbaren Gewalt hat, bspw. indem sich der Vollmachtgeber an einem unbekannten Ort aufhält, der Ort nicht genannt wird und so die Wiedererlangung des Vollmachtgebers durch den Bevollmächtigten verhindert wird.

Die Beeinflussung des Vollmachtgebers dahingehend, dass er nicht zur Rückkehr bereit ist, kann ebenfalls eine widerrechtliche Vorenthaltung darstellen.

Anspruchsgegner ist die Person, die den Vollmachtgeber dem Bevollmächtigten vorenthält.

Hinweis

! *Anders als im Fall einer gesetzlichen Betreuung ist der Bevollmächtigte bei der Durchsetzung des Herausgabeanspruchs auf den Zivilrechtsweg angewiesen. Anspruchsgrundlage bildet § 1004 BGB.*

2.11.2 Aufenthaltsbestimmung

Ebenfalls zum Bereich der Personensorge gehört das Recht des Bevollmächtigten, den Aufenthalt des Vollmachtgebers zu bestimmen. Die Aufenthaltsbestimmung umfasst das Recht, den Vollmachtgeber bei Aufrechterhaltung oder Wechsel des Wohnsitzes oder des Aufenthaltsortes zu vertreten und die hierfür erforderlichen Verträge abzuschließen oder zu kündigen (bspw. Heimverträge, Wohnraummietverträge).

Anders als bei der Betreuung bedarf der Bevollmächtigte bei der Kündigung des Wohnraummietvertrages seines Vollmachtgebers keiner Genehmigung des Betreuungsgerichts.

Formulierungsbeispiel: Aufenthalt, Wohnungsangelegenheiten und Heimaufnahme

▶ *Die Vollmacht berechtigt zur Bestimmung meines Aufenthaltsortes zur Aufhebung und Begründung meines Wohnsitzes, auch in einem Alten- oder Pflegeheim, sowie zur Kündigung meines Wohnraummietverhältnisses, zur Auflösung meines Haushalts und zur Verfügung über das Inventar.*

Eine Zuführung in ein Alten- oder Pflegeheim und eine damit einhergehende Auflösung meines Haushalts soll jedoch nur dann erfolgen, wenn eine häusliche Versorgung nach Absprache mit meinem Hausarzt unter keinen Umständen mehr möglich ist und dadurch eine stationäre Pflege notwendig wird.

2.11.3 Post- und Fernmeldeverkehr

Gemäß § 1815 Abs. 2 Nr. 5 und 6 BGB kann Aufgabenkreis einer Betreuung auch die Entscheidung über den Fernmeldeverkehr des Betreuten und über die Entgegennahme, das Öffnen und das Anhalten seiner Post werden. Selbiges kann ebenfalls Inhalt einer Vorsorgevollmacht sein.

An dieser Stelle ist anzumerken, dass man in einer Vielzahl von handelsüblichen Vollmachtsvordrucken und auch teilweise in notariellen Vollmachtsurkunden eine Regelung über den Post- und Fernmeldeverkehr nicht findet. Eine gesonderte Regelung ist jedoch erforderlich, da die gesetzliche Personen- und Vermögenssorge diese Aufgabe nicht umfasst und der Postverkehr eine gesonderte Postvollmacht verlangt (BtKomm/*Roth*, A Rn. 25).

Eine Vorsorgevollmacht sollte daher eine Regelung zur Postkontrolle enthalten, da es jederzeit erforderlich sein kann, dass der Bevollmächtigte ohne das Recht zur Postkontrolle keine oder nicht rechtzeitige Kenntnis über Rechnungen oder Mahnschreiben oder Ähnliches erhält.

Formulierungsbeispiel

▶ *Die Vollmacht berechtigt, über meinen Fernmeldeverkehr zu entscheiden, zur Entgegennahme, zum Anhalten und Öffnen meiner Post und zur Entgegennahme von Wahlunterlagen.*

2.11.4 Totenfürsorge und Bestattung

2.11.4.1 Das Recht zur Totenfürsorge

Das Totenfürsorgerecht beinhaltet das Recht, Entscheidungen über die Art der Bestattung und den Ort der letzten Ruhestätte, über eine spätere Umbettung der sterblichen Überreste bzw. der Urne des Verstorbenen oder über eine Exhumierung zu treffen. Dabei ist der Totenfürsorgeberechtigte an den Willen des Verstorbenen gebunden.

Damit richtet sich das Bestattungsrecht in erster Linie nach dem **Willen des Verstorbenen**. Der Verstorbene kann nicht nur die Art und Weise seiner Bestattung sowie den Ort der letzten Ruhestätte, sondern auch diejenige Person, die mit der Wahrnehmung dieser Belange betraut ist, bestimmen (BGH, NJW RR 2019, 727). Bei der Ermittlung des für die Wahrnehmung der Totenfürsorge maßgebenden Willens des Verstorbenen kommt es nicht nur auf dessen ausdrückliche Willensbekundung, etwa in einer letztwilligen Verfügung, an. Es genügt, wenn der Wille aus den Umständen mit Sicherheit geschlossen werden kann (BGH, NJW RR 2019, 727).

Erbrechtliche Regelungen finden keine Anwendung (Grüneberg/*Weidlich*, 82. Auflage, Einl. vor § 1922 Rn. 9). Das Recht zur Totenfürsorge kann damit und sollte – wie der nachfolgend dargestellte Fall zeigt – eindeutig übertragen werden. Dies kann bspw. auch in einer transmortalen Vorsorgevollmacht geschehen, was allerdings eine konkrete Beauftragung voraussetzt.

Eine besondere Form ist zwar nicht erforderlich, zum Zwecke der Nachweisbarkeit sollte die Totenfürsorge **schriftlich** übertragen werden. Der Vollmachtgeber bzw. Erblasser kann auch Personen das Totenfürsorgerecht übertragen, die nicht zu den Angehörigen zählen, z.B. dem Lebensgefährten. Möglich ist auch, eine bestimmte Reihenfolge der Totenfürsorgeberechtigten festzulegen (Grüneberg/*Weidlich* a.a.O.).

Fall aus der Rechtsprechung – OLG Naumburg, Urteil v. 8.10.2015 – 1U 72/15 (ErbR 2016, 281)

➔ *In dem vom OLG Naumburg entschiedenen Fall ging es um die Beisetzung des Zwillingsbruders gegen den Willen der Ehefrau. Der Zwillingsbruder erwirkte gegen die Ehefrau eine einstweilige Verfügung, wonach ihr bei Androhung eines Ordnungsgeldes i.H.v. 250.000 EUR, ersatzweise Ordnungshaft, untersagt wurde, die Urne des*

Erblassers an einem Ort ihrer Wahl beizusetzen. Weiter wurde dem Zwillingsbruder einstweilen das Totenfürsorgerecht übertragen. Folgendes war passiert:

Während eines Aufenthalts des Erblassers zur Verhinderungspflege in einer Pflegeeinrichtung erteilte er seinem Zwillingsbruder eine Vorsorgevollmacht sowie wenige Tage später eine Bankvollmacht. Nach mehreren Krankenhausaufenthalten verstarb der Erblasser im Krankenhaus. Seine Bestattung erfolgte als Feuerbestattung. Die Ehefrau beauftragte ein Bestattungsinstitut, eine Totenfeier und die Urnenbestattung durchzuführen. Gegen die Urnenbeisetzung am Sterbeort wandte sich der Zwillingsbruder mit einem Antrag auf Erlass der einstweiligen Verfügung, weil der Verstorbene die Bestattung in einem anderen Ort gewünscht und ihn zur Umsetzung dieses Wunsches beauftragt habe. Die einstweilige Verfügung wurde antragsgemäß erlassen. Hiergegen wehrte sich die Witwe, zum Teil mit Erfolg.

Mit seinem Antrag verfolgte der Zwillingsbruder die Verwirklichung des aus der Menschenwürde folgenden Selbstbestimmungsrechts des Verstorbenen im Wege des postmortalen Persönlichkeitsschutzes. Diesen Rechtsschutz kann er als naher Angehöriger vorantreiben, auch im Verhältnis zum Ehegatten (OLG Karlsruhe, MDR 1990, 443; OLG Naumburg, ErbR 2016, 281). Darüber hinaus hat sich der Zwillingsbruder auch auf ein eigenes Recht berufen, das Totenfürsorgerecht, das ihm vom Erblasser übertragen worden sei. Sowohl das postmortale Persönlichkeitsrecht des Erblassers als auch das Totenfürsorgerecht des Angehörigen stellen absolute Rechte dar, deren Beeinträchtigung mit einem Unterlassungsanspruch nach den §§ 823 Abs. 1, 1004 Abs. 1 Satz 2 BGB begegnet werden kann (OLG Naumburg, ErbR 2016, 281). Das Totenfürsorgerecht ist ein sonstiges Recht im Sinne des § 823 Abs. 1 BGB und setzt sich als Abwehrrecht gegen Beeinträchtigungen fort. Im Falle einer Rechtsverletzung kann dem Inhaber des Totenfürsorgerechts Unterlassung, Schadensersatz oder Beseitigung zustehen (Grüneberg/Weidlich, 82. Auflage, Einl. v.§ 1922 Rn. 12, BGH, NJW-RR 2019, 727).

Allerdings kann eine vorläufige Übertragung des Totenfürsorgerechts nicht verlangt werden. Einen dahin gehenden Anspruch gibt es nicht (OLG Naumburg a.a.O.). Entgegen dem irgendwie geäußerten Willen des Verstorbenen kann das Totenfürsorgerecht nicht ausgeübt werden (OLG Naumburg a.a.O.). Die nächsten Angehörigen sind nur dann totenfürsorgeberechtigt, wenn der Verstorbene keine andere Person mit dieser Aufgabe betraut hat (BGH, NJW-RR 1992, 834, BGH, NJW-RR 2019, 727). Bezogen auf den Fall bedeutet dies, dass der Verstorbene entweder seinem Zwillingsbruder die Totensorge übertragen hat oder das Recht der Witwe unübertragbar zusteht. Lässt sich also aus den Umständen ein ihn bestimmender Wille des Verstorbenen zuverlässig (mit Sicherheit) entnehmen, ist der Zwillingsbruder Inhaber der Totenfürsorge, sodass es einer Übertragung derselben nicht bedarf. Eine Rechtsgrundlage zur gerichtlichen Übertragung der Totenfürsorge auf andere Personen gibt es nicht (OLG Naumburg a.a.O.). Wurde das Totenfürsorgerecht nicht nachweislich übertragen, so steht dem Zwillingsbruder nur das Recht zu, sich gegen einzelne Maßnahmen der (totenfürsorgeberechtigten) Witwe zu wenden, wenn diese dem Willen – auch dem mutmaßlichen – des Toten widersprechen. Alleine in der Erteilung einer Vorsorgevollmacht kann die Übertragung des Totenfürsorgerechts nicht gesehen werden, auch dann nicht, wenn die Vorsorgevollmacht über den Tod hinaus gelten soll. Allerdings kommt der Vorsorgevollmacht als ein Moment bei der Prüfung des Willens des Verstorbenen Bedeutung zu. Das OLG Naumburg ließ die Entscheidung darüber, ob dem Bruder das Recht der Totenfürsorge übertragen wurde, offen. Jedenfalls sah es aufgrund der Umstände als wahrscheinlich an, dass der Verstorbene nicht an dem von der Witwe bestimmten Ort bestattet werden wollte, sodass die einstweilige Verfügung diesbezüglich zu Recht erlassen wurde.

2.11.4.2 Bestattungspflicht

Fehlt es an einem nachweisbaren Willen des Verstorbenen, korrespondiert das Recht der Totenfürsorge mit der Bestattungspflicht, die landesgesetzlich geregelt ist. Nach den §§ 31, 21 Abs. 1 Nr. 1 Bestattungsgesetz B-W haben für die Bestattung die nächsten Angehörigen zu sorgen. Das Gesetz legt hierbei eine Reihenfolge fest. Vorrangig ist der Ehegatte oder der Lebenspartner verpflichtet. Ist weder ein Ehegatte noch ein Lebenspartner vorhanden, trifft die Verpflichtung die volljährigen Kinder des Verstorbenen. Nachrangig sind die Eltern, die Großeltern, die Geschwister und die Enkelkinder der verstorbenen Person verpflichtet.

Die Bestattungspflichtigen haben innerhalb der gesetzlich festgelegten Fristen für die Bestattung des Leichnams des Verstorbenen zu sorgen.

Formulierungsbeispiel: Vollmacht

▶ *Die Vollmacht berechtigt zu meiner Totensorge und über Art und Umfang meiner Bestattung zu entscheiden*

Im **Innenverhältnis** kann der Vollmachtgeber Anweisungen über Art und Umfang seiner Bestattung geben. Ferner können Bestimmungen getroffen werden, wer über den Tod zu benachrichtigen ist und ob und in welchen Medien eine Todesanzeige zu schalten ist.

Formulierungsbeispiele:

▶ *Im Falle meines Todes wünsche ich eine Erdbestattung/Feuerbestattung/anonyme Bestattung/Bestattung im Friedwald. Ich wünsche, dass bei meiner Todesfeier folgende Musikstücke gespielt werden …*

Von meinem Tod sind zu benachrichtigen: …

Es soll keine Todesannonce in der Zeitung veröffentlicht werden.

Möglich ist es auch, eine separate Bestattungsverfügung zu errichten.

Muster: Bestattungsverfügung

Ich, …, geb. am …, wohnhaft … in … treffe hiermit die nachfolgenden Anordnungen zur Regelung der Bestattung meiner sterblichen Überreste:

§ 1 Art der Bestattung

(1) Ich wünsche, nach meinem Ableben per Feuerbestattung bestattet zu werden.

(2) Ich verfüge bereits über eine Grabstätte, in der ich meine letzte Ruhe finden möchte, und zwar bei folgender Einrichtung: … Für den Fall, dass diese Grabstätte für mich nicht in Frage kommt, möchte ich meine letzte Ruhe finden in einer anderen Grabstätte, nämlich: … Sollte auch das nicht möglich sein, soll eine geeignete vergleichbare Grabstätte für mich ausgewählt werden. Bei der Auswahl der Grabstätte sind mir folgende Kriterien wichtig: …

§ 2 Bestattungszeremonie

Anlässlich meiner Bestattung wünsche ich eine Trauerfeier nach folgenden Vorgaben: …

§ 3 Teilnehmer der Bestattungszeremonie

Ich wünsche eine Bestattungsfeier im engsten Familienkreis nach folgender Liste: …

§ 4 Religiöser Beistand und Trauerrede

(1) Ich wünsche eine Trauerrede mit folgendem Inhalt: …

(2) Als Redner wünsche ich einen religiösen Beistand, und zwar wenn möglich …

(3) Der religiöse Beistand soll der römisch-katholischen Kirche angehören.

§ 5 Musikalischer Rahmen

Als Rahmen für meine Bestattung wünsche ich folgende Musik: …

§ 6 Blumenschmuck und Kränze

Ich wünsche folgenden Blumenschmuck: …

§ 7 Zeitungsannoncen

Ich wünsche, dass Ort und Termin meiner Bestattung in folgenden Zeitungen veröffentlicht wird: Die Anzeige soll wie folgt gestaltet sein: …

§ 8 Grabstein und Gestaltung meiner letzten Ruhestätte

Ich wünsche, dass meine letzte Ruhestätte mit einem Grabmal versehen ist. Dieses Grabmal soll wie folgt gestaltet sein: …

§ 9 Grabpflege

Die Grabpflege soll nach folgenden Vorgaben von … vorgenommen werden: …

§ 10 Totenfürsorge

(1) Als Totenfürsorgeberechtigten bestimme ich: …, ersatzweise …

(2) Die Bestattung soll vom Bestattungsinstitut … durchgeführt werden.

(3) Die zuvor genannten Personen werden von mir ausdrücklich dazu ermächtigt, alle notwendigen Entscheidungen zu treffen.

(4) Im Zweifel soll die Anordnung in meinem Vertrag mit dem Bestattungsinstitut ... dieser Verfügung vorgehen.

§ 11 Finanzierung der Bestattung

(1) Alle Ausgaben meiner Bestattung sollen einen Kostenrahmen von insgesamt ... EUR nicht übersteigen. Abweichungen in Höhe von maximal 20 % über dem von mir festgelegten Kostenrahmen sind zulässig, sofern andernfalls eine meinen Lebensumständen nach angemessene, würdige und ortsübliche Beisetzung nicht möglich ist.

(2) Die vorstehenden Wünsche zum Ablauf meiner Bestattung sind finanziell abgesichert durch ...

§ 12 Sonstiges

(1) Ich habe weitere nachfolgende Verfügungen errichtet: ...

(2) Mein Familienstammbuch, mein Personalausweis und meine Versicherungskarte sind hinterlegt in ...

Im Vollbesitz meiner geistigen Kräfte erkläre ich, dass alle vorstehenden Anordnungen und Erklärungen meinem freien Willen entsprechen und ohne jeglichen äußeren Druck geäußert wurden.

Die vorstehenden Anordnungen dieser Verfügung sind verbindlich. Es ist mein Wunsch, dass alle Beteiligten den Anordnungen unbedingte Folge leisten. Sofern eine oder mehrere Anordnungen aus rechtlichen oder tatsächlichen Gründen nicht umgesetzt werden können, sollen die Beteiligten nach meinem mutmaßlichen Willen handeln. Gleiches gilt, wenn sich herausstellen sollte, dass bestimmte Bereiche versehentlich nicht von mir geregelt wurden.

(Ort, Datum)

(Unterschrift Verfügender)

2.11.5 Gesundheit und Behandlungsvorgänge

2.11.5.1 Behandlung mit nicht zugelassenen Medikamenten

Der individuelle Heilversuch oder Behandlungsmethode, d.h. die Behandlung mit einem noch nicht zugelassenen Arzneimittel, bedarf u.a. der **Aufklärung und Einwilligung** durch die volljährige Person. Bei einer volljährigen Person, die nicht in der Lage ist, Wesen, Bedeutung und Tragweite der klinischen Prüfung zu erkennen und ihren Willen hiernach auszurichten und die an einer Krankheit leidet, zu deren Behandlung das zu prüfende Arzneimittel angewendet werden soll, wird die Einwilligung durch den Betreuer abgegeben, nachdem dieser entsprechend aufgeklärt worden ist, § 40b Abs. 4 Arzneimittelgesetz (AMG).

Neuerungen des Arzneimittelgesetzes

Der Bundestag hat am 11.11.2016 das Vierte Gesetz zur Änderung arzneimittelrechtlicher und anderer Vorschriften beschlossen. Nach dem Inkrafttreten der EU-Verordnung Nr. 536/2014 des Europäischen Parlaments und des Rates zum 31.1.2022 wurden weitere wesentliche Neuerungen in Bezug auf die **Zulassung gruppennütziger Forschung** – also Forschung, die ausschließlich einen Nutzen für die betroffene Patientengruppe hat – mit nichteinwilligungsfähigen Erwachsenen kodifiziert. Zwar bleibt es beim Grundsatz, dass eine gruppennützige Forschung mit nichteinwilligungsfähigen Erwachsenen verboten ist. Jedoch ist die gruppennützige Forschung mit nichteinwilligen Volljährigen unbeschadet der allgemeinen Voraussetzungen für die Durchführung von klinischen Studien nach Art. 28 EU-Verordnung Nr. 536/2014 unter den Voraussetzungen des § 40 b Abs. 4 AMG i.V.m. Art. 31 EU-VO-Nr. 536/2014 zulässig:

- Schriftliche Festlegung der volljährigen und einwilligungsfähigen Person nach ärztlicher Aufklärung, dass sie für den Fall ihrer Einwilligungsunfähigkeit in bestimmte, zum Zeitpunkt der Festlegung noch nicht unmittelbar bevorstehende gruppennützige klinische Prüfungen einwilligt.
- Prüfung des Betreuers, ob diese Festlegungen auf die aktuelle Situation zutreffen.
- Erteilung der Einwilligung durch den gesetzlichen Vertreter des Prüfungsteilnehmers nach dessen Aufklärung.
- Der Prüfungsteilnehmer die Informationen gem. Art. 29 Abs. 2 EU-Verordnung Nr. 536/2014 in einer Form erhalten hat, die seiner Fähigkeit, diese zu begreifen, angemessen ist.
- Der ausdrückliche Wunsch des Prüfungsteilnehmers, sich an der Teilnahme zu beteiligen oder diese zu beenden, ist zu beachten.
- Es dürfen weder für den Prüfungsteilnehmer noch für dessen gesetzlichen Vertreter finanzielle Anreize, welche über die Entschädigung für Ausgaben und Einkommensausfälle aufgrund der Teilnahme an der Studie hinausgehen, oder anderweitige Anreize geschaffen werden.
- Eine klinische Prüfung muss zwingend vorgenommen werden.
- Es muss ein direkter Zusammenhang zwischen der klinischen Prüfung und dem klinischen Zustand, unter welchem der Prüfungsteilnehmer leidet, bestehen.
- Es gibt wissenschaftliche Gründe für die Erwartung, dass die Teilnahme an der klinischen Prüfung
- einen direkten Nutzen für den nicht einwilligungsfähigen Prüfungsteilnehmer zur Folge haben wird, der die Risiken und Belastungen überwiegt, oder
- Nutzen für die repräsentierte Bevölkerungsgruppe, zu der der betroffene nicht einwilligungsfähige Prüfungsteilnehmer gehört, zur Folge haben wird, sofern die klinische Prüfung im direkten Zusammenhang mit dem lebensbedrohlichen oder zu Invalidität führenden klinischen Zustand steht, unter dem der Prüfungsteilnehmer leidet, und sofern die Prüfung den betroffenen nicht einwilligungsfähigen Prüfungsteilnehmer im Ver-

gleich zur Standardbehandlung seiner Krankheit nur einem minimalen Risiko und einer minimalen Belastung aussetzt.

- Der Prüfungsteilnehmer ist so weit wie möglich in den Einwilligungsprozess mit einzubeziehen.

Bei Menschen, die wegen einer geistigen Behinderung von Geburt oder Kindheit an nicht einwilligungsfähig sind, ist eine gruppennützige klinische Prüfung weiterhin verboten.

Nach § 41 Abs. 3 AMG (alte Fassung) konnte die Einwilligung entweder durch einen Betreuer oder durch einen Bevollmächtigten erteilt werden. Nach der Neufassung ist die Einwilligung nur noch durch einen Betreuer möglich, der Bevollmächtigte wurde aus dem Gesetz gestrichen (die maßgeblichen Vorschriften des AMG siehe Seite 132 ff.).

Formulierungsbeispiel

▶ *Meine Bevollmächtigten dürfen bzw. mein Betreuer darf in eine Untersuchung meines Gesundheitszustandes, eine medizinische Behandlung oder einen medizinischen Eingriff,* ***auch mit neuen, noch nicht zugelassenen Medikamenten und Behandlungsmethoden,*** *einwilligen, auch wenn diese erhebliche unerwünschte Nebenwirkungen haben oder haben können, oder diese Einwilligung verweigern, auch wenn die Gefahr besteht, dass ich dabei sterbe oder einen schweren, länger dauernden gesundheitlichen Schaden erleide. Sie müssen dafür die vorherige Genehmigung des Betreuungsgerichtes einholen, soweit dies gesetzlich bestimmt ist. Maßnahmen ohne eine erforderliche Genehmigung des Betreuungsgerichts dürfen nur durchgeführt werden, wenn mit einem Aufschub Gefahr verbunden ist.*

2.11.5.2 Abbruch lebenserhaltender Maßnahmen, Kontrollbefugnisse

Im Bereich der Gesundheitssorge kann der Bevollmächtigte auch Entscheidungen über den Abbruch ärztlicher Maßnahmen treffen. Die Vollmacht muss schriftlich erteilt werden, § 1820 Abs. 2 Ziff. 1 BGB.

Der Vollmachttext muss hinreichend klar umschreiben, dass sich die Entscheidungskompetenz des Bevollmächtigten auf die im Gesetz genannten ärztlichen Maßnahmen sowie darauf bezieht, sie zu unterlassen oder am Betroffenen vornehmen zu lassen. Ferner muss die Vollmacht den Hinweis enthalten, dass mit der jeweiligen Entscheidung die begründete Gefahr des Todes oder eines schweren oder länger dauernden gesundheitlichen Schadens verbunden ist (BGH, Beschluss v. 6.7.2016 – XII ZB 61/16, BtPrax 2016, 187).

Formulierungsbeispiel: Gesundheits- und Behandlungsvorsorge

▶ *Zur Einwilligung in eine Untersuchung meines Gesundheitszustandes, eine Heilbehandlung oder einen ärztlichen Eingriff, auch mit risikoreichen oder neuen, noch nicht zugelassenen Medikamenten und Behandlungsmethoden, auch wenn diese erhebliche unerwünschte Nebenwirkungen haben oder haben können, oder wenn*

- *die begründete Gefahr besteht, dass ich aufgrund der Maßnahme sterbe oder einen schweren und länger dauernden gesundheitlichen Schaden erleide.*

- *Zur Nichteinwilligung oder zum Widerruf einer Einwilligung in eine Untersuchung meines Gesundheitszustandes, eine Heilbehandlung oder einen ärztlichen Eingriff, auch mit risikoreichen oder neuen, noch nicht zugelassenen Medikamenten und Behandlungsmethoden, auch wenn die Maßnahme medizinisch angezeigt ist und die begründete Gefahr besteht, dass ich aufgrund des Unterbleibens oder des Abbruchs der Maßnahme sterbe oder einen schweren und länger andauernden gesundheitlichen Schaden erleide.*
- *Zur Entscheidung über Beginn oder Beendigung von lebenserhaltenden oder lebensverlängernden Maßnahmen, auch wenn dies meinen Tod herbeiführt oder beschleunigt.*
- *Zur Wahrnehmung meiner Patientenrechte.*

Meine Bevollmächtigten sollen insbesondere auch kontrollieren und durchsetzen, dass der in meiner Patientenverfügung erklärte Wille berücksichtigt wird. Sie dürfen dazu meine Krankenunterlagen einsehen und entscheiden, ob erhobene Daten und Untersuchungsergebnisse Dritten zugänglich gemacht werden.

Die Bevollmächtigten dürfen auch darüber entscheiden, ob eine Obduktion meines Leichnams erfolgen soll.

2.11.5.3 Genehmigung des Betreuungsgerichts bei ärztlichen Maßnahmen

Grundsätzlich benötigt der Bevollmächtigte ebenso wie ein Betreuer die Genehmigung des Betreuungsgerichts, wenn er in ärztliche Maßnahmen einwilligen will, bei denen die begründete Gefahr besteht, dass der Betroffene aufgrund der Maßnahme stirbt oder einen schweren und länger dauernden gesundheitlichen Schaden erleidet. Die Genehmigung ist ferner erforderlich, wenn in eine medizinisch angezeigte ärztliche Maßnahme nicht eingewilligt wird oder die bereits erteilte Einwilligung widerrufen werden soll.

Die betreuungsgerichtliche Genehmigung ist nach § 1829 Abs. 4 BGB nicht erforderlich, wenn zwischen dem Bevollmächtigten und dem behandelnden Arzt Einvernehmen darüber besteht, dass die Erteilung, die Nichterteilung oder der Widerruf der Einwilligung dem nach § 1827 BGB (festgestellten Willen des Betroffenen entspricht.

Beim Betreuungsgericht kann die Erteilung eines sog. **Negativattests**eingeholt werden, woraus sich ergibt, dass eine betreuungsgerichtliche Genehmigung nicht erforderlich ist. Ein Negativattest ist vom Betreuungsgericht zu erteilen, wenn der Betreuer trotz bestehendem Einvernehmen das Betreuungsgericht einschaltet (BGH, NJW 2014, 3572). Wegen des schwerwiegenden Eingriffs darf die Schwelle für ein gerichtliches Einschreiten nicht zu hoch angesetzt werden. Das Betreuungsgericht muss das Genehmigungsverfahren immer dann durchführen, wenn einer der Handelnden Zweifel daran hat, ob das geplante Vorgehen dem Willen des Betroffenen entspricht (BGH a.a.O.).

Die **Prüfungskompetenz des Betreuungsgerichts** ist nach Ansicht des Bundesgerichtshofes auch dann eröffnet, wenn zwar ein Einvernehmen zwischen Betreuer und behandelndem Arzt besteht, aber gleichwohl ein Antrag auf betreuungsgerichtliche Genehmigung gestellt wird. Liegt ein Einvernehmen i.S.d. § 1829 Abs. 4 BGB vor, ist der Antrag auf betreuungsgerichtliche Genehmigung abzulehnen und stattdessen ein Negativattest zu erteilen, aus welchem sich ergibt, dass eine betreuungsgerichtliche Genehmigung nicht erforderlich ist (BGH a.a.O.; LG Kleve, NJW 2010, 2666 = FamRZ 2010, 1841 [1843]). Gleiches soll gelten, wenn das Gericht trotz Einvernehmen zunächst einen Anlass für die Ermittlung des Patientenwillens mit den ihm zur Verfügung stehenden Ermittlungsmöglichkeiten sieht, aber nach der Prüfung zu dem Ergebnis gelangt, dass die Erteilung, die Nichterteilung oder der Widerruf der Einwilligung dem nach § 1827 BGB festgestellten Willen entspricht.

Vor Erteilung des Negativattestes hat das Betreuungsgericht zu Vermeidung eines Missbrauchs jedoch zu prüfen, ob zureichende tatsächliche Anhaltspunkte dafür vorliegen, dass bei dem Betroffenen ein irreversibles Grundleiden mit tödlichen Verlauf – sei es auch noch ohne Todesnähe – besteht und die Auslegung der Patientenverfügung in dem vom Betreuer und dem behandelnden Arzt verstandenen Sinne jedenfalls vertretbar erscheint (LG Kleve, Beschluss v. 31.5.2010 – 4 T 77/10, NJW 2010, 2666, BtPrax 2010, 186).

Die Möglichkeit, ein Negativattest einzuholen, sollte zuvor gründlich durchdacht werden. Das Gesetz sieht gerade keine Genehmigungsbedürftigkeit bei bestehendem Einvernehmen zwischen behandelndem Arzt und Betreuer/Bevollmächtigtem vor. Die Weiterbehandlung gegen den Willen des Patienten stellt einen rechtswidrigen Eingriff in dessen Selbstbestimmungsrecht und körperliche Integrität dar. Wird das Betreuungsgericht eingeschaltet, wird dieser rechtswidrige Zustand unnötig aufrechterhalten, die Durchsetzung des Patientenwillens wird damit erheblich verzögert (*Doering-Striening*, Das Negativattest bei Behandlungsabbruch i.S.d. § 1904 Absatz 2 BGB, FamFR 2010, 341).

Muster: Antrag Negativattest

An das Amtsgericht …

– Betreuungsgericht –

Az. neu

Antrag auf Erteilung eines Negativattests

Sehr geehrte Damen und Herren,

als Vorsorgebevollmächtigte des Herrn … beantrage ich, gerichtlich auszusprechen, dass die betreuungsgerichtliche Genehmigung zum Abbruch der künstlichen Ernährung des Herrn … nicht erforderlich ist.

Herr … erlitt am … einen schweren Schlaganfall. Er liegt seither im Wachkoma mit infauster Prognose und wird über eine Magensonde künstlich ernährt. Der eingetretene Hirnschaden ist irreversibel. Trotz aufwendiger medizinischer Maßnahmen hat sich das Krankheitsbild des Herrn … zunehmend verschlechtert. Aussicht auf Besserung und Linderung besteht nach Beurteilung des behandelnden Arztes nicht. Eine Kopie des Arztberichtes vom …, aus welchem sich der Gesundheitszustand des Herrn … ergibt, ist als Anlage 1 beigefügt.

Herr … hat unter dem … eine Patientenverfügung errichtet, worin er die künstliche Ernährung für den Fall seines Wachkomas und ungünstiger Prognose ablehnt. Die Patientenverfügung lege ich Ihnen als Anlage 2 in Kopie bei.

Zwischen dem behandelnden Arzt, Herrn Oberarzt …, und mir als Bevollmächtigtem besteht Einigkeit darüber, dass die Ernährung nicht weiter fortgesetzt werden soll, weil diese dem niedergelegten Patientenwillen widerspricht. Die ärztliche Stellungnahme des Herrn Oberarztes … zum geplanten Abbruch der Maßnahme wird als Anlage 3 überreicht.

Nach der Entscheidung des BGH vom 17.9.2014, NJW 2014, 3572 sowie des LG Kleve vom 31.5.2010, 4 T 77/10, NJW 2010, 2666, kann das Betreuungsgericht auch dann eingeschaltet werden, wenn zwischen Arzt und Betreuer in dem nach § 1901b BGB zu führenden Gespräch Einvernehmen darüber besteht, dass die Erteilung, die Verweigerung oder der Widerruf der Einwilligung des Betreuers in eine lebenserhaltende ärztliche Behandlung (künstliche Ernährung mittels Ernährungssonde) dem in einer Patientenverfügung niedergelegten Willen des Betroffenen entspricht, wobei hierbei lediglich auszusprechen ist, dass die Genehmigungsbedürftigkeit gem. § 1904 IV BGB nicht besteht (sog. Negativattest).

Mit freundlichen Grüßen

…

2.12 Freiheitsentziehende Maßnahmen, Unterbringung, ärztliche Zwangsmaßnahmen

§ 1831 Abs. 1 BGB umfasst die Unterbringung in der geschlossenen Abteilung eines Pflegeheims, einer psychiatrischen Anstalt oder eines Krankenhauses.

§ 1831 Abs. 4 BGB umfasst freiheitsbeschränkende Maßnahmen, wie Verschließen der Zimmer- und /oder der Wohnungs- und/oder der Stationstüre, Anbringen von Bettgittern, Fixierungsgurten, Verwendung spezieller Pflegedecken oder Pflegehemden oder anderer Fixierungsmittel, Verabreichen von (sedierenden) Psychopharmaka, Ausstattung mit Signalsendern, Anbringen von Trickschlössern, Arretieren des Rollstuhls, Wegnahme der Straßenkleidung, Verhindern des Verlassens einer Einrichtung durch Aufsichtspersonal etc.

Die Zulässigkeit ärztlicher Zwangsmaßnahmen wird in § 1832 BGB geregelt.

Nach § 1820 Abs. 2 Ziff. 2 und 3 BGB muss die Vollmacht für den Bereich der Unterbringung, der freiheitsentziehenden Maßnahmen und der ärztlichen Zwangsmaßnahmen **schriftlich** erteilt werden.

Formulierungsbeispiel: Freiheitsentziehende Maßnahmen, Unterbringung

▶ *Diese Vollmacht ermächtigt zur Entscheidung über Handlungsweisen, die die Bewegungsfreiheit des Vollmachtgebers einschränken oder aufheben (durch Verschließen der Zimmer- und/oder der Wohnungs- und/oder der Stationstüre, Anbringen von Bettgittern, Fixierungsgurten, Verwendung spezieller Pflegedecken oder Pflegehem-*

den oder anderer Fixierungsmittel, Verabreichen von (sedierenden) Psychopharmaka, Ausstattung mit Signalsendern, Anbringen von Trickschlössern, Arretieren des Rollstuhls, Wegnahme der Straßenkleidung, Verhindern des Verlassens einer Einrichtung durch Aufsichtspersonal etc.) und auch über eine Unterbringung in einem Pflegeheim, einer geschlossenen Anstalt oder einem Krankenhaus, die mit der Freiheitsentziehung verbunden sind, solange dies zum Wohl des Vollmachtgebers erforderlich ist, weil aufgrund der psychischen Krankheit oder geistigen oder seelischen Behinderung die Gefahr besteht, dass sich der Vollmachtgeber selbst tötet oder sich einen erheblichen gesundheitlichen Schaden zufügt, oder zur Abwendung eines drohenden erheblichen gesundheitlichen Schadens eine Untersuchung des Gesundheitszustandes des Vollmachtgebers, eine Heilbehandlung oder ein ärztlicher Eingriff notwendig ist und ohne seine Unterbringung nicht durchgeführt werden kann, weil der Vollmachtgeber aufgrund einer psychischen Krankheit oder geistigen oder seelischen Behinderung die Notwendigkeit der Unterbringung nicht erkennen oder nicht nach dieser Einsicht handeln kann.

§ 1832 BGB erfasst Untersuchungen, Heilbehandlungen oder ärztliche Eingriffe gegen den natürlichen Willen des Vollmachtgebers (ärztliche Zwangsmaßnahme).

Der Bevollmächtigte kann jedoch in allen Fällen nur dann wirksam einwilligen, sofern die Vollmacht die Maßnahmen ausdrücklich umfasst und schriftlich erteilt wurde, § 1820 Abs. 2 Nr. 3 BGB.

Formulierungsbeispiel: Ärztliche Zwangsmaßnahmen

▶ *Die Bevollmächtigten dürfen zur Abwendung eines dem Vollmachtgeber drohenden erheblichen gesundheitlichen Schadens in eine ärztliche Zwangsmaßnahme nach § 1832 Abs. 1 BGB und in eine Verbringung des Vollmachtgebers gegen seinen natürlichen Willen zu einem stationären Aufenthalt in einem Krankenhaus nach § 1832 Abs. 4 BGB einwilligen.*

Gegen den natürlichen Willen des Vollmachtgebers dürfen die Bevollmächtigten in eine ärztliche Untersuchung, eine medikamentöse oder sonstige ärztliche Heilbehandlung oder einen ärztlichen Eingriff aber nur einwilligen, wenn der Vollmachtgeber aufgrund einer psychischen Krankheit oder geistigen oder seelischen Behinderung die Notwendigkeit einer ärztlichen Untersuchung, einer ärztlichen Heilbehandlung oder eines ärztlichen Eingriffs nicht erkennen oder nicht nach dieser Einsicht handeln kann, wenn zuvor versucht wurde, ihn von der Notwendigkeit der ärztlichen Maßnahmen zu überzeugen, und wenn die ärztliche Zwangsmaßnahme zu seinem Wohle erforderlich ist, um einen drohenden erheblichen gesundheitlichen Schaden von ihm abzuwenden und der erhebliche gesundheitliche Schaden durch keine andere zumutbare Maßnahme abgewendet werden kann und der zu erwartende Nutzen der ärztlichen Zwangsmaßnahme die zu erwartenden Beeinträchtigungen deutlich überwiegt.

Die Einwilligung zu ärztlichen Zwangsmaßnahmen darf den in der Patientenverfügung des Vollmachtgebers getroffenen Entscheidungen nicht widersprechen (§ 1832 Abs. 1 Nr. 3 BGB).

2.12.1 Genehmigung des Betreuungsgerichts für freiheitsentziehende Maßnahmen und Unterbringung

Sowohl die Einwilligung in freiheitsentziehende Maßnahmen als auch in ärztliche Zwangsmaßnahmen und eine Unterbringung bedarf der betreuungsgerichtlichen Genehmigung. Ohne Genehmigung ist die Unterbringung nur zulässig, wenn mit dem Aufschub Gefahr verbunden ist (§§ 1831 Abs. 2 Satz 2, 1832 Abs. 4 BGB). Die Genehmigung ist dann unverzüglich nachzuholen.

Die Verbringung in eine offene Einrichtung ist nicht genehmigungsfähig, da es hierfür an einer gesetzlichen Grundlage fehlt (Grüneberg/*Götz*, 82. Aufl. § 1831 Rn. 5). Eine zwangsweise Verbringung in eine offene Einrichtung ist wegen des Fehlens einer gesetzlichen Grundlage nicht möglich. Eine analoge Anwendung des § 1831 BGB wird abgelehnt (Grüneberg/*Götz*, 82. Aufl. § 1831 Rn. 5).

Nicht genehmigungsbedürftig sind freiheitsentziehende Maßnahmen dann, wenn der Betroffene selbst einwilligt oder wenn er bewegungsunfähig ist (Grüneberg/*Götz*, 82. Aufl.§ 1831 Rn. 6). Ebenfalls nicht genehmigungsfähig sind Maßnahmen, wenn sie durch weniger einschneidende Alternativen vermieden werden können.

Praxistipp

▶ *Vor Erteilung der Einwilligung in eine freiheitsentziehende Maßnahme muss eine sorgfältige Abwägung über deren Nutzen und Gefahren vorgenommen werden. Ferner ist zu prüfen, ob Alternativen zur Verfügung stehen. Beispielsweise kann das Tieferlegen des Bettes die Verletzungsgefahr des Betroffenen beim Herausfallen vermeiden und so das Anbringen eines Bettgitters entbehrlich machen.*

Antrag auf Genehmigung der Unterbringung

Seit dem 1. Januar 2022 muss die dem Unterbringungsantrag (gleichzeitig) beizufügende ärztliche Stellungnahme – wie der Unterbringungsantrag selbst – als elektronisches Dokument an das Gericht übermittelt werden (§ 8 Abs. 2 Satz 1, Abs. 1 PsychHG SH i.V.m. § 14b Abs. 1 Satz 1 FamFG), wenn der Antrag durch eine Behörde oder eine juristischen Person des öffentlichen Rechts gestellt wird (LG Lübeck, Beschluss v. 28.1.2022 – 7 T 27/22 (ebenso: Beschluss v. 21.1.2022 – 7 T 19/22, BeckRS 2022, 402). Ein nur schriftlich eingereichter Antrag ist als unzulässig zu verwerfen (LG Lübeck a.a.O.).

Schon gar nicht kann die Einreichung des Unterbringungsantrags schriftlich statt als elektronisches Dokument auf Absprachen gestützt werden, die es zwischen dem Antragsteller und dem Amtsgericht gegeben haben soll. Ein Verzicht auf die Einhaltung des § 14b Abs. 1 Satz 1 ist schon einfachgesetzlich nicht zulässig (Dutta/Jacoby/Schwab/*Jacoby*, 4. Aufl. 2022, § 14 b FamFG Rn. 2).

Muster: Antrag auf Genehmigung der Unterbringung

An das Amtsgericht

Betreuungsgericht

...

Az. neu

Antrag auf Genehmigung der Unterbringung

Sehr geehrte Damen und Herren,

mit Urkunde vom ... wurde mir von Herrn ... eine umfassende Vorsorgevollmacht erteilt. Eine Kopie der Vollmachtsurkunde ist beigefügt. Unter anderem wurde mir in der Vollmacht das Recht, den Aufenthalt für den Vollmachtgeber zu bestimmen, übertragen.

Hiermit

beantrage

ich, die betreuungsgerichtliche Genehmigung nach § 1831 Abs. 1 Nr. 2 BGB zur Unterbringung des Herrn ... in der geschlossenen Abteilung des ... Krankenhauses für die Dauer von 6 Wochen zu erteilen.

Herr ... leidet unter einer paranoiden Schizophrenie. Derzeit ist ein akuter Schub der Erkrankung ausgebrochen. Herr ... verweigert die Einnahme seiner Medikamente. Er fühlt sich verfolgt. Auch mich möchte er nicht mehr in die Wohnung lassen, da er vermutet, dass ich mit dem Geheimdienst zusammenarbeite. Gegenüber der Pflegedienstmitarbeiterin ist er am ... gewalttätig geworden. Seither hat er sich in seiner Wohnung verbarrikadiert. Er ist momentan krankheitsbedingt nicht in der Lage, einen freien Willen zu bilden.

Durch die Nichteinnahme der Medikamente besteht die Gefahr, dass sich der Krankheitszustand des Herrn ... weiter verfestigt und dieser seine Fähigkeit, selbstständig zu wohnen, verlieren wird. Nach dem beigefügten ärztlichen Zeugnis ist damit zu rechnen, dass Herr ... bei einer weiteren Verschlechterung und Verfestigung seines Zustandes heimbedürftig wird.

Die Erfahrungen der letzten Jahre zeigen, dass Herr ... gegenüber den Krankenhausärzten zugänglich ist und sich behandeln lässt. Ärztliche Zwangsmaßnahmen sind daher bislang nicht beabsichtigt.

Da damit zu rechnen ist, dass Herr ... niemanden in die Wohnung lässt und sich gegen eine Verbringung in das Krankenhaus wehren wird, **beantrage** ich, der zuständigen Behörde bei der Zuführung zur Unterbringung die Anwendung von Gewalt zu gestatten. Ferner **beantrage** ich als Vorsorgebevollmächtigter, mir den Zutritt zur Wohnung bei der Zuführung zur Unterbringung zu gestatten.

Praxistipp

Der Bevollmächtigte kann sich bei der Durchführung der Unterbringung der Hilfe der Betreuungsbehörde bedienen (§ 326 FamFG). Die Betreuungsbehörde ist jedoch nur befugt, Gewalt anzuwenden, wenn diese im Genehmigungsbeschluss ausdrücklich gestattet wurde (§ 326 Abs. 2 FamFG). Das Verschaffen eines zwangsweisen Zutritts in die Wohnung setzt eine richterliche Anordnung nach § 326 Abs. 3 FamFG voraus. Dies gilt nicht, wenn Gefahr in Verzug vorliegt. In diesem Fall darf die Betreuungsbehörde den Zutritt zur Wohnung anordnen, § 326 Abs. 3 Satz 2 FamFG. Die Betreuungsbehörde kann Vollzugshilfe bei der Polizei in Anspruch nehmen.

Der Genehmigungsbeschluss ist der Betreuungsbehörde und ggf. den Polizeibeamten vor Ort im Original vorzulegen (Meier/Deinert, Handbuch Betreuungsrecht, 2. Aufl., Rn. 1624). Für den Transport von der Wohnung in das Krankenhaus ist ein Krankenwagen zu bestellen, wofür zuvor eine ärztliche Transportbescheinigung besorgt werden sollte. Wenn möglich, sollte auch eine ärztliche Krankenhauseinweisung zur Finanzierung des Krankenhausaufenthaltes durch die Krankenkasse vorher besorgt werden (Meier/Deinert, a.a.O., Rn. 1626).

2.12.2 Antizipierter Verzicht auf die Genehmigung der Unterbringung oder freiheitsbeschränkender Maßnahmen durch den Vollmachtgeber

Fraglich war, ob der Vollmachtgeber seinen Bevollmächtigten vom gerichtlichen Genehmigungserfordernis befreien kann. Dies wurde vom Bundesgerichtshof verneint. Das Betreuungsgericht habe – zum Schutz des Betroffenen – nicht nur zu überprüfen, ob die Vorsorgevollmacht rechtswirksam erteilt ist, ob sie die Einwilligung in freiheitsentziehende Maßnahmen umfasst und auch nicht zwischenzeitlich widerrufen ist, sondern insbesondere, ob die Vollmacht dadurch in Kraft gesetzt ist, dass eine Gefährdungslage nach § 1831 Abs. 1 BGB vorliegt.

Unter die Kontrolle des Betreuungsgerichts sei damit nicht die in Ausübung des Selbstbestimmungsrechts erfolgte Entscheidung des Betroffenen gestellt, sondern die gesetzesgemäße Handhabung der Vorsorgevollmacht durch den Bevollmächtigten (BGH, NJW-RR 2012, 1281).

Auch das Bundesverfassungsgericht hat zu dieser Frage Stellung genommen. In seiner Entscheidung vom 10.6.2015 (BVerfG, NJW-RR 2016, 193) stellt das Verfassungsgericht fest, dass die gesetzlich festgeschriebene Verpflichtung, eine gerichtliche Genehmigung der Einwilligung einholen zu müssen, in das Selbstbestimmungsrecht des Vollmachtgebers aus Art. 2 I GG eingreift. Dieses werde jedoch nicht uneingeschränkt, sondern nur im Rahmen der verfassungsmäßigen Ordnung gewährleistet. In den Entscheidungsgründen heißt es weiter:

> „Bestandteil dieser verfassungsmäßigen Ordnung ist nach ständiger Rechtsprechung des Bundesverfassungsgerichts jede Rechtsnorm, die formell und materiell der Verfassung gemäß ist. Diese Voraussetzung erfüllt die angegriffene Vorschrift des § 1906 V BGB (jetzt § 1831 Abs. 4 BGB). Der Staat ist durch Art. 2 II 1 und 2 i.V.m Art. 1 I 2 GG verpflichtet, sich

dort schützend und fördernd vor das Leben, die körperliche Unversehrtheit, die Freiheit und die sexuelle Selbstbestimmung des Einzelnen zu stellen und sie vor Eingriffen von Seiten Dritter zu bewahren, wo die Grundrechtsberechtigten selbst nicht (mehr) dazu in der Lage sind (vgl. jüngst BVerfG, 3. Kammer des Zweiten Senats, Beschluss v. 23.3.2015 – 2 BvR 1304/ 12, BeckRS 2015, 09867). Gerade für Betroffene, die zur Bildung eines vernünftigen Willens nicht mehr in der Lage sind und denen die Notwendigkeit der zusätzlichen Freiheitsbeschränkung nicht mehr nähergebracht werden kann, kann sich die durch Dritte vorgenommene Beschränkung der Freiheit als besonders bedrohlich darstellen. Insbesondere dieses subjektive Bedrohlichkeitsempfinden wird in der konkreten Situation der Freiheitsbeschränkung nicht dadurch gemindert, dass die Betroffenen im zeitlichen Vorfeld zu einem Zeitpunkt umfassender Vernunft und Geschäftsfähigkeit vorgreiflich in derartige Beschränkungen eingewilligt oder erklärt haben, die Entscheidung über solche Beschränkungen in die alleinige Verantwortung bestimmter Vertrauenspersonen legen zu wollen. Im Hinblick darauf, dass für die grundrechtliche Beurteilung der Schwere des Eingriffs auch das subjektive Empfinden von Bedeutung ist (vgl. BVerfGE 89, 315, 324 = NJW 1994, 1401; BVerfGE 128, 282, 303 = NJW 2011, 2113), macht es in diesem konkreten Fall für die Grundrechtsträgerin keinen Unterschied, ob ihr auf Grund Veranlassung durch einen staatlich bestellten Betreuer oder den zur Vorsorge Bevollmächtigten Fixierungen zur Beschränkung ihrer Bewegungsfreiheit angelegt werden sollen. Die Maßnahme stellt sich im konkreten Moment unabhängig von vorangegangenen Einverständniserklärungen gleich bedrohlich als Beschränkung der persönlichen Freiheit dar und ist auch in diesen Fällen nur unter der Voraussetzung zulässig, dass ohne (zusätzliche) Beschränkung der Fortbewegungsfreiheit andere Rechtsgüter der Betroffenen wie deren körperliche Unversehrtheit oder gar deren Leben verletzt zu werden drohten. Es entspricht daher der Wahrnehmung staatlicher Schutzpflichten, wenn der Gesetzgeber in § 1906 V BGB (jetzt: § 1831 Abs. 5 BGB) die Zulässigkeit, Erforderlichkeit und Angemessenheit der Einwilligung des Bevollmächtigten in derartige Freiheitsbeschränkungen unter ein gerichtliches Genehmigungserfordernis stellt."

2.12.3 Entbindung von Schweigepflichten

Formulierungsbeispiel: Schweigepflichtsentbindung

Ich entbinde hiermit alle Stellen und Personen, die einer Schweigepflicht unterliegen (Ärzte, Rechtsanwälte, Steuerberater, Krankenkassen usw.), gegenüber meinen Bevollmächtigten (auch Unterstützungs- u. Verfahrensbevollmächtigter) von ihrer Schweigepflicht und bitte diese Stellen und Personen, meine Bevollmächtigten bei ihrer Arbeit zu unterstützen.

2.12.4 Rechtswahl

Zum 1.1.2009 wurde mit dem Inkrafttreten des Haager Übereinkommens über den internationalen Schutz von Erwachsenen vom 13.1.2000 (ESÜ) das internationale Betreuungsrecht in Deutschland auf eine rechtliche Grundlage gestellt. Das Übereinkommen wurde von Deutschland am 3.4.2007 ratifiziert und gleichzeitig ein Gesetz zur Umsetzung dieses Übereinkommens verabschiedet (ESÜ-AG).

Nachdem das Erwachsenenschutzabkommen bereits im Jahre 2003 vom Vereinigten Königreich – mit Wirkung allerdings nur für Schottland (vgl. Art. 55 ESÜ) – ratifiziert worden war, wurde die für das Inkrafttreten des Abkommens erforderliche Mindestzahl von drei Mitgliedstaaten durch die französische Ratifikation am 18.9.2008 erreicht. Nach Art. 57 Abs. 1 tritt das ESÜ drei Monate nach Hinterlegung der dritten Ratifikationsurkunde zum darauf folgenden Monatsersten in Kraft. Zwischenzeitlich haben auch Belgien, Finnland, Lettland, Monaco, Österreich, Portugal, Schweiz, Tschechische Republik, Großbritannien u. Nordirland und Zypern das Abkommen ratifiziert (Statustabelle Stand 30.9.2020, https://www.hcch.net/en/instruments/conventions/status-table/?cid=71).

Das ESÜ legt fest, dass sich das Bestehen, der Umfang, die Änderung und die Beendigung einer Vorsorgevollmacht vorrangig nach dem Recht des Staates bestimmen, das der Betroffene schriftlich gewählt hat, in Ermangelung einer Rechtswahl nach dem Recht des Staates, in dem der Betroffene zum Zeitpunkt der Errichtung der Vollmacht seinen gewöhnlichen Aufenthalt hatte. Der Vollmachtgeber hat damit die Möglichkeit, das Bestehen, den Umfang, die Änderung und die Beendigung der Vorsorgevollmacht an das deutsche Recht anzuknüpfen.

Formulierungsbeispiel

▶ *Diese Vollmacht unterliegt hinsichtlich ihres Bestehens, Umfangs, ihrer Änderung und Beendigung dem deutschen Sachrecht.*

2.13 Betreuungsverfügung

Im Bereich vertretungsfeindlicher Rechtsgeschäfte und für Fälle, die von der Vollmacht nicht umfasst werden, und natürlich dann, wenn der Bevollmächtigte die ihm zugewiesenen Aufgaben nicht wahrnehmen kann, ist eine Betreuung erforderlich. Für diesen Fall sollte in die Vollmacht eine Betreuungsverfügung mit aufgenommen werden.

Bei der Betreuungsverfügung handelt es sich um den vor Einleitung eines Betreuungsverfahrens schriftlich fixierten Wunsch des Verfügenden, welche Person zum Betreuer bestellt werden soll. Diesem Wunsch ist gem. § 1816 Abs. 1 Satz 3 BGB zu entsprechen, es sei denn, die gewünschte Person ist zur Führung der Betreuung nicht geeignet, § 1816 Abs. 1 Satz 1, 2. HS BGB.

Von einer fehlenden Eignung ist insbesondere dann auszugehen, wenn das Betreuungsgericht anhand konkreter Tatsachen erhebliche Interessenskonflikte feststellt oder wenn ein Missbrauch eines zu der betroffenen Person bestehenden Vertrauensverhältnisses durch den potenziellen Betreuer konkret zu befürchten ist. Dies kann in Betracht kommen, wenn ein solches Vertrauensverhältnis im Rahmen eines vorangegangenen beruflichen Kontakts zu der betroffenen Person etabliert worden ist, etwa im Rahmen eines Behandlungsvertrages zwischen einem Arzt und seinem Patienten oder eines Beratungskontakts zwischen einem Rechtsanwalt und seinem Klienten (*Joecker*, Das neue Betreuungsrecht, zu § 1816 BGB S. 89, 90).

Formulierungsbeispiel

▶ *Diese Vollmacht erteile ich zur Vermeidung einer rechtlichen Betreuung gemäß den §§ 1814 BGB, 164 ff. BGB. Sollte trotz meiner Vorsorgevollmacht die Einrichtung einer gesetzlichen Betreuung einmal zwingend erforderlich werden, so ist die Betreuung auf das unbedingt erforderliche Maß zu beschränken und sobald wie möglich wieder aufzuheben. Zu meinem Betreuer ist in diesem Fall mein oben genannter Bevollmächtigter zu bestellen. Diese Vollmacht gilt zugleich als Betreuungsverfügung.*

2.14 Widerruf der Vollmacht

2.14.1 Widerrufliche und unwiderrufliche Vollmacht

Grundsätzlich können auch Vollmachten unwiderruflich ausgestaltet werden. Dieser Grundsatz gilt jedoch nicht uneingeschränkt. So sind Generalvollmachten regelmäßig widerruflich, da die Privatautonomie des Vollmachtgebers andernfalls übermäßig eingeschränkt würde. Ferner können Vollmachten, die im ausschließlichen Interesse des Vollmachtgebers liegen, nicht unwiderruflich ausgestaltet werden (BGH, NJW 2011, 66; NJW 1988, 2603; Grüneberg/*Ellenberger*, 82. Aufl., § 168 Rn. 6 m.w.N.).

Ein Ausschluss der Widerrufsmöglichkeit ist indes möglich, wenn die Vollmacht zumindest im gleichen Maße wie dem Interesse des Vollmachtgebers auch dem Interesse des Bevollmächtigten oder eines Dritten dient (BGH, NJW-RR 1991, 439, 441). Der Ausschluss der Widerrufbarkeit bedarf der vertraglichen Vereinbarung nach § 168 Satz 1 und 2 BGB. Eine isoliert erteilte Vollmacht ist stets widerruflich, auch wenn sie als unwiderruflich bezeichnet wurde (BGH, NJW 1988, 2603, BGHZ 110, 363, 367). Soll die Vollmacht ausnahmsweise unwiderruflich erteilt werden, ist sie mit dem Grundverhältnis zu verbinden, damit sich die Interessenlage offenbart. Sofern Beurkundungspflichten bestehen, muss die unwiderrufliche Vollmacht zusammen mit dem Grundverhältnis beurkundet werden (Münchener Vertragshandbuch/*Heinze*, Einl. Kapitel 51 Rn. 4 m.w.N.).

Formulierungsbeispiel

▶ *Die Vollmacht ist für den Vollmachtgeber jederzeit einseitig widerruflich.*

2.14.2 Wirkung des Widerrufs

Mit dem Widerruf erlischt die Vollmacht. Jedoch wird das Vertrauen auf den Fortbestand der Vollmacht geschützt. Wird die Vollmacht durch Erklärung gegenüber einem Dritten erteilt, sog. Außenvollmacht, bleibt sie diesem gegenüber so lange in Kraft, bis ihm das Erlöschen von dem Vollmachtgeber angezeigt wurde, § 170 BGB. Wurde die Vollmachtsurkunde dem Bevollmächtigten ausgehändigt, bleibt die Vertretungsmacht so lange bestehen, bis die Vollmachtsurkunde dem Vollmachtgeber zurückgegeben oder für kraftlos erklärt wurde, § 172 Abs. 2 BGB.

Praxishinweis

Mit dem Widerruf der Vollmacht alleine ist es nicht getan. Der Vollmachtgeber muss auch die Vollmachtsurkunde zurückverlangen. Solange die Vollmachtsurkunde nicht zurückgegeben oder für kraftlos erklärt wurde, kann der Bevollmächtigte mit der Vollmacht handeln.

2.14.3 Widerruf der Vollmacht durch einen anderen Bevollmächtigten

Beide Bevollmächtigten stehen auf gleicher Stufe. Ihnen ist vom Vollmachtgeber daher eine beschränkte Rechtsmacht eingeräumt, obwohl jeder Einzelvertretungsmacht hat. Die Erweiterung dieser Rechtsmacht, von der *Mitherrschaft zur Alleinherrschaft*, ist vom stillschweigenden Umfang der Vollmacht nicht gedeckt und somit unwirksam. Das Widerrufsrecht steht ausschließlich dem Vollmachtgeber zu. Im Falle des Eintritts der Geschäftsunfähigkeit des Vollmachtgebers kann das Widerrufsrecht – mangels abweichender Bestimmungen – nur von seinem gesetzlichen Vertreter, also einem Betreuer, ausgeübt werden. (Vgl. auch OLG Karlsruhe, Beschluss v. 24.1.2022 – 10 W 8/21; BeckRS 2022, 474.)

Danach soll es keiner ergänzenden Regelung in der Vollmacht bedürfen, die lautet: *Kein Bevollmächtigter kann die Vollmacht eines anderen Bevollmächtigten widerrufen.*

Nach Litzenburger (FD-ErbR 2022, 447530) greift diese Einschränkung jedoch nur dann ein, wenn die Einzelbevollmächtigung nebeneinander erfolgt ist. Hat der Vollmachtgeber dagegen zwar im Außenverhältnis dem Bevollmächtigten Einzelvertretungsbefugnis eingeräumt, aber im Rahmen seiner Weisungsbefugnis als Auftraggeber bestimmt, dass im Innenverhältnis einer (z.B. der Ehepartner) Vorrang vor dem bzw. den anderen (z.B. Kinder) haben soll, so kann der primär Beauftragte die Einzelvollmachten der nachrangig zur Vertretung befugten Personen widerrufen.

Formulierungsbeispiel

Meine Kinder sollen mich nur vertreten, wenn mein Ehepartner dies nicht mehr kann oder verlangt; die Einzelvertretungsbefugnis nach außen wird hierdurch nicht eingeschränkt.

Praxistipp

Obwohl die Bevollmächtigten sich nicht gegenseitig die Vollmacht entziehen können, ist es anzuraten, in die Vollmacht ausdrücklich aufzunehmen, dass die Bevollmächtigten zum Widerruf untereinander nicht berechtigt sind. Andernfalls kann die praktische Handhabung der Vollmacht zumindest vorübergehend gestört werden, bspw. dadurch, dass der Widerruf der kontoführenden Bank angezeigt wird, um Verfügungen des „unliebsamen" Bevollmächtigten über die Bankkonten des Vollmachtgebers zu verhindern.

2.14.4 Widerruf der Vollmacht durch einen Betreuer

2.14.4.1 Rechtslage bis 31.12.2022

Ist der Vollmachtgeber geschäftsunfähig, so kann er die von ihm erteilte Vollmacht nicht mehr widerrufen. Er kann aber in Bezug auf den Widerruf von einem vom Betreuungsgericht bestellten Betreuer vertreten werden, § 1823 BGB (§ 1902 BGB a.F.). Hierzu muss dem Betreuer allerdings ausdrücklich der Aufgabenkreis „Widerruf der Vollmacht" übertragen worden sein (BGH, Beschluss v. 28.7.2015, BtPrax 2015, 241 = NJW 2015, 3572). Dieser Aufgabenkreis darf dem Betreuer nach der Rechtsprechung des Bundesgerichtshofes nur übertragen werden, wenn das Festhalten an der erteilten Vorsorgevollmacht eine künftige Verletzung des Wohls des Betroffenen mit hinreichender Wahrscheinlichkeit und in erheblicher Schwere befürchten lässt und mildere Maßnahmen zur Abwehr eines Schadens für den Betroffenen nicht geeignet erscheinen (BGH, NJW 2015, 3572).

Ein Widerruf der Vorsorgevollmacht durch den eigens hierfür bestellten Betreuer kommt immer dann in Betracht, wenn Hinweise vorliegen, dass die Vollmacht nicht im Interesse des Vollmachtgebers ausgeübt wird und dieser seine Kontrollbefugnisse nicht mehr selbst ausüben kann. Auf entsprechende Anregung wird das Gericht einen Vollmachtsüberwachungsbetreuer (Kontrollbetreuer) nach § 1896 Abs. 3 BGB bestellen (Einzelheiten hierzu siehe oben unter 2.7.1.5 – Kontrollbevollmächtigung).

Der Widerruf durch den mit diesem Aufgabenkreis betrauten Betreuer führt zum Erlöschen der Vollmacht, ohne dass dies rückgängig gemacht werden könnte (KG, NJW 2009, 1425 = FGPrax 2009, 110; OLG Frankfurt a.M., NJW-RR 2009, 1378 = FGPrax 2009, 67 [68], BGH, NJW 2015, 3572). Dies gilt aus Gründen der Rechtssicherheit auch dann, wenn die Betreuung im Beschwerdeverfahren aufgehoben wird; eine entsprechende Anwendung des § 47 FamFG, sodass mit Aufhebung des Beschlusses der Vollmachtswiderruf nichtig wäre, kommt nach Ansicht des Bundesgerichtshofes nicht in Betracht. Der Betreuer kann die Vollmacht im Außenverhältnis jederzeit und ohne wichtigen Grund widerrufen.

Der Betreuer kann also seinen Vollmachtswiderruf nicht zurücknehmen, auch nicht dem bisherigen Bevollmächtigten die Generalvollmacht im früheren Umfang neu erteilen, weil die Betreuerbestellung nicht durch eine Generalvollmacht zur Gänze übertragbar ist; allenfalls Vollmachten für Einzeltätigkeiten. Auch das Betreuungsgericht kann keine Vollmachten erteilen. Der Vollmachtgeber wird in aller Regel nicht mehr in der Lage sein, erneut eine Vollmacht zu erteilen. Der mit der Übertragung des Aufgabenkreises Vollmachtwiderruf verbundene Eingriff wird weiter dadurch verstärkt, dass die Ermächtigung des Betreuers zum Vollmachtswiderruf sofort mit deren Bekanntgabe an den Betreuer wirksam wird (§ 287 Abs. 1 FamFG). Das versetzt den Betreuer in den Stand, den Vollmachtswiderruf zu erklären, noch bevor der Betreute oder der Vollmachtsinhaber eine einstweilige Anordnung des Beschwerdegerichts nach § 64 Abs. 3 FamFG erwirken könnte (BGH a.a.O.). Nach § 64 Abs. 3 FamFG kann das Beschwerdegericht vor der Entscheidung über die Beschwerde eine einstweilige Anordnung erlassen und insbesondere anordnen, dass die Vollziehung des angefochtenen Beschlusses auszusetzen ist.

Praxistipp:

Wurde eine Kontrollbetreuung angeordnet und gleichzeitig dem Betreuer der Aufgabenkreis des Vollmachtswiderrufs übertragen, sollte nicht nur Beschwerde gegen den Beschluss eingelegt werden, sondern gleichzeitig auch die Aussetzung der Vollziehung per einstweiliger Anordnung nach § 64 Abs. 3 FamFG beantragt werden.

Hinweis:

Der Bevollmächtigte ist trotz Widerrufs der Vorsorgevollmacht durch den Betreuer berechtigt, noch im Namen des Betroffenen Beschwerde gegen die Betreuerbestellung einzulegen (BGH, NJW 2015, 3572).

2.14.4.2 Aktuelle Rechtslage (seit 1.1.2023)

Die durch die Rechtsprechung entwickelnden Voraussetzungen für die **Bestellung des Kontrollbetreuers** wurden nun in § 1820 Abs. 3 BGB gesetzlich normiert. Ebenso wurde § 281 Abs. 1 Nr. 2 FamFG, der für die Bestellung eines Kontrollbetreuers die Einholung eines ärztlichen Zeugnisses an Stelle eines Gutachtens genügen lässt, gestrichen. Neu ist auch, dass die Bestellung eines Kontrollbetreuers zukünftig nicht mehr dem Rechtspfleger übertragen ist, sondern unter Richtervorbehalt steht.

Ebenfalls neu eingeführt ist § 1820 Abs. 4 BGB. Diese Norm trägt dem Bedürfnis Rechnung, eine wirksame Vollmacht bei einem bestehenden, aber noch nicht bestätigten **Missbrauchsverdacht** vorübergehend und kurzfristig zu „suspendieren", ohne sie sogleich widerrufen zu müssen. Hierzu kann das Gericht anordnen, dass der Bevollmächtigte die ihm erteilte Vollmacht nicht ausüben darf. Dies ist vorgesehen für solche Situationen, in denen zwar dringende Anhaltspunkte für die Notwendigkeit eines Widerrufs vorliegen, dies aber noch nicht ausreichend festgestellt werden konnte.

Um sicherzustellen, dass der Bevollmächtigte während der Anordnung des Ausübungsverbots keinen Gebrauch von der Vollmacht macht, kann das Gericht zugleich die Herausgabe der Vollmachtsurkunde an den Kontrollbetreuer anordnen. Wenn sich der Verdacht nicht bestätigt, also keine Gründe für einen Widerruf der Vollmacht vorliegen und die Vollmacht auch nicht in der Zwischenzeit aus anderen Gründen erloschen ist, ist die gerichtliche Anordnung aufzuheben und die Vollmachtsurkunde vom Betreuer an den Bevollmächtigten zu übergeben.

Im § 1820 Abs. 5 BGB wurde der Widerruf einer Vorsorgevollmacht normiert und hierfür ein Genehmigungsvorbehalt eingeführt.

2.14.5 Kraftloserklärung

Nach § 175 BGB ist der Bevollmächtigte verpflichtet, die Vollmachtsurkunde dem Vollmachtgeber zurückzugeben. Gegenstand der **Rückgabe** ist bei privatschriftlichen und öffentlich beglaubigten Vollmachten die Urschrift, bei notariell beurkundeten Vollmachten die Ausfertigung. Die Urkunde muss auch dann zurückgegeben werden, wenn sie noch andere Erklärungen enthält (Grüneberg/*Ellenberger*, 82. Aufl., § 175 Rn. 1).

Praxistipp

Aus diesem Grund empfiehlt sich die Verbindung von Vorsorgevollmacht und Patientenverfügung in einer Urkunde nicht.

Gibt der Bevollmächtigte die Vollmachtsurkunde nicht heraus, so kann der Vollmachtgeber den Bevollmächtigten

- entweder auf die Herausgabe der Vollmachtsurkunde verklagen oder
- die Vollmachtsurkunde für kraftlos erklären lassen.

Das Verfahren für die Kraftloserklärung richtet sich nach § 176 Abs. 2 BGB. Es handelt sich um ein Verfahren der freiwilligen Gerichtsbarkeit. Die Kraftloserklärung ist eine rechtsgestaltende Erklärung des Vollmachtgebers, die beim zuständigen Amtsgericht mit dem Antrag auf Bewilligung der öffentlichen Zustellung einzureichen ist (BeckOK-BGB/*Schäfer*, § 176 Rn. 2). Zuständig ist das Amtsgericht, in dessen Bezirk der Vollmachtgeber seinen allgemeinen Gerichtsstand hat, oder das Amtsgericht, das abgesehen vom Wert des Streitgegenstandes für die Herausgabeklage zuständig sein würde, § 176 Abs. 2 BGB.

Das Gericht nimmt **keine Überprüfung der materiellen Voraussetzungen des Widerrufs** vor (BeckOK-BGB/*Schäfer*, § 176 Rn. 3). Gibt das Gericht dem Antrag statt, so wird die Kraftloserklärung nach § 186 Abs. 2 ZPO durch Aushang einer Benachrichtigung an der Gerichtstafel veröffentlicht. Darüber hinaus kann das Gericht die ein- oder mehrmalige Veröffentlichung im Bundesanzeiger oder in anderen Blättern nach § 187 ZPO anordnen.

Die Kraftloserklärung wird nach § 176 Abs. 1 Satz 2 BGB einen Monat nach der letzten Veröffentlichung wirksam. An Gerichtskosten entstehen eine 0,3 Gebühr (KV Nr. 15212 GNotKG) sowie die Veröffentlichungskosten. Bei der Kraftloserklärung von Vorsorgevollmachten wird der Wert des ganzen Vermögens zugrunde gelegt.

Muster: Antrag auf Kraftloserklärung

(Muster aus *Schulze/Grziwotz/Lauda*, Gesetzesformulare BGB, § 176)

An das Amtsgericht ...

Betr. Kraftloserklärung einer Vollmachtsurkunde nach § 176 BGB

Ich, ..., geb. am ..., wohnhaft ...,

- erkläre hiermit die nachstehend bezeichnete Vollmachtsurkunde gem. § 176 BGB für kraftlos und
- beantrage die öffentliche Bekanntmachung der Kraftloserklärung der nachstehend bezeichneten Vollmachtsurkunde.

Bei der Vollmachtsurkunde handelt es sich um die der ..., geb. am ..., wohnhaft ... (Bevollmächtigte) am ... *(Datum)* erteilte Urkunde, in welcher die Bevollmächtigte bevollmächtigt wurde, folgende Handlungen vorzunehmen:

... *(genaue Beschreibung des Inhalts der Vollmacht)*.

Praxistipp

In der Praxis tritt immer wieder die Situation auf, in der die Vollmacht widerrufen werden soll, jedoch Zweifel an der Geschäftsfähigkeit des Vollmachtgebers bestehen. Möchte man Streitigkeiten über die Wirksamkeit des Widerrufs vermeiden, ist anzuraten, die Vollmacht für kraftlos erklären zu lassen. Das Gericht nimmt wie bereits erwähnt keine Prüfung der materiellen Wirksamkeit vor.

Muster: Widerruf der Vollmacht

I.

Ich/Wir, … – Vollmachtgeber/in – habe/n am … Herrn/Frau… – Bevollmächtigte – eine Vorsorgevollmacht in allen Angelegenheiten erteilt.

II.

Ich/Wir widerrufe/n die dem/der Bevollmächtigten erteilte Vorsorgevollmacht sowie auch sonstige Vollmachten, die ich/wir dem/der Bevollmächtigten etwa erteilt habe/n. Ich/Wir widerrufe/n ferner alle Untervollmachten, die der/die Bevollmächtigte aufgrund meiner/unserer Vollmachten mit Wirkung für mich/uns erteilt hat.

Der/die Bevollmächtigte ist aufgefordert, eine ihm/ihr erteilte Ausfertigung der Vollmacht / das Original der Vollmacht wie auch weitere in seinem/ihrem Besitz befindliche Vollmachten an mich/uns zurückzugeben, über alle etwa erteilten Untervollmachten umfassend Auskunft zu erteilen, Unterbevollmächtigten den Widerruf mitzuteilen und dafür zu sorgen, dass von den Untervollmachten kein Gebrauch mehr gemacht werden kann.

Den Widerruf der Vollmacht teile/n ich/wir folgenden Stellen mit:

- Kreditinstitute
- Wohnheim
- Wohnungsvermieter

Bei mehreren Bevollmächtigten:

Die weiteren Vollmachten, die ich/wir in der in Abschnitt I bezeichneten Vollmacht erteilt habe/n, bleiben von diesem Widerruf unberührt.

Ort, Datum Unterschrift

2.14.6 Befreiung vom Verbot des Selbstkontrahierens, § 181 BGB

Bei Vorsorgevollmachten, die den privaten und familiären Bereich betreffen, kommt der Vorschrift kaum eine größere Rolle zu. Insichgeschäfte sind in der Praxis bei Privatpersonen selten. Es ist daher zu fragen, ob ein Bedürfnis für eine solche Befreiung besteht; denn man sollte keine Rechtsmacht einräumen, die der Bevollmächtigte voraussichtlich nicht braucht. Bei Befreiung kann der Bevollmächtigte sogar an sich Schenkungen machen, z.B. sich das Haus des Vollmachtgebers schenken. Viele Vollmachtsmuster sehen bedenkenlos eine Befreiung vor, weil dies die Rechtsmacht des Bevollmächtigten stärkt (*Zimmermann* a.a.O. Rn. 107).

Allerdings kann eine über den Tod des Vollmachtgebers hinausreichende Vollmacht auch zur Erbauseinandersetzung verwendet werden und ggf. ein Erbscheinverfahren ersparen. Auch dies kann einen Grund für die Befreiung von § 181 BGB darstellen.

Hinweis

Nicht in den Bereich des § 181 BGB fällt, wenn der Vertreter einen Betrag vom Konto des Vollmachtgebers auf sein Konto überweist, weil er den Überweisungsvertrag (§ 676a BGB) mit dem Kreditinstitut abschließt (BGH, NJW 2004, 2517).

Amtsempfangsbedürftige Willenserklärungen

Anwendbar ist § 181 BGB, wenn der Vertreter die Erklärung wie im Falle der Aufhebung eines Rechts an einem Grundstück gem. § 875 Abs. 1 Satz 2 BGB, die Zustimmung eines Dritten zu einer derartigen Aufhebung gem. § 876 Satz 3 BGB, die Erklärung des Verzichts auf eine Hypothek gem. § 1168 Abs. 2 BGB bzw. die Zustimmung zur Aufhebung einer Hypothek gem. § 1183 Satz 2 BGB sowohl dem Grundbuchamt gegenüber als auch gegenüber sich selbst hätte abgeben können, da er der Sache nach als Gläubiger Erklärungsempfänger ist (BGH, NJW 1980, 1577; Grüneberg/*Ellenberger*, 82. Aufl. § 181 Rn. 13).

Ein Vollmachtgeber, der den Bevollmächtigten von den Beschränkungen des § 181 BGB befreit, aber vermeiden möchte, dass nach Übertragung von Grundbesitz zu seinen Gunsten eingetragene bzw. einzutragende Sicherungsrechte (insbesondere Leibgedingsrechte, Nießbrauch bzw. Rückübertragungsvorbehalte) durch den dadurch belasteten Bevollmächtigten gelöscht oder im Rang hinter Grundpfanddienstbarkeiten zurückgesetzt werden können, sollte diesen Bevollmächtigten ausdrücklich von derartigen Erklärungen ausschließen.

Formulierungsbeispiel

Soweit Grundbesitz, Wohnungs- und Teileigentum bzw. ein Erbbaurecht eines Bevollmächtigten mit Rechten für mich belastet ist bzw. wird, berechtigt die Vollmacht diesen Bevollmächtigten jedoch ***nicht*** *dazu, Erklärungen und Anträge abzugeben, durch die auf derartige Rechte verzichtet wird oder durch die derartige Rechte im Grundbuch gelöscht oder im Rang zurückgesetzt werden.*

Unanwendbar ist § 181 BGB, wenn das Gericht (Amt) nicht nur formell, sondern auch der Sache nach Erklärungsempfänger ist. Die Ausschlagung der Erbschaft durch den gesetzlichen oder rechtsgeschäftlichen Vertreter ist daher auch wirksam, wenn er hierdurch Erbe wird (Grüneberg/*Ellenberger*, 82. Aufl. § 181 Rn. 13 m.w.N.).

2.14.7 Registrierung der Vorsorgevollmacht

Vorsorgevollmachten können **im zentralen Vorsorgeregister der Bundesnotarkammer** registriert werden. Die Registrierung ist online unter www.vorsorgeregister.de möglich.

Gerade bei einer räumlichen Distanz von Vollmachtgeber und Bevollmächtigten bietet sich eine Registrierung an. Denn geht bei dem Betreuungsgericht eine Anregung auf Einrichtung einer Betreuung ein, holt sich dieses in einem ersten Schritt Auskünfte bei dem zentralen Vorsorgeregister ein. Ist dort ein Bevollmächtigter vermerkt, ist die Einrichtung einer Betreuung entbehrlich. Dies gilt selbstverständlich nur dann, wenn der Bevollmächtigte auch bereit und in der Lage ist, die Vollmacht auszuüben.

Mittlerweile können auch **isolierte Patientenverfügungen** im Zentralen Vorsorgeregister erfasst werden, § 9 VRegV. Ebenso kann ein Widerspruch zum Ehegattenvertretungsrecht eingetragen werden, § 1 Nr. 7 VRegV.

2.15 Typische Streitigkeiten im Zusammenhang mit Vorsorgevollmachten

2.15.1 Einführung

Vorsorgevollmachten kommen im Alltag immer mehr zur Anwendung. Sie dienen der Vermeidung einer rechtlichen Betreuung und vereinfachen das Handeln des Bevollmächtigten bei der Besorgung der täglichen rechtlichen und persönlichen Angelegenheiten des Vollmachtgebers bei dessen Handlungsunfähigkeit aufgrund körperlicher oder geistiger Erkrankung.

Allerdings sind solche uneingeschränkten Vollmachten für den Vollmachtgeber nicht ungefährlich, denn sie können vom Bevollmächtigten im Außenverhältnis auch ohne Wissen und Wollen des Vollmachtgebers uneingeschränkt verwendet werden. Dies führt zu Streit **zwischen dem Vollmachtgeber und dem Bevollmächtigten**.

Vermehrt kommt es aber auch zu Streitigkeiten **zwischen den späteren (Mit-)Erben des Vollmachtgebers und dem Bevollmächtigten** aus dem der Vollmacht zugrunde liegenden Rechtsverhältnis wegen möglicher Ansprüche auf Auskunft und Rechenschaftslegung sowie auf Schadensersatz aufgrund schuldhaften Handelns des Bevollmächtigten.

Im Folgenden wird das Verhältnis zwischen Vollmachtgeber und Bevollmächtigtem und die damit relevanten Themen der der Vorsorgevollmacht zugrunde liegenden Rechtsverhältnisse und die sich hieraus ergebenden Rechte für den Vollmachtgeber und/oder dessen Erben dargestellt.

2.15.2 Vollmacht und Grundverhältnis

Die Erteilung der Vorsorgevollmacht erfolgt durch eine Erklärung des Vollmachtgebers gegenüber dem Bevollmächtigten (§ 167 BGB).

Die Vollmacht und das dazu gehörige Grundverhältnis sind unabhängig voneinander. Die Vollmacht umfasst die vom Vollmachtgeber dem Bevollmächtigten gewährte Ermächtigung, diesen im Rechtsverkehr gegenüber Dritten zu vertreten und zu binden. Sie bestimmt das rechtliche Können des Bevollmächtigten im Außenverhältnis. Das zur Vollmacht gehörende Rechtsverhältnis im Inneren (Grundverhältnis) zwischen dem Vollmachtgeber und dem Bevollmächtigten bestimmt insoweit das rechtliche Dürfen des Bevollmächtigten. Beides muss nicht deckungsgleich sein. Die Vollmacht kann im Außenverhältnis unbeschränkt erteilt sein, im Inneren unterliegt der Bevollmächtigte jedoch weitgehenden Beschränkungen.

Praktische Bedeutung erlangt das Grundverhältnis auch nach dem Tod des Vollmachtgebers (Erbfall). Denn die Ansprüche des Vollmachtgebers aus dem Grundverhältnis gehen mit dem Tod auf seine Erben über (§ 1922 BGB).

2.15.3 Anspruchsgrundlagen des Auftraggebers

2.15.3.1 Auftrag

Der Auftraggeber und sein Rechtsnachfolger können Herausgabe des zur Ausführung des Auftrages oder aus der Geschäftsbesorgung Erlangten gemäß § 667 BGB verlangen. Zur Durchsetzung stehen ihnen Auskunfts- und Rechenschaftsansprüche gemäß § 666 BGB zur Verfügung.

2.15.3.2 Geschäftsführung ohne Auftrag

Handelte der Bevollmächtigte ohne Auftrag, aber in dem Willen, für den Vollmachtgeber eine Aufgabe zu erfüllen, kommt eine Geschäftsführung ohne Auftrag in Betracht (§ 677 BGB). Gemäß § 681 BGB stehen dem Auftraggeber und seinem Rechtsnachfolger im Wesentlichen die gleichen Rechte wie beim Auftrag zu.

2.15.3.3 Geschäftsbesorgungsvertrag

Ist das Grundverhältnis der Vollmacht entgeltlich ausgestaltet, liegt in der Regel ein Geschäftsbesorgungsvertrag vor (§ 675 BGB).

2.15.3.4 Ungerechtfertigte Bereicherung

Unabhängig von einem Auftragsverhältnis hat der Bevollmächtigte alles herauszugeben, was er ohne Rechtsgrund von dem Vollmachtgeber erlangt hat (§ 812 BGB).

Diese Anspruchsgrundlage ist bei einem möglichen Missbrauch einer Vorsorgevollmacht relevant. Hat der Bevollmächtigte nämlich ohne oder gegen eine (konkludente) Weisung des Vollmachtgebers über dessen Vermögen zu eigenen Gunsten verfügt, hat er sich ungerechtfertigt bereichert.

2.15.3.5 Unerlaubte Handlung

Eine vorsätzliche oder fahrlässige Verletzung eines geschützten Rechtes des Vollmachtgebers kann Schadensersatzpflichten aus unerlaubter Handlung begründen (§ 823 Abs. 1 BGB). Ein Vollmachtsmissbrauch kann auch als Untreue strafbar sein und daher Ansprüche nach § 823 Abs. 2 BGB i.V.m. § 266 StGB auslösen.

2.15.4 Abgrenzung zwischen Auftrags- und Gefälligkeitsverhältnis

Das Innenverhältnis zwischen Vollmachtgeber und Bevollmächtigtem, auch als Grundverhältnis bezeichnet, ist auf ein fremdnütziges Handeln des Bevollmächtigten gerichtet.

Da die Bevollmächtigung im privaten Bereich zumeist unentgeltlich erfolgt, ist in der Regel zwischen einem Auftrag und einer Gefälligkeit abzugrenzen. Das entscheidende Abgrenzungskriterium ist ein zwischen den Parteien bestehender **Rechtsbindungswille**, bei dessen Vorliegen ein Auftrag nach § 662 BGB gegeben ist. Ein Auftragsverhältnis ergibt sich nicht bereits aus der bloßen Bevollmächtigung (OLG Saarbrücken, Urteil v. 17.10.2014 – 5 U 7/14, BeckRS 2015, 7788; OLG Braunschweig, Urteil v. 28.4.2021 – 9 U 24/20, BeckRS 2021, 10190). Die Rechtsprechung hat wiederholt entschieden, dass es zur Abgrenzung maßgeblich darauf ankommt, wie sich dem objektiven Beobachter nach Treu und Glauben unter Berücksichtigung der Umstände des Einzelfalls mit Rücksicht auf die Verkehrssitte das Handeln darstellt (BGH, Urteil v. 23.7.2015 – III ZR 346/14, NJW 2015, 2880). Eine vertragliche Bindung wird laut BGH anzunehmen sein, wenn erkennbar ist, dass für den Leistungsempfänger (Vollmachtgeber) wesentliche Interessen wirtschaftlicher Art auf dem Spiel stehen und er sich auf die Leistungszusage verlässt, oder wenn der Leistende an der Angelegenheit ein eigenes rechtliches Interesse hat (OLG Saarbrücken a.a.O.; AG Brandenburg, Urteil v. 12.3.2020 – 31 C 107/19, BeckRS 2020, 3528; OLG Braunschweig a.a.O.).

Eine Vorsorgevollmacht ist zumindest im Außenverhältnis unbeschränkt. Der Bevollmächtigte kann über das gesamte Vermögen des Vollmachtgebers verfügen; er kann sogar befugt sein, sich selbst zu beschenken. Wenn der Bevollmächtigte diese Befugnis nicht ernst nimmt oder Fehler macht, drohen dem Vollmachtgeber existenzielle Nachteile.

Zudem werden Vorsorgevollmachten gerade zur Verhinderung einer gerichtlichen Betreuung errichtet (§ 1814 Abs. 3 Satz 2 Nr. 1 BGB, § 1896 Abs. 2 BGB a.F.), also für eine gegebenenfalls sehr lange Zeit, in der der Vollmachtgeber gegebenenfalls sogar geschäftsunfähig sein kann. Der Bevollmächtigte wird vom Betreuungsgericht grundsätzlich nicht kontrolliert. Durch eine Vollmacht verzichtet der Vollmachtgeber auf den Schutz, außer er regelt eine Kontrollbetreuung oder Kontrollbevollmächtigung.

Dies spricht alles für einen Rechtsbindungswillen. Auch das OLG Schleswig (Urteil v. 18.3.2014 – 3 U 50/13, Beck RS 2014, 12054) und das OLG Brandenburg (Urteil v. 2.4.2019 – 3 U 39/18, BeckRS 2019, 6705) gehen zu Recht bei Vorsorgevollmachten mit umfangreichen Befugnissen davon aus, dass diese auf einem Rechtsbindungswillen beruhen. Ferner sprechen für den Bevollmächtigten erkennbare erhebliche Vermögenswerte für ein Auftragsverhältnis (OLG Brandenburg a.a.O.).

2.15.4.1 Auftragsverhältnis und Kontovollmacht

Ist lediglich eine Kontovollmacht eingeräumt worden, bestehen Tendenzen, eher ein **Gefälligkeitsverhältnis** anzunehmen (OLG Braunschweig, Urteil v. 28.4.2021 – 9 U 24/20, BeckRS 2021, 10190; OLG Köln, Urteil v. 19.9.2012 – 16 U 196/11, BeckRS 2013, 1040; OLG Saarbrücken, Urteil v. 17.10.2014 – 5 U 7/14, BeckRS 2015, 7788 Tz. 31). Es soll sehr auf den Einzelfall ankommen.

Von einer – Auskunfts- und Rechenschaftspflichten auslösenden – Erteilung eines Auftrags kann bei Erteilung einer Kontovollmacht an eine Enkelin durch ihre betagten Großeltern nicht ausgegangen werden, wenn ihr Sinn lediglich in einer Bargeldversorgung durch Botengänge bestand und die Vollmachtgeber ihre Angelegenheiten im Wesentlichen noch selbst erledigen konnten (OLG Saarbrücken, a.a.O).

Bei einer Kontovollmacht für das Girokonto kann nicht auf das Bestehen eines **Auftragsverhältnisses** geschlossen werden (OLG Brandenburg BeckRS 2012, 20726). Entscheidend für die Frage, ob eine Kontovollmacht mit Rechtsbindungswillen erteilt wird, ist, ob anhand objektiver Kriterien festgestellt werden kann, dass sich die Parteien rechtsgeschäftlich binden wollten. Dabei sind vor allem sowohl die wirtschaftliche Bedeutung der Angelegenheit für den Begünstigten als auch die Interessenlage der Parteien zu berücksichtigen. Erfolgt die Erteilung einer Kontovollmacht aufgrund eines besonderen Vertrauensverhältnisses, wird in der Regel keine Auskunft oder Rechenschaft verlangt, da der andere grundsätzlich nicht im Nachhinein dem einseitigen Risiko ausgesetzt werden soll, Ausgaben genau anzugeben und zu belegen.

Diese Rechtsansicht vertrat auch das OLG Köln in seinem Beschluss v. 11.5.2017 – 16 U 99/16, BeckRS 2017, 117614. Ein Vertrauensverhältnis, welches gegen den Abschluss eines Auftragsvertrages spricht, liegt danach vor, wenn der Vollmachtnehmer dasjenige Kind ist, das sich um die Mutter kümmert und in deren unmittelbarer Nachbarschaft wohnt. Wenn ein Kind sich im gesteigerten Maße um die Mutter kümmert und nicht lediglich über eine Bankvollmacht verfügt, liegt ein besonderes Vertrauensverhältnis vor. Dies war hier der Fall. Der Beklagte wohnte in der Nähe der Erblasserin und kümmerte sich neben den Bankgeschäften auch um andere Angelegenheiten, wie z.B. um die Vermittlung von Haushaltskräften. Anhaltspunkte dafür, dass der Beklagte als Beauftragter später Rechenschaft über die Bankgeschäfte gegenüber der Erblasserin ablegen sollte, sind nicht ersichtlich (OLG Köln a.a.O.).

Das kann aber dann nicht gelten, wenn sich auf den Konten **wesentliche Vermögenswerte** befinden (LG Hamburg, Urteil v. 29.1.2010 – 316 O 322/09, BeckRS 2011, 29764; AG Ahaus, Urteil v. 30.6.2014 – 16 C 177/13, Beck RS 2015, 18515). Immerhin kann sich der Vollmachtgeber Belege von Kontenbewegungen und Aufträge vom Kreditinstitut geben lassen, sodass ein Informationsanspruch gegen den Bevollmächtigten nicht so bedeutsam ist.

Das OLG Koblenz vertritt in seinem Hinweisbeschluss v. 10.6.2020 – 12 U 7/20, BeckRS 2020, 20485 die Auffassung, dass vom Vorliegen eines bloßen Gefälligkeitsverhältnisses nicht auszugehen ist, wenn eine spätere Erblasserin einer Vertrauensperson, die in keinem verwandtschaftlichen Verhältnis zu ihr steht, EC-Karte nebst PIN übergibt und die von der Vertrauensperson hierdurch erlangte Verfügungsbefugnis ganz erhebliche Vermögenswerte der Erblasserin (mehr als 50.000 EUR Kontoguthaben) umfasst. Verschlechtert sich der Gesundheitszustand der späteren Erblasserin kurz vor deren Tod erheblich und häufen sich gleichzeitig in diesem Zeitraum Barabhebungen von deren Konto, ist die Vertrauensperson, die über die EC-Karte nebst PIN verfügt, darlegungs- und beweisbelastet dafür, welche dieser Abhebungen nicht durch sie erfolgt sind und welche Beträge sie an die spätere Erblasserin weitergegeben hat.

2.15.4.2 Auftragsverhältnis bei Ehegatten

Ein Sonderproblem ist die Vorsorgevollmacht unter Ehegatten.

Regeln Ehegatten während des Zusammenlebens die Aufgabenbereiche innerhalb der ehelichen Lebensgemeinschaft in der Weise, dass einer von ihnen die Wirtschaftsführung im Wesentlichen allein übernimmt, so entsteht daraus selbst dann kein Auftragsverhältnis i.S.d. §§ 662 ff. BGB, wenn die verfügbaren Mittel im Wesentlichen aus den Einkünften oder dem Vermögen des anderen Ehegatten zufließen. Deshalb kann der andere Ehegatte von dem die Wirtschaftsführung wahrnehmenden Ehegatten – und zwar weder nach Auftragsrecht noch aufgrund eines eigenständigen familienrechtlichen Anspruchs – die Rückzahlung von Geldern verlangen, deren familienbezogene Verwendung dieser Ehegatte nicht belegen kann. Eine unmittelbare oder analoge Anwendung der §§ 662 ff. BGB und damit Auftragsrecht komme, so der BGH, hier nicht in Betracht (BGH, Urteil v. 29.1.1986 – IVb ZR 11/85, BeckRS 9998, 99967; BGH, Urteil v. 5.7.2000 – XII ZR 26/98, BeckRS 2000, 7869).

Dieser Grundsatz beruht letztlich auf der Überlegung, dass sich Ehegatten durch derartige Regelungen ihrer Aufgabenbereiche besonderes Vertrauen schenken. Dem wirtschaftenden Ehegatten darf deshalb nicht einseitig das Risiko auferlegt werden, im Nachhinein Ausgaben nicht mit der gleichen Genauigkeit angeben und belegen zu können, wie das in Rechtsverhältnissen ohne Inanspruchnahme von personalem Vertrauen erforderlich oder geboten ist.

2.15.4.3 Auftragsverhältnis bei einer nicht ehelichen Lebensgemeinschaft

Eine Übertragung der Grundsätze für Ehegatten auf Lebensgefährten findet nicht statt.

In zwei Entscheidungen auf Oberlandesgerichtsebene wurde der **Ausschluss einer Auskunftspflicht** zwischen Ehegatten auch auf nichteheliche Lebensgemeinschaften ausgeweitet (OLG Düsseldorf, Urteil v. 28.3.2006 – I-4 U 102/05, BeckRS 2007, 2637; OLG Zweibrücken, Urteil v. 9.9.2004 – 4 U 168/03, BeckRS 2004, 9275). Dieser Rechtsprechung hat sich auch das LG München I mit Urteil v. 19.7.2010 – 34 O 25145/09, BeckRS 2010, 28347 angeschlossen. Allerdings hat der BGH diesen Bestrebungen eine klare Absage erteilt (BGH, Beschluss v. 26.6.2008 – III ZR 30/08, BeckRS 2008, 17591).

So führt der BGH in dem Beschluss aus:

> „Entgegen der Auffassung der Beschwerde ist die Frage, ob die im Urteil des XII. Zivilsenats des Bundesgerichtshofs vom 5. Juli 2000 entwickelten Grundsätze auf Fallkonstellationen der vorliegenden Art zu übertragen sind, nicht klärungsbedürftig. Vielmehr ergibt sich aus den Gründen der vorgenannten Entscheidungen ohne Weiteres, dass die Besonderheiten der ehelichen Lebensgemeinschaft maßgebend für die Annahme waren, dass zwischen den

> Eheleuten ein Auftragsverhältnis im Sinne der §§ 662 ff. BGB selbst dann nicht besteht, wenn sie übereingekommen sind, während des Zusammenlebens die Aufgabenbereiche in der Weise zu regeln, dass einer von ihnen die Wirtschaftsführung allein übernimmt und die verfügbaren Mittel im Wesentlichen aus den Einkünften oder dem Vermögen des anderen Ehegatten zufließen. **Demgegenüber ist in der Rechtsprechung des Bundesgerichtshofs anerkannt, dass in mit der vorliegenden Fallgestaltung vergleichbaren Beziehungen mit sonstigem familiären oder personalen Einschlag die auftragsrechtlichen Bestimmungen Anwendung finden können.**"

2.15.4.4 Auftragsverhältnis zwischen Eltern und Kindern; Großeltern und Enkelkindern

Sind die Bevollmächtigten die eigenen Kinder oder Enkelkinder, wird in der Rechtsprechung zum Teil die Auffassung vertreten, dass ein Rechtsbindungswille fehlt und somit ein **Gefälligkeitsverhältnis** vorliegt.

So ist nach der Auffassung des OLG Naumburg (Urteil v. 6.7.2007 – 10 U 27/07, BeckRS 2008, 11185) das Verhältnis zwischen Großmutter und Enkel, der sie in sein Haus aufgenommen hat, vergleichbar dem Verhältnis zwischen Ehegatten. In diesem Fall bestand zwischen Großmutter und Enkel eine Form des Zusammenlebens, die nicht in erster Linie auf wirtschaftlichen Erwägungen beruhte. Die Großmutter räumte dem Enkel Kontovollmachten nicht deshalb ein, weil er etwa ein ausgebildeter Vermögensverwalter wäre und deshalb über besondere Sachkenntnis verfügt. Entscheidend war vielmehr das personale Vertrauen, dass sie in ihn setzte. Im Übrigen begründen die erteilten Vollmachten nur eine Vertretungsmacht Dritten gegenüber. Sie lassen daher für sich genommen keine verlässlichen Schlüsse auf ein auf dem Verhältnis der Parteien zueinander bestehenden Rechtsbindungswillen zu. Für die Annahme einer Auftragsvermögensverwaltung reicht es ebenfalls nicht aus, dass der Beklagte – aus welchen Gründen auch immer – finanzielle Angelegenheiten der Erblasserin mit erledigt hat.

Anders der BGH (a.a.O.). Danach ist die Rechtsprechung zum Auftragsverhältnis zwischen Eheleuten nicht ohne Weiteres auf Fallgestaltungen mit sonstigem familiären oder personalen Einschlag übertragbar.

Auch das OLG Karlsruhe hat in seinem Urteil vom 16.5.2017 – 9 U 167/15, BeckRS 2017, 113330 festgehalten:

> „Die Abgrenzung von einem bloßen Gefälligkeitsverhältnis, welches keine rechtlichen Pflichten auslöst, hängt von den Umständen des Einzelfalls ab. Wenn für den Auftragnehmer erkennbar ist, dass der Auftraggeber ein wesentliches Interesse an der Durchführung des Auftrags hat, ist von einem Rechtsbindungswillen auszugehen (vgl. Palandt/*Sprau*, BGB, 80. Aufl. 2021, vor § 662 BGB Rn. 4).
>
> Ein besonderes persönliches Vertrauensverhältnis zwischen Auftraggeber und Auftragnehmer spricht im Regelfall nicht gegen einen Auftrag im Sinne von § 662 BGB. Denn ein „besonderes Vertrauensverhältnis" zwischen den Beteiligten ist der Regelfall eines Auftrags mit rechtlichen Verpflichtungen (vgl. Palandt/*Sprau* a.a.O., vor 662 BGB Rn. 1). Wenn ein Familienangehöriger Geldgeschäfte für einen anderen Familienangehörigen erledigt – im Rahmen einer Vorsorgevollmacht oder auch im Rahmen eines Einzelauftrags –, wird man im Regelfall von einem Auftrag mit rechtlichen Verpflichtungen ausgehen müssen (vgl. OLG Schleswig, BeckRS 2014, 12054; OLG Brandenburg, BeckRS 2013, 21257). Eine abweichende Bewer-

tung kann nur ausnahmsweise aufgrund besonderer Umstände des Einzelfalls in Betracht kommen. Dabei ist die Rechtsprechung des Bundesgerichtshofs zur Bedeutung einer Vollmacht unter zusammenlebenden Eheleuten auf andere Familienkonstellationen nicht übertragbar.

Entscheidend für den Rechtsbindungswillen ist nach Auffassung des Senats die folgende Erwägung: Wenn man einen Rechtsbindungswillen verneinen würde, hätte die Beklagte keine Verpflichtung gehabt, die vom Konto der Mutter abgehobenen Gelder an die Mutter abzuliefern. Die Beklagte hätte die Gelder bei einem Gefälligkeitsverhältnis nach Belieben anderweitig für sich verwenden können, obwohl sie der Mutter unstreitig zugesagt hatte, die Beträge in Höhe von insgesamt 800,00 € (bei vier Gelegenheiten jeweils 200,00 €) als „Taschengeld" zu überbringen. Unter den gegebenen Umständen ist jedoch davon auszugehen, dass es der Mutter nicht gleichgültig war, ob sie das „Taschengeld" von ihrem Konto von der Beklagten ausgehändigt bekam. Daher kann auch das Verhalten der Beklagten nur so verstanden werden, dass sie sich verpflichten wollte, das für die Mutter vom Konto abgehobene „Taschengeld" an diese auszuhändigen."

Vergleichbar entschied auch das OLG Brandenburg (Urteil v. 2.4.2019 – 3 U 39/18, BeckRS 2019, 6705).

„Erledigt ein Familienmitglied für den Vollmachtgeber Geldgeschäfte aufgrund einer (Vorsorge-) Vollmacht, so ist wegen des gegebenen rechtlichen und wirtschaftlichen Interesses an der Erledigung der Aufgabe davon auszugehen, dass der Vollmacht ein Auftrag i.S.d. § 662 BGB – mit der Auskunftspflicht des § 666 BGB – zugrunde liegt. Die einschränkende höchstrichterliche Rechtsprechung für eine Vollmacht unter zusammenlebenden Eheleuten (Annahme eines bloßen Gefälligkeitsverhältnisses ohne Rechtsbindungswillen) lässt sich auf andere Familienkonstellationen nicht übertragen."

Und das OLG Braunschweig (Urteil v. 28.4.2021 – 9 U 24/20; BeckRS 2021, 10190):

„1. Das eine Rechnungslegungspflicht auslösende Auftragsverhältnis kann nicht schon aus einer bloßen Bevollmächtigung also solcher abgeleitet werden. Sie betrifft regelmäßig nur das rechtliche Dürfen nach außen. Erforderlich ist die Einigung darüber, dass jemand für einen anderen in dessen Angelegenheiten tätig wird und pflichtgemäß tätig werden muss.

2. Der Grundsatz, wonach Ehegatten regelmäßig kein Auftragsverhältnis untereinander begründen, gilt wegen des die Ehe prägenden besonderen Vertrauensverhältnisses nicht pauschal für andere Angehörigenbeziehungen. Daraus folgt für das des Verhältnisses der Mutter zu dem von ihr bevollmächtigten Sohn indes auch nicht umgekehrt bereits „automatisch" ein Auftragsverhältnis (nebst Rechnungslegungspflicht). Entscheidend sind vielmehr alle Umstände des Einzelfalles.

3. Einigt sich eine Mutter mit ihrem erwachsenen, mit ihr nicht im selben Haushalt lebenden Sohn darauf, dass, falls sie irgendwann durch Krankheit oder Behinderung vorübergehend oder dauerhaft selbst nicht mehr dazu in der Lage sein sollte, ihre rechtlichen Angelegenheiten zu regeln und ihren Willen zu äußern, der Sohn sich um die Regelung ihrer rechtlichen Angelegenheiten kümmern soll, und wird ihm im Zusammenhang mit dieser Einigung von der Mutter eine ausdrücklich nur unter denselben Voraussetzungen geltende Vorsorgevollmacht erteilt, ist regelmäßig von einem zum Eintritt der entsprechenden Hilfsbedürftigkeit der Mutter wirksam werdenden Auftragsverhältnis auszugehen; ein solches Auftragsverhältnis verpflichtet den Sohn in der Regel dann auch zur Rechnungslegung."

2.15.4.5 Rechenschaftslegung – Inhalt und Umfang des Anspruchs auf Auskunft und Rechenschaftslegung, §§ 666, 259, 260 BGB

Gemäß § 666 BGB ist der Beauftragte dem Auftraggeber verpflichtet, die erforderlichen Nachrichten zu geben, auf Verlangen über den Stand der Geschäfte Auskunft zu erteilen und nach Ausführung des Auftrags Rechenschaft nach § 259 BGB abzulegen. Die Rechnungslegung erfordert eine übersichtliche in sich verständliche Zusammenstellung der Einnahmen und Ausgaben. Sie muss nicht nur den derzeitigen Zustand, sondern auch die Entwicklung zu ihm im Einzelnen aufzeigen. Die Angaben müssen so detailliert und verständlich sein, dass der Berechtigte ohne fremde Hilfe in der Lage ist, seine Ansprüche und die gegen ihn gerichteten Ansprüche nach Grund und Höhe zu überprüfen. Die bloße Vorlage von Belegen mit dem Angebot einer mündlichen Erläuterung genügt nicht (OLG Saarbrücken, Urteil v. 25.8.1999 – 1 U 1004/98-181, BeckRS 1999, 17306; Grüneberg/*Grüneberg*, 82. Aufl. 2023, § 259 BGB Rn. 8).

Der Grundsatz der Zumutbarkeit setzt diesem Anspruch eine Grenze.

Voraussetzungen:

- Die Rechenschaftslegung muss schriftlich erfolgen.
- Sie muss nach nachprüfbar sein.
- Sie muss geordnet sein, also eine Übersicht und den Nachvollzug der Ergebnisse erlauben.
- Die Ergebnisse müssen ohne Beiziehung eines Sachverständigen nachvollziehbar sein (OLG Saarbrücken, NJW-RR 2000, 229).

Der Rechenschaftsverpflichtete kann nicht darauf verweisen, dass der Berechtigte aufgrund der ihm vorliegenden Belege in der Lage sei, Einzelheiten selbst zu ermitteln: Es ist Sache des Verpflichteten, sich dieser Arbeit zu unterziehen.

Fehlende Übersichtlichkeit oder Verständlichkeit werden nicht durch das Angebot einer mündlichen Erläuterung ersetzt.

Die Belege müssen der Aufstellung zugeordnet und übersichtlich zusammengestellt sein. Fehlen Belege, muss der Schuldner für jeden Einzelfall darlegen, dass es ihm trotz Bemühens nicht gelungen ist, die Belege zu erhalten.

Die Rechnungslegungspflicht entfällt auch dann nicht, wenn sich der Bevollmächtigte dadurch der Gefahr aussetzt, sich einer strafbaren Handlung selbst bezichtigen zu müssen. Gerade in den Fällen, in denen der Bevollmächtigte gegen seine Pflichten verstoßen hat, ist das Recht aus § 666 BGB besonders wichtig. Anderenfalls würde der Zweck des § 666 BGB größtenteils leerlaufen (BGH, Urteil v. 30.11.1989 – III ZR 112/88, BeckRS 9998, 165387).

Eine Rechenschaftslegung beginnt mit einem Vermögensbestand. Dann sind alle Einnahmen und Ausgaben aufzulisten, mit Datum, Betrag und Verwendungszweck. Zu jeder Einnahme und Ausgabe sind die Belege zuzuordnen, etwa durch Nummerierung (BGH, Urteil v. 23.11.1981 – VIII ZR 298/80, NJW 1982, 573).

Eine Rechenschaftslegung kann auch aus der Erklärung bestehen, dass keine Einnahmen vorhanden seien, „sog. Null-Erklärung" (OLG Düsseldorf, Beschluss v. 8.9.2011 – 2 W 26/11, BeckRS 2012, 12428 m.w.N.).

Auch in einer negativen Erklärung kann eine Erfüllung des Auskunfts- und/oder Rechnungslegungsanspruchs zu sehen sein. Ist der Gläubiger auf eine Selbstauskunft des Schuldners angewiesen, um Gegenstand und Umfang seines Anspruchs überhaupt präzisieren zu können, bleibt dabei stets das Risiko, dass der Schuldner die Auskunft nicht wahrheitsgemäß erteilt, um sich dem Anspruch ganz oder teilweise zu entziehen. Der Gläubiger kann daher nach §§ 259, 269 BGB die Abgabe einer eidesstattlichen Versicherung verlangen, wenn Grund zu der Annahme besteht, dass die Auskunft nicht mit der erforderlichen Sorgfalt erteilt worden ist und die Angelegenheit nicht von geringer Bedeutung ist. Nach verbreiteter Auffassung handelt es sich dabei um eine abschließende Regelung zur Erzwingung der materiellen Wahrheit, das heißt, ist die Auskunft des Schuldners in formaler Hinsicht vollständig und hinreichend substanziiert, ist er damit seiner Auskunftspflicht nachgekommen, was auch unter Hinweis auf deren mögliche Unglaubhaftigkeit nicht in Zweifel gezogen werden kann (OLG Düsseldorf a.a.O.).

Praxistipp

▶ *Spätestens mit Ausführung der ersten Vermögensverfügung sollte der Bevollmächtigte sich eine aktuelle Übersicht der Kontostände von den Banken geben lassen. Die Übersicht dient als Anfangsbestand der Rechnungslegung. Von diesem Stand sind sämtliche Einnahmen und Ausgaben zu vermerken. Soweit der Vollmachtgeber selbst verfügt, ist dies in der Rechnungslegung gesondert zu kennzeichnen.*

Muster: Anschreiben an die Bank

An die … Bank

Ihr Kunde: Herr …

Girokontonummer: …

Sehr geehrte Damen und Herren,

Herr … hat mich in einer umfassenden Vorsorgevollmacht beauftragt, seine Angelegenheiten wahrzunehmen. Eine Kopie der Ausfertigung der Vollmachtsurkunde überreiche ich Ihnen beiliegend zur Kenntnisnahme. Flankierend zu der mir erteilten Vorsorgevollmacht hat Herr … mir eine bankinterne Vollmacht erteilt.

Ich bitte um Übersendung einer Übersicht des bei Ihnen geführten Gesamtengagements mit Stichtag zum … *(Datum)*

Ferner bitte ich Sie, die künftige Korrespondenz ausschließlich über mich zu führen und mir künftig die Kontoauszüge zu übersenden.

Ich bedanke mich und verbleibe mit freundlichen Grüßen

(Unterschrift)

Sollte der Vollmachtgeber keine bankinterne Vollmacht erteilt haben, wird der Bevollmächtigte nicht umhinkommen, sein Anliegen persönlich bei der Bank unter Vorlage seiner Vollmacht in Urschrift oder Ausfertigung vorzutragen. Die Vorlage der Vollmacht ist dann selbstverständlich auch bei jeder Verfügung über die Konten erforderlich.

Da die gesetzliche Rechnungslegungspflicht äußerst umfangreich ist, empfiehlt es sich, diese im Innenverhältnis zu modifizieren.

Formulierungsbeispiel

▶ *In Abweichung zu § 666 BGB ist der Beauftragte nur zu einer jährlichen Rechnungslegung über die Zeiträume, in denen die Vermögensverwaltung durch seine Person erfolgt, in Form einer geordneten Zusammenstellung der Einnahmen und Ausgaben, versehen mit den entsprechenden Belegen, soweit diese erteilt zu werden pflegen und den Betrag von 10,00 EUR überschreiten, und zu einer jährlichen Vermögensaufstellung, die über den Ab- und Zugang des Vermögens Auskunft gibt, verpflichtet und hat darüber Auskunft zu erteilen. Das erste Rechnungslegungsjahr beginnt mit der ersten Vermögensverfügung des Beauftragten.*

Über alle Zahlungs- und Buchungsvorgänge, die durch den Auftraggeber selbst veranlasst worden sind, besteht keine Abrechnungspflicht des Beauftragten. Diese Buchungen sind in der Rechnungslegung als von dem Auftraggeber veranlasste Buchungen zu kennzeichnen.

Der Beauftragte hat die EC- und Kreditkarten usw. des Auftraggebers einziehen zu lassen, sobald er erkennt, dass die Gefahr des Missbrauchs der EC- und Kreditkarten des Auftraggebers besteht.

Über quittierte Barbeträge zur Bestreitung der gewöhnlichen Lebenshaltungskosten des Auftraggebers bis zu einer Höhe von 1.000,00 EUR (in Worten: Eintausend Euro) pro Monat besteht keine Abrechnungspflicht des Beauftragten. Empfangszeichnungsberechtigt sind insoweit auch Mitarbeiter beauftragter Haus- und Pflegedienste oder von Alten- und Pflegeheimen.

Der Beauftragte hat die Rechnungslegung dem Auftraggeber spätestens drei Monate nach Ablauf des Rechnungslegungszeitraumes vorzulegen.

Der Auftraggeber hat, sofern er keine Beanstandungen hat, innerhalb eines Monats nach Rechnungslegung dem Beauftragten mit befreiender Wirkung Entlastung zu erteilen.

Sofern der Auftraggeber die Vermögensverwaltung beanstandet und keine Entlastung erteilt oder nicht mehr in der Lage ist, die Entlastung zu erteilen, ist die Rechnungslegung unverzüglich dem Kontrollbevollmächtigten vorzulegen.

Die Darlegungs- und Beweislast für die Unrichtigkeit der Zusammenstellung der Einnahmen und Ausgaben und hierbei insbesondere für den Verbleib der Einnahmen und dafür, dass über nicht mehr vorhandene Vermögenswerte nicht nach den Weisungen oder im Interesse des Auftraggebers verfügt worden ist, trifft in Abweichung zu § 666 BGB denjenigen, der sich darauf beruft.

Herausgabepflicht nach § 667 BGB

Der Beauftragte muss alles herausgeben, was er zur Ausführung des Auftrags erhalten und aus der Geschäftsführung erlangt hat. Ist er dazu nicht in der Lage, haftet er nach den §§ 280 ff. BGB (BGH, NJW 2002, 2459). Entlasten kann sich der Beauftragte damit, dass er Erfüllung der Herausgabepflicht nachweist bzw. die bestimmungsgemäße Verwendung des Erlangten.

Verzinsungspflicht nach § 668 BGB

Der Beauftragte hat das dem Auftraggeber gebührende Geld, das er für sich selbst verwendet hat, angemessen zu verzinsen.

2.15.5 Einwendungen des Bevollmächtigten

Die dem Vollmachtgeber zustehenden Rechte aus dem Auftragsverhältnis gehen im Rahmen der Universalsukzession auf den oder die Erben über.

§ 2039 BGB sieht vor, dass jeder einzelne Miterbe einen der Erbengemeinschaft insgesamt zustehenden Anspruch sowohl außergerichtlich als auch gerichtlich geltend machen kann. Ein Widerspruch der übrigen Miterben steht dem Recht des einzelnen Miterben nach § 2039 Satz 1 BGB nicht entgegen (Grüneberg/*Weidlich*, 82. Aufl. § 2039 Rn. 6 ff.). Ist ein Schuldner Miterbe, gilt § 2039 BGB gleichfalls. Auch dieser muss an alle leisten (Grüneberg/*Weidlich*, § 2039 Rn. 11).

2.15.5.1 Erfüllung

Grundsätzlich kann der Bevollmächtigte die Erfüllung der Ansprüche aus § 666 BGB einwenden (§ 362 BGB); er ist hierfür beweispflichtig. Die Rechnungslegung muss vollständig und richtig sein. Ist aus der Rechnungslegung erkennbar, dass sie unvollständig oder unrichtig ist, erfüllt sie den Anspruch nicht. In diesem Fall besteht mindestens ein Ergänzungsanspruch, in vielen Fällen aber auch ein Anspruch auf eine vollständig neue Rechnungslegung (Kurze/*Papenmeier*, Kommentar Vorsorgerecht, § 259 Rn. 8).

2.15.5.2 Unmöglichkeit

Die pauschale Behauptung, keine detailliertere Auskunft geben zu können, reicht nicht aus. Der Bevollmächtigte ist vielmehr gehalten, alle zumutbaren Möglichkeiten zu erschöpfen, die für die Auskunft erforderlichen Erkenntnisse zu gewinnen, und wird dabei sein Erinnerungsvermögen gehörig anspannen müssen, um seiner Verpflichtung zur Vorlage eines Bestandsverzeichnisses und einer geordneten Zusammenstellung der Einnahmen und Ausgaben sowie etwa noch vorhandener Belege nachzukommen (OLG Brandenburg, BeckRS 2007, 149337).

Das Gedächtnis ist nicht die einzige Erinnerungsquelle. Der Verpflichtete muss sich bemühen. Er hat Unterlagen zu suchen und Erkenntnisse auch mit Hilfspersonen zu ermitteln.

Ist der Erbe im Besitz von Unterlagen und hat er sich ausdrücklich bereit erklärt, dem Bevollmächtigten zum Zweck der Rechnungslegung die von ihm gefertigten Schriftstücke zu überlassen, so sind dem Bevollmächtigten Aufzeichnungen und andere Hilfsmittel zugänglich, sodass ihn ein Erinnerungsmangel nicht von seiner Auskunftspflicht befreit (OLG Saarbrücken, NJW-RR 2000, 229; Staudinger/*Selb*, BGB, 13. Bearb., § 259 Rn. 12).

2.15.5.3 Rechtsmissbrauch

Dem Bevollmächtigen hilft auch nicht die Berufung auf Rechtsmissbrauch, da der Anspruchsinhaber sich die Kenntnisse selbst verschaffen könne. Der BGH führt hierzu aus:

> „Der Beklagte kann den Kläger auch nicht darauf verweisen, dass Letzterer durch die ihm erteilte Ermächtigung in die Lage versetzt sei, die Einzelheiten selbst zu ermitteln. Es ist Sache des Beklagten, sich dieser Arbeit zu unterziehen; er hat kein Recht, sie auf den Kläger abzuwälzen" (BGHZ 39, 87).

Erst eine „Schikane" ist gemäß § 242 BGB unzulässig. So ist der Anspruch eingeschränkt, wenn der Berechtigte die Informationen besitzt oder sie ihm ohne Weiteres zugänglich sind. Dies kann aber nur selten angenommen werden.

2.15.5.4 Verwirkung

Wurde die Rechnungslegung jahrelang nicht geltend gemacht, bedeutet dies weder einen Verzicht noch eine Verwirkung (*Horn/Schobel,* NJW 2012, 3473). Das Unterlassen der Forderung hat keinen (konkludenten) Erklärungswert als Verzicht. Eine Verwirkung kommt erst in Betracht, wenn der Vollmachtgeber an dem Entstehen eines festen Vertrauens beim Bevollmächtigten mitgewirkt hat (*Burandt/Rojahn/Kurze,* BGB, § 666 Rn. 15, 16).

Bei der Vorsorgevollmacht liegen oft zwei Umstände vor, die regelmäßig eine Berufung auf Verwirkung ausschließen:

1. Zum einen war der Vollmachtgeber meist gar nicht mehr in der Lage, die Ansprüche auf Auskunft und Rechenschaft geltend zu machen. Auch bei Geschäftsfähigkeit werden entsprechende Ansprüche aufgrund eines Abhängigkeitsverhältnisses zum Bevollmächtigten sowie altersbedingt herabgesetzten Engagements selten geltend gemacht. War der Vollmachtgeber aber nicht mehr in der Lage, seine Ansprüche durchzusetzen, so kann später keine Verwirkung aufgrund von Untätigkeit entgegengehalten werden.
2. Zum anderen folgt aus der oft weitgehenden Übernahme von Aufgaben durch den Bevollmächtigten unter Ausschluss anderer Personen, dass erst nachträglich Misstrauen erweckende Umstände zu erkennen sind (BGH, NJW 1963, 950; OLG Saarland, NJW-RR 2000, 229; *Burandt/Rojahn/Kurze*, BGB a.a.O).

2.15.5.5 Verzicht

Auskünfte können dann nicht verlangt werden, wenn dies zwischen Vollmachtgeber und Bevollmächtigtem so vereinbart war oder der Vollmachtgeber einseitig auf sein Recht verzichtet hat. § 666 BGB ist grundsätzlich dispositiv.

Formulierungsbeispiel

▶ *Der Beauftragte ist von der Auskunfts- und Rechenschaftspflicht befreit. Er ist somit nicht verpflichtet, dem Auftraggeber Auskunft darüber zu erteilen, welche tatsächlichen Handlungen oder welche Rechtsgeschäfte er in Ausübung der Vollmacht getä-*

tigt hat. Des Weiteren ist er nicht verpflichtet, dem Auftraggeber eine geordnete Zusammenstellung der Einnahmen und Ausgaben im Rahmen der Ausübung der Bevollmächtigung zu erteilen. Ebenso müssen die Beauftragten für Ausgaben, die sie für den Auftraggeber getätigt haben, keine Nachweise führen, insbesondere keine Belege vorlegen.

2.15.5.6 Ausdrückliche Vereinbarung

Beruft sich der Bevollmächtigte auf eine schriftliche Vereinbarung mit dem Vollmachtgeber, ist diese genau zu prüfen.

Handelt es sich um eine formularmäßig verwendete Klausel, wonach auf die Rechnungslegung verzichtet wird, kann diese wegen unangemessener Benachteiligung des Vollmachtgebers gemäß § 307 BGB unwirksam sein (so BGH, NJW 1994, 1861 für die AGB bei Vermögensverwaltungsverträgen).

Auch bei notariellen Vorsorgevollmachten, die in den seltensten Fällen individuell ausgehandelt werden, ist die Frage der vorformulierten Vertragsbedingung zu prüfen.

Anders liegt der Fall, wenn der anfängliche Verzicht individuell vereinbart wurde. Ein solcher Verzicht ist grundsätzlich wirksam. Anders jedoch, wenn begründete Anhaltspunkte für ein pflichtwidriges Verhalten des Vollmachtnehmers gegeben sind. Fehlt es an dem Vertrauen des Vollmachtgebers in die Redlichkeit des Bevollmächtigten, weil der Bevollmächtigte Geschäfte tätigt, aus denen sich begründete Anhaltspunkte für ein pflichtwidriges Verhalten ergeben, muss es aus dem Gesichtspunkt von Treu und Glauben dem Vollmachtgeber möglich sein, dieses Verhalten zu überprüfen.

2.15.5.7 Konkludente Vereinbarung

Der Bevollmächtigte trägt vor, der Erblasser habe ihm gegenüber nie einen Bericht über getätigte Verfügungen abverlangt und insoweit sei von einem schlüssigen Verzicht auf Auskunft und Rechenschaft auszugehen.

Hier ist anzumerken, dass bloßes Schweigen im Allgemeinen noch keinen Erklärungstatbestand setzt und weder als Zustimmung noch als Ablehnung zu sehen ist (BGH, NJW 2002, 3629). Der BGH hat entschieden, dass selbst die unwidersprochene Hinnahme von abgerundeten Zahlungen aus einer von einem Bevollmächtigten verwalteten Mietimmobilie keinen Verzicht auf eine Rechnungslegung beinhaltet. Wer über einen längeren Zeitraum ein Recht nicht geltend macht, verzichtet nicht darauf, er hat es allenfalls verwirkt.

Aus einer schriftlichen Abrede, wonach der Bevollmächtigte „nach freiem Ermessen und ohne vorherige Einholung von Weisungen oder Zustimmungen" handeln darf, ist keinesfalls ein Verzicht auf den Auskunftsanspruch abzuleiten (BGH, NJW 1994, 1861).

2.15.5.8 Verjährung

Auskunftsansprüche gem. §§ 666, 681 Satz 2 BGB verjähren regelmäßig gem. § 195 BGB nach drei Jahren, wobei sich der Beginn der Verjährungsfrist nach § 199 Abs. 1 BGB richtet. Es handelt sich aber um einen sog. verhaltenen Anspruch, der erst fällig wird, wenn die Auskunft verlangt wird, und der auch grundsätzlich nicht vor Beendigung des Auftrags verjähren kann (BGH, NJW 2012, Satz 917; OLG Düsseldorf, BeckRS 2016, 6407). Dementsprechend wird kein Bevollmächtigter erfolgreich einwenden können, der Anspruch sei verjährt, weil sein Handeln schon länger als drei Jahre zurückliege.

Auch die Argumentation, dass der Informationsanspruch als Hilfsanspruch mit dem Hauptanspruch steht und fällt, hilft in der Regel nicht weiter. Der Herausgabeanspruch entsteht zwar schon, wenn der Beauftragte etwas erlangt hat, allerdings setzt der Beginn der Verjährungsfrist gemäß § 199 Abs. 1 Nr. 2 BGB auch Kenntnis voraus, die gerade dann fehlt, wenn die Auskunft noch nicht erteilt wurde.

2.15.6 Beweislast bei Ansprüchen aus dem Auftragsverhältnis

2.15.6.1 Vollmachtgeber

Der Vollmachtgeber trägt die Darlegungs- und Beweislast für

- das Bestehen, den Inhalt und den Umfang eines Auftragsverhältnisses (§ 662 BGB),
- die Übergabe von Geld oder Gegenständen zur Ausführung des Auftrags und ihren Betrag oder Wert (§ 667 1. Alternative BGB),
- die Tatsache, dass der Bevollmächtigte aus der Geschäftsbesorgung etwas erlangt hat (§ 667 2. Alternative BGB),
- die Tatsache, dass der Vollmachtnehmer etwas ohne rechtlichen Grund aus dem Vermögen des Vollmachtgebers erlangt hat (§ 812 BGB).

2.15.6.2 Bevollmächtigter

Der Bevollmächtigte trägt die Beweislast für

- die weisungsgemäße Erfüllung,
- die Richtigkeit seiner Rechnung, insbesondere für den Verbleib der Einnahmen und dafür, dass er über nicht mehr vorhandene Vermögenswerte nach Weisungen oder im Interesse des Auftraggebers verfügt hat,
- die Unmöglichkeit der Herausgabe des Erhaltenen oder Erlangten und sein Nichtverschulden daran, z.B. die bestimmungsgemäße Verwendung des Erhaltenen zur Ausführung des Auftrags oder den bestimmungsgemäßen Verbrauch, seinen Verbleib, ebenso seine Aufwendungen.

2.15.6.3 Beweislast bei Anspruch aus § 812 BGB, insbesondere bei Schenkungen

Wenn der Verbleib des Geldes des Vollmachtgebers bekannt ist, kommt insbesondere ein Anspruch aus § 812 BGB in Betracht. Es ist in diesen Fällen regelmäßig unstreitig, dass der Bevollmächtigte „etwas" aus dem Vermögen des Vollmachtgebers „erlangt hat". Der Streit entfacht sich an dem Tatbestandsmerkmal „ohne rechtlichen Grund".

Wer gestützt auf eine Bankvollmacht Beträge vom Konto des Vollmachtgebers abgehoben hat, trägt im Rückforderungsprozess die Beweislast für die Behauptung, mit der Abhebung ein formnichtiges Schenkungsversprechen des Vollmachtgebers mit dessen Willen vollzogen zu haben (BGH, BeckRS 2007, 1090).

In einem weiteren Urteil v. 11.3.2014 – X ZR 150/11 (BeckRS 2014, 116196) bestätigt der BGH seine Rechtsprechung aus der Entscheidung vom 14.11.2006. Beruft sich der Leistungsempfänger gegenüber dem Bereicherungsanspruch auf ein nicht notariell beurkundetes Schenkungsversprechen als Rechtsgrund, so beschränkt sich die ihn treffende Beweislast auf den Nachweis, dass die Leistung mit Wissen und Wollen des Leistenden bewirkt und der Formmangel damit geheilt worden ist. Das Fehlen eines Schenkungsversprechens muss demgegenüber der Leistende beweisen.

Daraus ergeben sich folgende **Grundsätze**:

Der Erbe ist für das Tatbestandsmerkmal „ohne rechtlichen Grund" beweisbelastet. Allerdings muss nach der Rechtsprechung des BGH in Fällen, in denen der Bevollmächtigte den Schenkungseinwand erhebt (ohne dass ein notariell beurkundeter Schenkungsvertrag vorläge), der Bevollmächtigte die Wirksamkeit der Schenkung und nicht etwa der Erbe das Fehlen des Rechtsgrundes beweisen (BGH a.a.O.).

Das Formerfordernis nach § 518 Abs. 1 BGB hat u.a. den Zweck, eine sichere Beweisgrundlage für den Fall zu schaffen, dass es später zum Streit darüber komme, ob etwas und gegebenenfalls was schenkweise zugewendet werden sollte. Der Erbe kann sich somit darauf beschränken, das Vorliegen einer angeblichen Schenkungsvereinbarung, die erst durch die Bewirkung der Leistung i.S.d. § 518 Abs. 2 BGB wirksam geworden sein soll, zu bestreiten, mit der Folge, dass der angeblich Beschenkte Umstände darlegen und beweisen muss, die gemäß § 518 Abs. 2 BGB zur Heilung des formnichtigen Schenkungsversprechens geführt haben.

2.15.7 Prozessuales

2.15.7.1 Auskunftsansprüche der Miterben

Neben den besonderen erbrechtlichen Auskunftsansprüchen sind auch die allgemeinen Auskunftsansprüche des Zivilrechts für das Erbrecht von Bedeutung. Der wohl wichtigste gesetzliche Auskunftsanspruch, der auch unmittelbare Geltung im Erbrecht hat, ist in § 666 BGB geregelt. Danach hat der Miterbe bzw. haben die Miterben Auskunftsansprüche gegenüber einem einzelnen Miterben, der vom Erblasser beauftragt war und der gemäß § 666 BGB statt gegenüber dem Erblasser nunmehr gegenüber den anderen Miterben zur Rechenschaft verpflichtet ist.

Steht auf der Gläubigerseite des Auskunftsanspruchs eine Erbenmehrheit, so kann jeder einzelne Miterbe – auch gegen den Willen der anderen Miterben – als gesetzlicher Prozessstandschafter nach § 2039 BGB den Auskunftsanspruch zur Leistung an alle Miterben geltend machen (BGH, NJW 1965, 396).

Muster: Klage der Erben gegen den Bevollmächtigten auf Auskunftserteilung und Rechnungslegung

An das Amts-/Landgericht

Klage

des Herrn …

– Kläger –

Prozessbevollmächtigte: Rechtsanwälte …

gegen

Herrn …

– Beklagter –

Prozessbevollmächtigte: Rechtsanwälte …

wegen Auskunft und Herausgabe gem. §§ 666, 675 BGB

vorläufiger Streitwert: …

Namens und in Vollmacht des Klägers erheben wir Klage und werden beantragen:

1. Der Beklagte wird verurteilt, dem Kläger Auskunft über sämtliche von ihm anhand der ihm vom am … verstorbenen Erblasser Herrn …, geboren am …, erteilten Vorsorgevollmacht getätigten Geschäfte zu erteilen.

2. Der Beklagte wird verurteilt, dem Kläger Rechenschaft über die von ihm anhand der ihm vom am … verstorbenen Erblasser Herrn …, geboren am …, erteilten Vorsorgevollmacht getätigten Geschäfte zu legen, und zwar durch Vorlage einer geordneten Aufstellung aller Einnahmen und Ausgaben sowie durch Vorlage der dazugehörigen Belege.

3. Für den Fall, dass die Auskunft und Rechenschaft nicht mit der erforderlichen Sorgfalt erteilt worden sein sollte, wird der Beklagte verurteilt, zu Protokoll an Eides statt zu versichern, dass er die Angaben nach besten Wissen so vollständig gemacht hat, wie er dazu in der Lage war.

4. Der Beklagte wird verurteilt, an die Erbengemeinschaft nach dem am … verstorbenen Erblasser …, geboren am …, bestehend aus dem Kläger und dem Beklagten, den nach Erteilung der Auskunft zu Ziff. 1 und Legung der Rechenschaft zu Ziff. 2 errechneten Betrag nebst 5 % Zinsen über Basiszinssatz hieraus seit Verwendung des jeweils aus dem Auftragsverhältnis Erlangten herauszugeben, soweit es nicht zur Erfüllung des Auftrages verwendet wurde.

5. Der Beklagte trägt die Kosten des Verfahrens.

Für den Fall der Anordnung des schriftlichen Vorverfahrens und der nicht rechtzeitigen Anzeige der Verteidigungsbereitschaft durch den Beklagten wird bei Vorliegen der Voraussetzungen des § 331 Abs. 3 ZPO der Erlass eines Versäumnisurteils ohne mündliche Verhandlung beantragt.

Begründung:

Die Parteien sind Söhne des Herrn ... Herr ... – nachfolgend Erblasser genannt – ist am ... in ... verstorben.

Beweis: Sterbeurkunde des Standesamtes ..., vorgelegt in beglaubigter Abschrift als Anlage K1

Die Ehefrau des Erblassers ist bereits am ... vorverstorben.

Beweis: Sterbeurkunde des Standesamtes ..., vorgelegt in beglaubigter Abschrift als Anlage K2

Weitere Abkömmlinge sind nicht vorhanden. Der Erblasser wurde aufgrund gesetzlicher Erbfolge von dem Kläger und dem Beklagten je zur Hälfte beerbt.

Beweis: Erbschein des Amtsgerichts ..., vorgelegt in Kopie als Anlage K3

Der Erblasser erteilte dem Beklagten unter dem ... eine notarielle Vorsorgevollmacht, worin er den Beklagten umfassend mit seiner Vertretung beauftragte.

Beweis: Urkunde des Notars ... mit dem Amtssitz in ... vom ..., UR-Nr. ..., vorgelegt in Kopie als Anlage K4

Da der Erblasser die letzten 14 Monate seines Lebens aufgrund der bei ihm eingetretenen Pflegebedürftigkeit das Haus nicht mehr verlassen konnte, führte der Beklagte sämtliche Geschäfte für diesen, auch im vermögensrechtlichen Bereich.

Beweis: Beweis des Herrn ... (Nachbar und guter Freund des Erblassers)

Zum Zeitpunkt des Todes wies das Girokonto des Erblassers lediglich noch einen Betrag in Höhe von 2.342,67 EUR auf. Das Tagesgeldkonto des Erblassers bei der ... Bank, welches er noch nach dem Verkauf seines Ferienhauses in Wyk auf Föhr im Jahr 2015 angelegt hatte und auf welchem der Veräußerungserlös des Ferienhauses einbezahlt wurde, existierte zum Todeszeitpunkt nicht mehr.

Beweis: Auskunft der ... Bank vom ..., vorgelegt in Kopie als Anlage K5

Das Ferienhaus wurde am ... zu einem Kaufpreis in Höhe von 350.000,00 EUR veräußert.

Beweis: Kaufvertrag vom ..., vorgelegt in Kopie als Anlage K6

Nach Feststellung dieses Sachverhalts wurde der Beklagte aufgefordert, Auskunft über die von ihm als Vorsorgebevollmächtigter getätigten Rechtsgeschäfte zu erteilen und Rechnung hierüber zu legen.

Beweis: Aufforderungsschreiben vom ..., vorgelegt in Kopie als Anlage K7

Der Beklagte verweigerte per E-Mail die Auskunft und Rechnungslegung, die seiner Ansicht nach nicht verlangt werden kann.

Beweis: E-Mail des Beklagten vom ..., vorgelegt als Ausdruck als Anlage K8

Nach § 666 BGB ist der Beklagte zur Auskunft und Rechnungslegung verpflichtet. Die Rechnungslegung hat nach § 259 BGB in Form einer geordneten und systematischen Aufstellung über sämtliche Einnahmen und Ausgaben zu erfolgen, der auch Belege beizufügen sind.

Der Anspruch auf Abgabe der eidesstattlichen Versicherung ergibt sich aus § 259 Abs. 2 BGB, sollte Grund zur Annahme bestehen, dass die in der Rechnung enthaltenen Angaben über die Einnahmen nicht mit der erforderlichen Sorgfalt gemacht worden sind.

Die Herausgabepflicht ergibt sich zum einen aus § 667 BGB. Sollte der Beklagte ohne Rechtsgrund über Mittel des Erblassers verfügt haben, ergibt sich der Anspruch zusätzlich aus § 812 Abs. 1 Satz 1 2. Alt. BGB.

Die Ansprüche aus dem Auftragsverhältnis sind mit dem Tod im Wege der Generalsukzession des § 1922 BGB auf die Erben übergegangen. Der Kläger macht seinen Anspruch für die Erbengemeinschaft gem. § 2039 BGB geltend.

Rechtsanwalt

2.15.7.2 Zahlungsansprüche

Steht fest, dass der Bevollmächtigte nach § 812 BGB herauszugeben hat, ist eine Leistungsklage die richtige Klageart. Die Geltendmachung von noch – zum Teil – ungewissen Ansprüchen aus dem Auftragsverhältnis erfolgt regelmäßig mit einer Stufenklage. Auskunft und Rechenschaftslegung können zwar auch isoliert geltend gemacht werden. Dabei besteht aber die Gefahr, dass ein Zahlungsanspruch zwischenzeitlich verjährt.

2.15.7.3 Widerruf der Vollmacht

Nach der herrschenden Meinung hat jeder Miterbe das Recht zum Widerruf der Vollmacht. Die Vertretungsmacht des Bevollmächtigten für die anderen Erben wird dadurch aber nicht berührt und bleibt daher bestehen (Grüneberg/*Weidlich*, 82. Aufl. Einf. vor § 2197 BGB Rn. 13). Eine wirksame Vertretung der anderen Miterben ist damit weiter möglich.

Der Bevollmächtigte kann nach dem Widerruf eines Miterben folglich nicht mehr über einzelne Nachlassgegenstände verfügen (*Weidlich* a.a.O.). Er muss mit den entsprechenden Miterben dann zusammen handeln.

3 Vorsorgeverfügung im unternehmerischen Bereich

3.1 Einführung

Kleinunternehmer und mittelständische Unternehmerbilden immer noch das Rückgrat der Wirtschaft. Sie werden im eigenen Unternehmerinteresse tätig, haben aber auch Verantwortung für ihre Mitarbeiter und das Unternehmen als Wirtschaftsfaktor (*Langenfeld*, Die Vorsorgevollmacht des Unternehmers, ZEV 2005, 52; *Heinze*, Münchner Vertragshandbuch, BGB II; *Herrler*, 8. Aufl. 2020, Anm. 1). Oftmals fehlt es allerdings an einer Vorsorgeregelung für den Fall des Ausfalls des Unternehmers.

Diese sollte nicht nur den privaten Bereich umfassen, der mit einer privaten Vorsorgevollmacht abgedeckt wird, sondern ebenfalls eine spezielle Vollmacht enthalten, welche die Fortführung des Unternehmens während des Ausfalls des Unternehmers sicherstellt.

Die Vorsorgevollmacht enthält in der Regel eine Generalvollmacht, mit der ein Handeln im Bereich des Unternehmens ermöglicht wird. Vielmals wird diese jedoch gerade im Bereich des unternehmerischen Handelns nicht ausreichen.

Unabdingbar ist es, die Vollmacht um **Handlungsanweisungen** zu ergänzen. Der Bevollmächtigte muss wissen, wie das Unternehmen zu führen ist, wenn der Unternehmer selbst nicht mehr handeln kann. Für denjenigen, der, für die Unternehmensleitung Verantwortung übernehmen soll, handelt es sich um ein weites Feld mit Haftungsgefahren – nicht nur im Außenverhältnis gegenüber Dritten, sondern auch von Seiten des wieder genesenen Unternehmers oder seiner Erben.

Die Handlungsanweisung muss einen **Tätigkeitsrahmen** vorgeben, ergänzt um die allgemeine Vollmacht oder erforderlichenfalls um spezielle handels- und gesellschaftsrechtliche Vollmachten. (*Langenfeld*, Die Vorsorgevollmacht des Unternehmers, ZEV 2005, 52; *Heinze*, Münchner Vertragshandbuch, BGB II; *Herrler*, 8. Aufl. 2020, Anm. 2)

In der Handlungsanweisung kann der Unternehmer das Schicksal des Unternehmens festlegen und Anordnungen treffen, wie bei seinem vorübergehenden oder sogar kompletten Ausfall zu verfahren ist. Hier wird sich vor allem eine Regelung darüber anbieten, wie lange das Unternehmen fortgeführt werden soll oder ob eine baldmögliche Veräußerung oder Liquidation durchgeführt werden soll. Die Entscheidung hierüber wird regelmäßig von der Größe des Unternehmens abhängen und davon, inwieweit sich die Unternehmensführung von der Person des Unternehmers lösen lässt (*Langenfeld*, Die Vorsorgevollmacht des Unternehmers, ZEV 2005, 52; *Heinze*, Münchner Vertragshandbuch, BGB II; *Herrler*, 8. Aufl. 2020, Anm. 3).

3.2 Rechtliche Betreuung

Kommt es zur Bestellung eines Betreuers, so hat dies weitreichende Folgen für das Unternehmen:

- Ein Unternehmensfremder, der oft keinen persönlichen Bezug zum Betreuten und dessen Unternehmen oder Beteiligungen hat, tritt an die Stelle des Betreuten und nimmt dessen Rechte wahr. Damit trifft er unternehmerische Entscheidungen bzw. ist an solchen zu beteiligen.
- Er hat ein **Teilnahmerecht an Gesellschafterversammlungen** und ist demnach zu diesen zu laden. Die, vor allem bei personalistisch strukturierten Unternehmen, oft zu einer besonderen Schlagkräftigkeit führende Praxis der Versammlung unter Verzicht auf alle Formalitäten, um auch ad hoc Beschlüsse fassen zu können, wird bei Beteiligung eines Betreuers regelmäßig nicht mehr zu realisieren sein. Schon deshalb, weil der Betreuer aus Haftungsgründen auf eine Einhaltung der Formalien für Ankündigung und Einberufung bestehen wird und aus seiner Sicht auch muss.
- An die Person des Betreuers sind **keine speziellen Qualifikationserfordernisse** zu stellen. Er muss lediglich „geeignet" sein, was nicht bedeutet, dass er spezielle Kenntnisse, etwa im juristischen oder betriebswirtschaftlichen Bereich, aufweisen muss. Demnach droht die Bestellung eines für die Gesellschafterstellung nicht hinreichend qualifizierten Betreuers.
- Der Betreuer hat dasselbe **Einsichts- und Auskunftsrecht** wie der Gesellschafter selbst. Diese Rechte können durch den Gesellschaftsvertrag weder ausgeschlossen noch beschränkt werden.
- Indirekt, nämlich zur Überwachung der Tätigkeit des Betreuers oder bei Entscheidungen über eine betreuungsgerichtliche Genehmigung, erlangt auch das **Betreuungsgericht** weitreichende Einsicht.
- Damit gelangen oft höchst vertrauliche und für die wirtschaftliche Entwicklung bedeutsame **Unternehmensinformationen** zur Kenntnis außenstehender Dritter. Ein Umstand, den Unternehmer erfahrungsgemäß vermeiden wollen.
- Viele unternehmerische Entscheidungen und Gegenstände von Gesellschafterbeschlüssen unterliegen dem **Vorbehalt** einer betreuungsgerichtlichen Genehmigung.

Ein nicht zu vernachlässigender Aspekt sind die Folgen einer nicht ausreichenden Risikovorsorge im Unternehmen auf dessen Rating und damit auf die Konditionen der Unternehmensfinanzierung. Zur Risikovorsorge gehört nicht nur die von den Finanzierungsinstituten im Rahmen des Ratings mittlerweile regelmäßig einbezogene Frage der Sicherung der Unternehmensnachfolge, sondern ebenso die Sicherung gegen Ausfälle zu Lebzeiten auf Inhaber-, Gesellschafter- und Managementebene.

(Zum Ganzen: *Münch*, Unternehmerehe, § 16 Rn. 2 ff, 42; *Wedemann,* ZIP 213, 1508; *Baumann/Selzener*, RNotZ 2015, 605)

3.3 Bedeutung der Unternehmer-Vorsorgevollmacht

Mit einer Unternehmer-Vorsorgevollmacht gilt es zu vermeiden, dass das Unternehmen beim Ausfall des Unternehmers handlungsunfähig wird. Betroffen hiervon sind demnach

- der Inhaber einer Einzelfirma,
- der Gesellschafter-Geschäftsführer der Einpersonen-GmbH oder Einpersonen-GmbH & Co. KG.

Beim Mitgesellschafter und ggf. Mit-Geschäftsführer einer Gesellschaft von Partnern oder einer Familiengesellschaft können die verbleibenden Gesellschafter regelmäßig die Vakanz überbrücken (*Langenfeld*, Die Vorsorgevollmacht des Unternehmers, ZEV 2005, 52).

Für diese Fälle sollte der allgemeinen Vorsorgevollmacht eine **ergänzende Bevollmächtigung für den Unternehmensbereich** angefügt werden (*Langenfeld*, Die Vorsorgevollmacht des Unternehmers, ZEV 2005, 52). Damit ergibt sich folgende Dreiteilung der Vollmachtsurkunde:

1. Allgemeine Vollmacht
2. Vollmacht in persönlichen Angelegenheiten
3. Unternehmervollmacht

3.4 Arten der Vollmacht

- Bürgerlich-rechtliche Generalvollmacht, §§ 164 ff. BGB,
- Handlungsvollmacht, §§ 54 ff. HGB,
- Prokura, §§ 48 ff. HGB.

3.4.1 Vollmachten im Handels- und Gesellschaftsrecht

3.4.1.1 Generalvollmacht/Handlungsvollmacht

Als Alternative zur bürgerlich-rechtlichen Generalvollmacht ist bei einem **Einzelkaufmann** an die Erteilung einer Generalhandlungsvollmacht nach § 54 HGB zu denken. Danach wird bei der Handlungsvollmacht vermutet, dass die Vollmacht alle gewöhnlichen Geschäfte des Betriebs (§ 54 Abs. 1 HGB) erfasst. Zur Veräußerung oder Belastung von Grundstücken, zur Eingehung von Wechselverbindlichkeiten, zur Aufnahme von Darlehen und zur Prozessführung ist der Handlungsbevollmächtigte nur ermächtigt, wenn ihm eine solche Befugnis besonders erteilt ist, § 54 Abs. 2 HGB.

Nach *Kurze/Wülfrath* soll eine Vorsorgevollmacht, die als Generalvollmacht unbeschränkt erteilt wurde, die Befugnis zu allen in § 54 HGB genannten Handlungen, auch zu denen nach Absatz 2 bei einer Handlungsvollmacht nach Absatz 1 ausgeschlossenen, ermächtigen. Da eine andere Ansicht aber vertretbar ist, wenn die Vollmacht anders ausgelegt wird, wird eine Klarstellung in der Vollmacht empfohlen (Kurze/*Wülfrath*, 1. Aufl. 2017, HGB § 54 Rn. 1).

Hinweis

Allerdings gibt die Generalhandlungsvollmacht keine Rechtsmacht zu privaten oder branchenfremden Rechtsgeschäften.

3.4.1.2 Prokura

Die Fortführung einer im Handelsregister eingetragenen Einzelfirma lässt sich mit der Erteilung einer Prokura sicherstellen. Diese ermächtigt nach § 49 Abs. 1 HGB zu allen Arten von gerichtlichen und außergerichtlichen Geschäften und Rechtshandlungen, die der Betrieb eines Handelsgewerbes mit sich bringt.

Zwar verleiht auch die Generalvollmacht diese Befugnisse, dennoch wird empfohlen, dem Generalbevollmächtigten dann, wenn er die Aufgaben eines Prokuristen wahrnehmen soll, zusätzlich Prokura zu erteilen.

Der **Vorteil** der Prokura liegt in der Publizität, welche sie durch Eintragung in das Handelsregister erlangt. Damit hat der Prokurist keine Probleme mit dem Nachweis einer Vollmacht und hält eine im Handelsverkehr übliche und allgemein akzeptierte Legitimation in den Händen. (*Langenfeld*, Die Vorsorgevollmacht des Unternehmers, ZEV 2005, 52)

Die Prokura kann nur vom Inhaber des Handelsgeschäfts erteilt werden, § 48 Abs. 1 HGB. Die Erteilung ist zur **Eintragung in das Handelsregister** anzumelden, § 53 HGB. Die Anmeldung kann auch durch einen Bevollmächtigten erfolgen. Die Vollmacht bedarf nach § 12 Abs. 2 HGB der öffentlich beglaubigten Form. Eine ausdrückliche Ermächtigung in der Vollmacht wird hierfür nicht gefordert (Kurze/*Wülfrath*, Vorsorgerecht, § 49 HGB Rn. 1). Der Prokurist kann sich in dieser Eigenschaft nicht selbst zum Handelsregister anmelden. Wohl aber kann ein und dieselbe Person, etwa die Ehefrau des Unternehmers, sich mit allgemeiner oder spezieller Vollmacht des Unternehmers selbst zum Prokuristen bestellen und für den Unternehmer die Prokura zum Handelsregister anmelden (*Langenfeld*, Die Vorsorgevollmacht des Unternehmers, ZEV 2005, 52; *Heinze*, Münchner Vertragshandbuch, BGB II; *Herrler*, 8. Aufl. 2020, Anm. 6-2).

3.4.2 Personen- und Kapitalgesellschaften

Handelt es sich bei dem Betrieb des Vollmachtgebers um eine Personen- oder Kapitalgesellschaft, scheidet eine unternehmensbezogene Vorsorge durch Erteilung einer bürgerlich-rechtlichen Generalvollmacht weitgehend aus.

Bei **Personengesellschaften** dürfen Dritte nicht zu Organvertretern bestellt werden (Prinzip der Selbstorganschaft), sodass organersetzende Generalvollmachten unzulässig sind. Einem Generalbevollmächtigten können vielmehr nur solche Rechtshandlungen überlassen werden, die nicht zu den originären Aufgaben eines Gesellschafters gehören. Eine solche beschränkte Vollmacht wird den Interessen des Unternehmers regelmäßig nicht gerecht (*Müller/Renner*, Betreuungsrecht und Vorsorgeverfügungen in der Praxis, Rn. 1023 ff. m.w.N).

Auch bei **Kapitalgesellschaften** kann die gesellschaftsrechtliche Aufgaben- und Kompetenzverteilung nicht durch Vollmachtserteilung unterlaufen werden. Bei der GmbH können originäre Geschäftsführertätigkeiten (wie z.B. die Einberufung zur Gesellschafterversammlung gem. § 49 GmbHG) nicht delegiert werden. Dieses **Verbot einer umfassenden Übertragung der organschaftlichen Vertretungsmacht** schützt nicht nur die Gesellschafter vor einer Ausübung aller Geschäftsführungsbefugnisse durch Personen, die nicht ihr Vertrauen genießen, sondern trägt auch der besonderen Verantwortlichkeit des Geschäftsführers Rechnung (*Müller/Renner*, Betreuungsrecht und Vorsorgeverfügungen in der Praxis, Rn. 1023 ff. m.w.N).

Praxistipp

Um zu vermeiden, dass die erteilte Vollmacht als unwirksam angesehen wird, sollte daher in Personen- und Kapitalgesellschaften von Generalvollmachten nur in der Art Gebrauch gemacht werden, dass die organschaftlichen Kernbefugnisse von vornherein aus dem Anwendungsbereich der Vollmacht ausdrücklich ausgeklammert werden (Müller/Renner, Betreuungsrecht und Vorsorgeverfügungen in der Praxis, Rn. 1023 ff. m.w.N).

3.4.2.1 Stimmrechtsvollmacht

Vorweg ist festzuhalten, dass die Geschäftsunfähigkeit eines Gesellschafters weder bei der Kapital- noch bei der Personengesellschaft zum Verlust der Gesellschafterstellung führt. Lediglich die Organstellung als Geschäftsführer der GmbH wird durch den Eintritt der Geschäftsunfähigkeit kraft Gesetzes beendet (§ 6 Abs. 2 Satz 1, Satz 2 Nr. 1 GmbHG).

Die Erteilung einer Stimmrechtsvollmacht ist nach § 47 Abs. 3 GmbHG grundsätzlich zulässig. Sie bedarf der Schriftform nach § 47 Abs. 3 GmbHG. Auch mit der Ausübung der weiteren nicht höchstpersönlichen Gesellschafterrechte kann ein Bevollmächtigter betraut werden.

Bei der Stimmrechtsvollmacht geht es, anders als bei den bisher behandelten Vollmachten, nicht um das Handeln des Rechtsträgers nach außen, sondern um die Sicherstellung der Willensbildung und Handlungsfähigkeit **innerhalb des Rechtsträgers**, an dem der Vollmachtgeber beteiligt ist.

Abweichende Regelungen (z.B. Ausschluss der Vertretung, Vertretung nur durch Gesellschafter, den Ehegatten usw.) können **durch Satzung** vorgesehen seien. Daher ist in jedem Fall die Satzung daraufhin zu überprüfen, welche Möglichkeiten der Vertretung und welche besonderen Formvorschriften diese vorsieht. Ggf. muss die Satzung geändert werden, um die Erteilung von Stimmrechtsvollmachten zu ermöglichen (*Müller/Renner*, Betreuungsrecht und Vorsorgeverfügungen in der Praxis, Rn 1035 ff. m.w.N).

3.4.2.2 Organvertretung

Die Organvertretung ist das stärkste Gestaltungsmittel, um für Gesellschaften Vertretungsmacht einzuräumen. Sie umfasst die **uneingeschränkte Vertretungsmacht für die Gesellschaft**. Sie ist allerdings praktisch relevant nur für die **GmbH.** Dort bestehen für die GmbH folgende Möglichkeiten:

- Ist der Vollmachtgeber GmbH-Mehrheitsgesellschafter und einziger Geschäftsführer, kann er der Vertrauensperson entweder **Stimmrechtsvollmacht** erteilen, sich im Krisenfall selbst zum Geschäftsführer zu bestellen oder er ernennt sie mit sofortiger Wirkung zum **stellvertretenden Geschäftsführer** (§ 44 GmbHG).
- Hält der Vollmachtgeber nicht die Mehrheit der Stimmen, kann auf Vorrat eine **Verpflichtungserklärung** (mittels Gesellschafterbeschluss mit grundsätzlich einfacher Mehrheit) eingeholt werden, in der sich die Gesellschafter vorab verpflichten, im Krisenfall die Vertrauensperson zum Geschäftsführer zu bestellen.
- Der Vollmachtgeber stellt durch Abschluss von **Stimmbindungsverträgen** sicher, dass die Vertrauensperson im Krisenfall Geschäftsführer wird und nur aus wichtigem Grund wieder abberufen werden kann.
- Ist die Vertrauensperson selbst Gesellschafter, kann ihr unmittelbar in der Satzung ein mitgliedschaftlicher Anspruch auf die **eigene Geschäftsführung** eingeräumt werden.
- Ist nur der Vollmachtgeber, nicht die Vertrauensperson Gesellschafter, kann diesem durch **Gesellschaftsvertrag** das Recht zugewiesen werden, nach eigener Wahl einen Geschäftsführer zu benennen, ihn zu bestellen und ggf. wieder abzuberufen. Zur Ausübung dieses Rechts kann die Vertrauensperson unter Befreiung von § 181 BGB bevollmächtigt werden und sich im Krisenfall dann aufgrund der Vollmacht zum Geschäftsführer ernennen

(Vgl. zum Ganzen *Müller/Renner*, Betreuungsrecht und Vorsorgeverfügungen in der Praxis, Rn. 1038 ff. m.w.N).

3.4.3 Kontrolle

Die Erteilung einer Vorsorgevollmacht schließt zwar wegen der Subsidiarität der Betreuung die Bestellung eines Betreuers mit demselben Aufgabenkreis wie der des Bevollmächtigten aus. Trotzdem ist damit eine Beteiligung des Betreuungsgerichts nicht auf Dauer ausgeschlossen. Bei Bedarf ist ein **Betreuer zur Überwachung** des Vorsorgebevollmächtigten zu bestellen, § 1896 Abs. 3 BGB.

Angesichts der in der Regel nicht einfach gelagerten Aufgaben des Bevollmächtigten im unternehmerischen Bereich wird die Wahrscheinlichkeit, dass ein Gericht das Erfordernis einer Kontrollbetreuung bejaht, größer sein als bei der klassischen Vorsorgevollmacht. Nachdem der Kontrollbetreuer grundsätzlich auch berechtigt ist, eine vom Betreuten erteilte Vollmacht zu widerrufen, droht die Gefahr, dass die vom Vollmachtgeber aufwendig geplante und austarierte Vorsorgeregelung zumindest beeinträchtigt wird.

Um das zu vermeiden, sollte bei der Entscheidung über die Erteilung einer Unternehmer-Vorsorgevollmacht erwogen werden, **mehrere Bevollmächtigte** oder einen **Kontrollbevollmächtigten** zu ernennen. Das oftmals vom Vollmachtgeber gewünschte „4-Augen-Prinzip" wäre damit beachtet und durch die gegenseitige Kontrolle der Bevollmächtigten bzw. des Kontrollbevollmächtigten wäre das Erfordernis für die Bestellung eines Kontrollbetreuers so gut wie ausgeschlossen.

Meinungsverschiedenheiten unter den Bevollmächtigten rechtfertigen für sich genommen noch keine Bestellung eines Kontrollbetreuers.

3.4.5 Widerruf

3.4.5.1 Widerruflichkeit

Jede Vollmacht ist grundsätzlich frei widerruflich, § 168 Satz 2 BGB. Eines den Widerruf rechtfertigenden Grundes bedarf es nicht. Ein **Ausschluss** des Widerrufsrechts bei im Interesse des Vollmachtgebers liegenden Vorsorgevollmachten ist **nicht möglich**.

Die Erteilung „unwiderruflicher" Vorsorgevollmachten sollte nicht erfolgen.

3.4.5.2 Widerrufsberechtigte

Der Vollmachtgeber ist jederzeit zum freien Widerruf berechtigt. Die Ausübung des Widerrufsrechts erfordert jedoch **Geschäftsfähigkeit**, nachdem der Widerruf eine Willenserklärung des Vollmachtgebers voraussetzt, §§ 168 Satz 3, 167 Abs. 1 BGB.

Ob auch **einzelvertretungsberechtigte Bevollmächtigte** selbst zum Widerruf der dem/den anderen Bevollmächtigten erteilten Vollmacht berechtigt sind, und wenn ja, ob ein missbräuchlicher Widerruf wiederum unwirksam ist, ist umstritten (siehe oben 2.14.3).

Namentlich bei Erteilung mehrerer Vorsorgevollmachten, z.B. einer klassischen General- und Vorsorgevollmacht und einer Unternehmer-Vollmacht nebeneinander, sollte klargestellt werden, ob die General- und Vorsorgevollmacht das Recht zum Widerruf der Unternehmervollmacht umfasst.

Bei der **Personengesellschaft** stellt sich ferner die Frage, ob auch die Mit-Gesellschafter zum Widerruf berechtigt sind. **Ein Widerrufsrecht der Gesellschafter ist zu verneinen.**

Die Vollmacht kann nur wirksam erteilt werden, wenn sie nicht gegen das Abspaltungsverbot und das Gebot der Selbstorganschaft verstößt. Das erfordert eine Zustimmung der **Mitgesellschafter** zur Vollmachterteilung. Liegt diese vor, so handelt der Bevollmächtigte namens des Vollmachtgebers als Mitgesellschafter und übt dessen Gesellschafterrechte aus. Er vertritt nicht die Mitgesellschafter oder die Gesellschaft selbst.

Davon zu trennen ist die Frage, ob die Mitgesellschafter ihre gesellschaftsrechtliche Zustimmung zur Vollmachterteilung widerrufen können. Hierzu wird vertreten, dass dies bei Vorliegen eines wichtigen Grundes möglich ist.

3.4.6 Regelungen im Gesellschaftsvertrag

3.4.6.1 Möglichkeit der Vertretung durch einen Vorsorgebevollmächtigten

Jeder Gesellschaftsvertrag sollte Regelungen zur Vertretung durch einen Vorsorgebevollmächtigten enthalten. Bei **Gründung** einer Gesellschaft empfiehlt es sich daher, entsprechende Bestimmungen aufzunehmen. **Bestehende** Gesellschaftsverträge sind anlässlich der Errichtung einer Vorsorgevollmacht auf ihre Kompatibilität und ihren Ergänzungsbedarf hin zu prüfen.

Im Gesellschaftsvertrag ist die Grundlage für die Unternehmer-Vorsorgevollmacht zu schaffen. Für eine weitestmögliche Vertretung durch den Bevollmächtigten sollte daher am besten in einem separaten Abschnitt die Ausübung des Stimmrechts und der weiteren Gesellschafterrechte, soweit rechtlich möglich, durch einen Bevollmächtigten zugelassen werden. Es empfiehlt sich ferner vorzusehen, dass nur durch eine **notariell beurkundete oder beglaubigte Vollmacht** legitimierte Personen jene Rechte wahrnehmen können, damit alle Probleme, die mit nur in Textform erteilten Vollmachten verbunden sind (Legitimation, Beweissicherheit usw.), minimiert werden.

Der als Bevollmächtigte zugelassene Personenkreis kann und sollte **beschränkt** werden. Es bietet sich an, ihn auf diejenigen zu beschränken, die für die Nachfolge berechtigt sind bzw. auf die der Geschäfts-/Gesellschaftsanteil ohne Zustimmung der Mitgesellschafter bzw. der Gesellschaft übertragen werden kann. Zusätzlich könnten noch die üblichen zur Berufsverschwiegenheit verpflichteten Angehörigen der rechts- und steuerberatenden Berufe zugelassen werden.

Die bei Personengesellschaften erforderliche Zustimmung der Gesellschafter sollte ausdrücklich in den Gesellschaftsvertrag aufgenommen werden.

3.4.6.2 Zwang zur Erteilung einer Vorsorgevollmacht im Gesellschaftsvertrag

Fraglos liegt die Erteilung einer Vorsorgevollmacht anstelle der Bestellung eines Betreuers, die mit Komplikationen verbunden sein kann, im Interesse jedes Gesellschafters. Es liegt also nahe, auch auf Gesellschafterebene sicherzustellen, dass sich jeder Gesellschafter mit der Problematik auseinandersetzt und rechtzeitig Vorsorge für seine Handlungsunfähigkeit trifft.

Die Motivlage ist mit den mittlerweile zum Standard gewordenen Regelungen vergleichbar, mit denen jeder Gesellschafter verpflichtet wird, durch Ehe- oder Partnerschaftsvertrag die Beteiligung vom Zugewinnausgleich auszunehmen und durch (gegenständlich beschränkten) Pflichtteilsverzichtsvertrag auch darauf bezogene Pflichtteilsansprüche des Ehegatten oder Lebenspartners auszuschließen.

Demnach sollte im Gesellschaftsvertrag eine **Pflicht** jedes (volljährigen) Gesellschafters vorgesehen werden, eine Vorsorgevollmacht in der Weise zu erteilen, dass es nicht zu einer Bestellung eines Betreuers kommt, zu dessen Aufgabenkreis die Wahrnehmung von Gesellschafterrechten gehört.

Ein **Verstoß** hiergegen, der in der Nichterteilung einer Vollmacht, aber auch in der Erteilung einer zu stark eingeengten Vollmacht bestehen kann, ist dann konsequent mit der Sanktion des möglichen Verlusts der Beteiligung durch Einziehung oder Zwangsabtretung zu belegen, ohne Stimmrecht des Betroffenen bei der diesbezüglichen Entscheidung.

3.5 Innenverhältnis – Handlungsanweisung

Die Handlungsanweisung gibt die Vorstellungen des Unternehmers über das Schicksal des Unternehmens bei seinem zeitweiligen oder völligen Ausfall wieder und damit den Rahmen für mögliche Maßnahmen vor.

Die grundlegende Entscheidung ist die, ob das Unternehmen bei längerem Ausfall des Unternehmers **fortgeführt** oder möglichst bald **veräußert oder liquidiert** werden soll. Dies hängt von der Größe des Unternehmens und davon ab, ob und inwieweit sich die Unternehmensführung zumindest zeitweise von der Person des Unternehmers lösen lässt.

Bei stark **personenbezogenen Unternehmen,** deren Geschäftswert von der persönlichen Tätigkeit des Unternehmers entscheidend abhängt, sind die Möglichkeiten einer Interimslösung beschränkt. Soweit es sich bei dem bestimmten Bevollmächtigten um eine Vertrauensperson handelt, sollte diesem auch die Entscheidung darüber überlassen bleiben, ab welchem Zeitpunkt eine Veräußerung oder Liquidation des Unternehmens betrieben werden muss.

3.6 Muster und Formulierungsvorschläge

3.6.1 Unternehmervollmacht

(vgl. hierzu *Müller/Renner,* Betreuungsrecht und Vorsorgeverfügungen in der Praxis, Rn. 1046 ff. m.w.N)

Muster: Unternehmervollmacht

Ich erteile

1. Herrn/Frau …
2. Herrn/Frau …

je einzeln

Vollmacht, mich im rechtlich weitestmöglichen Umfang in allen Angelegenheiten, die meine Inhaberschaft von einzelkaufmännischen Unternehmen und/oder meine Beteiligung als Gesellschafter an Gesellschaften aller Art (mit Ausnahme von Gesellschaften, deren Gegenstand ausschließlich die Verwaltung eigenen Vermögens ist) in jeder Hinsicht uneingeschränkt zu vertreten. Insbesondere, aber nicht abschließend, umfasst die Vollmacht

- die Entgegennahme von Zustellungen aller Art seitens der Gesellschaft und deren Organen, insbesondere der Ladung zu Gesellschafterversammlungen;
- die Ausübung des Stimmrechts;
- die Bestellung von Vertretungsorganen von Gesellschaften und Unternehmen; dabei kann auch die Bestellung eines oder mehrerer der Bevollmächtigten selbst zu Vertretungsorganen erfolgen;
- die Mitwirkung an Änderungen des Gesellschaftsvertrags jeglicher Art, einschließlich der Auflösung und Liquidation des Unternehmens;
- die Entgegennahme eines Liquidationserlöses oder eines Abfindungsentgeltes;
- die Ausübung von Kontroll- und Einsichtsrechten;
- die Mitwirkung an allen umwandlungsrechtlichen Vorgängen einschließlich der Ausgliederung eines einzelkaufmännischen Unternehmens aus meinem Vermögen;

- die ganze oder teilweise Verfügung über die Beteiligung oder das Unternehmen als solches. Dies schließt den Abschluss des zugehörigen Grundgeschäfts zu beliebigen Bedingungen ein;
- die Vertretung in allen registerrechtlichen Verfahren.

Jeder Bevollmächtigte ist von den Beschränkungen des § 181 BGB in der Weise befreit, dass er zugleich in meinem Namen und als Vertreter eines Dritten handeln kann.

Jeder Bevollmächtigte ist berechtigt, für den Einzelfall Untervollmacht in der Weise zu erteilen, dass die Untervollmacht nicht vom Bestand der Hauptvollmacht abhängig ist.

Mit dieser Vollmacht möchte ich die Bestellung eines Betreuers für den Aufgabenkreis, den ich den Bevollmächtigten zugewiesen habe, soweit irgend möglich vermeiden.

Ich habe bei der Erteilung der Vollmacht insbesondere bedacht, dass der Aufgabenkreis der Bevollmächtigten mit besonderen Schwierigkeiten und Anforderungen verbunden sein kann. Ich wünsche daher die Bestellung eines Kontrollbetreuers allein wegen dieser Kriterien zur Überwachung der Bevollmächtigten nicht.

Sollte gleichwohl die Bestellung eines Kontrollbetreuers erforderlich sein, so wünsche ich, dass Herr/Frau … zum Kontrollbetreuer bestellt wird.

Die vorstehende Vollmacht ist stets widerruflich. Sie erlischt nicht mit meinem Tod oder dem Eintritt meiner Geschäftsfähigkeit.

Ein Widerruf durch einen der vorstehend Bevollmächtigten ist nicht zulässig. Von dieser Urkunde ist den Bevollmächtigten jeweils eine Ausfertigung, zu meinen Händen, zu erteilen.

Die Vollmacht ist im Außenverhältnis nicht beschränkt und durch nichts bedingt. Eine von mir zur Regelung des Innenverhältnisses getroffene Handlungsanweisung für die Bevollmächtigten und auch die vorstehende Regelung zur Aushändigung der Vollmachtausfertigungen haben keine Auswirkungen auf die Wirksamkeit der Vollmacht nach außen.

3.6.2 Handlungsanweisung und Vollmacht des Einzelunternehmers

Formulierungsvorschlag

▶ *Sollte ich infolge von Unfall oder Krankheit nicht in der Lage sein, mein unter der Firma … betriebenes Einzelunternehmen selbst zu leiten, so hat der Bevollmächtigte für die Fortführung des Unternehmens zu sorgen. Dies kann er selbst kraft der erteilten Vollmacht besorgen.*

Er kann auch sich selbst oder anderen Personen Prokura erteilen. Er kann auch, wenn meine Verhinderung länger dauert, dem Unternehmen eine haftungsbeschrän-

kende Form geben, insbesondere die Einzelfirma aus meinem Vermögen in eine neu zu gründende GmbH abspalten.

Bin ich auf Dauer nicht in der Lage, das Unternehmen selbst weiterzuführen, so kann auch eine Veräußerung oder Liquidation erfolgen. Dabei ist zunächst die Veräußerung anzustreben, ehe eine Liquidation erfolgt. Der Bevollmächtigte hat zuvor den Anwalt und den Steuerberater des Unternehmens zu konsultieren, entscheidet aber schließlich selbst nach seinem billigen Ermessen.

Ich bevollmächtige hiermit den eingangs bezeichneten Vollmachtnehmer, mich auch in allen Angelegenheiten meines Einzelunternehmens zu vertreten, insbesondere sich selbst oder andere Personen zu Prokuristen zu bestellen und zum Handelsregister anzumelden.

Weiterhin erhält er Vollmacht zur Übertragung des Betriebsvermögens des Einzelunternehmens auf eine haftungsbeschränkende Gesellschaft, deren Alleingesellschafter ich bin oder werde. Zum Betrieb dieser Gesellschaft und zur Ausübung aller meiner Gesellschafterrechte einschließlich der Bestellung und Abberufung von Geschäftsführern und Prokuristen ist der Vollmachtnehmer ebenfalls bevollmächtigt.

Sollte das Unternehmen veräußert werden müssen, so erstreckt sich die Vollmacht auch auf diese Veräußerung.

3.6.3 Handlungsanweisung und Vollmacht des Alleingesellschafter-Geschäftsführers

Formulierungsvorschlag

▶ *Sollte ich infolge von Unfall oder Krankheit nicht in der Lage sein, meine Aufgaben als Gesellschafter-Geschäftsführer der … selbst wahrzunehmen, so hat der eingangs bezeichnete Bevollmächtigte für die Fortführung des Unternehmens zu sorgen. Dies kann er selbst kraft der erteilten Vollmacht besorgen. Er kann sich selbst oder andere Personen zum Geschäftsführer bestellen oder sich selbst oder anderen Personen Prokura erteilen und dies zum Handelsregister anmelden. Bin ich auf Dauer nicht in der Lage, das Unternehmen selbst weiterzuführen, so kann auch eine Veräußerung oder Liquidation erfolgen. Dabei ist zunächst die Veräußerung anzustreben, ehe eine Liquidation erfolgt. Der Bevollmächtigte hat zuvor den Anwalt und den Steuerberater des Unternehmens zu konsultieren, entscheidet aber schließlich selbst nach seinem billigen Ermessen.Deshalb bevollmächtige ich den eingangs bezeichneten Vollmachtnehmer auch, meine Gesellschafterrechte in der unter der Firma … betriebenen GmbH (GmbH & Co. KG) wahrzunehmen, insbesondere Geschäftsführer und Prokuristen zu bestellen und abzuberufen. Sollte das Unternehmen in eine andere Rechtsform transferiert werden müssen oder sollte das Unternehmen veräußert oder liquidiert werden müssen, so bezieht sich die Vollmacht auch hierauf. Weiterhin ermächtigt die Vollmacht auch zur Veräußerung und Liquidation des Unternehmens.*

3.6.4 Handlungsanweisung und Vollmacht des Mitgesellschafters

Formulierungsvorschlag

▶ *Sollte ich infolge von Unfall oder Krankheit nicht in der Lage sein, meine Gesellschafterrechte in der …-GmbH selbst auszuüben, so ist die Wahrnehmung dieser Rechte Aufgabe des eingangs bezeichneten Bevollmächtigten.*

Dieser wird deshalb auch bevollmächtigt, meine Gesellschafterrechte bei der …-GmbH wahrzunehmen. Er kann mich insbesondere in Gesellschafterversammlungen vertreten und über alle Angelegenheiten mitbeschließen, über die die anderen Gesellschafter Beschlüsse fassen.

3.6.5 Gesellschaftsvertrag – Vertretung durch Vorsorgebevollmächtigte

Formulierungsvorschlag

▶ *Die Vertretung von Gesellschaftern bei der Ausübung und Wahrnehmung ihrer Gesellschafterrechte durch einen oder mehrere Bevollmächtigte, denen der betreffende Gesellschafter eine umfassende Vollmacht zur Vertretung in jenen Angelegenheiten erteilt hat (Vorsorgebevollmächtigte), ist zulässig. Einer solchen Vertretung wird hiermit durch alle Gesellschafter zugestimmt. Die Zustimmung ist nicht widerruflich.*

Die Regelungen in den §§ … dieses Gesellschaftsvertrags zum Ausschluss eines Gesellschafters (zur Einziehung dessen Geschäftsanteils) sowie über die Verpflichtung zur Übertragung des Gesellschaftsanteils (Geschäftsanteils) sind anwendbar, wenn in der Person des Bevollmächtigten ein rechtfertigender Grund vorliegt und die Vollmacht nicht innerhalb von … Wochen nach schriftlicher Aufforderung durch die Gesellschaft, durch den Vollmachtgeber oder seine gesetzlichen Vertreter widerrufen wird.

Als Vorsorgebevollmächtigte können nur Mitgesellschafter oder zur Berufsverschwiegenheit verpflichtete Angehörige der rechts- und steuerberatenden Berufe sowie … benannt werden.

Der Bevollmächtigte kann Gesellschafterrechte erst ausüben, wenn er sich in schriftlicher Form zur Einhaltung der gesellschaftsrechtlichen Treuepflichten verpflichtet hat.

Das Recht, sich gemäß § … dieses Gesellschaftsvertrags bei Gesellschafterversammlungen vertreten zu lassen, bleibt unberührt.

3.6.6. Gesellschaftsvertrag – Verpflichtung zur Erteilung einer Vorsorgevollmacht

(*Baumann/Selzener*, RNotZ 2015, 605, 612)

Formulierungsvorschlag

▶ *Jeder Gesellschafter ist berechtigt und verpflichtet, durch notarielle Urkunde einen Bevollmächtigten zur Vorsorge für den Fall seiner Geschäfts- und/oder Handlungsfähigkeit zu bestellen, der ihn in Gesellschafterversammlungen vertreten und der – mit Zustimmung aller anderen Gesellschafter – auch Erklärungen im Namen der Gesellschaft abgeben kann. Die Vollmacht darf nicht unter einer Bedingung erteilt werden. Jeder Gesellschafter ist aber berechtigt, seinem Bevollmächtigten intern im Geschäftsbesorgungsverhältnis umfassende individuelle Weisungen zu erteilen. Die Bevollmächtigten müssen sich vor Ausübung der Vollmacht schriftlich zur Einhaltung der gesellschaftlichen Treuepflicht verpflichten; die Treuepflicht des Bevollmächtigten ist im Geschäftsbesorgungsverhältnis und privatschriftlich auch mit allen Personengesellschaftern zu vereinbaren.*

Jeder Gesellschafter ist gegenüber seinen Mitgesellschaftern verpflichtet, den Nachweis über die gem. Abs. (…) erteilte Vollmacht durch Vorlage von (beglaubigten) Abschriften der Vollmachtsurkunde an die übrigen Gesellschafter zu führen und auf Anforderung eines anderen Gesellschafters schriftlich zu erklären, dass die in (beglaubigter) Abschrift vorgelegte Vollmacht nicht geändert oder widerrufen ist.

4 Die Patientenverfügung

Das „Patientenverfügungsgesetz" ist als das „Dritte Gesetz zur Änderung des Betreuungsrechts" seit 1.9.2009 in Kraft. Seine gesetzliche Regelung wurde in § 1901a BGB umgesetzt und nach der Reform des Betreuungsrechts in § 1827 BGB übernommen.

Einwilligungsfähige **Volljährige** können in einer **schriftlichen** Patientenverfügung **im Voraus** festlegen, ob und wie sie später ärztlich behandelt werden wollen, wenn sie ihren Willen nicht mehr selbst äußern können. **Betreuer und Bevollmächtigte** sind im Fall der Entscheidungsunfähigkeit des Betroffenen an seine schriftliche Patientenverfügung gebunden. Sie müssen prüfen, ob die Festlegungen in der Patientenverfügung der aktuellen Lebens- und Behandlungssituation entsprechen und den Willen des Betroffenen zur Geltung bringen, § 1827 Abs. 1 S. 2 BGB.

Darüber hinaus soll die Patientenverfügung eine **direkte allgemeinverbindliche Wirkung** entfalten, also nicht nur gegenüber den im Gesetz genannten Adressaten. Auch Ärzte, Familienangehörige, Pflegende und andere Personen sollen an die eindeutige Patientenverfügung gebunden sein (Grüneberg/*Götz*, 82. Aufl., § 1827 BGB Rn. 9).

Nach a.A. handelt es sich bei der Patientenverfügung um eine **umsetzungsbedürftige Einwilligung oder Versagung**. Die Patientenverfügung stelle zwar die Erklärung des Betroffenen selbst dar, müsse aber noch nach den Verfahrensvorgaben des neuen § 1827

Abs. 1 BGB (§ 1901 a BGB a.F.) jetzt umgesetzt werden, um Wirkung entfalten zu können (Kurze/*Kurze*, Vorsorgerecht, 1. Aufl., § 1901 a BGB Rn. 7). Dieser Ansicht ist nach dem klaren erklärten Willen des Gesetzgebers, wonach der Betreuer bzw. der Bevollmächtigte zunächst zu prüfen hat, ob der Anwendungsbereich der Patientenverfügung überhaupt eröffnet ist und ob diese noch dem Willen des Betroffenen entspricht und erst nach positivem Ergebnis dieser Prüfung den erklärten Willen des Betroffenen zur Geltung bringen muss, der Vorzug zu geben. Es war gerade kein Automatismus in der Weise gewollt, dass Dritte den in der Patientenverfügung niedergelegten Willen ohne Prüfung zu beachten haben. Das „Vier-Augen-Prinzip" ist mit Urteil des BGH vom 10.11.2010 (BtPrax 2011, 131, FamRZ 2011, 108) bestätigt worden. Dieser hat ausgeführt:

> *„Für die Feststellung des Patientenwillens als Grundlage für den rechtfertigenden Abbruch lebenserhaltender Maßnahmen sehen die §§ 1901a und 1901b BGB daher folgendes Verfahren vor: …"*

Eine in der ärztlichen Praxis aufkommende Frage ist, ob der Arzt in Fällen, in denen der Patient weder einen Bevollmächtigten noch einen Betreuer hat, bei Vorliegen einer einschlägigen Patientenverfügung stets die **Bestellung eines Betreuers durch das Betreuungsgericht** anregen muss. Die Bundesärztekammer und die ZEKO sind – wie das Bundesministerium der Justiz und für Verbraucherschutz – der Auffassung, dass eine eindeutige Patientenverfügung den Arzt direkt bindet. Sofern der Arzt keinen berechtigten Zweifel daran hat, dass die vorhandene Patientenverfügung auf die aktuelle Lebens- und Behandlungssituation zutrifft, hat er auf ihrer Grundlage zu entscheiden. Der Gesetzgeber halte eine Betreuerbestellung in diesem Fall nicht für erforderlich, davon gehe auch § 630d Abs. 1 S. 2 BGB aus (Bekanntmachung Bundesärztekammer/Zentrale Ethikkommission bei der Bundesärztekammer, Hinweise und Empfehlungen zum Umgang mit Vorsorgevollmachten und Patientenverfügungen im ärztlichen Alltag, Stand: 25.10.2018, Dt. Ärzteblatt 2018, S. A2437).

Diese Ansicht widerspricht jedoch dem vom BGH in seiner Entscheidung vom 10.11.2010 (BtPrax 2011, 131, FamRZ 2011,108) in welcher dieser nach überwiegender Ansicht in der Literatur das „Vier-Augen-Prinzip" bestätigt hat (siehe oben). Damit ist eine Betreuerbestellung auch in diesen Fällen erforderlich.

Niemand ist gezwungen, eine Patientenverfügung zu verfassen, § 1827 Abs. 5 BGB. Patientenverfügungen können jederzeit **formlos widerrufen** werden, § 1827 Abs. 1 S. 3 BGB.

Gibt es keine wirksame Patientenverfügung oder treffen die Festlegungen nicht die aktuelle Situation, muss der Betreuer oder Bevollmächtigte unter Beachtung des **mutmaßlichen Willens** entscheiden, ob er in die Untersuchung, die Heilbehandlung oder den ärztlichen Eingriff einwilligt.

Eine **Reichweitenbegrenzung**, die den Patientenwillen kraft Gesetzes in bestimmten Fällen für unbeachtlich erklärt, gibt es **nicht**, § 1827 Abs. 3 BGB.

Die Entscheidung über die Durchführung einer ärztlichen Maßnahme wird im **Dialog** zwischen Arzt und Betreuer bzw. Bevollmächtigtem vorbereitet. Der behandelnde Arzt prüft, was medizinisch **indiziert** ist und erörtert die Maßnahme mit dem Betreuer oder Bevollmächtigten, möglichst unter Einbeziehung naher Angehöriger und sonstiger Vertrauenspersonen.

Sind sich Arzt und Betreuer bzw. Bevollmächtigter über den Patientenwillen einig, bedarf es keiner Einbindung des Betreuungsgerichts. Bestehen hingegen **Meinungsverschiedenheiten**, müssen folgenschwere Entscheidungen vom Betreuungsgericht **genehmigt** werden.

4.1 Form und Inhalt der Patientenverfügung

Eine von einem einwilligungsfähigen Patienten für den Fall des späteren Verlustes der Einwilligungsfähigkeit errichtete **schriftliche Patientenverfügung** ist **verbindlich** (§ 1827Abs. 1 BGB). Sie ist bei der Entscheidung über ärztliche Maßnahmen zu beachten, wobei es auf das Stadium der Erkrankung ausdrücklich nicht ankommt (§ 1827 Abs. 3 BGB).

Nach dem Beschluss des Bundesgerichtshofes vom 6.7.2016 (XII ZB 61/16, BtPrax 2016, 187) hat eine schriftliche Patientenverfügung nur dann unmittelbare Bindungswirkung, wenn ihr **konkrete Entscheidungen** des Betroffenen über die Einwilligung oder Nichteinwilligung in bestimmte, noch nicht unmittelbar bevorstehende ärztliche Maßnahmen zu entnehmen sind.

Hinweis

Die Aussage „keine lebenserhaltenden Maßnahmen" oder „ein würdevolles Sterben" zu wünschen reicht nicht aus, um eine konkrete Behandlungsentscheidung zum Ausdruck zu bringen.

Sofern für den nicht mehr einwilligungsfähigen Patienten ein von ihm für diesen Fall Bevollmächtigter oder ein vom Gericht hierfür bestellter Betreuer handelt, muss dieser den Willen des Patienten gegenüber Arzt, Pflegeperson und Einrichtung, in der der Patient untergebracht ist, durchsetzen. Gibt es keine schriftliche Patientenverfügung, sind die Behandlungswünsche oder **der mutmaßliche Wille** des Patienten anhand konkreter Anhaltspunkte, etwa früherer mündlicher Äußerungen, zu ermitteln (§ 1827 Abs. 2 BGB).

Was der Patientenwille im konkreten Fall ist und ob die Lebens- oder Behandlungssituation derjenigen entspricht, für die die Behandlungswünsche geäußert wurden, wird in einem **dialogischen Prozess zwischen Arzt und Vertreter des Patienten** ermittelt, wobei die **Indikationsstellung durch den Arzt** vorangehen muss (§ 1828 BGB). Eine Genehmigung des Betreuungsgerichts ist nicht erforderlich, wenn zwischen Arzt und Bevollmächtigtem oder Betreuer Einvernehmen über den Patientenwillen besteht (§ 1829 Abs. 4 BGB).

Als Patientenverfügung im Sinne des Gesetzes ist **nur eine schriftliche Äußerung** zu werten: Nach § 126 BGB muss also ein vom Patienten eigenhändig unterschriebenes Schriftstück vorliegen; diese Form erfüllen z.B. auch die vielfach gebräuchlichen „Ankreuzformulare", wenn sie die Unterschrift des Patienten aufweisen. Eine notarielle Beurkundung ist, wie ursprünglich vorgesehen, nicht erforderlich.

Eine **mündliche Äußerung** ist nicht als Patientenverfügung im Sinne des Gesetzes zu werten. Sie ist aber rechtlich nicht unbeachtlich, sondern entweder als **Behandlungswunsch** zu werten (wenn sie sich direkt auf die infrage kommende Behandlung bezieht) oder als konkreter Anhaltspunkt bei der Ermittlung des **mutmaßlichen Willens** heranzuziehen. Eine Patientenverfügung im Sinne des Gesetzes kann nur ein Volljähriger erstellen.

Der Systematik des Betreuungsrechts folgend, sagt das neue Gesetz selbst im Text nichts über die Verbindlichkeit der Patientenverfügung, setzt diese vielmehr als gegeben voraus. Da die Patientenverfügung als verbindlich anzusehen ist, muss der Betreuer oder Bevollmächtigte sich an sie halten und für die Durchsetzung auch gegenüber Ärzten, Pflegekräften und Einrichtungen Sorge tragen, an die die Patientenverfügung als Behandlungswunsch letztlich gerichtet ist.

Das Gesetz sieht in § 1828 BGB vor, dass der Arzt **nach Prüfung der Indikation** gemeinsam mit dem Betreuer/Bevollmächtigten und - falls zeitlich möglich - unter Hinzuziehung von „nahen Angehörigen und sonstigen Vertrauenspersonen des Betreuten" den Patientenwillen ermittelt. Dieses **Verfahren** dient insbesondere bei unklaren Fällen der Sicherung des Entscheidungsprozesses und der Absicherung von Arzt und Vertreter. Wer das Verfahren nicht einhält, läuft Gefahr, sich in der Einschätzung zu irren und die Konsequenzen dann auch rechtlich tragen zu müssen, wenn im Nachhinein eine andere Auslegung der Patientenverfügung als zutreffend erachtet wird.

Hinweis

▶ *Je undeutlicher und auslegungsbedürftiger die Äußerung des Patienten ist, umso sorgfältiger ist der Dialog zwischen den Beteiligten zu führen und zu dokumentieren.*

4.2 Auslegung von Patientenverfügungen

Eine Patientenverfügung ist nur dann für Arzt und Betreuer/Bevollmächtigten bindend, wenn ihr konkrete Entscheidungen des Verfügenden über die Einwilligung oder Nichteinwilligung in bestimmte, noch nicht unmittelbar bevorstehende ärztliche Maßnahmen entnommen werden können. Darüber hinaus muss aus der Patientenverfügung erkennbar sein, für welche konkrete Behandlungssituation sie gelten soll. Sie ist also nur dann hinreichend bestimmt und damit bindend, wenn sich feststellen lässt, in welcher Behandlungssituation welche ärztliche Maßnahmen durchgeführt werden bzw. unterbleiben sollen.

Ob eine Patientenverfügung hinreichend bestimmt ist, kann im Einzelfall durch Auslegung ermittelt werden. Dabei ist der **Gesamtzusammenhang** der Urkunde zu berücksichtigen und festzustellen, ob sich daraus insgesamt ein hinreichend eindeutig zu bestimmender Patientenwille ergibt (BGH, Beschluss v. 8.2.2017, MDR 2017, 462). So kann sich die erforderliche Konkretisierung auch bei nicht hinreichend konkret benannten ärztlichen Maßnahmen durch die Bezugnahme auf ausreichend spezifizierte Krankheiten oder Behandlungssituationen ergeben (BGH a.a.O.).

Im **Einzelfall** kann sich die vorzunehmende Konkretisierung einer Patientenverfügung, die weniger detailliert bestimmte ärztliche Maßnahmen auflistet, durch Bezugnahme auf ausreichend beschriebene Krankheiten und bestimmte Behandlungssituationen ergeben. Im Zuge der Auslegung ist sodann zu ermitteln, ob eine hinreichend konkrete Erklärung vorliegt (BGH, Beschluss v. 14.11.2018, ZErb 2019, 38).

4.3. Geltungsdauer

Die Patientenverfügung hat **bis zu ihrem Widerruf** Gültigkeit. Einer regelmäßigen Erneuerung bedarf sie nicht.

Allerdings hat der Betreuer/Bevollmächtigte vor Verwendung der Patientenverfügung zu prüfen, ob die vorliegende Patientenverfügung dem aktuellen Willen des Betreuten/Vollmachtgebers entspricht oder ob er zwischenzeitlich seinen Willen geändert hat. Besondere Sorgfalt bei dieser **Überprüfung** ist dann anzuwenden, wenn zwischen Errichtung der Patientenverfügung und dem Behandlungszeitpunkt ein großer zeitlicher Abstand liegt.

In § 1827Abs. 1 Satz 1 BGB wird für die Errichtung der Patientenverfügung die **Einwilligungsfähigkeit** vorausgesetzt. Der Betroffene muss also über die Fähigkeit verfügen, Art, Bedeutung, Tragweite und Risiken der Verfügung zu erfassen und seinen Willen entsprechend daran auszurichten.

Umstritten ist, ob auch beim Widerruf Einwilligungsfähigkeit vorliegen muss. Ein Teil der Literatur **bejaht** dies. Der Widerruf müsse als actus contrarius der Patientenverfügung denselben Wirksamkeitsvoraussetzungen unterliegen. Ansonsten wäre eine Patientenverfügung weithin wertlos, wenn sogar das nonverbale Widerstreben des entscheidungsunfähigen Patienten ihre Geltung beseitigen könnte (MüKo/*Schneider*, 20. Aufl., § 1901a Rn. 38).

Nach **anderer Ansicht** soll auch der durch einen Einwilligungsunfähigen abgegebene Widerruf beachtlich sein. Dafür spreche systematisch insbesondere, dass der Betreuer auch gem. § 1827 Abs. 1 S. 2 BGB nicht mehr an vormals geäußerte Wünsche des Betreuten gebunden ist, wenn dieser erkennbar nicht daran festhalten will und auch dabei nicht auf die Einwilligungsfähigkeit abgestellt wird (*Jürgens*, Betreuungsrecht, § 1901a BGB Rn. 12; *Beermann*, FPR 2010, 252, 254). Ein Widerruf könne sich danach im Hinblick auf die existenzielle Frage der Fortsetzung oder des Abbruchs einer medizinischen Behandlung auch aus situativ-spontanem Verhalten ergeben (*Jürgens*, a.a.O., Rn. 12, ausführlich zum Meinungsstand siehe *Steenbreker*, Zivilrechtliche Unbeachtlichkeit eines „natürlichen Willens" für den Widerruf der Patientenverfügung, NJW 2012, 3207).

Um die **Bestandskraft** der Patientenverfügung sicherzustellen, bietet sich folgende Formulierung an:

Formulierungsbeispiel

▶ *Ich wünsche nicht, dass in der akuten Situation eine Änderung oder die Aufgabe meines nachfolgend beurkundeten Willens unterstellt wird, z.B. wegen des Fehlens einer aktuellen Bestätigung meines Willens, solange keine konkreten Anhaltspunkte für eine im Zustand der Einwilligungs- und damit Entscheidungsfähigkeit erfolgte Änderung meines Willens vorliegen.*

Sollte ich von selbst oder auf Befragung diese Patientenverfügung ganz oder teilweise widerrufen und Zweifel an meiner Einwilligungsfähigkeit bestehen, so verlange ich, dass durch ein Kurzgutachten eines Facharztes für Neurologie oder Psychiatrie festgestellt wird, dass ich noch die notwendige Einsichts- und Willensfähigkeit für einen Widerruf meiner Patientenverfügung habe. Sollte dies nicht der Fall sein, so hat es bei meinen in dieser Patientenverfügung niedergelegten Entscheidungen zu verbleiben. Ich möchte nicht, dass mir nur aufgrund eines Erstarkens des Lebenswillens, eines situativ-spontanen Verhaltens oder aus Worten und Gesten ein Widerruf meiner Patientenverfügung unterstellt wird, obwohl dies nach den gesetzlichen Regelungen möglich wäre.

4.4 Medizinische Indikation

Die wichtigsten rechtlichen Voraussetzungen zur Durchführung jeder ärztlichen Maßnahme sind die **medizinische Indikation** und die **Einwilligung des Patienten**.

Die Indikation wird zunächst anhand des Standes der Wissenschaft für den jeweiligen Patienten in seiner **konkreten klinischen Situation** vom Arzt beurteilt. Zu entscheiden ist, ob die infrage kommende Maßnahme aus ärztlicher Sicht einen **Nutzen** für den Patienten (Benefit) darstellen kann. Dazu sind zwei Fragen zu beantworten:

a) Welches **Therapieziel** wird mit der zur Diskussion stehenden Maßnahme angestrebt?

   Jede medizinische Maßnahme muss zunächst einem **vernünftigen Therapieziel** dienen. Beispiele für allgemein akzeptierte Therapieziele sind: Heilung, Lebensverlängerung, Rehabilitation oder Erhaltung der Lebensqualität. Wenn kein vernünftiges Therapieziel vorhanden ist (dies ist z.B. der Fall, wenn alle zur Verfügung stehenden Maßnahmen bestenfalls nur eine **kurzfristige Verlängerung des Sterbeprozesses** bewirken würden), so ist die infrage kommende Maßnahme nicht indiziert und darf daher nicht durchgeführt werden.

b) Ist das angestrebte **Therapieziel** durch diese Maßnahme mit einer **realistischen** Wahrscheinlichkeit **zu erreichen?**

   Wenn ein vernünftiges Therapieziel vorhanden ist, so ist anhand der vorhandenen Daten zu fragen, ob eine realistische Wahrscheinlichkeit besteht, mit der geplanten Maßnahme dieses Ziel auch tatsächlich zu erreichen. Eine Maßnahme, bei der im konkreten Fall das angestrebte Ziel nicht oder nur mit einer verschwindend kleinen Wahrscheinlichkeit erreicht werden kann, ist nicht medizinisch indiziert (z.B. künstliche Ernährung im Endstadium der Demenz). War hier zunächst eine künstliche Ernährung angesagt, so muss der Arzt sein Therapieziel ändern und die künstliche Ernährung abbrechen.

Indikation und Patientenwille

Erst wenn die Indikation bejaht oder zumindest mit ausreichender Wahrscheinlichkeit angenommen werden kann, wird der Patient oder sein Vertreter darüber informiert und der Patientenwille ermittelt. Bei fehlender Indikation ist die Überprüfung des Patientenwillens – und damit auch die Einrichtung einer Betreuung – entbehrlich.

Umgekehrt darf aber keine medizinische Maßnahme, auch wenn sie klar indiziert ist, gegen den Willen des Patienten durchgeführt werden (z.B. Bluttransfusion bei Zeugen Jehovas).

4.5 Prüfungsreihenfolge bei der Umsetzung des Patientenverfügungsgesetzes

Der Arzt prüft zunächst die **Indikation** für die infrage kommende Maßnahme.

- Der Arzt prüft, ob der **Patient einwilligungsfähig** ist. Die ist der Fall, wenn er die Folgen und Tragweite der Behandlung geistig erfassen und den eigenen Willen nach dieser Einsicht bestimmen kann (nicht gleichzusetzen mit der Geschäftsfähigkeit). In Zweifelsfällen sollte ein psychiatrischer oder neurologischer Konsiliarius hinzugezogen werden.
- Das Behandlungsziel, die Indikation, die Frage der Einwilligungsunfähigkeit des Patienten und der maßgebliche Patientenwille müssen im **Gespräch** zwischen Arzt und Patient bzw. Patientenvertreter erörtert werden. Dies gilt auch für die Entscheidung über die Fortsetzung oder Beendigung einer künstlichen Ernährung und Umstellung des Behandlungsziels auf die palliative Versorgung. Nahe Angehörige und sonstige Vertrauenspersonen des Patienten sollen einbezogen werden, sofern dies ohne Verzögerung möglich ist (§ 1828 Abs. 2 BGB).
- Der einwilligungsfähige Patient ist über Nutzen und Risiken der geplanten Maßnahme sowie über Alternativen **aufzuklären**. Bei schwerwiegenden Entscheidungen empfiehlt es sich, mit Einverständnis des Patienten die nächsten Angehörigen in den Dialog mit einzubeziehen. Nach Entscheidung und Dokumentation wird der Patient entsprechend seinem Willen behandelt.
- Besteht Einwilligungsunfähigkeit beim Patienten, ist ärztlicherseits zu klären, ob eine **Patientenverfügung** existiert. Ist dies der Fall und trifft die Patientenverfügung eindeutig auf die aktuelle klinische Situation zu, so informiert der Arzt die Angehörigen (einschließlich des Betreuers/Bevollmächtigten, falls vorhanden) und behandelt entsprechend dem vorausverfügten, unmittelbar fortwirkenden Patientenwillen – es sei denn, es liegen konkrete Anhaltspunkte für einen zwischenzeitlichen Widerruf der Patientenverfügung vor.
- Es liegt **keine oder** eine **unklare** bzw. nicht eindeutig auf die aktuelle Situation anwendbare **Patientenverfügung** vor: Der Arzt prüft, ob bereits eine rechtliche Vertretung existiert. Ist das nicht der Fall und liegt eine Akutsituation vor, soll im Konsens mit den Angehörigen oder sonstigen Vertrauenspersonen der **Patientenwille** ermittelt und danach gehandelt werden. Wenn dieser Konsens nicht gelingt oder zeitlich nicht möglich ist (Notfallsituation!), ist die medizinisch indizierte Maßnahme zunächst durch-

zuführen. Wenn keine Gefahr (mehr) im Verzug ist, wird die Einrichtung einer **Betreuung** veranlasst und der Entscheidungsprozess fortgesetzt.

- Ist ein Vertreter bestellt, ist der Patientenwille im **Dialog** zu ermitteln und zu dokumentieren. Das **Betreuungsgericht** ist nur dann einzuschalten, wenn zwischen Betreuer/ Bevollmächtigtem und Arzt Uneinigkeit über den Patientenwillen besteht. Die Meinung der Beteiligten, was aus ihrer Sicht für den Patienten „besser" oder „schlechter" sei, ist für die Entscheidungsfindung unerheblich.
- Fällt die Entscheidung zugunsten einer medizinischen Maßnahme aus, so ist ärztlicherseits im weiteren Verlauf kontinuierlich zu prüfen, ob die Indikation für die Maßnahme (z.B. künstliche Beatmung, Sondenernährung) weiter besteht (Änderung des Therapieziels).

Siehe hierzu auch „Empfehlungen der Bundesärztekammer und der Zentralen Ethikkommission bei der Bundesärztekammer zum Umgang mit Vorsorgevollmacht und Patientenverfügung in der ärztlichen Praxis" (Deutsches Ärzteblatt 2011, 108; Deutsches Ärzteblatt 2018, A2439 ff.; www.bundesaerztekammer.de > Richtlinien > Empfehlungen/Stellungnahmen).

4.6 Fehlende ärztliche Beratung

Im Grunde ist mit dem Patientenverfügungsgesetz die Praxis zu weiten Teilen gesetzlich geregelt. Eine **Reichweitenbeschränkung** sieht das Gesetz **nicht** vor. Die Rolle der Betreuungsgerichte wurde präzisiert. Zahlreiche Details sind explizit geregelt:

Eine Patientenverfügung

- kann jederzeit formlos widerrufen werden,
- darf nicht von Krankenhäusern oder Pflegeheimen eingefordert werden,
- eine notarielle Beurkundung ist nicht notwendig,
- eine regelmäßige Erneuerung ebenfalls nicht.

Insofern bietet das Gesetz mehr Rechtssicherheit.

Das Gesetz sieht **keine Pflicht zur Beratung** vor. Eine Patientenverfügung ist die Anweisung eines Patienten an seinen künftigen Arzt; sie betrifft per Definition medizinische Entscheidungen.

Praxistipp

▶ *Nach meinem Dafürhalten sollte auch ohne Regelung im Gesetz eine ärztliche Beratung bei der Erstellung der Patientenverfügung vorgenommen werden. Die medizinischen Sachverhalte einzubeziehen ist unverzichtbar, insbesondere wenn Krankheitsverläufe absehbar sind.*

Im Übrigen beugt eine Beratung dem Problem vor, dass der später behandelnde Arzt Zweifel daran aufkommen lässt, ob der betreffende Patient Inhalt und Tragweite seiner Patientenverfügung aufgrund der darin verwendeten medizinischen Fachbegriffe verstanden hat.

4.7 Genehmigung durch das Betreuungsgericht

§ 1829 BGB regelt ausdrücklich die Genehmigungspflicht einer Betreuerentscheidung, die die Nichteinwilligung oder den Widerruf der Einwilligung in eine medizinische Maßnahme betrifft, die medizinisch angezeigt ist und in deren Zusammenhang die begründete Gefahr besteht, dass der Betroffene aufgrund des Unterbleibens oder des Abbruchs der Maßnahme stirbt oder einen schweren und länger dauernden gesundheitlichen Schaden erleidet. Der Gesetzgeber hat bei der Frage, wann eine Genehmigung des Betreuungsgerichts erforderlich ist, die Rechtsprechung des Bundesgerichtshofes aufgegriffen (BGH v. 17.3.2003, BtPrax 2003, 213 ff.). In § 1829Abs. 4 BGB heißt es nunmehr:

§ 1829 BGB

(4) Eine Genehmigung nach Absatz 1 und Absatz 2 ist nicht erforderlich, wenn zwischen Betreuer und behandelndem Arzt Einvernehmen darüber besteht, dass die Erteilung, die Nichterteilung oder der Widerruf der Einwilligung dem nach § 1827 festgelegten Willen des Betreuten entspricht.

Soweit eine Genehmigung jedoch erforderlich ist, hat das Gericht nach § 1829Abs. 3 BGB die Genehmigung zu erteilen, wenn die Nichteinwilligung oder der Widerruf der Einwilligung dem Willen des Betreuten entspricht.

In allen Genehmigungsverfahren nach § 1829 Abs. 2 BGB ist zum Schutz des Betroffenen immer ein **Verfahrenspfleger** zu bestellen (§ 298 Abs. 2 FamFG). Zudem ist vor der Genehmigung ein **Sachverständigengutachten** einzuholen. Der Sachverständige soll nicht auch der behandelnde Arzt sein (§ 298 Abs. 3 FamFG).

Entscheidung des Betreuungsgerichts

Es stellt sich hier die Frage nach dem Wirksamwerden der Genehmigungsentscheidung des Betreuungsgerichts. Liegen die Voraussetzungen des § 1829 Abs. 2 BGB vor, so bedarf die Entscheidung der Genehmigung durch das Betreuungsgericht. In § 287 Abs. 3 FamFG heißt es wie folgt:

§ 287 FamFG

(3) Ein Beschluss, der die Genehmigung nach § 1829 Abs. 2 des Bürgerlichen Gesetzbuchs zum Gegenstand hat, wird erst zwei Wochen nach Bekanntgabe an den Betreuer oder Bevollmächtigten sowie an den Verfahrenspfleger wirksam.

In der Zwischenzeit wäre eine **indizierte** Behandlungsmaßnahme durchzuführen, da über den Behandlungswillen des Betroffenen noch Unklarheit besteht.

Formulierungsbeispiel: Genehmigungen des Betreuungsgerichts bei ärztlichen Maßnahmen

▶ *Genehmigungen des Betreuungsgerichts sind nach § 1829 Abs. 4 BGB nicht erforderlich, wenn zwischen meinen Bevollmächtigten und den mich behandelnden Ärzten Einvernehmen darüber besteht, dass die Erteilung, die Nichterteilung oder der Widerruf der Einwilligung in eine Untersuchung meines Gesundheitszustandes, eine Heilbehandlung oder einen ärztlichen Eingriff meinem Willen entspricht. Ein solches betreuungsgerichtliches Genehmigungsverfahren soll meinem Willen entsprechend nach Möglichkeit vermieden werden.*

4.8 Rolle des Bevollmächtigten/Betreuers

Enthält eine schriftliche Patientenverfügung eine Entscheidung über die Einwilligung oder Nichteinwilligung in bestimmte ärztliche Maßnahmen, die auf die konkret eingetretene Lebens- und Behandlungssituation zutrifft, ist eine Einwilligung des Betreuers, die dem betreuungsgerichtlichen Genehmigungserfordernis unterfällt, nach Rechtsprechung des Bundesgerichtshofes nicht erforderlich. Denn der Betroffene hat diese Entscheidung bereits selbst in einer alle Beteiligten bindenden Weise getroffen (BGH FamRZ 2014, 1909 Rn 13 f.; BGH Beschluss vom 8.2.2017, XII ZB 604/15).

Dem Betreuer soll es in diesem Fall nur noch obliegen, dem in der Patientenverfügung niedergelegten Willen des Betroffenen **Ausdruck und Geltung** zu verschaffen (BGH a.a.O.).

4.9 Patientenverfügungen in Notfallsituationen

Hier stellt sich die Frage, wie in einer Notfallsituation, in der schnell über eine lebensrettende Maßnahme – z.B. eine Wiederbelegung oder Einweisung in die Klinik – entschieden werden muss, der Wille des Patienten in der zur Verfügung stehenden kurzen Zeit festgestellt oder befolgt werden kann.

In vielen vorformulierten schriftlichen Patientenverfügungen findet sich u.a. die Bestimmung, in bestimmten Situationen eine Wiederbelebung oder andere Rettungsmaßnahmen zu unterlassen. In solchen Fällen hat der herbeigerufene Notarzt rasch zu entscheiden, ob er bei einem Herz-Kreislaufstillstand eine Wiederbelegung einleiten und eine Einweisung ins Krankenhaus veranlassen soll. Nach Vorlage der Patientenverfügung ergeben sich **drei Fragen**, die er in kurzer Zeit klären muss.

1. Sind Rettungsmaßnahmen überhaupt indiziert, d.h. können sie dem Patienten noch nützen und sind sie sinnvoll? Falls der Arzt diese Frage verneint, weil er z.B. zu spät eingetroffen ist oder der Patient offensichtlich im Sterben liegt, würde er auf Rettungsmaßnahmen verzichten. Mangels Indikation kommt es auf den Patientenwillen nicht an. Sollte er eine Indikation von Rettungsmaßnahmen jedoch nicht sicher ausschließen können, muss er sich die Frage stellen:

2. Will der Patient gerettet, z.B. wiederbelebt werden? Ist eine der in der Patientenverfügung beschriebenen Voraussetzungen für ein Wiederbelegungsverbot gegeben? Unterstellt, der Arzt kann sich in der Kürze der Zeit von einem solchen Patientenwillen überzeugen (Patient lehnt eine Wiederbelebung ab, obwohl sie indiziert ist), stellt sich folgende Rechtsfrage:

3. Hat der Arzt den Patientenwillen nicht allein, sondern gem. § 1827 Abs. 1 Satz 2 BGB nur gemeinsam mit einem Betreuer (oder Bevollmächtigten) festzustellen? Nach überwiegender Auffassung gilt das sogenannte „Vier-Augen-Prinzip", sodass die Entscheidung über die Nichteinleitung lebenserhaltender Maßnahmen ein Zusammenwirken von Betreuer bzw. Bevollmächtigtem mit dem Arzt voraussetzt. Insofern kann sich die Umsetzung der Patientenverfügung verzögern, falls sie nicht mit einer Vorsorgevollmacht kombiniert worden ist und der Bevollmächtigte oder der Betreuer in der Notfallsituation vor Ort ist. Kann das Einvernehmen aber spontan nicht hergestellt werden, müsste der Patient gegen seinen Willen gerettet werden, wäre möglicherweise dauerhaft einwilligungsunfähig und müsste künstlich am Leben erhalten werden. Sobald ein Wille des Patienten, in diesem Zustand nicht künstlich am Leben bleiben zu wollen, jetzt einvernehmlich festgestellt werden könnte, müsste die Behandlung wieder abgebrochen werden. Der Wille des Patienten würde somit erst nach einer zeitlichen Verzögerung umgesetzt.

Dem könnte entgegengewirkt werden, indem zwischen dem Bevollmächtigten oder Betreuer und dem behandelnden Arzt ein **vorweggenommenes Einvernehmen** hergestellt wird, sofern der Patient schon eine gewisse Zeit einwilligungsfähig und der weitere Verlauf der Erkrankung absehbar ist.

Die Beteiligten könnten gemeinsam feststellen und dokumentieren, dass die in der Patientenverfügung genannte Situation (z.B. Demenzerkrankung) eingetreten ist und es dem Willen des Patienten widerspricht, in einer konkreten und absehbaren Notfallsituation, z.B. bei einem Schlaganfall und folgendem Herz-Kreislauf-Stillstand, wiederbelebt zu werden. Der Betreuer oder Bevollmächtigte könnte eine entsprechende Anweisung treffen, wie im Notfall zu entscheiden ist.

Würde der angenommene Notfall dann tatsächlich eintreten, könnte z.B. die Pflegedienstleitung darauf verzichten, einen Notarzt zu rufen und stattdessen den Patienten, wie mit dem behandelnden Arzt vorbesprochen, bis zum Eintritt des Todes versorgen.

In die Patientenverfügung können für diesen Fall **Handlungsanweisungen** aufgenommen werden.

Formulierungsbeispiel

▶ *Meine Bevollmächtigten können Handlungsanweisungen z.B. an Ärzte oder Pflegepersonal darüber erteilen, wie in einem künftigen Notfall hinsichtlich einer medizinischen Maßnahme oder Behandlung bzw. deren Zuführung zu entscheiden ist. Über diese Handlungsanweisung ist mit dem behandelnden Arzt ein vorweggenommenes Einvernehmen herzustellen und schriftlich für die Krankenakte bzw. für die Pflegeunterlagen zu dokumentieren.*

Vielen Notfallsituationen geht jedoch keine Zeit der Einwilligungsunfähigkeit voraus, weshalb ein vorweggenommenes Einvernehmen zwischen Arzt und Betreuer/Bevollmächtigtem bezüglich Rettungsmaßnahmen ausscheidet.

In diesem Zusammenhang werden unter den Ärzten in jüngster Zeit sogenannte **DNR-Anordnungen** (Do not resuscitate) diskutiert. Diese können zwar in eine Patientenverfügung aufgenommen werden, können aber nach herrschender Auffassung nur im Zusammenwirken mit einem Betreuer/Bevollmächtigten unter Beachtung der §§ 1827 ff. BGB umgesetzt werden. Die DNR-Anordnungen können deshalb nur dann vom Arzt ohne Mitwirkung eines Stellvertreters befolgt werden, wenn es sich um eine **bestimmte**, zum Zeitpunkt der Festlegung **unmittelbar bevorstehende Maßnahme** handelt, die der Patient anlässlich der ärztlichen Aufklärung über seine bereits bestehende schwere Erkrankung und mögliche Verläufe unter konkreten Bedingungen ausschließt.

Von einer „allgemeinen" Patientenverfügung unterscheidet sich eine solche **„spezielle" Patientenverfügung** in folgenden Punkten:

- Der Verfügende ist **bereits schwer erkrankt,** der weitere Verlauf der Erkrankung und mögliche Notfallsituationen sind absehbar.
- Eine **einzelne** ärztliche Maßnahme (z.B. Wiederbelebung) wird in einer **konkret** beschriebenen Notfallsituation untersagt.
- Ärztliche **Beratung** des Verfügenden und Bestätigung durch Unterschrift.
- Die Benennung eines Bevollmächtigten wird empfohlen, ist aber nicht Voraussetzung.

Zusammenfassung

Auch in Notfallsituationen bleibt es beim Grundsatz, dass „allgemeine" Patientenverfügungen nicht vom Arzt allein, sondern nur im **Zusammenwirken** mit einem Betreuer oder Bevollmächtigten umgesetzt werden dürfen. Verbote einer Wiederbelebung in einer „allgemeinen" Patientenverfügung können deshalb in aller Regel nur dann befolgt werden, wenn ein Bevollmächtigter oder Betreuer vorhanden und in der konkreten Notfallsituation auch anwesend ist. Ansonsten können sie vom Arzt alleine nicht befolgt werden.

Nur wenn in einer absehbaren Notfallsituation eine ausreichende Zeit der **Einwilligungsunfähigkeit** vorausgeht, besteht die Möglichkeit, mit dem Arzt im Voraus ein Einvernehmen über den Willen des Patienten darüber herzustellen, dass er in einem Notfall lebensrettende Maßnahmen ablehnt.

Nur **ausnahmsweise** und unter ganz bestimmten Voraussetzungen kann in einer Notfallsituation der herbeigerufene Arzt allein aufgrund einer „speziellen" Patientenverfügung auf lebensrettende Maßnahmen verzichten.

4.10 Patientenrechtsgesetz und Patientenverfügung

§ 630d BGB Einwilligung

(1) Vor Durchführung einer medizinischen Maßnahme, insbesondere eines Eingriffs in den Körper oder die Gesundheit, ist der Behandelnde verpflichtet, die Einwilligung des Patienten einzuholen. Ist der Patient einwilligungsunfähig, ist die Einwilligung eines hierzu Berechtig-

> ten einzuholen, soweit nicht eine Patientenverfügung nach § 1827 Abs. 1 Satz 1 die Maßnahme gestattet oder untersagt. Weitergehende Anforderungen an die Einwilligung aus anderen Vorschriften bleiben unberührt. Kann eine Einwilligung für eine unaufschiebbare Maßnahme nicht rechtzeitig eingeholt werden, darf sie ohne Einwilligung durchgeführt werden, wenn sie dem mutmaßlichen Willen des Patienten entspricht.
>
> (2) Die Wirksamkeit der Einwilligung setzt voraus, dass der Patient oder im Falle des Abs. 1 Satz 2 der zur Einwilligung Berechtigte vor der Einwilligung nach Maßgabe von § 630e Abs. 1 bis 4 aufgeklärt worden ist.
>
> (3) Die Einwilligung kann jederzeit und ohne Angabe von Gründen formlos widerrufen werden.

Nach § 630d Abs. 1 Satz 2 BGB ist für ärztliche Maßnahmen bei **einwilligungsunfähigen Patienten** die Einwilligung eines hierzu Berechtigten einzuholen. Nach der Gesetzesbegründung (BT-Drucks. 17/10488, S. 23) ist dies u.a. der Betreuer und der rechtsgeschäftlich Bevollmächtigte.

Etwas anderes gilt dann, wenn der Patient selbst an gesunden Tagen für den Fall seiner späteren Einwilligungsunfähigkeit entsprechende Aussagen im Hinblick auf ärztliche Maßnahmen in einer wirksamen Patientenverfügung gem. § 1827 BGB gemacht hat. Trifft die entsprechende Verfügung auf die **aktuelle Lebens- und Behandlungssituation** zu, so hat der Patient selbst die Einwilligung erteilt oder versagt, sodass eine entsprechende Erklärung des Berechtigten entbehrlich ist. Seine Aufgabe beschränkt sich vielmehr darauf, den Willen des Betreuten/Vollmachtgebers festzustellen und in dem dazu in den §§ 1827, 1829, 1830 BGB geregelten Verfahren Geltung zu verschaffen.

Allerdings setzt jede **wirksame Einwilligung** die vorherige **ordnungsgemäße Aufklärung** des Einwilligungsberechtigten voraus. Liegt die Befugnis zur Einwilligung also nach § 630d Abs. 1 Satz 2 BGB beim Betreuer/Bevollmächtigten, so muss diesem grundsätzlich auch die § 630e Abs. 1 bis 4 BGB näher beschriebene Aufklärung zuteilwerden, § 630d Abs. 2 BGB.

Sofern der Patient seine Einwilligung in seiner Patientenverfügung selbst erklärt hat, bedarf deren Wirksamkeit grundsätzlich seiner vorherigen Aufklärung und zwar im einwilligungsfähigen Zustand (Grüneberg/*Weidenkaff*, 82. Aufl., § 630 d Rn. 3). Dies gilt allerdings nur für sogenannte **positive Patientenverfügungen**, in denen der (spätere) Betreute/Vollmachtgeber Heilbehandlungen wünscht, nicht jedoch, soweit die Patientenverfügung den Widerruf oder die Versagung einer Einwilligung beinhaltet **(negative Patientenverfügung)**.

Die **Aufklärung** des Patienten zur Abfassung der Patientenverfügung ist dann entbehrlich, wenn er in dem entsprechenden Schreiben darauf **verzichtet**. Unterblieb jedoch bei einer positiven Patientenverfügung die vorherige Aufklärung und lässt sich ihr auch kein Verzicht entnehmen, so fehlt es an einem Wirksamkeitserfordernis für die darin enthaltene Einwilligung (BT-Drucks. 17/10488, S. 23). Sie kann deshalb nur ein **Indiz für den mutmaßlichen Willen** des Betreuten bilden. In diesen Fällen muss der Betreuer/Bevollmächtigte unter Zuhilfenahme des § 1827Abs. 2 BGB den Willen des Betreuten ermitteln, selbst über die Maßnahme aufgeklärt werden und im Anschluss daran die Einwilligung erteilen oder versagen (BT-Drucks. 17/10488, S. 23 mit Verweis auf BT-Drucks. 16/8442, S. 14).

In der Gesetzesbegründung findet sich der Hinweis, dass der **behandelnde Arzt** aufgrund der Patientenverfügung selbst entscheidet, *„sofern (er) keine Zweifel daran hat, dass eine wirksame Patientenverfügung vorliegt"* (BT-Drucks. 17/10488, S. 23). Hiermit sollte offenbar der seit Inkrafttreten der §§ 1827 ff. BGB (§ 1901a ff. BGB a.F.) am 1.9.2009 bestehende Streit erledigt werden, ob ein Arzt einen Eingriff unter Bezugnahme auf eine Patientenverfügung vornehmen oder unterlassen darf. Nach der Gesetzesbegründung bedarf es allerdings zur Umsetzung einer wirksamen Patientenverfügung, die auf die aktuelle Lebens- und Behandlungssituation zutrifft, keiner Beteiligung eines Betreuers/Bevollmächtigten mehr (BT-Drucks. 17/10488, S. 55). Auf die gegenteiligen Entscheidungen des BGH nimmt die Gesetzesbegründung keinen Bezug, obwohl der BGH zumindest für den Behandlungsabbruch zwingend ein Zusammenwirken von Arzt und Betreuer gefordert hatte (BGH, NJW 2010, 2963, 2967; NJW 2011, 161, 162 ff.).

4.11 Arzneimittelgesetz und Patientenverfügung

Durch die am 11.11.2016 vom Bundestag beschlossene Änderung des Arzneimittelgesetzes ist die vorab erklärte Einwilligung in eine gruppennützige Forschung möglich. Bislang war dies ausnahmslos verboten. Nach dem Inkrafttreten der EU-Verordnung Nr. 536/2014 des Europäischen Parlaments und des Rates zum 31.1.2022 wurden nun für die Zulassung von gruppennützigen Forschungen weitere Vorschriften in das AMG aufgenommen.

Gruppennützig ist nach dem Wortlaut des § 40 b Abs. 4 S. 3 AMG eine klinische Prüfung, *„die ausschließlich einen Nutzen für die repräsentierte Bevölkerungsgruppe, zu der die betroffene Person gehört, zur Folge haben wird (...)."*

§ 40a AMG Allgemeine Voraussetzungen für die klinische Prüfung

Über die Voraussetzungen nach der Verordnung (EU) Nr. 536/2014 hinaus darf eine klinische Prüfung nur durchgeführt werden, solange

1. ein Sponsor oder ein Vertreter des Sponsors bei rein nationalen sowie bei national und in Drittstaaten durchgeführten klinischen Prüfungen vorhanden ist, der seinen Sitz in einem Mitgliedstaat der Europäischen Union oder in einem anderen Vertragsstaat des Abkommens über den Europäischen Wirtschaftsraum hat,

2. die Person, bei der die klinische Prüfung durchgeführt werden soll (betroffene Person), nicht auf gerichtliche oder behördliche Anordnung in einer Anstalt untergebracht ist,

3. für den Fall, dass bei der Durchführung der klinischen Prüfung ein Mensch getötet oder der Körper oder die Gesundheit eines Menschen verletzt wird, eine Versicherung, die auch Leistungen gewährt, wenn kein anderer für den Schaden haftet, nach folgenden Maßgaben besteht:

a) die Versicherung muss zugunsten der von der klinischen Prüfung betroffenen Person bei einem in einem Mitgliedstaat der Europäischen Union oder einem anderen Vertragsstaat des Abkommens über den Europäischen Wirtschaftsraum zum Geschäftsbetrieb zugelassenen Versicherer genommen werden,

b) der Umfang der Versicherung muss in einem angemessenen Verhältnis zu den mit einer klinischen Prüfung verbundenen Risiken stehen und auf der Grundlage der Risikoabschätzung so festgelegt werden, dass für jeden Fall des Todes oder der fortdauernden Erwerbsunfähigkeit einer von der klinischen Prüfung betroffenen Person mindestens 500 000 Euro zur Verfügung stehen,

4. nach dem Stand der Wissenschaft im Verhältnis zum Zweck der klinischen Prüfung eines Arzneimittels, das aus einem gentechnisch veränderten Organismus oder einer Kombination von gentechnisch veränderten Organismen besteht oder solche enthält, unvertretbare schädliche Auswirkungen nicht zu erwarten sind auf

a) die Gesundheit Dritter und

b) die Umwelt,

5. sie in einer nach Artikel 50 in Verbindung mit Anhang I Nummer 67 der Verordnung (EU) Nr. 536/2014 geeigneten Einrichtung stattfindet.

Bei xenogenen Arzneimitteln müssen die Anforderungen nach Satz 1 Nummer 3 im Hinblick auf eine Versicherung von Drittrisiken erfüllt sein. Einer Versicherung nach Satz 1 Nummer 3 bedarf es nicht bei einer minimalinterventionellen klinischen Prüfung nach Artikel 2 Absatz 2 Nummer 3 der Verordnung (EU) Nr. 536/2014, soweit eine anderweitige Versicherung für Prüfer und Sponsor besteht. Soweit aus der Versicherung nach Satz 1 Nummer 3 geleistet wird, erlischt ein Anspruch auf Schadensersatz.

§ 40b AMG Besondere Voraussetzungen für die klinische Prüfung

(1) Ergänzend zu Artikel 29 der Verordnung (EU) Nr. 536/2014 gelten für die Einwilligung der betroffenen Person oder, falls diese nicht in der Lage ist, eine Einwilligung nach Aufklärung zu erteilen, ihres gesetzlichen Vertreters die Vorgaben nach den Absätzen 2 bis 5.

(2) Die betroffene Person oder, falls diese nicht in der Lage ist, eine Einwilligung nach Aufklärung zu erteilen, ihr gesetzlicher Vertreter ist durch einen Prüfer, der Arzt oder, bei einer zahnmedizinischen Prüfung, Zahnarzt ist, oder durch ein Mitglied des Prüfungsteams, das Arzt oder, bei einer zahnmedizinischen Prüfung, Zahnarzt ist, im Rahmen des Gesprächs nach Artikel 29 Absatz 2 Buchstabe c der Verordnung (EU) Nr. 536/2014 aufzuklären.

(3) Eine klinische Prüfung darf bei einem Minderjährigen, der in der Lage ist, das Wesen, die Bedeutung und die Tragweite der klinischen Prüfung zu erkennen und seinen Willen hiernach auszurichten, nur durchgeführt werden, wenn auch seine schriftliche Einwilligung nach Aufklärung gemäß Artikel 29 der Verordnung (EU) Nr. 536/2014 zusätzlich zu der schriftlichen Einwilligung, die sein gesetzlicher Vertreter nach Aufklärung erteilt hat, vorliegt. Erklärt ein Minderjähriger, der nicht in der Lage ist, Wesen, Bedeutung und Tragweite der klinischen Prüfung zu erkennen und seinen Willen hiernach auszurichten, nicht an der klinischen Prüfung teilnehmen zu wollen , oder bringt er dies in sonstiger Weise zum Ausdruck, so gilt dies als ausdrücklicher Wunsch im Sinne des Artikels 31 Absatz 1 Buchstabe c der Verordnung (EU) Nr. 536/2014.

(4) Eine klinische Prüfung mit einer Person, die nicht in der Lage ist, Wesen, Bedeutung und Tragweite der klinischen Prüfung zu erkennen und ihren Willen hiernach auszurichten, darf nur durchgeführt werden, wenn

1. die Voraussetzungen des Artikels 31 Absatz 1 der Verordnung (EU) Nr. 536/2014 und

2. die Voraussetzungen des Artikels 31 Absatz 3 der Verordnung (EU) Nr. 536/2014 vorliegen.

Erklärt eine Person, die nicht in der Lage ist, Wesen, Bedeutung und Tragweite der klinischen Prüfung zuerkennen und ihren Willen hiernach auszurichten, nicht an der klinischen Prüfung teilnehmen zu wollen, oder bringt sie dies in sonstiger Weise zum Ausdruck, so gilt dies als ausdrücklicher Wunsch im Sinne des Artikels 31 Abs. 1 Buchstabe c der Verordnung (EU) Nr. 536/2014. Bei einer volljährigen Person, die nicht in der Lage ist, Wesen, Bedeutung und Tragweite der klinischen Prüfung zu erkennen und ihren Willen hiernach auszurichten, darf eine klinische Prüfung im Sinne des Artikels 31 Absatz 1 Buchstabe g Ziffer ii der Verordnung (EU) Nr. 536/2014, die ausschließlich einen Nutzen für die repräsentierte Bevölkerungsgruppe, zu der die betroffene Person gehört, zur Folge haben wird (gruppennützige klinische Prüfung), nur durchgeführt werden, soweit die betroffene Person als einwilligungsfähige volljährige Person für den Fall ihrer Einwilligungsunfähigkeit schriftlich nach ärztlicher Aufklärung festgelegt hat, dass sie in bestimmte, zum Zeitpunkt der Festlegung noch nicht unmittelbar bevorstehende gruppennützige klinische Prüfungen einwilligt. Der Betreuer prüft, ob diese Festlegungen auf die aktuelle Situation zutreffen. Die Erklärung kann jederzeit formlos widerrufen werden. § 1827 Abs. 1, 4 und 5 des Bürgerlichen Gesetzbuches gilt im Übrigen entsprechend. Die betroffene Person ist über sämtliche für die Einwilligung wesentliche Umstände aufzuklären. Dazu gehören insbesondere die Aufklärung über das Wesen die Ziele, den Nutzen die Folgen, die Risiken und die Nachteile klinischer Prüfungen, die unter den Bedingungen des Artikels 31 der Verordnung (EU) Nr. 536/2014 stattfinden, sowie die in Artikel 29 Absatz 3 Buchstabe a Ziffer ii und iv der Verordnung (EU) Nr. 536/2014 angeführten Inhalte. Bei Minderjährigen, für die nach Erreichen der Volljährigkeit Satz 1 gelten würde, darf eine solche gruppennützige klinische Prüfung nicht durchgeführt werden.

(5) Eine klinische Prüfung darf in Notfällen nur durchgeführt werden, wenn die Voraussetzungen des Artikels 35 der Verordnung (EU) Nr. 536/2014 vorliegen.

(6) Die betroffene Person oder, falls diese nicht in der Lage ist, eine Einwilligung nach Aufklärung zu erteilen, ihr gesetzlicher Vertreter muss schriftlich und ausdrücklich in die Erhebung, Verarbeitung und Nutzung von personenbezogenen Daten, insbesondere von Gesundheitsdaten, einwilligen. Sie ist über Zweck und Umfang der Erhebung und Verwendung dieser Daten aufzuklären. Sie ist insbesondere darüber zu informieren, dass

1. die erhobenen Daten, soweit erforderlich,

a) zur Einsichtnahme durch die Überwachungsbehörde oder Beauftragte des Sponsors zur Überprüfung der ordnungsgemäßen Durchführung der klinischen Prüfung bereitgehalten werden,

b) pseudonymisiert an den Sponsor oder eine von diesem beauftragte Stelle zum Zwecke der wissenschaftlichen Auswertung weitergegeben werden,

c) im Fall eines Antrags auf Zulassung pseudonymisiert an den Antragsteller und die für die Zulassung zuständige Behörde weitergegeben werden,

d) im Fall unerwünschter Ereignisse und schwerwiegender unerwünschter Ereignisse nach Artikel 41 Absatz 1, 2 und 4 der Verordnung (EU) Nr. 536/2014 pseudonymisiert vom Prüfer an den Sponsor weitergegeben werden,

e) im Fall mutmaßlicher unerwarteter schwerwiegender Nebenwirkungen nach Artikel 42 der Verordnung (EU) Nr. 536/2014 pseudonymisiert vom Sponsor an die Datenbank nach Artikel 40 Absatz 1 der Verordnung (EU) Nr. 536/2014 weitergegeben werden,

f) im Fall unerwarteter Ereignisse nach Artikel 53 Absatz 1 der Verordnung (EU) Nr. 536/2014 pseudonymisiert vom Sponsor an das EU-Portal weitergegeben werden,

2. im Fall eines Widerrufs der nach Satz 1 und Absatz 1 erklärten Einwilligungen die gespeicherten Daten weiterhin verarbeitet werden dürfen, soweit dies erforderlich ist, um

a) Wirkungen des zu prüfenden Arzneimittels festzustellen,

b) sicherzustellen, dass schutzwürdige Interessen der betroffenen Person nicht beeinträchtigt werden,

c) der Pflicht zur Vorlage vollständiger Zulassungsunterlagen zu genügen,

3. die Daten bei Prüfer und Sponsor für die aufgrund des Artikels 58 Unterabsatz 1 der Verordnung (EU) Nr. 536/2014 bestimmte Frist gespeichert werden.

(7) Die Kontaktstelle im Sinne des Artikels 28 Absatz 1 Buchstabe g der Verordnung (EU) Nr. 536/2014 ist bei der nach § 77 zuständigen Bundesoberbehörde einzurichten.

Nach Absatz 1 der Verordnung (EU) Nr. 536/2014 ist **oberstes Gebot** einer klinischen Prüfung, die Rechte, die Sicherheit, die Würde und das Wohl der Prüfungsteilnehmer zu schützen. Die in diesem Rahmen gewonnenen Daten sollen zuverlässig und belastbar sein. Die Interessen der Prüfungsteilnehmer haben stets Vorrang vor sonstigen Interessen.

Artikel 28 und 31 der Verordnung (EU) Nr. 536/2014 des Europäischen Parlaments und des Rates vom 16. April 2014 lauten:

Artikel 28 Allgemeine Bestimmungen

(1) Eine klinische Prüfung darf nur unter folgenden Voraussetzungen durchgeführt werden:

a) Der erwartete Nutzen für die Prüfungsteilnehmer oder für die öffentliche Gesundheit rechtfertigt die vorhersehbaren Risiken und Nachteile, und die Einhaltung dieser Bedingung wird ständig überwacht;

b) die Prüfungsteilnehmer, oder, falls ein Prüfungsteilnehmer nicht in der Lage ist, eine Einwilligung nach Aufklärung zu erteilen, sein gesetzlicher Vertreter sind gemäß Artikel 29 Absätze 2 bis 6 aufgeklärt worden;

c) die Prüfungsteilnehmer, oder, falls ein Prüfungsteilnehmer nicht in der Lage ist, eine Einwilligung nach Aufklärung zu erteilen, sein gesetzlicher Vertreter haben eine Einwilligung nach Aufklärung gemäß Artikel 29 Absätze 1, 7 und 8 erteilt;

d) das Recht der Prüfungsteilnehmer auf körperliche und geistige Unversehrtheit, Privatsphäre und Schutz der sie betreffenden Daten gemäß der Richtlinie 95/46/EG bleibt gewahrt;

e) die klinische Prüfung ist so geplant, dass sie mit möglichst wenig Schmerzen, Beschwerden, Angst und allen anderen vorhersehbaren Risiken für die Prüfungsteilnehmer verbunden ist und sowohl die Risikoschwelle als auch das Ausmaß der Belastung im Prüfplan eigens definiert und ständig überprüft werden;

f) für die medizinische Versorgung der Prüfungsteilnehmer ist ein Arzt mit geeigneter Qualifikation oder gegebenenfalls ein qualifizierter Zahnarzt verantwortlich;

g) die Prüfungsteilnehmer, oder, falls ein Prüfungsteilnehmer nicht in der Lage ist, eine Einwilligung nach Aufklärung zu erteilen, sein gesetzlicher Vertreter haben die Kontaktdaten einer Stelle erhalten, die ihnen gegebenenfalls weitere Informationen erteilt;

h) die Prüfungsteilnehmer werden keiner unzulässigen Beeinflussung, etwa finanzieller Art, ausgesetzt, um sie zur Teilnahme an der Prüfung zu bewegen.

(2) Unbeschadet der Richtlinie 95/46/EG kann der Sponsor den Prüfungsteilnehmer oder, falls der Prüfungsteilnehmer nicht in der Lage ist, eine Einwilligung nach Aufklärung zu erteilen, seinen gesetzlicher Vertreter dann, wenn der Prüfungsteilnehmer oder sein gesetzlicher Vertreter seine Einwilligung nach Aufklärung erteilt, an der klinischen Prüfung teilzuneh-

men, um seine Einwilligung ersuchen, dass seine Daten außerhalb des Prüfplans der klinischen Prüfung, jedoch ausschließlich zu wissenschaftlichen Zwecken, verwendet werden. Diese Einwilligung kann von dem Prüfungsteilnehmer oder seinem gesetzlichen Vertreter jederzeit widerrufen werden. Die wissenschaftliche Forschung, für die die Daten außerhalb des Prüfplans der klinischen Prüfung verwendet werden, wird gemäß dem für den Datenschutz geltenden Recht durchgeführt.

(3) Jeder Prüfungsteilnehmer oder, falls der Prüfungsteilnehmer nicht in der Lage ist, eine Einwilligung nach Aufklärung zu erteilen, sein gesetzlicher Vertreter kann seine Teilnahme an der klinischen Prüfung jederzeit durch Widerruf seiner Einwilligung beenden, ohne dass ihm daraus ein Nachteil entsteht und ohne dass er dies in irgendeiner Weise begründen müsste. Unbeschadet der Richtlinie 95/46/EG hat der Widerruf der Einwilligung nach Aufklärung keine Auswirkungen auf Tätigkeiten, die auf der Grundlage der Einwilligung nach Aufklärung bereits vor deren Widerruf durchgeführt wurden, oder auf die Verwendung der auf dieser Grundlage erhobenen Daten.

Artikel 31 Klinische Prüfungen mit nicht einwilligungsfähigen Prüfungsteilnehmern

(1) Nicht einwilligungsfähige Prüfungsteilnehmer dürfen, sofern sie ihre Einwilligung nach Aufklärung nicht vor Verlust ihrer Einwilligungsfähigkeit erteilt oder sie diese verweigert haben, nur dann an klinischen Prüfungen teilnehmen, wenn außer den in Artikel 28 aufgeführten Voraussetzungen auch alle folgenden Voraussetzungen erfüllt sind:

a) Es wurde eine Einwilligung nach Aufklärung ihres gesetzlichen Vertreters eingeholt;

b) der nicht einwilligungsfähige Prüfungsteilnehmer hat die Informationen gemäß Artikel 29 Absatz 2 in einer Form erhalten, die seiner Fähigkeit, diese zu begreifen, angemessen ist;

c) der ausdrückliche Wunsch eines nicht einwilligungsfähigen Prüfungsteilnehmers, der in der Lage ist, sich eine Meinung zu bilden und die in Artikel 29 Absatz 2 genannten Informationen zu beurteilen, die Teilnahme an der klinischen Prüfung zu verweigern oder seine Teilnahme daran zu irgendeinem Zeitpunkt zu beenden, wird vom Prüfer beachtet;

d) über eine Entschädigung für Ausgaben und Einkommensausfälle, die sich direkt aus der Teilnahme an der klinischen Prüfung ergeben, hinaus gibt es für die Prüfungsteilnehmer oder ihre gesetzlichen Vertreter keine finanziellen oder anderweitigen Anreize;

e) die klinische Prüfung ist im Hinblick auf nicht einwilligungsfähige Prüfungsteilnehmer unerlässlich und Daten von vergleichbarer Aussagekraft können nicht im Rahmen klinischer Prüfungen an einwilligungsfähigen Personen oder mit anderen Forschungsmethoden gewonnen werden;

f) die klinische Prüfung steht im direkten Zusammenhang mit einem klinischen Zustand, unter dem der Prüfungsteilnehmer leidet;

g) es gibt wissenschaftliche Gründe für die Erwartung, dass die Teilnahme an der klinischen Prüfung

h) einen direkten Nutzen für den nicht einwilligungsfähigen Prüfungsteilnehmer zur Folge haben wird, der die Risiken und Belastungen überwiegt, oder

i) Nutzen für die repräsentierte Bevölkerungsgruppe, zu der der betroffene nicht einwilligungsfähige Prüfungsteilnehmer gehört, zur Folge haben wird, sofern die klinische Prüfung im direkten Zusammenhang mit dem lebensbedrohlichen oder zu Invalidität führenden klinischen Zustand steht, unter dem der Prüfungsteilnehmer leidet, und sofern die Prüfung den betroffenen nicht einwilligungsfähigen Prüfungsteilnehmer im Vergleich zur Standardbehandlung seiner Krankheit nur einem minimalen Risiko und einer minimalen Belastung aussetzt.

(2) Absatz 1 Buchstabe g Ziffer ii lässt mögliche strengere nationale Regelungen unberührt, die die Durchführung derartiger klinischer Prüfungen an nicht einwilligungsfähigen Prüfungsteilnehmern verbieten, wenn keine wissenschaftlichen Gründe vorliegen, die erwarten lassen, dass eine Teilnahme an der klinischen Prüfung einen direkten Nutzen für den Prüfungsteilnehmer zur Folge hat, der die Risiken und Belastungen einer Teilnahme an der Prüfung überwiegt.

(3) Der Prüfungsteilnehmer wird so weit wie möglich in den Einwilligungsprozess einbezogen.

Demnach darf eine volljährige Person, die nicht in der Lage ist, Wesen, Bedeutung und Tragweite der klinischen Prüfung zu erkennen und ihren Willen hiernach auszurichten, an einer Studie nur teilnehmen wenn sie im Zustand der Einwilligungsfähigkeit und nach Erreichen der Volljährigkeit für den Fall ihrer Einwilligungsunfähigkeit schriftlich nach ärztlicher Aufklärung festgelegt hat, dass sie in bestimmte, zum Zeitpunkt der Festlegung noch nicht unmittelbar bevorstehende gruppennützige klinische Prüfungen einwilligt. Dies kann in Form einer **Patientenverfügung** nach § 1827 Abs. 1 Satz 1 BGB erfolgen. Allerdings muss dieser dann eine **Bestätigung des ärztlichen Aufklärungsgesprächs** beigefügt werden.

Die Einwilligung kann sich generell auf gemeinnützige Forschungen beziehen oder sich auf bestimmte (künftige) Forschungen (z.B. Demenzerkrankungen) beschränken. Ebenso können in der Verfügung bestimmte medizinische Eingriffe ausgeschlossen werden.

Im ärztlichen Aufklärungsgespräch sollte nochmals besonders darauf hingewiesen werden, dass von der Teilnahme an der Studie **kein individueller Nutzen** für die teilnehmende Person zu erwarten ist (Stellungnahme der Zentralen Kommission zur Wahrung ethischer Grundsätze in der Medizin und ihren Grenzgebieten (Zentrale Ethikkommission) bei der Bundesärztekammer „Gruppennützige Forschung mit nichteinwilligungsfähigen Personen", Deutsches Ärzteblatt 8. März 2019 DOI: 10.3238/Gruppennuetzige_Forschung_2018).

Der **Betreuer prüft** vor Teilnahme an der Studie, ob die Festlegungen seines Betreuten mit der aktuellen Situation übereinstimmen oder ob der Betreute bspw. seinen Willen geändert hat. Kommt der Betreuer nach Prüfung zu dem Ergebnis, dass die Teilnahme der konkreten Studie dem im Voraus festgelegten Willen des Betreuten entspricht, hat er nach Art. 31 der Verordnung (EU) Nr. 536/2014 die Einwilligung als gesetzlicher Vertreter zu erteilen.

Der **rechtsgeschäftlich Bevollmächtigte** kann nach dem Gesetzeswortlaut weder die in § 40 b AMG vorgesehene Prüfung vornehmen, noch in die Studie einwilligen. Nach Auffassung der ZEKO widerspricht dieser Ausschluss eines Bevollmächtigten dem Vorrang der vom Betroffenen selbst erteilten Vorsorgevollmacht vor der gerichtlich angeordneten Betreuung. Ein solcher Vorrang ist nicht nur im Betreuungsrecht verankert (vgl. § 1814 Abs. 3 BGB), sondern im Hinblick auf das Selbstbestimmungsrecht des Betroffenen auch verfassungsrechtlich geboten (Stellungnahme der Zentralen Kommission zur Wahrung ethischer Grundsätze in der Medizin und ihren Grenzgebieten (Zentrale Ethikkommission) bei der

Bundesärztekammer „Gruppennützige Forschung mit nichteinwilligungsfähigen Personen", Deutsches Ärzteblatt 8. März 2019 DOI: 10.3238/Gruppennuetzige_Forschung_2018).

Ausgeschlossen von der Studie sind Personen, die bereits vor Erreichen der Volljährigkeit nicht einwilligungsfähig waren und ihre Einwilligungsfähigkeit auch später nicht erlangen. Dies folgt bereits daraus, dass solche Personen schon nicht in der Lage sind, eine wirksame Patientenverfügung zu errichten. Weiterhin sind Personen, die aufgrund gerichtlicher Entscheidung oder behördlichen Beschlusses untergebracht sind, von der Teilnahme an gruppennützigen Forschungen ausgeschlossen.

Soll die Teilnahme an einer gruppennützigen Forschung ermöglicht werden, bietet sich folgende Formulierung in der Patientenverfügung an:

Formulierungsbeispiel

▶ *Sollte ich meinen Willen im Hinblick auf medizinische Maßnahmen nicht mehr bilden können und Wesen, Bedeutung und Tragweite einer klinischen Studie nicht mehr erkennen können, willige ich bereits jetzt in die Durchführung klinischer Studien ein, auch wenn diese keinen erkennbaren Nutzen für meine Person haben (gruppennützige Forschung). Soweit ich in den Vorbemerkungen dieser Patientenverfügung auf ein ärztliches Aufklärungsgespräch verzichtet habe, gilt dieser Verzicht ausdrücklich nicht für die Teilnahme an klinischen Studien. Hierüber ist mein gesetzlicher Betreuer vor Erteilung der Einwilligung im vollen Umfang aufzuklären. Über die Bedeutung und Konsequenzen dieser Einwilligung wurde ich im Vorfeld ausführlich ärztlich aufgeklärt. Eine Bestätigung des ärztlichen Aufklärungsgesprächs ist dieser Patientenverfügung beigefügt.*

4.12 Sterbehilfe und Suizid

4.12.1 Formen der Sterbehilfe

Aktive Sterbehilfe

Bei der aktiven Sterbehilfe verabreicht jemand einem Patienten ein unmittelbar tödlich wirkendes Mittel. Der Patient nimmt es also nicht selbst zu sich (Unterschied zum assistierten Suizid), sondern es wird dem Patienten von außen „aktiv" zugeführt. Wer aktive Sterbehilfe betreibt, setzt also bewusst und vorsätzlich einen neuen Kausalverlauf in Gang, der unmittelbar und kurzfristig zum Tod führen soll.

Aktive Sterbehilfe ist in Deutschland ausnahmslos **verboten**, wie fast weltweit (Ausnahmen gelten in Belgien, Luxemburg und in den Niederlanden, allerdings unter strengen Auflagen). Sie ist zumindest als „Tötung auf Verlangen" strafbar (§ 216 Abs. 1 StGB).

War der Patient erkennbar unzurechnungsfähig, depressiv oder unter äußerem Druck, so bestehen Zweifel am „ernstlichen Verlangen". In diesem Fall wäre der Straftatbestand des Totschlags denkbar (§ 212 StGB).

Assistierter Suizid (Beihilfe zum Freitod)

Es handelt sich hier um eine Beihilfe zur autonomen Selbsttötung des Patienten. Den Betroffenen wird ein Mittel nicht aktiv verabreicht, sondern „nur" zur Verfügung gestellt. Der Patient nimmt es aber selbst ein.

Da die Selbsttötung in Deutschland nicht strafbar ist, macht sich auch der Beihelfer nicht strafbar. Die Bundesärztekammer hat sich aber eindeutig positioniert und erklärt, dass die Beihilfe zum Freitod gegen das ärztliche Ethos verstößt. Ärzten ist also in Deutschland die Beihilfe zur Selbsttötung durch die Berufsordnung verboten. In der Muster-Berufsordnung der Bundesärztekammer in der Fassung vom 5.5.2021 heißt es:

> § 16 Beistand für Sterbende
>
> Ärztinnen und Ärzte haben Sterbenden unter Wahrung ihrer Würde und unter Achtung ihres Willens beizustehen. Es ist ihnen verboten, Patientinnen und Patienten auf deren Verlangen zu töten. Sie dürfen keine Hilfe zur Selbsttötung leisten.

Kritisiert wird an der Beihilfe zum Freitod, dass der Sterbewunsch oft Ausdruck einer vom Patienten empfundenen Ausweglosigkeit ist und bei optimaler palliativmedizinischer Versorgung der Patient diesen Weg nicht gehen wollen würde.

Passive Sterbehilfe

Unter passiver Sterbehilfe versteht man den Verzicht auf lebensverlängernde Maßnahmen oder deren Beendigung, entweder weil sie (in der unmittelbaren Sterbephase) medizinisch nicht mehr indiziert sind oder weil der Patient solche Maßnahmen ablehnt. Im Unterschied zur aktiven Sterbehilfe wird hier also kein neuer Kausalverlauf (durch Gabe eines tödlichen Mittels) gesetzt, sondern man lässt vielmehr nur den natürlichen Sterbeprozess geschehen.

Falls der Betroffene aktuell nicht mehr einwilligungsfähig ist, kommt es auf seinen früher geäußerten Willen (Patientenverfügung) an. Fehlt eine Patientenverfügung, hat der Betreuer bzw. der Bevollmächtigte die Behandlungswünsche oder den mutmaßlichen Willen des Betroffenen festzustellen und auf dieser Grundlage zu entscheiden, ob er in eine ärztliche Maßnahme einwilligt oder sie untersagt.

Die passive Sterbehilfe ist also nur der **Anwendungsbereich für Patientenverfügungen**. Selbstverständlich ist passive Sterbehilfe nicht strafbar, sondern Ausdruck des Selbstbestimmungsrechts des Patienten. Das häufigste Missverständnis ist, dass Ärzte eine zulässige passive Sterbehilfe für strafbare aktive Sterbehilfe halten. Grund hierfür ist, dass auch die passive Sterbehilfe oft mit einer Handlung verbunden ist, z.B. Abschalten des Beatmungsgerätes oder Entfernen der Ernährungssonde. Der Arzt denkt also (irrtümlich), er tue etwas und der Patient verstirbt, ergo „aktive Sterbehilfe". In Wirklichkeit kommt es aber darauf an, ob der Patient am Verlauf seiner Erkrankung stirbt, der nun nicht länger durch Apparatemedizin aufgehalten wird (passive Sterbehilfe), oder ob durch Gabe tödlich wirkender Präparate eine neue Ursache gesetzt wird (aktive Sterbehilfe).

Die Ärzteschaft spricht dennoch ungern von passiver Sterbehilfe, sondern bevorzugt den Begriff **Sterbebegleitung** (vgl. Grundsätze der Bundesärztekammer zur ärztlichen Sterbebegleitung).

Indirekte Sterbehilfe

Als „indirekte Sterbehilfe" wurden bis vor einiger Zeit noch manche palliativmedizinische Maßnahmen bezeichnet, also insbesondere die Gabe schmerzlindernder Medikamente mit möglicherweise lebensverkürzenden Nebenwirkungen.

Der Begriff trifft jedoch in doppelter Hinsicht nicht zu:

- Zum einen besteht die Intention des Arztes hier in der Linderung von Beschwerden des Patienten, ist also nicht auf den Tod gerichtet.
- Zum anderen bestätigen medizinische Untersuchungen, dass palliativmedizinische Maßnahmen die letzte Lebensphase eher verlängern.

Palliative oder terminale Sedierung

Eine palliative oder terminale Sedierung ist ein medikamentös induziertes (künstliches) Koma unter dem Aspekt der indirekten Sterbehilfe. Ihr Einsatz findet sich in der Terminalphase, wenn der Patient sein Leiden als unerträglich empfindet und die Sedierung ausdrücklich wünscht.

Indikationen:

- unerträgliche Schmerzen, die sich mit den zur Verfügung stehenden Therapien nicht einstellen lassen,
- zunehmende Atemnot (Dyspnoe) bei Erkrankungen, die eine Störung der Atemwege verursachen und ohne maschinelle Beatmung zum Ersticken führen.

Allein der Todeswunsch des Patienten ist nicht ausschlaggebend für eine terminale Sedierung, da dieser eventuell unter schweren Depressionen leidet.

Die **Durchführung** der Sedierung erfolgt durch ein Sedativum subcutan oder intravenös mittels Spritzpumpe, bei Schmerztherapie auch in Kombination mit einem Analgetikum (i.d.R. Morphin). Die Sedierung kann mit Unterbrechungen verlaufen, um den Patienten in der Wachphase erneut seinen Wunsch bestätigen zu lassen. Ist dies der Fall, wird die Sedierung bis zum Eintritt des Todes fortgesetzt, wenn der Patient keine weitere Unterbrechung wünscht.

Ob während der Sedierung Flüssigkeits- und/oder Nahrungssubstitution erfolgen soll, muss vorher möglichst mit dem Patienten vereinbart worden sein. Ist der Patient nicht mehr in der Lage, diese Entscheidung zu treffen, sollten Betreuer/Bevollmächtigte gemeinsam mit den Angehörigen und dem Behandlungsteam den in einer Patientenverfügung konkret bestimmten Willen oder den mutmaßlichen Willen ergründen.

Formulierungsbeispiel

▶ *Vor Eintritt der Sterbephase für den Fall einer schweren Erkrankung oder schweren Verletzung, bei der eine palliativmedizinische Sedierung medizinisch indiziert ist*

Für den Fall, dass nach Ausschöpfung aller palliativmedizinischen Optionen, wie Schmerztherapie nach dem Drei-Stufen-Schema der Weltgesundheitsorganisation (WHO), einer Behandlung einer Atemnot (Dyspnoe) mit Morphin und von Ängsten mit Benzodiazepinen (z.B. Lorazepam), einer Symptomkontrolle, einer psychologi-

schen und spirituellen Begleitung ich noch immer unerträgliches Leid empfinde, wie zum Beispiel durch unerträgliche Schmerzen, unstillbare Blutungen, unerträgliche Destruktion des Körpers, Atemnot (Dyspnoe), Angst und schwere Unruhe, so möchte ich als Ultima Ratio zur Leidensminderung eine palliative Sedierung. Ob die Sedierung dauerhaft oder nur temporär sein soll, ist von meinen Bevollmächtigten zusammen mit den mich behandelnden Ärzten zu entscheiden.

Bloße Unruhezustände sollen jedoch insbesondere vor einer Abklärung der möglichen Ursachen keinesfalls mit einer standardisierten Dauermorphingabe mittels eines Morphin-Perfusors behandelt werden.

4.12.2 Strafbarkeit der geschäftsmäßigen Förderung des Suizids

Zwar ist der eigenverantwortlich durchgeführte Suizid straflos, sodass derjenige straflos bleibt, der dem Suizidenten den Suizid erst zur freien Entscheidung vorschlägt oder ihm für die „Tat" ein Hilfsmittel zur Verfügung stellt.

Mit Gesetz zur Strafbarkeit der geschäftsmäßigen Förderung der Selbsttötung vom 3.12.2015 wurde **§ 217 StGB** in das Strafgesetzbuch eingeführt. Danach drohte jedem, der in der Absicht, die Selbsttötung eines anderen zu fördern, diesem hierzu geschäftsmäßig die Gelegenheit gewährt, verschafft oder vermittelt eine Freiheitsstrafe bis zu drei Jahren oder eine Geldstrafe. Lediglich nicht geschäftsmäßig handelnde Angehörige oder dem Sterbewünschenden nahestehende Personen waren als Teilnehmer der Straftat ausgenommen.

Das Bundesverfassungsgericht hat mit seiner Entscheidung vom 26.2.2020 die Vorschrift für **verfassungswidrig** erklärt (BVerfG, Urteil des Zweiten Senats vom 26. Februar 2020, 2 BvR 2347/15, Rn. 1–343). In dem Urteil wird festgestellt:

> 1.
>
> a) Das allgemeine Persönlichkeitsrecht (Art. 2 Abs. 1 i.V.m. Art. 1 Abs. 1 GG) umfasst als Ausdruck persönlicher Autonomie ein Recht auf selbstbestimmtes Sterben.
>
> b) Das Recht auf selbstbestimmtes Sterben schließt die Freiheit ein, sich das Leben zu nehmen. Die Entscheidung des Einzelnen, seinem Leben entsprechend seinem Verständnis von Lebensqualität und Sinnhaftigkeit der eigenen Existenz ein Ende zu setzen, ist im Ausgangspunkt als Akt autonomer Selbstbestimmung von Staat und Gesellschaft zu respektieren.
>
> c) Die Freiheit, sich das Leben zu nehmen, umfasst auch die Freiheit, hierfür bei Dritten Hilfe zu suchen und Hilfe, soweit sie angeboten wird, in Anspruch zu nehmen.
>
> 2. Auch staatliche Maßnahmen, die eine mittelbare oder faktische Wirkung entfalten, können Grundrechte beeinträchtigen und müssen daher von Verfassungs wegen hinreichend gerechtfertigt sein. Das in § 217 Abs. 1 StGB strafbewehrte Verbot der geschäftsmäßigen Förderung der Selbsttötung macht es Suizidwilligen faktisch unmöglich, die von ihnen gewählte, geschäftsmäßig angebotene Suizidhilfe in Anspruch zu nehmen.
>
> 3.
>
> a) Das Verbot der geschäftsmäßigen Förderung der Selbsttötung ist am Maßstab strikter Verhältnismäßigkeit zu messen.

b) Bei der Zumutbarkeitsprüfung ist zu berücksichtigen, dass die Regelung der assistierten Selbsttötung sich in einem Spannungsfeld unterschiedlicher verfassungsrechtlicher Schutzaspekte bewegt. Die Achtung vor dem grundlegenden, auch das eigene Lebensende umfassenden Selbstbestimmungsrecht desjenigen, der sich in eigener Verantwortung dazu entscheidet, sein Leben selbst zu beenden, und hierfür Unterstützung sucht, tritt in Kollision zu der Pflicht des Staates, die Autonomie Suizidwilliger und darüber auch das hohe Rechtsgut Leben zu schützen.

4. Der hohe Rang, den die Verfassung der Autonomie und dem Leben beimisst, ist grundsätzlich geeignet, deren effektiven präventiven Schutz auch mit Mitteln des Strafrechts zu rechtfertigen. Wenn die Rechtsordnung bestimmte, für die Autonomie gefährliche Formen der Suizidhilfe unter Strafe stellt, muss sie sicherstellen, dass trotz des Verbots im Einzelfall ein Zugang zu freiwillig bereitgestellter Suizidhilfe real eröffnet bleibt.

5. Das Verbot der geschäftsmäßigen Förderung der Selbsttötung in § 217 Abs. 1 StGB verengt die Möglichkeiten einer assistierten Selbsttötung in einem solchen Umfang, dass dem Einzelnen faktisch kein Raum zur Wahrnehmung seiner verfassungsrechtlich geschützten Freiheit verbleibt.

6. Niemand kann verpflichtet werden, Suizidhilfe zu leisten.

(BVerfG, Urteil des Zweiten Senats vom 26.2.2020 - 2 BvR 2347/15, Rn. 1–343)

5 Exkurs: Vertragliches bei Pflege im Pflegeheim

Kann die Pflege und Versorgung des Vollmachtgebers in den eigenen vier Wänden nicht mehr adäquat geleistet werden, wird ein Umzug in ein Pflegeheim kaum vermeidbar. Hier wird oftmals viel Überzeugungsarbeit von Nöten sein, denn eine Möglichkeit, den Vollmachtgeber gegen dessen Willen in ein Pflegeheim zu verbringen, besteht nicht. Einzig und allein eine Unterbringung in einer geschlossenen Station eines Pflegeheims oder einer Anstalt kann bei Vorliegen der gesetzlichen Voraussetzungen zwangsweise durchgesetzt werden.

5.1 Der Pflegeheimvertrag nach dem Wohn- und Betreuungsvertragsgesetz (WBVG)

5.1.1 Anwendungsbereich

Häufig sind zu betreuende Personen aus pflegerischen Gründen gezwungen, ihren Wohnsitz aufzugeben und auf Dauer in ein Pflegeheim umzusiedeln. Vorsorgebevollmächtigte und Betreuer werden dann mit Fragestellungen des WBVG konfrontiert. So kommt es bspw. oftmals zu Unklarheiten der "Zuständigkeiten" zwischen Pflegeheim und Betreuer.

Welche Leistungen müssen im Rahmen der Alltagsfürsorge vom Pflegeheim erbracht werden und für welche Leistungen darf das Pflegeheim eine Sondervergütung beanspruchen? Das folgende Kapitel gibt einen Überblick über die **gegenseitigen Rechte und Pflichten** zwischen Bewohner und Pflegeheim.

Das **Heimrecht** findet seine Wurzeln in den Heimgesetzen der Bundesländer [1], welchen seit der Föderalismusreform im Jahr 2006 die Gesetzgebungskompetenz in diesem Bereich obliegt. Die Regelungskompetenz der Länder bezieht sich jedoch nach Art. 74 Abs. 1 Nr. 7 GG lediglich auf die ordnungsrechtlichen Vorschriften des bisherigen Heimgesetzes. Der Bund ist für die bürgerlich-rechtlichen Regelungen, das Heimvertragsrecht, gem. Art. 74 Abs. 1 Nr. 1 GG zuständig geblieben. Somit standen die Regelungen der §§ 5 bis 9 bis und 14 HeimG weiterhin für eine Gestaltung durch den Bund offen.

Die folgenden Ausführungen beziehen sich auf das Gesetz zur Regelung von Verträgen über Wohnraum mit Pflege- oder Betreuungsleistungen (Wohn- und Betreuungsvertragsgesetz - WBVG) des Bundes. Das Gesetz ist auf einen Vertrag zwischen einem Unternehmer und einem volljährigen Verbraucher anzuwenden, in welchem sich der Unternehmer zur Überlassung von Wohnraum und zur Erbringung von Pflege- oder Betreuungsleistungen verpflichtet, die der Bewältigung eines durch Alter, Pflegebedürftigkeit oder Behinderung bedingten Hilfebedarfs dienen, § 1 WBVG.
Der **Anwendungsbereich** erstreckt sich nicht nur auf Heimverträge, sondern auch auf neue Wohn- und Betreuungsformen und beugt damit zugleich der Umgehung von Schutzvorschriften vor (Grüneberg/*Weidenkaff*, 82. Aufl., § 1 WBVG Rn. 1). Nicht anzuwenden ist das WBVG auf Krankenhäuser, Vorsorge- und Rehabilitationseinrichtungen, Berufsbildungs- oder Berufsförderungswerke sowie auf Leistungen, die im Rahmen von Kur- und Erholungsaufenthalten erbracht werden, § 2 WBVG.

[1] **Bayern**: Pflege- und Wohnqualitätsgesetz (PfleWoG), in Kraft seit 1. August 2008; **Baden-Württemberg**: Landesheimgesetz (LHeimG); **Berlin**: Wohnteilhabegesetz (WTG), in Kraft seit 1. Juli 2010; **Brandenburg**: Brandenburgisches Pflege- und Betreuungswohngesetz (BbgPBWoG), in Kraft seit 1. Januar 2010; **Bremen**: Bremisches Wohn- und Betreuungsgesetz (BremWoBeG), in Kraft seit 21. Oktober 2010; **Hamburg**: Wohn- und Betreuungsqualitätsgesetz (HmbWBG), in Kraft seit 1. Januar 2010; **Hessen**: Hessisches Gesetz über Betreuungs- und Pflegeleistungen (HGBP) vom 7. März 2012; **Mecklenburg-Vorpommern**: Einrichtungenqualitätsgesetz (EQG), in Kraft seit 29. Mai 2010; **Niedersachsen**: Niedersächsisches Heimgesetz (NHeimG), in Kraft seit 6. Juli 2011; **Nordrhein-Westfalen**: Wohn- und Teilhabegesetz (WTG), in Kraft seit 10. Dezember 2008; **Rheinland-Pfalz**: Landesgesetz über Wohnformen und Teilhabe (LWTG), in Kraft seit 1. Januar 2010; **Saarland**: Landesheimgesetz Saarland (LHeimGS), in Kraft seit 19. Juni 2009; **Sachsen**: Betreuungs- und Wohnqualitätsgesetz (SächsBeWoG), vom 12. Juli 2012, (Sächs. GVBl. S. 397), **Sachsen-Anhalt**: Wohn- und Teilhabegesetz (WTG-LSA), in Kraft seit dem 26. Februar 2011; **Schleswig-Holstein**: Selbstbestimmungsstärkungsgesetz (SbStG), in Kraft seit 1. August 2009; **Thüringen**: Thüringer Gesetz über betreute Wohnformen und Teilhabe (ThürWTG), in Kraft getreten am 24. Juni 2014.

5.1.2 Rechtsnatur des Pflegeheimvertrages

Seiner Rechtsnatur nach ist der Pflegeheimvertrag ein **gemischter Vertrag**, der Elemente eines Mietvertrages sowie Elemente eines Dienstleistungsvertrages enthält (BGH, NJW 1981, 341; LG Osnabrück, Urteil v. 17.10.2019, BeckRS 2019, 47215).

Schaubild: Der Heimvertrag im Kontext aller vertraglichen Beziehungen der Einrichtung

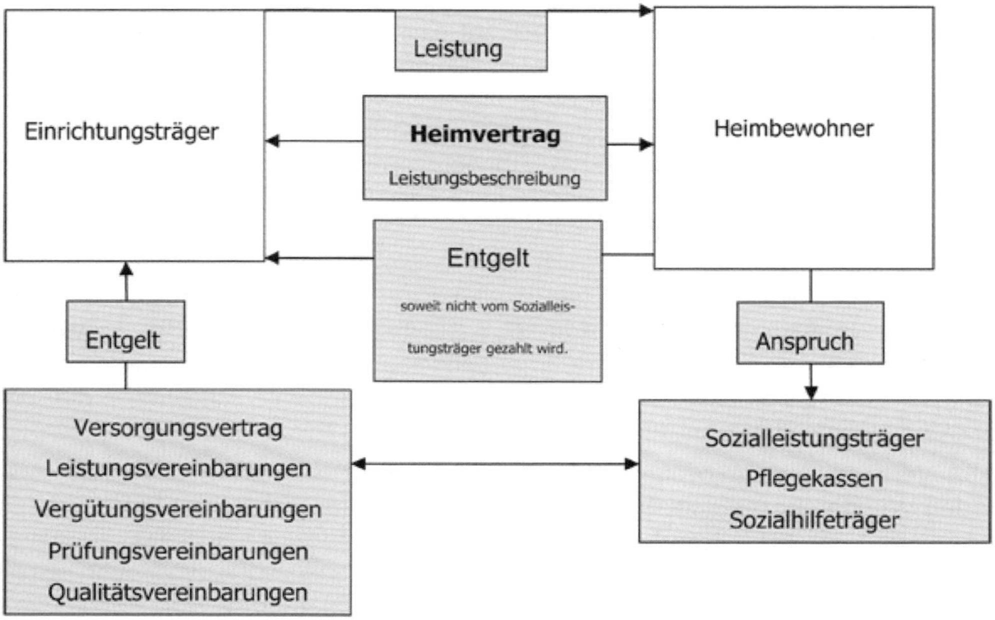

5.1.3 Vorvertragliche Informationspflichten

Eine zentrale Verbraucherschutzvorschrift stellt § 3 WBVG dar, welcher vorvertragliche Informationspflichten des Heimträgers statuiert. Die Vorschrift ist nach § 16 WBVG zum Nachteil des Verbrauchers nicht abdingbar. Durch die vorvertraglichen Informationen soll mehr **Transparenz** geschaffen und dem Verbraucher eine selbstbestimmte Entscheidung ermöglicht werden (Grüneberg/*Weidenkaff*, 82. Aufl., § 3 WBVG Rn. 1).

Nach § 3 WBVG hat der Heimträger den Verbraucher rechtzeitig vor Abgabe von dessen Vertragserklärung in Textform und in leicht verständlicher Sprache über sein allgemeines Leistungsangebot und über den wesentlichen Inhalt seiner für den Verbraucher in Betracht kommenden Leistungen zu informieren. Nicht näher definiert ist, wann die Information „rechtzeitig" erfolgt ist. Ausreichend dürfte es sein, wenn dem Heiminteressenten die vorvertraglichen Informationen sowie die Vertragsunterlagen mitgegeben werden. Verstößt der Heimträger gegen seine vorvertraglichen Informationspflichten, ist der Heimbewohner zur sofortigen Kündigung berechtigt, § 3 Abs. 4 i.V.m. § 6 Abs. 2 Satz 2 WBVG.

Der Heimträger hat zu seinem allgemeinen Leistungsangebot darzustellen:

- die Ausstattung und Lage des Gebäudes und des Wohnraums sowie Anlagen und Einrichtungen für den gemeinschaftlichen Gebrauch, die der Verbraucher nutzen kann, sowie die Nutzungsbedingungen;
- die darin enthaltenen Leistungen nach Art, Inhalt und Umfang;
- die Ergebnisse der Qualitätsprüfungen, welche der Heimträger nach § 115 Abs. 1a SGB XI zu veröffentlichen hat.

Die **weiteren Informationspflichten** beziehen sich auf den Bedarf des nachfragenden Verbrauchers. Hierzu gehören folgende Darstellungen:

- des Wohnraums (Zahl der Räume, Größe u. Ausstattung), der Pflege- oder Betreuungsleistungen, gegebenenfalls der Verpflegung als Teil der Betreuungsleistungen sowie der einzelnen weiteren Leistungen nach Art, Inhalt und Umfang sowie die jeweils darauf entfallenden Entgelte, der Investitionskosten und des Gesamtentgeltes;
- des den Pflege- oder Betreuungsleistungen zugrunde liegenden Leistungskonzepts;
- der Voraussetzungen für mögliche Leistungs- und Entgeltveränderungen;
- des Umfangs und der Folgen eines Ausschlusses der Angebotspflicht nach § 8 Abs. 4 WBVG, wenn ein solcher Ausschluss vereinbart werden soll.

Bei der Darstellung des den Pflege- und Betreuungsleistungen zugrunde liegenden Leistungskonzepts hat der Heimträger den Rahmen und die Zielsetzungen seiner Leistungen zu beschreiben. Bei **Pflegeeinrichtungen i.S.d. § 71 SGB XI** ergibt sich das Leistungskonzept aus dem nach § 75 SGB XI zwischen dem Heimträger und den Landesverbänden der Pflegekassen geschlossenen Rahmenvertrag. **Stationäre Pflegeeinrichtungen (Pflegeheime) i.S.d. SGB XI** sind selbstständig wirtschaftende Einrichtungen, in denen Pflegebedürftige unter ständiger Verantwortung einer ausgebildeten Pflegefachkraft gepflegt werden und ganztägig (vollstationär) oder tagsüber oder nachts (teilstationär) untergebracht und verpflegt werden können.

5.1.4 Vertragsdauer und Form

Der Vertrag ist **schriftlich** zu schließen. Der Heimträger hat dem Verbraucher eine Ausfertigung des Vertrages auszuhändigen, § 6 Abs. 1 WBVG. Bei einem Verstoß gegen das Schriftformerfordernis sind zu Lasten des Verbrauchers von den gesetzlichen Regelungen abweichende Vereinbarungen unwirksam, auch wenn diese in zulässiger Weise (schriftlich) vereinbart werden könnten.

Der Heimvertrag wird **auf unbestimmte Zeit** geschlossen. Eine Befristung ist nur zulässig, wenn diese im Interesse des Verbrauchers vereinbart wird. Dies ist z.B. bei Aufnahme des Verbrauchers zur Kurzzeitpflege der Fall.

War der Bewohner zum Zeitpunkt des Vertragsschlusses **geschäftsunfähig**, gilt der Vertrag in Ansehung der bereits erbrachten Leistungen als wirksam geschlossen, § 4 Abs. 2 Satz 3 WBVG. Handelt der **Betreuer** für den Bewohner bei Abschluss des Pflegeheimvertrages, dürfte nach der Novellierung des Betreuungsrechts **keine Genehmigung des Be-**

treuungsgerichts erforderlich sein, da der Betreute das Vertragsverhältnis ohne eigene Nachteile vorzeitig kündigen kann, § 1853 S. 2 BGB.

Das Vertragsverhältnis **endet mit dem Tod**, § 4 Abs. 3 Satz 1 WBVG. Damit ist eine Kündigung des Heimvertrages durch den Erben des Heimbewohners nicht erforderlich. Eine Haftung des Erben nach § 1967 BGB ergibt sich lediglich für die bis zum Sterbetag erbrachten Leistungen (Grüneberg/*Weidenkaff*, 82. Aufl., § 4 WBVG Rn. 4). Allerdings kann der Vertrag hinsichtlich der Überlassung des Wohnraums gegen Fortzahlung des darauf entfallenden Entgelts über den Tod hinaus verlängert werden. Die Dauer der Fortgeltung darf jedoch zwei Wochen nach dem Sterbetag nicht überschreiten, § 4 Abs. 3 Satz 3 WBVG.

5.1.5 Kündigung durch den Bewohner

Eine Kündigung des Vertrages durch den Verbraucher kann spätestens am dritten Werktag eines jeden Kalendermonats zum Ablauf desselben Monats schriftlich erfolgen, § 11 WBVG.

Ein Sonderkündigungsrecht steht dem Heimbewohner bei einer Entgelterhöhung zu. Hier kann der Verbraucher jederzeit zu dem Zeitpunkt kündigen, zu dem der Heimträger die Erhöhung des Entgelts verlangt.

Kündigt der **Betreuer** für den Bewohner, war eine betreuungsgerichtliche Genehmigung nach altem Recht nicht erforderlich (*Drago*, Heimunterbringung und „Betreutes Wohnen", NZM 2015, 601, 603; Grüneberg/*Götz*, 81. Aufl., § 1907 Rn. 1). Nach neuem Recht ist vom **Genehmigungserfordernis** gem. § 1833 Abs. 3 Nr. 1 BGB auch die Aufgabe eines Zimmers in einem Alters- oder Pflegeheim erfasst, soweit sich der Betreute dort heimisch eingerichtet hat. Ausgeschlossen hiervon ist ein Zimmer im Rahmen der Kurzzeitpflege oder wenn dies sonst einem vorübergehenden zeitlich begrenzten Aufenthalt diente (*Joecker*, Das neue Betreuungsrecht, S. 152).

5.1.6 Kündigung durch das Pflegeheim

Das Pflegeheim kann den Vertrag **nur aus wichtigem Grund** kündigen. Die Kündigung ist schriftlich auszusprechen. Die Kündigung aus wichtigem Grund nach § 12 Abs. 1 Satz 2 WBVG ist zu begründen (Grüneberg/*Weidenkaff*, 82. Aufl., § 12 WBVG Rn. 2).

Ein wichtiger Grund liegt nach § 12 Abs. 1 Satz 3 Ziff. 1 WBVG insbesondere vor, wenn das Pflegeheim den Betrieb

- einstellt,
- wesentlich einschränkt oder
- in seiner Art verändert und die Fortsetzung des Vertrages für das Heim eine unzumutbare Härte bedeuten würde.

Ebenso liegt ein Kündigungsgrund vor, wenn das Pflegeheim eine fachgerechte Pflege- oder Betreuungsleistung nicht erbringen kann, weil der Bewohner eine vom Pflegeheim angebotene Anpassung der Leistung nach § 8 Abs. 1 WBVG nicht annimmt oder die Anpassung wegen eines Ausschlusses nach § 8 Abs. 4 WBVG nicht angeboten werden muss und dem Pflegeheim ein Festhalten an dem Vertrag nicht zumutbar ist, § 12 Abs. 1 Satz 3

Ziff. 2 WBVG. In diesen Fällen ist die Kündigung zum 3. Werktag eines Kalendermonats zum Ablauf des nächsten Monats zulässig, § 12 Abs. 4 WBVG.

Ohne Einhaltung einer Frist kann das Pflegeheim nach § 12 Abs. 1 Satz 3 Ziff. 3 und 4 kündigen, wenn der Bewohner seine vertraglichen Pflichten schuldhaft und gröblich verletzt und dem Pflegeheim die Fortsetzung des Vertrages nicht mehr zugemutet werden kann, oder bei einem Zahlungsverzug des Bewohners. In diesem Fall muss der Bewohner mit der Zahlung des Entgelts oder eines Teils des Entgelts, der das Entgelt für einen Monat übersteigt, im Verzug sein oder in einem Zeitraum, der sich über mehr als zwei Termine erstreckt, mit der Entrichtung des Entgelts in Höhe eines Betrages in Verzug gekommen sein, der das Entgelt für zwei Monate erreicht, § 12 Abs. 1 Satz 2 Ziff. 3 und 4 WBVG. Voraussetzung ist allerdings, dass dem Bewohner unter Hinweis auf die beabsichtigte Kündigung eine angemessene Zahlungsfrist gesetzt wurde.

Wie im Mietrecht kann die Kündigung „geheilt“ werden. Wird das Pflegeheim bis zum Ablauf von zwei Monaten nach Eintritt der Rechtshängigkeit des Räumungsanspruchs hinsichtlich des fälligen Entgelts befriedigt oder verpflichtet sich eine öffentliche Stelle zur Befriedigung, wird die Kündigung unwirksam. Ist der Bewohner mit der Entrichtung des Entgelts für die Überlassung des Wohnraums in Verzug, ist eine Kündigung ausgeschlossen, wenn das Pflegeheim vorher befriedigt wird.

Die Aufzählung der in § 12 Abs. 1 Satz 3 WBVG genannten **Kündigungsgründe** ist nicht abschließend. Aus der Benennung der Kündigungsgründe ergibt sich aber, dass eine Kündigung aus wichtigem Grund gem. § 12 Abs. 1 Satz 1 WBVG ebenso gewichtig wie die in Satz 3 genannten Gründe sein muss (Grüneberg/*Weidenkaff*, 82. Aufl., § 12 WBVG Rn. 3). Ferner muss auch bei einer Kündigung nach § 12 Abs. 1 Satz 1 WBVG das Festhalten an dem Vertrag für das Pflegeheim unzumutbar sein.

Für die **Feststellung der Unzumutbarkeit** ist eine umfassende Interessenabwägung anzustellen. Hierbei sind sowohl die Interessen und Pflichten des Bewohners einerseits als auch die des Pflegeheims andererseits abzuwägen (LG Essen, Urt. v. 18.3.2013, 1 O 181/12).

Eine Kündigung zum Zwecke der Erhöhung des Entgelts ist durch das Gesetz ausdrücklich ausgeschlossen, § 12 Abs. 1 Satz 4 WBVG.

In der Rechtsprechung wurden folgende Pflichtverstöße als **außerordentlicher Kündigungsgrund** anerkannt:

- Der beharrliche Verstoß gegen das in einem Heimvertrag festgelegte Rauchverbot auch bei eingeschränkter Steuerungs- und Einsichtsfähigkeit des Bewohners (LG Freiburg, NJW-RR 2013, 503).
- Stundenlange Schreiattacken und nächtliche Unruhe aufgrund einer bei Vertragsschluss verheimlichten Echolalie der Bewohnerin (OLG Frankfurt am Main, BeckRS 2016/14138).
- Sexuelle Belästigung von Mitbewohnern, da der Bewohner hierdurch seine Pflicht, die Persönlichkeitsinteressen der Mitbewohner zu wahren, gröblich verletzt (LG Essen, NZM 2014, 554).

Tätliche Übergriffe auf das Pflegepersonal wurden als Kündigungsgrund abgelehnt, sofern dem Pflegeheim das problematische Verhalten des Bewohners bei Vertragsschluss bekannt gewesen war (OLG Schleswig, NJOZ 2015, 671). Gewisse Verhaltensauffälligkeiten eines Demenzerkrankten sind vom Heimanbieter, zumal wenn der Mieter in der Demenzabteilung lebt, hinzunehmen und berechtigen nach Maßgabe des § 12 Abs. 1 Satz 1 WBVG nicht zur Kündigung des Heimvertrags (OLG Oldenburg, NJW 2020, 3044). Ebenso wenig berechtigt die Strafanzeige eines Angehörigen gegen die Pflegeheimleitung nicht zur fristlosen Kündigung, wenn diese nicht willkürlich gestellt worden ist (OLG Oldenburg a.a.O).

Eine ausschließliche **Zuständigkeit** der Amtsgerichte für den Kündigungsprozess nach § 23 Nr. 2a GVG besteht nicht, da der Schwerpunkt des Charakters eines Pflegeheimvertrages nicht in der Wohnraumüberlassung, sondern in der medizinischen und pflegerischen Betreuung liegt (LG Osnabrück Urt. v. 17.10.2019 – 1 O 2449/18, BeckRS 2019, 47215 Rn. 13; LG Kleve, Urt. v. 26.5.2012, 3 O 15/12; LG Köln, Urt. v. 25.9.2014, 37 O 76/14, BeckRS 2015, 04518).

5.2 Gegenseitige Leistungspflichten und Haftung

5.2.1 Leistungspflichten des Unternehmers

5.2.1.1 Hauptleistungspflichten

Nach § 7 Abs. 1 WBVG ist der Unternehmer verpflichtet, dem Verbraucher den Wohnraum in einem zum vertragsgemäßen Gebrauch geeigneten Zustand zu überlassen und während der vereinbarten Vertragsdauer in diesem Zustand zu erhalten sowie die vertraglich vereinbarten Pflege- oder Betreuungsleistungen nach dem allgemein anerkannten Stand fachlicher Erkenntnisse zu erbringen.

Die Pflicht zur Überlassung des Wohnraums entspricht der Verpflichtung des Vermieters nach § 535 BGB. Einzelheiten werden durch den Pflegeheimvertrag bestimmt.

Der Heimträger ist auch verpflichtet, Nebenleistungen wie die Versorgung mit Strom, Wasser und Wärme zu erbringen (Grüneberg/*Weidenkaff*, 82. Aufl., § 7 WBVG Rn. 2).

5.2.1.2 Obhuts- und Schutzpflichten

Im Rahmen der aus dem Heimvertrag erwachsenden Obhuts- und Schutzpflichten ist der Heimträger zum **Schutz der körperlichen Unversehrtheit** des ihm anvertrauten Bewohners verpflichtet. Daraus ergibt sich eine allgemeine Verkehrssicherungspflicht zum Schutz der Heimbewohner vor Schädigungen, die diesen wegen Krankheit oder einer sonstigen körperlichen oder geistigen Einschränkung durch sich selbst oder durch die Einrichtung und bauliche Gestaltung des Pflegeheims drohen (BGH, NJW 2005, 1937; OLG Koblenz, NJW-RR 2002, 867; LG Nürnberg-Fürth, NJW-RR 2013, 469).

Diese Pflichten sind allerdings begrenzt auf die in Pflegeheimen üblichen Maßnahmen, die mit einem vernünftigen finanziellen und personellen Aufwand realisierbar sind (OLG München, VersR 2004, 618, 619; LG Essen, VersR 2000, 893). Die Schutzpflicht erstreckt sich auch auf die Verpflichtung, den Bewohner vor sexuellen Übergriffen anderer Bewohner durch Ausspruch einer fristlosen Kündigung zu schützen (LG Essen, NZM 2014, 554).

Den Maßstab für die dem Heimträger obliegenden Pflichten bildet **das Erforderliche** sowie das für die Heimbewohner und das Pflegepersonal **Zumutbare**, wobei insbesondere auch die menschliche Würde der Bewohner zu beachten ist (vgl. BGH, NJW 2005, 1937 unter Verweis auf § 2 Abs. 1 und Abs. 2 HeimG i.d.F.v. 5.11.2001, BGBl. I, 2970).

Eine konkrete Gefahrensituation, wie bspw. eine Bewegungs- oder Transportmaßnahme eines nicht mobilen Heimbewohners, löst eine **gesteigerte Obhutspflicht** aus, welche im Schadensfall zu einer Umkehr der Beweislast führt (OLG Düsseldorf, NJW-RR, 2010, 1533; BGH, NJW 1991, 1540). Eine generelle Überwachungspflicht besteht nicht. Dementsprechend darf bei erkannter oder erkennbarer Selbstschädigungsgefahr ein (hochgradig) an Demenz erkrankter Heimbewohner, bei dem unkontrollierte und unkalkulierbare Handlungen jederzeit möglich erscheinen, nicht in einem – zumal im Obergeschoss gelegenen – Wohnraum mit unproblematisch erreichbaren und einfach zu öffnenden Fenstern untergebracht werden. Ohne konkrete Anhaltspunkte für eine Selbstgefährdung besteht hingegen keine Pflicht zu besonderen (vorbeugenden) Sicherungsmaßnahmen (BGH, NZM 2021, 366 Rn. 18).

Nach § 7 Abs. 1 WBVG hat der Heimträger die **Pflege- und Betreuungsleistungen** nach dem allgemeinen Stand fachlicher Erkenntnisse zu erbringen, also durch eine Person mit den erforderlichen Qualifikationen (Grüneberg/*Weidenkaff*, 82. Aufl., § 7 WBVG Rn. 2).

Die Pflegeleistungen beinhalten auch die im Einzelfall erforderlichen Tätigkeiten zur Unterstützung der Verrichtungen im Ablauf des täglichen Lebens. Diese Tätigkeiten können beispielsweise bei nicht mobilen Bewohnern die Begleitung zum Toilettengang, die Unterstützung beim An- und Auskleiden oder die Hilfe beim Stehen sein. Der Umfang der pflegerischen Leistungen richtet sich dabei nach dem jeweiligen Gesundheitszustand und Pflegezustand der Bewohner und ist auf die in Pflegeheimen üblichen Maßnahmen begrenzt, die mit einem vernünftigen finanziellen und personellen Aufwand realisierbar sind (OLG Düsseldorf, NJW-RR 2012, 716 m.w.N.).

Zu beachten ist schließlich, dass beim Wohnen in einem Heim die Würde sowie die Interessen und Bedürfnisse der Bewohner vor Beeinträchtigungen zu schützen und die Selbstständigkeit, die Selbstbestimmung und die Selbstverantwortung der Bewohner zu wahren und zu fördern sind (OLG Düsseldorf, NJW-RR 2012; BGH, NJW 2005, 1937).

5.2.2 Haftung des Heimträgers

Die Haftung des Heimträgers ergibt sich aus § 280 BGB i.V.m. § 7 WBVG. Ein Verschulden des Pflegepersonals wird dem Heimträger nach § 278 BGB zugerechnet. Daneben kommt eine deliktische Haftung des Heimträgers nach den §§ 823, 831 BGB in Betracht. Eine Haftung des Pflegepersonals kann sich aus Delikt nach § 823 BGB ergeben (OLG Schleswig, Urt. v. 31.5.2013, 4 U 85/12, NJW-RR 2014, 204).

Eine **Verletzung von Schutz- und Obhutspflichten** wurde von der Rechtsprechung beispielsweise beim Verbrühen einer Heimbewohnerin mit heißem Tee bejaht. In dem vom OLG Schleswig zu entscheidenden Fall hatte sich eine demenzkranke und in Pflegestufe III eingestufte Heimbewohnerin mit heißem Tee, welcher in einer Thermoskanne im unbeaufsichtigten Aufenthaltsraum war, an Mund und Oberschenkel verbrüht. Das OLG Schleswig stellte zwar fest, dass dem Personal einer Pflegeeinrichtung mit großenteils demenzerkrankten Heimbewohnern nicht abverlangt werden kann, ständig Aufsicht über diese zu führen. Dies würde auch dem Postulat des § 11 Abs. 2 HeimG (jetzt in den Heimgesetzen der Länder geregelt) widersprechen, wonach Selbstständigkeit und Selbstverantwortung der Heimbewohner zu wahren und zu fördern sind. Dennoch soll es eine Verletzung der Obliegenheitspflicht darstellen, wenn die Heimbewohner in einem Aufenthaltsraum mit Thermoskannen allein gelassen werden, die mit heißem Tee gefüllt sind. Denn es wäre ohne weiteres möglich gewesen, die erheblichen Verbrühungen der Bewohnerin abzuwenden, wenn die Kannen vom Personal beim Verlassen des Raumes mitgenommen worden wären (OLG Schleswig, NJW-RR 2014, 204).

Das LG Nürnberg-Fürth hat in seiner Entscheidung vom 25.5.2012 (NJW-RR 2013, 469) bei folgenden Sachverhalten eine **Pflichtverletzung** bejaht:

- Mangelnde Mobilisation und Lagerung und hierdurch entstehende Dekubiti,
- unsachgemäße Wundbehandlung,
- unhygienische Zustände,
- mangelnde Sättigung.

Darüber hinaus trifft das Pflegeheim gegenüber seinem Bewohner eine vertragliche Pflicht, das ordnungswidrige Eingreifen Dritter in die dem aktuellen Stand fachlicher Kenntnis entsprechende Pflege zu unterbinden.

Verneint wurde eine Haftung des Heimträgers, wenn die Verletzung des Bewohners auf dessen vorangegangenem eigenverantwortlichen Handeln beruht. Das OLG Köln (OLG Köln, Beschl. v. 25.8.2010, 5 U 73/10, BeckRS 2010, 29876) hatte über einen Fall zu entscheiden, in welchem die hochbetagte, jedoch geistig rüstige Heimbewohnerin, beim Verlassen ihres Bettes gestürzt war. Zwar hatte die Pflegekraft zuvor versehentlich das Bett nicht auf die niedrigste Höhe heruntergefahren, was jedoch aus haftungsrechtlicher Sicht nicht zum Tragen kam. Denn das Mitverschulden der Bewohnerin an dem Sturz wurde als so überwiegend bewertet, dass dahinter der Mitverschuldensanteil des beklagten Pflegeheims wegen des Versäumnisses der für diese tätig gewordenen Pflegekraft vollständig zurücktrat. Nach Überzeugung des OLG Köln war die Bewohnerin aufgrund ihrer geistigen Fitness in der Lage gewesen zu erkennen, dass das Bett nach der abgeschlossenen Pflegemaßnahme nicht wie in den Tagen zuvor auf die niedrigste Stufe zurückgefahren worden war. Es lag demnach in ihrer eigenverantwortlichen Entscheidung, ohne die Inanspruchnahme vorhandener Hilfe Dritter aus dem Bett aufzustehen.

Das Vorhandensein von Pflegekräften kann demnach nicht von der Selbstverpflichtung entbinden, achtsam zu sein und Selbstgefährdungen möglichst zu vermeiden.

5.2.3 Darlegungs- und Beweislast

Grundsätzlich ist der **Heimbewohner als Anspruchsteller für die Pflichtverletzung** des Pflegeheims beweispflichtig (vgl. BGH, NJW 2005, 1937). Der Umstand, dass der Heimbewohner im Bereich des Pflegeheims gestürzt ist und sich dabei verletzt hat, erlaubt nicht den Schluss auf eine schuldhafte Pflichtverletzung des Pflegepersonals (BGH, NJW

2005, 2613). Befindet der Bewohner sich in einem normalen, alltäglichen Gefahrenbereich, so befindet er sich grundsätzlich in seiner eigenverantwortlichen Risikosphäre, womit er auch grundsätzlich den Beweis für die Pflichtverletzung des Pflegeheims zu tragen hat (BGH, NJW 2005, 1937).

Zum **alltäglichen Gefahrenbereich** wurde folgender Sachverhalt gezählt: Die demenzkranke Bewohnerin (Pflegestufe III) befand sich zur Mittagsruhe im Bett. Das Pflegepersonal sah stündlich nach ihr, zuletzt um 13.00 Uhr. Um 14.00 Uhr fand die Pflegekraft die Bewohnerin neben dem Bett liegend vor. Bei dem Sturz aus dem Bett hatte sich die Bewohnerin einen Oberschenkelhalsbruch zugezogen. Der BGH verneinte in dem zu entscheidenden Fall eine Haftung des Pflegeheims, da der Sturz nicht vorhersehbar war und keine allgemeine auf Dauer angelegte Maßnahmen hätten getroffen werden müssen, um die allgemeine Gefahr eines Sturzes zu bannen. Solche Maßnahmen hätten nämlich der Bewohnerin über einen längeren Zeitraum oder regelmäßig die Freiheit entzogen, weshalb es der Genehmigung durch das Betreuungsgericht bedurft hätte. Im zu entscheidenden Fall lagen indes keine Hinweise vor, die das Ergreifen von freiheitsentziehenden Maßnahmen gerechtfertigt hätten (BGH, NJW 2005, 1937).

Die Beweispflicht kann nur so weit gehen, wie der Anspruchsteller Einsicht in die genauen Betriebsabläufe der Einrichtung hat. Wenn die Schadensursache aus der Sphäre der Einrichtung hervorgegangen ist, kann vom Anspruchsteller (Bewohner) nicht gefordert werden, detailliert die Entstehung des Schadens nachzuweisen. In einem solchen Fall trifft die beklagte Einrichtung eine **sekundäre Darlegungspflicht** dahingehend, umfassend vorzutragen, dass und in welcher Weise sie ihren Pflichten ordnungsgemäß nachgekommen ist (vgl. BGH, NJW 1991, 1540). Denn als Betreiberin des Pflegeheims verfügt sie über die besseren Kenntnisse des Sachverhalts, also über einen Wissensvorsprung. Ein einfaches Bestreiten genügt im Schadensersatz- bzw. Schmerzensgeldprozess nicht. Die beklagte Einrichtung muss im Prozess dezidiert darlegen, warum die von ihr bestrittenen Behauptungen unrichtig sind (LG Nürnberg-Fürth, NJW-RR 2013, 469). Die Einrichtung kann dies im Bereich von pflegerischen Pflichtverletzungen durch Vorlage einer lückenlosen und detaillierten **Pflegedokumentation** erbringen. Hierzu ist sie nach den Landesheimgesetzen verpflichtet (vgl. Art. 3 Abs. 2 Ziff. 8 PflewoG (Bayern); § 13 Abs. 1 Nr. 6 LHeimG (Ba-Wü)).

Dem klagenden Heimbewohner können nach den allgemeinen Grundsätzen **Beweiserleichterungen** zugutekommen. Hinsichtlich der Frage, ob ein Sturzereignis auf den festgestellten Versäumnissen des Heimträgers beruht, kann es sogar zu einer **Beweislastumkehr** kommen, nämlich dann, wenn zur Gewissheit des Tatrichters feststeht, dass der Geschädigte oder dessen Bevollmächtigter oder Betreuer den Vorschlägen des Heimträgers, das Sturzrisiko Erfolg versprechend zu mindern, gefolgt wäre (BGH, NJW 2005, 2613).

Stürzt der Heimbewohner während einer konkreten Pflegemaßnahme und hat sich hierbei in einer konkreten Gefahrensituation befunden, kommen ihm für die Darlegung der Verletzung einer Obhuts- und Verkehrssicherungspflicht Beweiserleichterungen zugute (OLG Schleswig, NJW-RR 2013, 31 welches über ein Sturzereignis anlässlich eines Toilettentransfers zu entscheiden hatte). Eine **konkrete Gefahrensituation** soll nach dem OLG Schleswig dann vorliegen, wenn die nach der Pflegedokumentation des Heimbetreibers erforderlichen Schutzmaßnahmen nicht beachtet worden sind. Der Umstand allein, dass der Heimbewohner in der Vergangenheit bei in ähnlicher Weise durchgeführten Toilettengängen nicht gestürzt ist, schließt die Annahme einer konkreten Gefahrensituation nicht aus (OLG Schleswig, NJW-RR 2013, 31). Lässt sich bei einer solchen Situation der genaue Sturzhergang nicht mehr klären, haftet also der Heimträger.

Die Begründung für die **strenge Haftung des Heimträgers** lässt sich aus der besonderen Gefahrensituation herleiten. Verletzt sich der Heimbewohner bei Durchführung einer konkreten Pflegemaßnahme, so ist er gerade nicht in einem normalen alltäglichen Gefahrenbereich zu Schaden gekommen. Vielmehr tritt die Verletzung in einem vom Pflegeheimträger voll beherrschbaren Gefahrenbereich ein, in welchem der Bewohner der besonderen Fürsorge und Betreuung des Pflegeheims bedurfte. Denn hier besteht eine Sicherungspflicht des Heimträgers, welche gerade die eingetretene Schädigung ausschließen sollte (vgl. BGH, NJW 2005, 1937). In einer solchen Gefahrensituation trifft den Heimträger eine gesteigerte, erfolgsbezogene Obhutspflicht (OLG Düsseldorf, NJW-RR 2012, 716).

Der Heimträger hat für die Vermeidung einer unfallbedingten körperlichen Beeinträchtigung des Bewohners Sorge zu tragen. Bereits das Verfehlen dieses Ziels rechtfertigt den Schluss auf die Verletzung der Obhutspflicht, sodass der Heimträger hier in der Verpflichtung ist, nachzuweisen, dass der Vorfall nicht auf einem pflichtwidrigen Verhalten der Pflegekraft oder mangelnden Schutzvorkehrungen beruht (OLG Düsseldorf, NJW-RR 2012, 716). Im Ergebnis muss der Heimträger demnach den **vollen Entlastungsbeweis** führen, nämlich dahingehend, dass das schädigende Ereignis (bspw. Sturz) nicht vorhersehbar war und dass die erforderlichen Schutzmaßnahmen getroffen und eingehalten wurden.

Den Heimträger treffen jedoch **keine generellen Überwachungspflichten**. Die Verletzung der Obhutspflicht eines Pflegeheimbetreibers hat grundsätzlich der Geschädigte zu beweisen. Die Obhutspflicht ist auf die Maßnahmen, die in Pflegeheimen mit einem vernünftigen finanziellen und personellen Aufwand realisierbar sind, begrenzt. Liegt eine konkrete Gefahrensituation für den Heimbewohner nicht vor, so ist dieser nicht ständig zu überwachen (OLG Düsseldorf, NJW-RR 2010, 1533). Geschieht die Verletzung innerhalb einer alltäglichen und generell ungefährlichen Situation, ist eine Umkehr der Beweislast nach der Rechtsprechung des Bundesgerichtshofes nicht gerechtfertigt (BGH, NJW 2005, 1937).

5.3 Leistungspflicht des Bewohners

5.3.1 Zahlung eines angemessenen Entgelts

Der Bewohner hat nach § 7 Abs. 2 WBVG das vereinbarte angemessene Entgelt zu entrichten. Das Entgelt kann mithin nicht frei vereinbart werden. Es muss vielmehr insgesamt und nach seinen einzelnen Bestandteilen im Verhältnis zu den Leistungen angemessen sein. Eine Mischkalkulation ist unzulässig.

Für die **Beurteilung der Angemessenheit** ist der objektive Wert der Leistungen des Heimträgers bei Vertragsabschluss maßgeblich und darf nicht in einem Missverhältnis zum verlangten Entgelt stehen. Bei der Prüfung sind die Leistungen ähnlicher Einrichtungen von vergleichbaren Unternehmen heranzuziehen und alle für die Entgelthöhe maßgebenden Umstände zu berücksichtigen. Insbesondere die bauliche und technische Ausstattung der

Einrichtung, die Größe des Wohnraums, Umfang und Qualität der Pflege oder Betreuung und der Verpflegung, mit der Errichtung oder Sanierung der Einrichtung zusammenhängende Kaptaldienste und die Lage der Einrichtung (Grüneberg/*Weidenkaff*, 82. Aufl., § 7 WBVG Rn. 4).

Für Bewohner, die **Leistungen aus der Pflegeversicherung** nach SGB XI oder Grundsicherung im Alter nach SGB XII beziehen, fingiert § 7 Abs. 2 Satz 2 WBVG das nach den jeweiligen Sozialgesetzbüchern festgelegte Entgelt als vereinbart. Maßstab für die Angemessenheit ist hier die Kostenübernahme der Sozialhilfeträger nach den einschlägigen gesetzlichen Vorgaben, welche gleichsam die Obergrenze bilden (OLG Celle, Beschl. v. 14.1.2015, 13 U 170/14, BeckRS 2015, 02453). Zu beachten ist allerdings, dass nach § 43 Abs. 2 SGB XI Kosten für die pflegebedingten Aufwendungen, die Aufwendungen der sozialen Betreuung und die Aufwendungen für Leistungen der medizinischen Behandlungspflege pauschal abgegolten werden, also nur die Pflegeleistungen betreffen.

5.3.2 Verringerung des Entgelts bei Abwesenheit des Bewohners

Ist der Bewohner länger als drei Tage abwesend, muss sich das Pflegeheim ab dem 4. Tag den Wert der dadurch ersparten Aufwendungen auf seinen Entgeltanspruch anrechnen lassen, § 7 Abs. 5 WBVG. Das Pflegeheim kann hierzu vertraglich eine Pauschalierungsabrede treffen, § 7 Abs. 5 S. 2 WBVG. Nach § 87a Abs. 1 Satz 7 SGB XI sind in die Rahmenverträge Abschläge von mindestens 25 % der Pflegevergütung, der Entgelte für Unterkunft und Verpflegung und der Entgelte für eine integrierte Versorgung aufzunehmen.

Bezieht der Bewohner Leistungen der Pflegeversicherung, reduziert sich bei einer Abwesenheit von mehr als drei Tagen der Vergütungsanspruch auf 75 % des Entgelts, § 23 Abs. 3 Rahmenvertrag BW.

5.3.3 Sondervergütungen

Für **besondere Komfortleistungen** bei Unterkunft und Verpflegung sowie für zusätzliche pflegerisch-betreuende Leistungen darf das Pflegeheim nach § 88 SGB XI eine Zusatzvergütung vereinbaren. Eine Gewährung und Berechnung von Zusatzleistungen ist allerdings nur zulässig, wenn dadurch die notwendigen Leistungen der Einrichtung nicht beeinträchtigt werden und die angebotenen Zusatzleistungen nach Art, Umfang, Dauer und Zeitabfolge sowie Höhe der Zuschläge und Zahlungsbedingungen vorher schriftlich zwischen der Einrichtung und dem Bewohner vereinbart werden (§ 88 Abs. 2 SGB XI). Ferner müssen das Leistungsangebot und die Leistungsbedingungen den Landesverbänden der Pflegekassen und den überörtlichen Trägern der Sozialhilfe im Land vor Leistungsbeginn schriftlich mitgeteilt worden sein.

Sondervergütungen dürfen vom Heimträger nur verlangt werden, wenn die erbrachten Leistungen **nicht als Grundleistungen** durch den Rahmenvertrag abgedeckt sind. So hatte das Verwaltungsgericht Stuttgart über die Rechtmäßigkeit einer Sondervergütung zu entscheiden, welche im Rahmen von Begleitungen zu Arztbesuchen erhoben wurde. Das Verwaltungsgericht Stuttgart urteilte, dass der Heimvertrag unter anderem die vom Betreiber zu erbringenden Leistungen regele. Soweit diese durch den Rahmenvertrag der Pflegeversicherung erfasst werden, könne keine Sondervergütung verlangt werden. Die vom

Heimträger zu erbringenden Leistungen ergäben sich aus dem zwischen ihm und dem Bewohner nach den Vorgaben des WBVG geschlossenen Vertrag und den sonstigen Rechtsvorschriften. Aus dem für das Land (hier Baden-Württemberg) bestehenden sozialversicherungsrechtlichen Rahmenvertrag für die vollstationäre Pflege ergäbe sich, dass eine Unterstützung bei der teilweisen oder vollständigen Übernahme der Verrichtungen im Ablauf des täglichen Lebens vom Heimbetreiber geschuldet wird. Dazu rechne auch eine Unterstützung bei der für diesen Ablauf notwendigen Mobilität. Soweit ein Arztbesuch außerhalb der Einrichtung zwingend notwendig und eine Begleitung durch Dritte nicht sichergestellt sei, habe der Heimbetreiber für diese Sorge zu tragen. Für diese Grundleistung könne er keine gesonderte Vergütung vereinbaren (VG Stuttgart, NJW-Spezial 2011, 386). Der Heimaufsichtsbehörde steht allerdings keine Rechtsgrundlage zur Seite, um die kostenlose Begleitung des Bewohners zu Arztbesuchen gegenüber dem Pflegeheim anordnen zu können (VGH Baden-Württemberg, Urt. v. 9.7.2012, 6 S 773/11).

Zu den **Grundleistungen** gehört auch die **Verwaltung des Bargeldes** des Bewohners, sofern dieser hierzu selbst nicht in der Lage ist. Das Pflegeheim darf die Bargeldverwaltung nicht als Zusatzleistung gem. § 88 SGB XI abrechnen. Hierüber hatte das Sächsische Oberverwaltungsgericht am 13.12.2005 zu entscheiden. In den Entscheidungsgründen wird ausgeführt (siehe Sächsisches Oberverwaltungsgericht, Urt. v.13.12.2005, 4 B 886/2004, NJ 2006, 184):

> „Die Verwaltung des Barbetrages durch ein Pflegeheim für einen Heimbewohner, der wegen seiner Krankheit oder Behinderung seinen Barbetrag nicht selber verwalten kann, ist eine der sozialen Betreuung i.S.v. § 28 Abs. 1 Nr. 8 SGB XI zuzuordnende Unterstützungsleistung, weil sie mit derjenigen typischerweise vergleichbar ist, die dem Hilfebedürftigen außerhalb einer Einrichtung bei der Verwaltung seines Taschengeldes von Familienangehörigen oder sonst nahe stehenden Personen zuteil werden würde. Ebenso wie diese Personen einem außerhalb eines Pflegeheimes lebenden Pflegebedürftigen bei seiner persönlichen Lebensführung helfen und sich nicht auf die Gewährleistung von Grundpflege, Unterkunft und Verpflegung beschränken können, muss auch das Pflegeheim für den Pflegebedürftigen, der in dem Heim seinen neuen Lebensmittelpunkt finden muss, diese soziale Betreuungsarbeit leisten. Diese Betreuung bezieht sich insbesondere auch auf Hilfen zur Erledigung persönlicher Angelegenheiten, wie etwa die Beratung über den Umgang mit dem zur persönlichen Verfügung gewährten Barbetrag oder auch dessen Verwaltung (wenn der Bewohner eines Pflegeheims aufgrund der zur Pflegebedürftigkeit führenden Krankheit oder Behinderung nicht in der Lage ist, sein Bargeld selbst zu verwalten, kann er vom Pflegeheim die Verwaltung seines Bargeldkontos verlangen). Eine gesonderte Gebühr kann das Pflegeheim hierfür nicht verlangen. Bei einem stationären Aufenthalt ist neben der Pflege die Betreuung des Bewohners geschuldet (§§ 28 Abs. 1 Ziff. 8, 43 Abs. 2 Satz 1 SGB XI). Die Bargeldverwaltung ist als soziale Stützungsleistung über die pauschalen Beträge der Pflegeversicherung abgegolten."

Diese Verpflichtung findet sich auch in den Rahmenverträgen wieder. So beschreibt § 1 Ziff. d) des Rahmenvertrages Baden-Württemberg die Hilfen bei der persönlichen Lebensführung als Unterstützung bei der Orientierung zur Zeit, zum Ort und zur Person, zur Gestaltung des persönlichen Alltags und eines Lebens in der Gemeinschaft, zur Bewältigung von Lebenskrisen und zur Begleitung Sterbender und ihrer Angehörigen sowie zur Unterstützung bei der Erledigung persönlicher Angelegenheiten als Inhalt der zu erbringenden

Pflegeleistungen. Auch der BGH geht im Fall der Eingliederungshilfe von einer Verpflichtung des Heimes zur kostenlosen Bargeldverwaltung aus (BGH, Urteil vom 02.12.2010 – III ZR 19/10, BeckRS 2010, 30541).

Stellt das Pflegeheim dem Bewohner dennoch Gebühren für die Verwaltung des Barbetrages in Rechnung, sind diese bei Bedürftigkeit vom Sozialhilfeträger über die Hilfe zur Pflege nach § 61 SGB XII i.V.m. § 28 Abs. 1 Ziff. 8 SGB XI zu übernehmen. Dem Bewohner des Pflegeheims ist es nämlich nicht zuzumuten, seinen Anspruch auf kostenlose Bargeldverwaltung gegenüber dem Pflegeheim durchzusetzen, da er sich damit in eine Konfliktsituation bringen würde (Sächsisches Oberverwaltungsgericht, Urt. v. 13.12.2015, 4 B 886/04).

Auch die **Wäschekennzeichnung** ist Regelleistung und darf nicht zusätzlich vergütet werden (Hessischer VGH, Urt. v. 8.8.2013, 10 A 902/13).

5.3.2 Verpflichtung zum vertragsgemäßen Gebrauch

Den Bewohner treffen Pflichten aus dem Mietverhältnis wie bspw.

- die Pflicht zum vertragsgemäßen Gebrauch des Wohnraums und der sonstigen Einrichtungen,
- die Pflicht zur Rücksichtnahme (resultierend aus dem Dienstvertragsrecht),
- die Verpflichtung zur Einhaltung zur Hausordnung, soweit diese schriftlich vereinbart wurde (Grüneberg/*Weidenkaff*, 82. Aufl. § 7 WBVG Rn. 3).

5.4 Ansprüche bei Nicht- oder Schlechtleistung

Erbringt das Pflegeheim die vertraglichen Leistungen ganz oder teilweise nicht oder weisen sie nicht unerhebliche Mängel auf, kann der Verbraucher unbeschadet weitergehender zivilrechtlicher Ansprüche bis zu sechs Monate rückwirkend eine **angemessene Kürzung des vereinbarten Entgelts** verlangen, § 10 Abs. 1 WBVG. Die Kürzung des Entgelts muss vom Bewohner verlangt werden. Das Verlangen ist formlos möglich. Das Kürzungsrecht steht dem Bewohner bei Schlechterfüllung oder Nichterfüllung der vom Pflegeheim geschuldeten Leistungen zu.

Bei einer Schlechterfüllung muss der Mangel allerdings erheblich sein, das bedeutet, dass die Tauglichkeit des Wohnraums zum vertraglichen Gebrauch, die der Pflege, der Betreuung oder der sonstigen Leistung zum gewöhnlichen oder vertraglich vorausgesetzten Nutzen erheblich gemindert sein muss (Grüneberg/*Weidenkaff*, 82. Aufl., § 10 WBVG Rn. 3). Der Bewohner hat die Voraussetzungen des Minderungsrechts zu beweisen.

Ein Kürzungsrecht entfällt, soweit wegen des Mangels zwischen dem Pflegeheim und den Pflegekassen sowie dem für die Bewohner des Pflegeheims zuständigen Träger der Sozialhilfe eine Kürzung des Entgelts bereits nach § 115 Abs. 3 SGB XI vereinbart wurde, § 10 Abs. 4 WBVG.

Bei Bewohnern, welche Leistungen nach dem SGB XII beziehen, steht das Kürzungsrecht bis zur Höhe der erbrachten Leistungen vorrangig dem Träger der Sozialhilfe zu, § 10 Abs. 5 WBVG.

Ist der Wohnraum von einem **Mangel** betroffen, muss der Bewohner diesen dem Pflegeheim **unverzüglich anzeigen**, § 10 Abs. 2 WBVG. Unterlässt er dies, hat er keinen Kürzungsanspruch. Ein Verschulden des Betreuers oder des Bevollmächtigten bei dem Unterlassen der Anzeige wird dem Bewohner zugerechnet (Grüneberg/*Weidenkaff*, 82. Aufl., § 10 WBVG Rn. 4).

5.5 Vertragsanpassung bei Änderung des Pflege- oder Betreuungsbedarfs

Ändert sich der Pflege- oder Betreuungsbedarf des Bewohners, muss das Pflegeheim eine entsprechende Anpassung seiner Leistungen anbieten. Nimmt der Bewohner das Angebot an, erhöht oder verringert sich das Entgelt in dem Umfang, in dem der Bewohner das Angebot angenommen hat, § 8 Abs. 1 WBVG.

5.6 Rahmenverträge der Länder nach § 75 SGB XI

Gem. § 75 SGB XI schließen die Landesverbände der Pflegekassen unter Beteiligung des MDK mit den Vereinigungen der privat gewerblichen und der gemeinnützigen Träger Rahmenverträge. Hierin werden der Inhalt der Pflegeleistungen sowie die Abgrenzung zwischen allgemeinen Pflegeleistungen, Leistungen für Unterkunft und Verpflegung und Zusatzleistungen geregelt. Darüber hinaus werden darin die örtlichen Einzugsbereiche sowie Abrechnungen und Prüfungen festgelegt. Die Rahmenverträge enthalten zum Teil auch Personalschlüssel.

Die **zuständigen Sozialhilfeträger** sind am Abschluss des Rahmenvertrages zu **beteiligen**. Die Rahmenverträge sind nach § 75 Abs. 7 Satz 3 SGB XI für alle Pflegekassen und deren Verbände sowie für die zugelassenen Pflegeeinrichtungen unmittelbar verbindlich.

Durch die Rahmenverträge soll eine einheitliche, wirksame und wirtschaftliche pflegerische Versorgung gewährleistet werden, ohne dass es der jeweiligen Einzelverhandlung durch den Einrichtungsträger bedarf (*Möwisch/Hons*, Der Heimvertrag, 2. Aufl., S. 16).

Nach § 1 Abs. 1 Satz 1 des Rahmenvertrages Baden-Württemberg beinhalten die Pflegeleistungen die im Einzelfall erforderlichen Hilfen zur Unterstützung, zur teilweisen oder zur vollständigen Übernahme von Verrichtungen im Ablauf des täglichen Lebens oder zur Beaufsichtigung oder Anleitung mit dem Ziel der eigenständigen Übernahme dieser Verrichtungen. Dabei sollen die Hilfen Maßnahmen enthalten, die die Pflegebedürftigkeit mindern sowie einer Verschlimmerung der Pflegebedürftigkeit und der Entstehung von Sekundärerkrankungen vorbeugen, wobei der besondere Pflege- und Betreuungsbedarf Pflegebedürftiger mit geistigen Behinderungen, psychischen Erkrankungen, demenzbedingten Fähigkeitsstörungen und anderen Leiden des Nervensystems zu beachten ist.

Nach § 15 WBVG müssen Verträge mit Bewohnern, die Unterstützungsleistungen beziehen, den Regelungen des SGB XI und des SGB XII genügen. Dies hat zur Folge, dass sich die Pflegeheimverträge inhaltlich an den sozialrechtlichen Rahmenverträgen der Länder ausrichten müssen (BVerwG, NZS 2014, 667). Als Beispiel sei hier der Rahmenvertrag des

Landes Baden-Württemberg genannt, der online abrufbar ist unter: https://www.biva.de/dokumente/gesetze/Landesrahmenvertrag-VS-BW.pdf (Abruf: 26.6.2023).

5.7 Einzelne Regelungen des Heimvertrages im Lichte des Verbraucherschutzes

Der Heimvertrag unterliegt der Kontrolle der §§ 305 ff. BGB. Verletzungen gegen verbraucherschützende Vorschriften können bspw. von Dachverbänden als sog. qualifizierte Einrichtungen, welche vom Bundesamt für Justiz gemäß § 4 Abs. 2 UKlG (Unterlassungsklagengesetz) gelistet sind, gerichtlich geltend gemacht werden. Die Liste kann auf der Internetseite des Bundesamtes für Justiz unter www.bundesjustizamt.de > Bürgerdienste > Verbraucherschutz > Liste qualifizierter Einrichtungen heruntergeladen werden.

Als unzulässig wurden bspw. folgende Klauseln erklärt (Beispiele nach LG Düsseldorf, Urt. v. 25.6.2014, 12 O 273/13, BeckRS 2014, 17614)

- *Ausschluss der Haftungsübernahme bei Abhandenkommen nicht gekennzeichneter Wäschestücke beim Wäschedienst*

Hier liegt ein Verstoß gegen die §§ 309 Nr. 7b, 307 Abs. 1 BGB vor. Soweit das Pflegeheim die Wäschereinigung schuldet, hat es die Obhut über die zu reinigenden Kleidungsstücke übernommen. Daraus folgt die Obliegenheit, Schutzmaßnahmen gegen den Verlust der Kleidungsstücke zu treffen. Dieser Obliegenheit läuft der Haftungsausschluss für nicht gekennzeichnete Kleidungsstücke zuwider (OLG Düsseldorf, Urt. v. 25.6.2014, BeckRS 2014, 17614).

- *Entgelterhöhung durch einseitige Erklärung für den Fall der Änderung der Berechnungsgrundlage*

Die Klausel verstößt nach Ansicht des LG Düsseldorf gegen § 307 Abs. 1, Abs. 2 Nr. 1 BGB sowie § 9 Abs. 1 und § 16 WBVG. Der BGH hat sich in seiner Entscheidung vom 12.5.2016 (BGH, NJW-RR 2016, 944) ebenfalls für die Unwirksamkeit einer Klausel, die dem Heimträger die Möglichkeit der einseitigen Entgelterhöhung eröffnen sollte, ausgesprochen. § 9 WBVG enthält anders als § 7 Abs. 2 Satz 1 HeimG keine ausdrückliche Ermächtigung des Heimträgers, das Entgelt ohne Zustimmung des Bewohners zu erhöhen. Einmal geschlossene Verträge können grundsätzlich nur gemeinschaftlich von den Vertragspartnern geändert werden. Dies gilt auch dann, wenn die Erhöhung und ihre Angemessenheit aufgrund einer Vereinbarung mit dem Träger der Pflegeversicherung (§ 85 SGB XI) oder der Sozialhilfe (§ 76 SGB XII) feststeht. In diesem Fall entfällt nur die Prüfung der Angemessenheit nach § 7 Abs. 2 und 3 WBVG (BGH, NJW-RR 2016, 944, (Grüneberg/Weidenkaff, § 9 WBVG Rn. 2).

- *Entgelterhöhung durch einseitige Erklärung bei Änderung der gesondert berechenbaren investiven Aufwendungen bei Änderung von deren Berechnungsgrundlage*

Mit „gesondert berechenbaren investiven Aufwendungen“ sind Kosten für Gebäude (Bau/Pacht/Instandhaltung), Inventar (Möbel/technische Anlagen wie bspw. Aufzug/Notruf) und Außenanlagen (Gestaltung und Pflege) gemeint.

Auch diesbezüglich ist eine einseitige Erhöhung ohne Zustimmung des Bewohners nicht möglich. Eine den Heimträger dahingehend ermächtigende Klausel ist nach § 307 Abs. 1, Abs. 2 Nr. 1 BGB sowie nach § 9 Abs. 1 und § 16 WBVG unwirksam. Die vorstehenden Ausführungen gelten entsprechend.

- *Erteilung einer widerruflichen Vollmacht seitens des Heimbewohners an den Heimträger zum Stellen von Anträgen und zur Abgabe von Erklärungen mit Blick auf Leistungen nach der Sozialhilfe und Neueinstufungen im Sinne der §§ 14 und 15 SGB XI.*

Die Klausel stellt eine unangemessene Benachteiligung dar und verstößt damit gegen § 307 Abs. 1, Abs. 2 Nr. 1 BGB, § 87a Abs. 2 SGB XI. Gem. § 87a Abs. 2 SGB XI ist der Bewohner nur nach vorherigem schriftlichen Verlangen des Heimträgers dazu verpflichtet, einen Antrag auf Anhebung der Pflegestufe bei der zuständigen Pflegekasse zu stellen. Eine dahingehende Bevollmächtigung lässt sich mit dem wesentlichen Grundgedanken dieser gesetzlichen Regelung nicht vereinbaren.

Stellt der pflegebedürftige Bewohner den entsprechenden Antrag nicht, kann der Heimträger ab dem 2. Monat nach erfolgter schriftlicher Aufforderung einen höheren Pflegesatz berechnen, § 87a Abs. 3 SGB XI. Der Gesetzgeber hat mit dieser Regelung bewusst darauf verzichtet, dem Heimträger ein eigenes Antrags- oder Klagerecht einzuräumen (SG Dortmund, Urt. v. 11.3.2003, S 12 P 144/00 - juris). Durch eine umfassende Bevollmächtigung wird diese Regelung umgangen. Darüber hinaus könnte die Bevollmächtigung dazu führen, dass ein Antragsverfahren ohne Kenntnis des Heimbewohners in Gang gesetzt wird.

- *Verpflichtung zum Abschluss einer Ergänzungsvereinbarung im Falle der Unwirksamkeit einer Regelung*

Der Wortlaut der Klausel lautete:

> „Sollte eine Regelung dieses Vertrages, auf dessen Charakter als allgemeine Geschäftsbedingungen hiermit ausdrücklich hingewiesen wird, von der Rechtsprechung als unwirksam erachtet werden, so werden die Parteien ggf. im Einzelfall eine Ergänzungsvereinbarung treffen."

Zwar enthält die Klausel keinen direkten Anspruch des Heimträgers auf den Abschluss einer Vertragsänderung, jedoch kommt sie unter Berücksichtigung der aus der Abhängigkeit der Heimbewohner folgenden unterlegenen Stellung, einem „Anspruch auf Modifizierung des Vertrages" sehr nahe. Ferner entspricht die Klausel im Hinblick auf die Formulierung „ggf. im Einzelfall" nicht dem Transparenzgebot, da aus ihr nicht deutlich wird, wann und unter welchen Umständen eine Ergänzungsvereinbarung zu treffen ist. Damit ist die Klausel mit dem Grundgedanken des § 306 Abs. 2 BGB nicht zu vereinbaren, sodass eine unangemessene Benachteiligung des Heimbewohners vorliegt. Die Klausel ist nach den §§ 307 Abs. 1, Abs. 2, 306 BGB unwirksam.

5.8 Muster eines Heimvertrages

I. Einleitung

Vorbemerkungen

Vor Abschluss dieses Vertrages wurde dem Verbraucher am ... die Information gemäß § 3 WBVG mit den ergänzenden Unterlagen ausgehändigt und mündlich erläutert. Diese Information ist Grundlage des Vertrages.

Allgemeines zur Konzeption

(1) Der Unternehmer führt das Unternehmen als Dienstleistungsbetrieb. Ziel des Unternehmens ist es, ...

Vorstellung des Leitbildes

(2) Der Unternehmer hält sich an die Bestimmungen des Wohn- und Betreuungsvertragsgesetzes (WBVG), das Landesheimgesetz und seine Verordnungen sowie an die gesetzlichen Vorgaben aus dem Pflegeversicherungsgesetz (SGB XI) und dem Sozialgesetzbuch XII - Sozialhilfe (SGB XII).

Der Unternehmer ist durch den Abschluss des Versorgungsvertrages gem. § 72 SGB XI durch die Pflegekassen zur Erbringung folgender Leistungen zugelassen:

- vollstationäre Pflege
- Kurzzeitpflege
- ...

Rechtliche Grundlagen

Art, Inhalt und Umfang der allgemeinen Pflegeleistungen ergeben sich insbesondere aus der jeweils gültigen Fassung des Rahmenvertrages gem. § 75 Abs. 1 SGB XI zur vollstationären Pflege, der diesem Vertragstext als Anlage 1 beigefügt ist.

Rahmenvertrag

Die Regelungen des Rahmenvertrages gemäß § 75 SGB XI, des Versorgungsvertrages, der Vergütungsvereinbarung mit den Leistungs- und Qualitätsmerkmalen nach § 84 SGB XI sowie der Leistungsvereinbarung nach § 75 Abs. 2 SGB XII sind in der jeweils gültigen Fassung verbindliche Grundlage dieses Heimvertrages. Sie können jederzeit beim Unternehmer eingesehen werden. Auf Wunsch erhält der Verbraucher eine Kopie.

Der Unternehmer erfüllt die Qualitätsbestimmungen. Er verfügt über ein internes Qualitätssicherungskonzept und beteiligt sich an externen Maßnahmen der Qualitätssicherung.

II. Leistungen des Unternehmers

1 Leistungen der allgemeinen Pflege

Allgemeines

(1) Der Verbraucher erhält die nach Art und Schwere seiner Pflegebedürftigkeit erforderlichen Pflegeleistungen. Die Leistungen werden nach dem allgemeinen Stand der pflegewissenschaftlichen Erkenntnisse erbracht.

Die Pflege orientiert sich an dem Modell …

(2) der Verbraucher ist Versicherter der:

- gesetzlichen Pflegeversicherung
- nicht pflegeversichert
- einer privaten Pflegeversicherung
- zusatzversichert bei …

Umfang

(3) Die Leistungen der allgemeinen Pflege umfassen:

- Hilfen bei der Körperpflege
- Hilfen bei der Ernährung
- Hilfen bei der Mobilität
- Hilfen bei der persönlichen Lebensführung
- Soziale Betreuung

Der Inhalt und Umfang dieser Leistungen richten sich nach den persönlichen und individuellen Bedürfnissen des Verbrauchers und dem Maß des Notwendigen. Die inhaltliche Festlegung derjenigen Leistungen, die der Verbraucher beanspruchen kann, wird durch die Rahmenverträge gemäß § 75 SGB XI festgelegt, die auf der Ebene der Bundesländer abgeschlossen werden. Der Inhalt des Rahmenvertrages ist verbindlich, sodass die Leistungen unter dem Punkt „Inhalt der allgemeinen Pflegeleistungen" Gegenstand dieses Vertrages sind.

Besonderes Betreuungsangebot nach § 87b Abs. 1 SGB XI

(4) Der Unternehmer hält ein besonderes Betreuungsangebot für Pflegebedürftige mit dauerhaft erheblich eingeschränkter Alltagskompetenz gemäß § 87b Abs. 1 SGB XI vor. Das Angebot umfasst eine zusätzliche Betreuung und Aktivierung des Verbrauchers über die nach Art und Schwere der Pflegebedürftigkeit erforderliche Versorgung hinaus. Voraussetzung für die Inanspruchnahme des Angebotes ist eine Bedarfsstellung durch den MDK im Auftrag der Kassen bzw. die Durchführung eines Assessmentverfahrens analog zu § 45a SGB XI durch die Einrichtung. Die Pflegekassen zahlen für diese zusätzliche Betreuung einen Vergütungszuschlag an den Unternehmer. Die Leistungen sind für Verbraucher, die in der sozialen Pflegeversicherung versichert sind, kostenfrei und werden vom Unternehmer direkt mit der Pflegekasse

abgerechnet. Privatversicherte erhalten die Leistungen entsprechend bei Vorliegen einer Kostenzusage.

Qualität

(5) Die Leistungen der allgemeinen Pflege werden entsprechend dem allgemein anerkannten Stand der fachlichen Erkenntnisse und unter Beachtung der Qualitätsgrundsätze des SGB XI erbracht.

Pflegedokumentation

(6) Die Pflegeplanung und die Pflegeleistungen werden dokumentiert. Die Pflegedokumentation ist Eigentum des Unternehmers und kann von dem Verbraucher oder einer von ihm benannten Person eingesehen werden.

Leistungsanpassung

(7) Der Unternehmer passt die Pflege an den jeweiligen Pflegebedarf und den Gesundheitszustand des Verbrauchers gemäß § 8 Abs. 1 WBVG an. Unternehmer und Verbraucher können die erforderlichen Änderungen des Heimvertrages verlangen. Der Unternehmer darf in diesem Fall das Entgelt gemäß § 8 Abs. 2 WBVG durch einseitige Erklärung in angemessenem Umfang entsprechend den angepassten Leistungen erhöhen bzw. senken.

Leistungsausschluss nach § 8 Abs. 4 WBVG

(8) Der Unternehmer ist nach seiner konzeptionellen, personellen und baulichen Ausrichtung darauf eingerichtet, Verbraucher mit folgenden Krankheitsbildern zu versorgen:

(z.B. Komapatienten, Beatmungspflichtige, Menschen mit akuten Suchterkrankungen, …)

Der Ausschluss erfolgt aufgrund der mit den Kostenträgern abgeschlossenen Leistungsvereinbarung, weil

…

Tritt ein derartiger Pflege- oder Betreuungsbedarf nach Abschluss des Vertrages ein, kann der Unternehmer den Vertrag kündigen.

Ärztliche und therapeutische Leistungen

(9) Ärztliche Leistungen werden von dem Unternehmer nicht erbracht. Auf Wunsch vermittelt der Unternehmer dem Verbraucher ärztliche Hilfe. Der Unternehmer hat entsprechende Kooperationsvereinbarungen geschlossen. Diese können in der Einrichtung eingesehen werden.

Therapeutische Leistungen der Physiotherapie, der Logopädie und der Ergotherapie sind nicht Bestandteil dieses Vertrages. Sie werden durch externe Therapeuten auf Verordnung des Arztes erbracht. Der Unternehmer ist bei der Vermittlung dieser Leistungen behilflich. Der Unternehmer hat entsprechende Kooperationsverträge geschlossen. Diese können in der Einrichtung eingesehen werden.

2 Leistungen der Behandlungspflege

Allgemeines

(1) Der Unternehmer erbringt Leistungen der medizinischen Behandlungspflege, soweit diese nicht vom behandelnden Arzt erbracht werden und eine gesetzliche Verpflichtung des Heimes zur Leistungserbringung nach dem SGB XI besteht. Die Leistungen der medizinischen Behandlungspflege werden in Zusammenarbeit mit den behandelnden Ärzten des Verbrauchers durch die Pflegekräfte des Unternehmers erbracht. Die Pflegekräfte unterstützen die Ziele ärztlicher Behandlung durch pflegerische Maßnahmen und führen ärztlich veranlasste und verordnete Maßnahmen der medizinischen Behandlungspflege durch, sofern der Arzt bei der Pflegedokumentation mitwirkt und Veranlassungen notiert.

Voraussetzung für die Durchführung

(2) Die Pflegekräfte des Unternehmers sind nur dann verpflichtet, Maßnahmen der medizinischen Behandlungspflege durchzuführen, wenn folgende Voraussetzungen vorliegen:

- Wenn die Behandlungspflege vom behandelnden Arzt veranlasst wurde und dies in der Dokumentation vom Arzt dokumentiert ist,
- wenn die persönliche Durchführung durch den behandelnden Arzt nicht erforderlich ist,
- wenn dem Mitarbeiter im Einzelfall kein Weigerungsrecht zusteht,
- wenn der Verbraucher mit der Durchführung der Maßnahme durch Pflegekräfte des Heims einverstanden ist und im Übrigen in die Maßnahme eingewilligt hat.

Hilfsmittel

(3) Der Unternehmer stellt dem Verbraucher die erforderlichen Hilfsmittel gemäß § 40 SGB XI zur Verfügung. Medizinische Hilfsmittel i.S. des § 33 SGB V werden grundsätzlich nicht zur Verfügung gestellt, sofern nicht separate Vereinbarungen mit den Krankenkassen geschlossen worden sind, z.B. bei Inkontinenzartikeln.

Freie Arztwahl

(4) Ärztliche Leistungen werden vom Unternehmer nicht erbracht. Der Unternehmer vermittelt aber auf Wunsch und unter Wahrung der freien Arztwahl die ärztliche Betreuung des Verbrauchers.

Apothekenvertrag

(5) Der Unternehmer wird mit einer Apotheke einen Vertrag schließen, in dem die Versorgung des Verbrauchers mit Arzneimitteln und apothekenpflichtigen Medikamenten geregelt wird. Grundsätzlich ist darüber hinaus der Verbraucher nicht verpflichtet, sich seine Medikamente über diese Apotheke zu besorgen.

3 Leistungen der sozialen Betreuung

Ziel

(1) Ziel der Leistungen der sozialen Betreuung ist es insbesondere, Vereinsamung, Apathie, Depression und Immobilität zu vermeiden und dadurch einer Verschlimmerung der Pflegebedürftigkeit vorzubeugen beziehungsweise diese zu mindern. Die Leistungen der sozialen Betreuung dienen daher der Orientierung, der Gestaltung des persönlichen Alltags, der Bewältigung von Lebenskrisen, der Unterstützung bei den persönlichen Angelegenheiten und der Anleitung mit dem Ziel der eigenständigen Übernahme der Verrichtungen des täglichen Lebens.

Umfang

(2) Die Leistungen der sozialen Betreuung umfassen je nach Erfordernis des Einzelfalls zum Beispiel:

- Beratung und Unterstützung beim Einzug
- Kontakte zu Angehörigen und gesetzlichen Betreuern
- Beratung in persönlichen Angelegenheiten und Heimangelegenheiten
- Unterstützung beim Schrift- und Behördenverkehr
- Anleitung zum strukturierten Tagesablauf und zur Tagesgestaltung
- Angebote der Beschäftigungstherapie
- Maßnahmen zur Förderung der Selbsthilfe und Selbstständigkeit
- Hilfen bei der persönlichen Lebensführung
- Sterbebegleitung

Die Leistungserbringung der sozialen Betreuung soll das soziale Umfeld und die Angehörigen des Verbrauchers integrieren und ihre Leistungen daran ausrichten.

4 Leistungen des Wohnens und der Unterkunft

Unterkunft

(1) Der Unternehmer überlässt dem Verbraucher:

- ein Einzelzimmer
- ein Doppelzimmer zur Mitbenutzung
- ein Appartement
- ...

Größe

(2) Die Größe des überlassenen Wohnplatzes beträgt ca. ... qm, er befindet sich in der ... Etage/im Erdgeschoss und trägt die Nr. .... Bei Doppel- bzw. Mehrbettzimmern bezieht sich die Größe auf die Gesamtfläche des zur Mitbenutzung überlassenen Raumes.

Ausstattung

(3) Das Zimmer ist

- individuell möblierbar
- teilmöbliert mit
- Pflegebett
- Kleiderschrank
- Nachttisch
- Tisch
- Stuhl (Anzahl: …)
- Sessel (Anzahl: …)
- Leuchtkörper (Anzahl: …)
- Badezimmerschrank
- Garderobe
- Waschtisch
- …

(4) Das Zimmer ist wie folgt ausgestattet:

- Bad mit Dusche und WC
- Bad / WC in gemeinsamer Nutzung
- Telefonanschluss
- Satellitenantenne
- Balkon / Terrasse
- Haus–Notrufsystem
- …

Persönliche Ausstattung

(5) Dem Verbraucher ist es gestattet, das Zimmer mit persönlichen Einrichtungsgegenständen auszustatten. Über den Umfang des eingebrachten persönlichen Mobiliars ist vor dem Einzug unter Berücksichtigung der zu erbringenden Betreuungs- und Pflegeleistungen mit dem Unternehmer ein Einvernehmen herzustellen. Bei einem Doppelzimmer ist zusätzlich auf die Belange des Mitbewohners Rücksicht zu nehmen.

Ausstattung der Unternehmer

(6) Der Unternehmer bietet dem Verbraucher Räume zur Begegnung und zur Teilnahme am Gemeinschaftsleben des Hauses.

Zurzeit stehen dem Verbraucher zur Verfügung

- Aufenthaltsraum
- Speisenraum
- Garten
- Kapelle
- Kiosk
- Friseur
- Restaurant
- Schwimmbad
- Gymnastikraum
- Teeküche
- Waschmaschine/Trockner
- ...

Der Unternehmer behält sich vor, dieses Angebot entsprechend den wirtschaftlichen Rahmenbedingungen anzupassen und zu modifizieren.

Bauliche Veränderungen

(7) Bauliche Eingriffe oder Änderungen an baulichen oder technischen Einrichtungen wie Klingel, Lampen, Antennenanlage usw. in dem überlassenen Wohnraum dürfen nur mit vorheriger schriftlicher Genehmigung des Unternehmers vorgenommen werden.

(8) Die Wohnraumüberlassung umfasst auch die Bereitstellung von sonstigen sanitären Einrichtungen, Heizung, Beleuchtung, Kalt- und Warmwasserversorgung, Müll- und Abwasserentsorgung, Durchführung der Reinigungs- und Instandhaltungsmaßnahmen, Instandhaltung nicht jedoch in Bezug auf die u.U. vom Verbraucher eingebrachten Gegenstände.

Sonstige Nebenleistungen

(9) Der dem Verbraucher überlassene Wohnraum ist bei Beendigung des Vertrages in ordnungsgemäßem Zustand zurückzugeben. Bei schuldhafter, vertragswidriger Abnutzung des Wohnraums durch den Verbraucher trägt dieser die Kosten der dadurch notwendigen Instandsetzung.

Zutrittsgewährung

(10) Der Verbraucher hat dem Unternehmer oder einem Beauftragten des Unternehmers Zutritt zu dem ihm überlassenen Wohnraum zu gestatten, soweit dies zur Erfüllung der vertraglichen Pflichten erforderlich ist. Der Unternehmer ist berechtigt, bei Gefahr im Verzug oder Gefahr für Leib oder Leben den überlassenen Wohnraum des Verbrauchers auch ohne dessen Genehmigung zu betreten. Der Verbraucher hat sicherzustellen, dass der Unternehmer oder sein Beauftragter das Recht zum Betreten des überlassenen Wohnraums auch bei Anwesenheit des Verbrauchers wahr-

nehmen kann. Ein Betretungsrecht besteht auch für die Überprüfung des Zustandes der Unterkunft und zur Durchführung von Reparatur- und Instandsetzungsarbeiten. Hierüber ist der Verbraucher rechtzeitig zu verständigen.

(11) Dem Wunsch des Verbrauchers, innerhalb des Heimes umzuziehen, soll – soweit möglich – entsprochen werden. Die Kosten des Umzuges gehen zu Lasten des Verbrauchers.

5 Leistungen der Verpflegung

(1) Der Unternehmer stellt eine abwechslungsreiche, dem derzeitigen ernährungswissenschaftlichen Erkenntnisstand entsprechende Verpflegung zur Verfügung. Der Unternehmer verpflichtet sich, entsprechend den Vorschriften des Rahmenvertrages unter Punkt „Unterkunft und Verpflegung" die Verpflegungsleistungen unter Beachtung der nachfolgenden Regelungen vorzuhalten.

Mahlzeiten

(2) Der Unternehmer bietet dem Verbraucher folgende Mahlzeiten an, die im Entgelt der Unterkunft und Verpflegung enthalten sind:

- Frühstück
- Mittagessen
- Nachmittagskaffee
- Abendessen
- zzgl. Zwischenmahlzeiten

Das Frühstück wird entweder in Form eines Buffets oder eines Tischservices gereicht.

Beim Mittagessen kann zwischen ... Gerichten gewählt werden. Der Speiseplan wird im Voraus bekannt gegeben.

Das Abendessen wird entweder als Buffet oder als Tischservice gereicht.

Kostformen

(3) Der Unternehmer bietet folgende Kostformen an:

- Vollkost
- vegetarische Kost
- ärztlich angeordnete Diabetesdiät
- ärztlich angeordnete Sonderkost

Getränke

(4) Alkoholfreie Getränke (Mineralwasser, Säfte oder Limonaden, Kaffee, Tee) werden zu und zwischen den Mahlzeiten unter Berücksichtigung des erhöhten Flüssigkeitsbedarfs in ausreichendem Umfang zur Verfügung gestellt. Die Auswahl der Getränke variiert entsprechend den Jahreszeiten und den vorgesehenen Mahlzeiten.

Speiseraum

(5) Die Mahlzeiten und Getränke werden grundsätzlich in den dafür vorgesehenen Räumen serviert. Kann der Verbraucher wegen Krankheit oder Pflegebedürftigkeit die gemeinschaftlichen Räumlichkeiten nicht aufsuchen, werden die Mahlzeiten ohne zusätzliche Entgeltabrechnung im Zimmer serviert.

(6) Die Zeiten der Mahlzeiten sollen vom Unternehmer im Einvernehmen mit dem Heimbeirat festgelegt und bekannt gemacht werden.

Erstattung nicht beanspruchter Leistungen

(7) Sollte der Verbraucher Leistungen nicht in Anspruch nehmen, findet mit Ausnahme der Abwesenheitsregelung keine Erstattung von Verpflegungskosten statt. Bei andauernder, ausschließlicher Sondenernährung werden die Lebensmittelkosten in Höhe von … EUR monatlich erstattet, sofern die Sondennahrung vollständig von der Krankenkasse finanziert wird.

6 Leistungen der Hauswirtschaft und Haustechnik

Reinigung der Räumlichkeiten

(1) Der Unternehmer ist für die Reinigung der Räumlichkeiten des Verbrauchers wie auch der Gemeinschaftsräumlichkeiten entsprechend den Vorgaben des Rahmenvertrages verantwortlich. Der Umfang und die Häufigkeit der Reinigungsarbeiten können dem Reinigungsplan entnommen werden.

Gebrauchswäsche

(2) Der Unternehmer stellt den pflegebedürftigen Verbrauchern Oberbetten, Kissen, Bettwäsche und Handtücher ohne zusätzliche Berechnung zur Verfügung.

Instandhaltung der Hausanlagen

(3) Der Unternehmer ist verantwortlich für die Instandhaltung, Wartung und Unterhaltung hauseigener Anlagen und Unternehmensgegenstände in den Räumen. Die Unterhaltung der Gebäude und Außenanlagen gehört zu den Regelleistungen des Unternehmers.

Betretungsrechte

(4) Der Verbraucher ist verpflichtet, dem Reinigungs- und Hauspersonal zur Durchführung der Reinigungs- bzw. Installations- und Instandhaltungsarbeiten Zutritt zu dem Wohnraum zu gewähren.

Persönliche Wäsche des Verbrauchers

(5) Auf Wunsch des Verbrauchers übernimmt der Unternehmer auch das Waschen, Bügeln und Mangeln der Privatwäsche des Verbrauchers, sofern es sich um maschinell waschbare und bügelbare Wäsche- und Kleidungsstücke handelt und die Wäsche bzw. Kleidung entsprechend dem Kennzeichnungsschema des Hauses gekennzeichnet ist.

Chemische Reinigung

(6) Gekennzeichnete Bekleidungsstücke, die nicht maschinell gewaschen und gebügelt werden können, werden auf Wunsch des Verbrauchers gegen Weiterberechnung der entsprechenden Kosten an diesen in eine Textilreinigung gegeben.

Wäschekennzeichnung

(7) Der Verbraucher hat seine Wäsche zu kennzeichnen. Soweit diese Wäschekennzeichnung nicht vorgenommen wurde, ist der Unternehmer berechtigt, die Wäsche kennzeichnen / patchen zu lassen.

Haftung

(8) Für den vom Unternehmer übernommenen Wäschedienst gilt, dass für solche Kleidungsstücke, die nicht namentlich gekennzeichnet worden sind, keinerlei Haftung für Abhandenkommen übernommen werden kann.

7 Zusatzleistungen

Definition

(1) Zusatzleistungen gemäß § 88 Abs. 1 SGB XI sind die über das Maß des Notwendigen hinausgehenden Leistungen der Pflege sowie Unterkunft und Verpflegung, die durch den Pflegebedürftigen individuell wählbar und mit ihm zu vereinbaren sind.

Inhalt

(2) Die Zusatzleistungen umfassen:

- besondere Komfortleistungen bei Unterkunft und Verpflegung,
- zusätzliche pflegerisch-betreuende Leistungen.

Der Umfang der nach diesem Vertrag zu gewährenden besonderen Komfortleistungen bei Unterkunft und Verpflegung und der zusätzlichen pflegerisch-betreuenden Leistungen sowie die dafür erhobenen Entgelte ergeben sich aus der Anlage ....

Die Erbringung dieser Zusatzleistungen erfolgt aufgrund gesonderter Vereinbarung zwischen den Vertragsparteien.

Verzicht

(3) Ein künftiger Verzicht des Verbrauchers auf regelmäßig in Anspruch genommene Zusatzleistungen ist dem Träger spätestens zum 3. Werktag eines Monats mit Wirkung zum Monatsende schriftlich oder zur Niederschrift mitzuteilen.

Anpassung des Angebotes

(4) Der Unternehmer ist berechtigt, sein Angebot an Zusatzleistungen hinsichtlich Art und Umfang jederzeit durch einseitige Erklärung zu erweitern oder einzuschränken. Soweit eine Einschränkung des bisherigen Leistungsangebotes erfolgt, ist dies dem Verbraucher spätestens zum 3. Werktag eines Monats mit Wirkung zum Ablauf des übernächsten Monats schriftlich mitzuteilen.

Anpassung der Entgelte

(5) Der Unternehmer macht die Erhöhung der Entgelte für Zusatzleistungen mit einer Frist von vier Wochen vor dem Zeitpunkt, an dem die Erhöhung wirksam werden soll, schriftlich geltend.

Mitteilung

(6) Das Leistungsangebot und die Leistungsbedingungen der Zusatzleistungen werden den Landesverbänden der Pflegekassen und den überörtlichen Trägern der Sozialhilfe auf Landesebene vor Leistungsbeginn schriftlich mitgeteilt.

8 Sonstige Leistungen

Inhalt

(1) Der Unternehmer bietet den Verbrauchern sonstige Leistungen an, die mit dem Verbraucher individuell vereinbart werden können. Die von dem Unternehmer angebotenen sonstigen Leistungen sowie die dafür erhobenen Entgelte ergeben sich aus Anlage … dieses Vertrages.

Anpassung des Angebots

(2) Der Unternehmer ist berechtigt, sein Angebot an sonstigen Leistungen hinsichtlich Art und Umfang jederzeit durch einseitige Erklärung zu erweitern oder einzuschränken. Soweit eine Einschränkung des bisherigen Leistungsangebots erfolgt, ist dies dem Verbraucher spätestens am 3. Werktag eines Monats mit Wirkung zum Ablauf des übernächsten Monats mitzuteilen.

Anpassung der Entgelte

(3) Der Unternehmer macht die Erhöhung der Entgelte für Zusatzleistungen mit einer Frist von vier Wochen vor dem Zeitpunkt, an dem die Erhöhung wirksam sein soll, schriftlich geltend.

Verzicht

(4) Ein künftiger Verzicht des Verbrauchers auf regelmäßig in Anspruch genommene sonstige Leistungen ist dem Träger spätestens zum 3. Werktag eines jeden Monats mit Wirkung zum Monatsende schriftlich oder zur Niederschrift mitzuteilen.

III. Entgelte

1 Höhe der Leistungsentgelte

(1) Der Unternehmer ist berechtigt, dem Verbraucher leistungsgerechte Entgelte zu berechnen. Die Entgelte für die Leistungen dieses Vertrages richten sich nach den Vereinbarungen, die zwischen dem Unternehmer bzw. seinem Verband und den öffentlichen Kostenträgern (Pflegekassen und Sozialhilfeträger) nach den einschlägigen Vorschriften des SGB XI und SGB XII vereinbart werden. Für die Berechnung der Pflegeleistungen ist der Pflegegrad des Verbrauchers maßgeblich.

Bei dem Unternehmer handelt es sich um eine geförderte / nicht geförderte Einrichtung i.S. des § 82 SGB XI. Soweit die Investitionsaufwendungen nicht durch öffentliche Förderung gedeckt sind, kann der Unternehmer die Investitionskosten dem Verbraucher gesondert berechnen.

(2) Das Gesamtentgelt besteht aus folgenden Entgeltbestandteilen:

- dem Entgelt für Pflegeleistungen
- dem Entgelt für Unterkunft
- dem Entgelt für Verpflegung
- den Investitionskosten

Das Entgelt für Pflegeleistungen für die einzelnen Pflegegrade beträgt zurzeit täglich:

Pflegegrad 1 … EUR

Pflegegrad 2 … EUR

Pflegegrad 3 … EUR

Pflegegrad 4 … EUR

Pflegegrad 5 … EUR

Das Entgelt für Unterkunft beträgt zur Zeit täglich … EUR.

Das Entgelt für Verpflegung beträgt zur Zeit täglich … EUR.

darin ist ein Lebensmittelsatz von täglich … EUR enthalten.

Investitionskostensatz

Das Entgelt für den vom Verbraucher zu übernehmenden Investitionskostenanteil beträgt zurzeit täglich … EUR.

Eine Differenzierung des Investitionskostensatzes ist zulässig, soweit eine öffentliche Förderung von betriebsnotwendigen Investitionskosten nicht oder nur für einen Teil des Heimes erfolgt, oder Vergütungsvereinbarungen nach § 75 Abs. 2 Satz 2 SGB XII für Sozialhilfeempfänger getroffen worden sind. Erhält der Verbraucher Sozialhilfe, so wird für die Dauer des Bezugs der mit dem Sozialhilfeträger vereinbarte bzw. von der Schiedsstelle festgesetzte Investitionskostensatz anstelle des vertraglich vereinbarten Investitionskostensatzes in Rechnung gestellt.

Der mit dem Sozialhilfeträger vereinbarte Satz beträgt … EUR monatlich.

Sollte sich im Nachhinein herausstellen, dass der Verbraucher keine Sozialhilfe in Anspruch nehmen konnte, behält sich der Unternehmer das Recht vor, eine Nachberechnung entsprechend dem vertraglich geschuldeten Investitionskostensatz vorzunehmen.

Das Gesamtleistungsentgelt beträgt zurzeit für den

Pflegegrad 1 ... EUR

Pflegegrad 2 ... EUR

Pflegegrad 3 ... EUR

Pflegegrad 4 ... EUR

Pflegegrad 5 ... EUR

Der Verbraucher ist zurzeit in den Pflegegrad ... eingestuft. Sollte eine Einstufung durch den MDK noch nicht erfolgt sein, richtet sich der Pflegegrad vorläufig nach der Einschätzung der Einrichtung.

Daraus ergibt sich ein vom Verbraucher zu zahlendes Gesamtleistungsentgelt von täglich:

Pflegevergütung ... EUR

Unterkunft und Verpflegung ... EUR

Investitionskosten ... EUR

Gesamtsumme täglich ... EUR

Gesamtsumme monatlich ... EUR

Der Verbraucher ist dem Unternehmer gegenüber zur Zahlung des Gesamtleistungsentgelts verpflichtet. Er wird darauf hingewiesen, dass er bei Vorliegen der Leistungsvoraussetzungen von der gesetzlichen Pflegekasse je nach Pflegegrad den in § 43 SGB XI vorgesehenen Zuschuss für die vollstationäre Pflege erhält. Für Beihilfeberechtigte gelten gesonderte Regelungen.

Die nach diesem Vertrag vorgesehenen Entgelte werden auch im Verhältnis zu privat pflegeversicherten und nicht pflegeversicherten Verbrauchern wirksam vereinbart.

Entgelt für Zusatzleistungen

(3) Das Entgelt für die Zusatzleistungen wird auf der Basis der aus Anlage ... ersichtlichen Einzelpreise gesondert abgerechnet.

Abrechnungsmodalitäten

(4) Für nicht in Anspruch genommene Leistungen erfolgt grundsätzlich keine Rückvergütung. Ausnahmen im Falle der Abwesenheit und der Sondennahrung ergeben sich aus diesem Vertrag.

Da die Entgelte im Rahmen der Vergütungsvereinbarungen festgelegt worden sind, kann hierfür auch nicht durch eine Vereinbarung zwischen dem in der Pflegeversicherung versicherten Verbraucher und dem Unternehmer abgewichen werden. Der Inhalt der Vergütungsvereinbarungen ist bindend. Erhöhungen und Ermäßigungen aufgrund der Vergütungsvereinbarungen gelten zwischen dem Verbraucher und dem Unternehmer von dem in der Vergütungsvereinbarung festgelegten Zeitpunkt an. Die Veränderungen sind dem Verbraucher rechtzeitig vier Wochen vorher anzuzeigen.

2 Entgelt bei Pflegeeinstufungen

Pflegeeinstufung

(1) Bei pflegebedürftigen Verbrauchern bemisst sich die Höhe des zu zahlenden Entgelts nach der Art und Schwere der Pflegebedürftigkeit. Bei erheblicher Veränderung des Hilfe- und Pflegebedarfs stellt der Verbraucher auf Anforderung des Unternehmers bei der Pflegekasse einen entsprechenden Antrag auf Neueinstufung der Pflegebedürftigkeit. Der Verbraucher verpflichtet sich, dem Unternehmer unverzüglich nach Erhalt eine Kopie des Einstufungsbescheides der Pflegekasse zuzuleiten.

Änderung des Pflegegrades

Kommt der Verbraucher nach schriftlicher Aufforderung und Begründung seiner Verpflichtung auf Stellung des Höherstufungsantrags nicht nach, kann der Unternehmer ab dem 1. Tag des zweiten Monats nach schriftlicher Aufforderung den Pflegesatz vorläufig nach der nächst höheren Pflegeklasse berechnen. Lehnt der MDK die Höherstufung ab, zahlt der Unternehmer den Verbrauchern den überzahlten Betrag unverzüglich zurück, der Rückzahlungsbetrag ist rückwirkend mit 5 % zu verzinsen.

(2) Bei pflegebedürftigen Verbrauchern, bei denen sich der Hilfe- und Pflegebedarf verändert hat, kann der Unternehmer bis zum Vorliegen eines Bescheides der Pflegekasse die Entgelte entsprechend den Ergebnissen der Pflegedokumentation berechnen. Lehnt der MDK eine Höherstufung ab, zahlt der Unternehmer dem Verbraucher den überzahlten Betrag zurück.

Schuldner

(3) Der Unternehmer ist berechtigt und verpflichtet, das Entgelt für die Pflegeleistungen anhand des MDK-Gutachtens bzw. des Pflegekassenbescheides neu festzusetzen. Das veränderte Entgelt für den sich aus der Neueinstufung ergebenden Pflegegrad ist vom Verbraucher ab dem Tag zu zahlen, der im Einstufungsbescheid genannt ist, eine Nachberechnung des Entgelts erfolgt durch den Unternehmer nach Bekanntgabe des Einstufungsbescheides.

3 Zahlung des Entgelts

Abrechnung

(1) Schuldner des Entgelts ist grundsätzlich der Verbraucher. Soweit ein öffentlicher Kostenträger (z.B. Krankenkasse, Sozialhilfeträger, Pflegekasse) die Zahlung der vorgenannten Entgelte ganz oder teilweise übernimmt, erfolgt die Abrechnung unmittelbar gegenüber dem Kostenträger. Dieser wird ermächtigt, die Zahlungen unmittelbar an den Unternehmer zu leisten. Der Verbraucher erhält eine Abschrift der Abrechnung.

Eigenleistung

(2) Soweit Kostenträger Entgelte dieses Vertrages ganz oder teilweise nicht übernehmen, ist der Verbraucher verpflichtet, den entstehenden Differenzbetrag selbst zu tragen.

Zahlung des Sozialhilfeträgers

(3) Tritt der Sozialhilfeträger ergänzend in die Zahlung der Entgelte ein, erfolgt die Abrechnung unmittelbar zwischen dem Unternehmer und dem Sozialhilfeträger. Der Sozialhilfeträger wird ermächtigt, die Zahlung unmittelbar an den Unternehmer zu leisten. Der Verbraucher erhält eine Kopie der jeweiligen Abrechnung.

Zusatzleistungen

(4) Das Entgelt für Zusatzleistungen ist innerhalb von … Tagen nach Zugang der Rechnung zur Zahlung fällig.

Zusatzleistungen sind vom Verbraucher zu tragen.

Bankverbindung

(5) Die Entgelte sind jeweils am 3. des Monats fällig. Sie sind auf folgendes Konto zu überweisen:

IBAN: …

BIC: …

Kreditinstitut: …

Dem Verbraucher wird empfohlen, am bargeldlosen Zahlungsverkehr durch Einzugsermächtigung teilzunehmen.

4 Berechnung der Entgelte

Beginn und Ende

(1) Das Gesamtentgelt wird für den Tag der Aufnahme in das Pflegeheim sowie für jeden weiteren Tag des Aufenthalts in der Einrichtung berechnet.

(2) Die Zahlungspflicht endet mit dem Tag, an dem der Verbraucher aus dem Heim entlassen wird. Zieht der Verbraucher in eine andere Einrichtung, wird der Verlegungstag nicht berechnet.

5 Abwesenheitsregelung

Freihaltung

(1) Soweit vertragliche Leistungen vorübergehend, z.B. aufgrund eines Krankenhausaufenthaltes, einer Rehabilitationsmaßnahme oder wegen Urlaubs, nicht in Anspruch genommen werden können, wird das Vertragsverhältnis nicht berührt. Der Pflegeplatz ist im Fall vorübergehender Abwesenheit vom Pflegeheim für einen Abwesenheitszeitraum von bis zu 42 Tagen im Kalenderjahr für den Pflegebedürftigen freizuhalten. Abweichend hiervon verlängert sich der Abwesenheitszeitraum bei Krankenhausaufenthalten und bei Aufenthalten in Rehabilitationseinrichtungen für die Dauer dieser Aufenthalte.

Ist erkennbar, dass der Verbraucher nicht mehr in die Pflegeeinrichtung zurückkehrt, wirkt der Unternehmer auf eine unverzügliche Beendigung des Heimvertrages hin.

Rahmenvertragsregelungen zur Entgeltfortzahlung

(2) Bei einem stationären Krankenhausaufenthalt oder bei einer medizinischen Rehabilitation oder einer stationären Vorsorgekur gelten für die Entgeltzahlung die Regelungen des Rahmenvertrages gem. § 75 SGB XI.

Während der ersten drei vollen Abwesenheitstage wird das volle Leistungsentgelt ohne Abschlag erhoben. Bei längerer ununterbrochener Abwesenheit als drei volle Kalendertage erfolgt ab dem vierten Tag der Abwesenheit ein Abschlag von 25 % auf die Entgelte für Unterkunft und Verpflegung sowie auf eventuelle Zuschläge nach § 92b SGB XI.

Da die Rahmenvertragsregelungen nicht die Investitionskosten betreffen, besteht hierfür eine Zahlungsverpflichtung auch bei Abwesenheit des Verbrauchers.

Ein Krankenhausaufenthalt und die damit im Zusammenhang stehende Anschlussheilbehandlung bzw. eine kurzfristige Unterbrechung eines Krankenhausaufenthaltes (bis zu fünf Tagen) gelten als zusammenhängende Abwesenheit bei der befristeten Weiterzahlung der Pflegevergütung und des Entgelts für Unterkunft und Verpflegung.

Ein Abwesenheitstag setzt eine 24-stündige Abwesenheit an diesem Tag voraus.

(3) Eine Rückvergütung bei Abwesenheit wird mit der nächsten Heimkostenrechnung verrechnet.

Bei Personen, die Sozialhilfe beziehen, wird der ermittelte Rückzahlungsbetrag als Einkommen gewertet, sodass der Sozialhilfeträger diesbezüglich einen Rückzahlungsanspruch hat. Aufgrund bestehender Vereinbarungen mit dem Sozialhilfeträger wird daher der Erstattungsbetrag rückwirkend verrechnet. Auf Anforderung des Kostenträgers weist der Unternehmer die Zahlung des Erstattungsbetrages nach.

(4) Eine voraussichtliche Abwesenheit ist dem Unternehmer rechtzeitig anzuzeigen.

6 Festlegung und Änderung der Entgelte

Pflegeleistungen und Unterkunft und Verpflegung

(1) Die Entgelte für die allgemeinen Pflegeleistungen sowie für Unterkunft und Verpflegung werden in den Vergütungsvereinbarungen gemäß den §§ 84 bis 87a SGB XI festgelegt. Die Entgelte können nicht durch eine von der Vergütungsvereinbarung abweichende Vereinbarung zwischen dem Verbraucher und dem Unternehmer verhandelt werden. Der Unternehmer ist durch gesetzliche Vorschriften an den Inhalt der Vergütungsvereinbarung gebunden, sodass im Verhältnis zum Verbraucher ein Zustimmungsanspruch zur Entgelterhöhung besteht, da die Kostenträger die Angemessenheit der Vereinbarung überprüft haben. Gemäß § 85 Abs. 6 SGB XI gilt die Pflegesatzvereinbarung gegenüber den Verbrauchern unmittelbar.

Gleichwohl hat der Unternehmer die Entgelterhöhung entsprechend § 9 WBVG rechtzeitig vier Wochen vorher mitzuteilen und zu begründen.

Investitionskosten

(2) Das Entgelt für die Investitionskosten wird bei nicht geförderten Unternehmern gemäß § 82 Abs. 4 SGB XI bei Sozialhilfeempfängern aufgrund einer Vereinbarung mit dem Sozialhilfeträger entsprechend § 75 Abs. 2 Satz 2 SGB XII übernommen. Bei Unternehmern, die nach Landesrecht gemäß § 82 Abs. 3 SGB XI gefördert sind, werden die Investitionskosten mit Zustimmung der entsprechenden Landesbehörde in Rechnung gestellt.

Entgelterhöhungen

(3) Der Unternehmer wird bei Veränderungen der bisherigen Berechnungsgrundlagen die Kostenträger zu Vergütungsvereinbarungen auffordern. Die Kostenträger prüfen im Rahmen der Entgeltverhandlung, ob die Vergütungskalkulation des Unternehmers angemessen und wirtschaftlich ist. Entsprechend der Regelung des § 85 Abs. 6 SGB XI ist das Ergebnis der Vergütungsverhandlung von dem Unternehmer sowohl hinsichtlich der vereinbarten Höhe als auch hinsichtlich des vereinbarten Zeitpunktes umzusetzen, indem das Entgelt des Vertrages angepasst wird. Der Unternehmer wird die Verbraucher deshalb informieren, wenn sich die bisherige Berechnungsgrundlage verändert hat und Vergütungsverhandlungen mit den Kostenträgern durchgeführt werden.

Entgelterhöhungen aufgrund von Investitionsaufwendungen des Unternehmers sind nur zulässig, soweit sie nach der Art des Heimes betriebsnotwendig sind und nicht durch öffentliche Förderung gedeckt werden.

Verfahren zur Entgelterhöhung

(4) Eine Erhöhung des Entgelts wird nur dann wirksam, wenn sie vom Unternehmer dem Verbraucher gegenüber spätestens vier Wochen vor dem Zeitpunkt, an dem sie wirksam werden soll, schriftlich angekündigt und begründet wird. Die Begründung hat anhand der Leistungsbeschreibung und der Entgeltbestandteile des Heimvertrages unter Angabe des Umlagemaßstabes die Positionen zu beschreiben, für die sich Kostensteigerungen ergeben. Dabei sind sowohl die bisherigen als auch die vorgesehenen neuen Entgeltbestandteile zu benennen. Sowohl Verbraucher als auch Heimbeirat bzw. Heimfürsprecher haben Gelegenheit, die Unternehmerangaben durch Einsichtnahme in die Kalkulationsunterlagen zu prüfen. Sie sind zur Verschwiegenheit verpflichtet, wenn ihnen bei der Einsichtnahme Betriebsgeheimnisse bekannt werden.

Beteiligung des Heimbeirates

(5) Der Unternehmer verpflichtet sich, Vertretern des Heimbeirates rechtzeitig vor Vergütungsverhandlungen mit den Pflegekassen und mit ihm unter Vorlage nachvollziehbarer Unterlagen die wirtschaftliche Notwendigkeit und Angemessenheit der geplanten Erhöhung zu erläutern. Zudem ist der Unternehmer verpflichtet, dem Heimbeirat Gelegenheit zu einer schriftlichen Stellungnahme zu geben.

Zustimmung/Unmittelbare Umsetzung der Vergütungsvereinbarung

(6) Bei Leistungsempfängern des SGB XI und SGB XII wird eine Erhöhung des Entgelts wirksam, soweit das erhöhte Entgelt den Regelungen der Pflegeversicherung

bzw. den geschlossenen Vereinbarungen entspricht. Die Erhöhung des Entgelts bedarf der Zustimmung der Verbraucher, wenn es sich nicht um Empfänger von SGB-XI-Leistungen handelt, bei denen die Pflegekassen keine Vergütungsvereinbarungen geschlossen haben.

Kürzung

(7) Erbringt der Unternehmer die vertraglichen Leistungen ganz oder teilweise nicht oder weisen sie nicht unerhebliche Mängel auf, kann der Verbraucher unbeschadet weitergehender zivilrechtlicher Ansprüche bis zu sechs Monate rückwirkend eine angemessene Kürzung des vereinbarten Entgelts verlangen. Dies gilt nicht, soweit nach § 115 Abs. 3 SGB XI wegen desselben Sachverhalts ein Kürzungsbetrag vereinbart oder festgesetzt worden ist.

(8) Ist der Verbraucher der Ansicht, dass der Unternehmer eine vertragliche Leistung ganz oder teilweise nicht erbringt oder sie nicht unerhebliche Mängel aufweist, so hat er dem Unternehmer dies unverzüglich anzuzeigen. Die Anzeige ist Voraussetzung für die Geltendmachung des Kürzungsverlangens.

(9) Weitere Voraussetzung für das Kürzungsverlangen ist, dass den Unternehmer an der ganz oder teilweisen Nichterbringung der Leistung bzw. dem Vorhandensein des Mangels ein Verschulden trifft.

IV. Vertragslaufzeit

1 Dauer des Vertrages

Vertragsdauer

(1) Der Vertrag wird abgeschlossen mit Wirkung zum … .

Vertragsbeendigung

(2) Erfolgt nach Vertragsabschluss kein Einzug in die Einrichtung des Unternehmers, muss der Vertrag von dem Verbraucher schriftlich gekündigt werden.

(3) Der Vertrag wird abgeschlossen

- auf unbestimmte Zeit
- befristet bis zum Tag des Auszugs am …

Befristungsgründe

Die Befristung ist begründet durch:

- vorübergehende Aufnahme zur Kurzzeitpflege
- Probewohnen
- sonstiges

(4) Das Vertragsverhältnis endet:

- durch Kündigung
- im Todesfall des Verbrauchers
- durch vertragliche Vereinbarung

2 Anpassung des Vertrags

Erhöhter Betreuungsbedarf

(1) Der Unternehmer passt seine Leistungen, soweit ihm dies möglich ist, einem erhöhten oder verringerten Betreuungsbedarf des Verbrauchers an und bietet die hierzu erforderlichen Änderungen des Vertrages an. Sowohl der Unternehmer als auch der Verbraucher können die erforderlichen Änderungen verlangen. Der Unternehmer hat die Änderungen der Art, des Inhaltes und des Umfanges der Leistungen sowie ggf. der Entgelte schriftlich darzustellen und gemäß § 8 Abs. 3 WBVG zu begründen. Entsprechend der Vorabinformation und der Regelung unter II Nr. 1 Abs. 7 dieses Vertrages ist dargestellt, bei welchen Veränderungen des Pflege- und Betreuungsbedarfs eine Vertragsanpassung ausgeschlossen ist.

(2) Das Vertragsverhältnis ist darauf ausgerichtet, dass der Verbraucher die von der Pflegekasse nicht gezahlten Entgelte

- als Eigenleistung erbringt oder
- diese vom Sozialhilfeträger erstattet werden.

Option der Änderung

(3) Sollte aufgrund einer Änderung der wirtschaftlichen Verhältnisse die Zahlungsverpflichtung des Sozialhilfeträgers begründet werden und dieser die vollständige Zahlung des Investitionskostensatzes ablehnen, ist der Unternehmer berechtigt, insoweit eine Anpassung des Vertragsverhältnisses vorzunehmen, als dem Verbraucher auch nur die Räumlichkeiten zur Verfügung gestellt werden können, für die entsprechend den sozialhilferechtlichen Vorgaben der Sozialhilfeträger konkret die Kosten übernimmt. Der Unternehmer ist daher berechtigt, für diesen Fall eine Änderungskündigung des Vertrages aus wichtigem Grund auszusprechen und dem Verbraucher ein anderes Zimmer anzubieten.

3 Beendigung des Vertrags durch Kündigung

Kündigung durch den Verbraucher

(1) Der Verbraucher kann den Vertrag spätestens am 3. Werktag eines Kalendermonats für den Ablauf desselben Monats schriftlich kündigen. Bei einer Erhöhung des Entgelts ist eine Kündigung durch den Verbraucher abweichend von Satz 1 jederzeit für den Zeitpunkt möglich, an dem die Erhöhung wirksam werden soll. Die Kündigung hat unverzüglich nach Kenntnisnahme von der Entgelterhöhung zu erfolgen. Der Heimvertrag kann aus wichtigem Grund ohne Einhaltung einer Kündigungsfrist gekündigt werden, wenn dem Verbraucher die Fortsetzung des Heimvertrages bis zum Ablauf der Kündigungsfrist nicht zuzumuten ist. Auf § 626 Abs. 2 BGB (fristlose Kündigung aus wichtigem Grund) wird Bezug genommen. Die Kündigung bedarf der schriftlichen Form.

(2) Hat in den Fällen des Abschnitts IV. Abs. 3 (1) Satz 3 dieses Heimvertrages der Unternehmer den Kündigungsgrund zu vertreten, hat er dem Verbraucher eine angemessene anderweitige Unterkunft und Betreuung zu zumutbaren Bedingungen nachzuweisen und ist zum Ersatz der Umzugskosten im angemessenen Umfang ver-

pflichtet. Im Falle des Abs. 1 Satz 3 dieses Vertrages kann der Verbraucher den Nachweis einer angemessenen anderweitigen Unterkunft und Betreuung auch dann verlangen, wenn er noch nicht gekündigt hat. § 115 Abs. 4 SGB XI bleibt unberührt.

Probezeitregelung

(3) Die ersten zwei Wochen nach Abschluss des Vertrages gelten als Probezeit, bei der der Verbraucher das Vertragsverhältnis jederzeit ohne Einhaltung einer Frist kündigen kann. Wird dem Verbraucher nach Beginn des Vertragsverhältnisses eine schriftliche Ausfertigung des Heimvertrages ausgehändigt, so verlängert sich die Kündigungsfrist bis zum Ablauf von zwei Wochen nach Aushändigung des Vertrages.

Kündigung durch den Unternehmer aus wichtigem Grund

(4) Der Unternehmer kann den Vertrag nur aus wichtigem Grund kündigen. Die Kündigung durch den Unternehmer bedarf der schriftlichen Form und ist zu begründen.

Ein wichtiger Grund liegt insbesondere vor, wenn

1. der Betrieb der Einrichtung eingestellt, wesentlich eingeschränkt oder in seiner Art verändert wird und die Fortsetzung des Vertrages für den Unternehmer eine Härte bedeuten würde,
2. der Unternehmer eine fachgerechte Pflege- oder Betreuungsleistung nicht erbringen kann, weil
   - der Verbraucher eine vom Unternehmer angebotene Anpassung der Leistungen nach § 8 Abs. 1 WBVG nicht annimmt oder
   - der Unternehmer eine Anpassung der Leistungen aufgrund eines Abschlusses nach § 8 Abs. 4 WBVG nicht anbietet und dem Verbraucher deshalb ein Festhalten an dem Vertrag nicht zumutbar ist,
3. der Verbraucher seine vertraglichen Pflichten schuldhaft so gröblich verletzt, dass dem Unternehmer die Fortsetzung des Vertrages nicht mehr zugemutet werden kann,
4. der Verbraucher
   - für zwei aufeinanderfolgende Termine mit der Entrichtung des Entgelts oder eines Teils des Entgelts, der das Entgelt für einen Monat übersteigt, in Verzug ist,
   - in einem Zeitraum, der sich über mehr als zwei Termine erstreckt, mit der Entrichtung des Entgelts in Höhe eines Betrages in Verzug gekommen ist, der das Entgelt für zwei Monate erreicht.
5. In den Fällen des Abschnitts I.V 4 Nr. 4 ist die Kündigung ausgeschlossen, wenn der Unternehmer vorher befriedigt wird. Sie wird wirksam, wenn bis zum Ablauf von zwei Monaten nach Eintritt der Rechtshängigkeit des Räumungsanspruchs hinsichtlich des fälligen Entgelts der Unternehmer befriedigt wird oder sich eine öffentliche Stelle zur Befriedigung verpflichtet.

Eine Kündigung des Vertrages zum Zwecke der Erhöhung des Entgelts ist ausgeschlossen.

Kündigungsfristen

(6) In den Fällen des Abschnitts IV. 4 Nr. 2 bis 4 kann der Unternehmer den Vertrag ohne Einhaltung einer Frist kündigen. Im Übrigen ist eine Kündigung spätestens am dritten Werktag eines Kalendermonats für den Ablauf des nächsten Monats zulässig.

(7) Hat der Unternehmer nach Abs. 4 Nr. 1 und 2 dieses Vertrages gekündigt, so hat er dem Verbraucher eine angemessene anderweitige Unterbringung zu zumutbaren Bedingungen nachzuweisen. In den Fällen des Abs. 4 Nr. 1 dieses Vertrages hat der Unternehmer die Kosten des Umzugs zu tragen.

Kündigung bei Kurzzeitpflege

(8) Soweit der Verbraucher nur vorübergehend aufgenommen wird, kann der Vertrag von beiden Vertragsparteien nur aus wichtigem Grund gekündigt werden. Die Kündigung ist ohne Einhaltung einer Frist zulässig. Sie bedarf der schriftlichen Form und ist zu begründen.

Räumung

(9) Bei Kündigung endet das Vertragsverhältnis zu dem festgelegten Zeitpunkt. Die Unterkunft muss geräumt und in ordnungsgemäßem Zustand zurückgegeben werden. Wir die Unterkunft nach Beendigung des Vertragsverhältnisses nicht innerhalb von zwei Tagen nach Vertragsende geräumt, ist der Unternehmer berechtigt, die vom Verbraucher eingebrachten Gegenstände auf Kosten des Verbrauchers einzulagern.

4 Beendigung des Vertrages durch Tod

(1) Das Vertragsverhältnis endet mit dem Tod des Verbrauchers. Für die Zeit nach dem Tod des Verbrauchers wird bis zur Wiederbelegung des Zimmers, jedoch längstens für 14 Tage, das Entgelt für die Investitionskosten und Wohnraum weiterberechnet. In diesen Fällen ermäßigt sich das Entgelt um den Wert der vom Unternehmer ersparten Aufwendungen gemäß § 4 Abs. 3 WBVG. Diese Regelung kommt nicht zur Anwendung, wenn der Verbraucher nur vorübergehend aufgenommen wird oder wenn für Pflegebedürftige i.S. des SGB XI zwingende andere Regelungen vorrangig zur Anwendung kommen. Der Unternehmer ist nach dem Tod des Verbrauchers berechtigt, den Wohnraum an neue Interessenten zu vergeben.

Benachrichtigung im Todesfall

(2) Der Verbraucher weist den Unternehmer an, für den Fall seines Todes folgende Personen zu benachrichtigen: … (Name/Anschrift/Telefon). Im Verhinderungsfall: … (Name/Anschrift/Telefon).

Verwahrung und Entsorgung

(3) Im Fall des Todes des Verbrauchers gehen die eingebrachten persönlichen Sachen in das Eigentum der Erben über. Die Erben sind verpflichtet, das vom verstorbe-

nen Verbraucher bewohnte Zimmer innerhalb von zwei Wochen zu räumen und an den Unternehmer herauszugeben. Eine Verwahrung beim Unternehmer ist für maximal ... Tage für ein Entgelt in Höhe von ... EUR pro Tag möglich. Nach Ablauf dieser Frist ist der Unternehmer berechtigt, die zurückgelassenen Gegenstände durch eine Spedition abholen und einlagern zu lassen. Die Kosten dafür tragen die Erben des Verbrauchers.

Oder

Gegenstände, die von den Erben nach schriftlicher Aufforderung nicht fristgerecht abgeholt werden, kann der Unternehmer auf Kosten der Erben entsorgen.

Aushändigung der Gegenstände

(4) Unbeschadet einer etwaigen letztwilligen Verfügung oder der gesetzlichen Erbfolge sind die persönlichen Gegenstände an ... (Name/Anschrift/Telefon) oder im Verhinderungsfall an ... (Name/Anschrift/Telefon) auszuhändigen.

Bestattungsinstitut

(5) Folgendes Bestattungsinstitut ist zu benachrichtigen: ... (Name/Anschrift/Telefon).

Hieraus folgt keine Übernahme der Bestattungskosten durch das Heim.

V. Sonstige Bestimmungen

1 Gebrauchsüberlassung

Gebrauchsüberlassung an Dritte

(1) Der Verbraucher ist nicht berechtigt, seine Unterkunft ohne Zustimmung des Unternehmers einem Dritten auch nur vorübergehend zum Gebrauch zu überlassen.

(2) Die Übertragung oder Abtretung der Rechte aus diesem Vertrag auf bzw. an Dritte ist unzulässig.

2 Tierhaltung

Die Haltung von Tieren ist möglich. Sie bedarf jedoch der vorherigen Zustimmung des Unternehmers. Die Zustimmung soll nur dann versagt oder widerrufen werden, wenn das Tier den Heimalltag stört oder der Verbraucher die Versorgung und Pflege des Tieres nicht mehr gewährleisten kann.

3 Haftung

Haftungsbeschränkung

(1) Für Sachschäden haften Verbraucher und Unternehmer einander im Rahmen dieses Vertrages nur bei Vorsatz und grober Fahrlässigkeit. Für Personenschäden gelten die gesetzlichen Bedingungen.

(2) Es wird dem Verbraucher empfohlen, eine entsprechende Privathaftpflicht- und Hausratversicherung abzuschließen.

4 Elektrogeräte

(1) Die Inbetriebnahme von Elektrogeräten, die einen erhöhten Energieaufwand oder besondere Geräuschbelästigung verursachen, bedarf der Zustimmung der Heimleitung.

(2) Die Geräte müssen den sicherheitstechnischen Bestimmungen entsprechen. Diesbezügliche Wartungs- und Reparaturkosten für die jährlichen Überprüfungen trägt der Verbraucher.

5 Informations- und Beschwerderechte

Der Verbraucher hat das Recht, sich über die Dienstleistungserbringung unmittelbar bei der Leitung des Unternehmers oder beim Träger beraten zu lassen sowie sich über Mängel zu beschweren. Der Unternehmer verpflichtet sich, auf eine schriftliche Beschwerde schriftlich zu antworten.

Beschwerde bei der Aufsichtsbehörde

Der Verbraucher hat darüber hinaus das Recht, sich bei der zuständigen Aufsichtsbehörde und bei der Arbeitsgemeinschaft beraten zu lassen sowie sich über Mängel bei der Erbringung der im Heimvertrag vorgesehenen Leistungen zu beschweren.

Die Anschrift des Trägers lautet: …

Die Anschrift der Heimaufsicht lautet: ….

Die Anschrift der Arbeitsgemeinschaft lautet: …

6 Datenschutz

Genehmigung

(1) Der Verbraucher erklärt sich damit einverstanden, dass der Unternehmer im Rahmen dieses Vertragsverhältnisses personenbezogene Daten erhebt, verarbeitet, nutzt und aufbewahrt, soweit dies für eine ganzheitliche Betreuung zur verwaltungsmäßigen Abwicklung, zur Leistungsabrechnung oder aufgrund gesetzlicher Vorgaben erforderlich ist.

(2) Der Unternehmer und seine Mitarbeiter verpflichten sich zur Diskretion und zu einem vertraulichen Umgang mit den personenbezogenen Daten des Verbrauchers.

(3) Der Verbraucher willigt ein, dass der behandelnde Arzt die für die allgemeine und spezielle Pflege erforderlichen Informationen dem Unternehmer zur Verfügung stellt und dass die vom MDK erstellten Gutachten dem Unternehmer zur Verfügung gestellt werden.

(4) Der Verbraucher willigt ein, dass der Unternehmer den behandelnden Ärzten und Krankenhäusern, Pflegediensten und Therapeuten die zur Behandlung und Betreuung erforderlichen medizinisch-pflegerischen Informationen zur Verfügung stellt.

(5) Die Heimaufsichtsbehörde, der medizinische Dienst sowie weitere gesetzliche Prüfpersonen und -stellen haben das Recht, im Rahmen ihrer Aufsichts- und Prüf-

pflichten Einsicht in die Pflegedokumentation zu nehmen. Der Verbraucher willigt in die Einsichtnahme in, soweit dies gesetzlich vorgeschrieben oder zulässig ist.

(6) Auf Wunsch erhält der Verbraucher Mitteilung, in welche personenbezogenen Daten der Unternehmer Einblick gegeben hat.

7 Ärztliches Attest bei Heimeinzug

Ärztliches Zeugnis

(1) Der Verbraucher verpflichtet sich, der Unternehmensleitung ansteckungsfähige Erkrankungen zu melden und gemäß § 36 Infektionsschutzgesetz vor oder unverzüglich nach der Aufnahme ein ärztliches Zeugnis darüber vorzulegen, dass keine Anhaltspunkte für das Vorliegen einer ansteckungsfähigen Lungentuberkulose vorhanden sind.

Meldepflicht

(2) Der Unternehmer teilt dem zuständigen Gesundheitsamt gemäß § 9 Infektionsschutzgesetz meldepflichtige ansteckungsfähige Krankheiten mit.

(3) Kommt der Verbraucher seiner Vorlagepflicht nicht nach, so kann das Heim auf Kosten des Verbrauchers selbst einen Arzt mit der notwendigen Untersuchung beauftragen, die vom Verbraucher zu dulden ist.

8 Mitwirkungspflicht der Verbraucher

Heimbeirat

(1) Der Verbraucher wirkt über einen Heimbeirat in Angelegenheiten des Heimbetriebes wie Wohnen und Unterkunft, Aufenthaltsbedingungen, Betreuung und Freizeitgestaltung, Speisen- und Getränkeversorgung sowie ggf. bei einer Heimordnung mit. Der Heimbeirat kann bei der Wahrnehmung seiner Aufgaben und Rechte fach- und sachkundige Personen seines Vertrauens hinzuziehen. Die Mitwirkung bezieht sich auch auf die Sicherung einer angemessenen Qualität der Betreuung in der Einrichtung und auf Leistungs-, Qualitäts- und Prüfungsvereinbarungen.

(2) Für die Zeit, in der ein Heimbeirat nicht gebildet werden kann, nimmt ein Heimfürsprecher dessen Aufgaben wahr.

9 Post

Verbraucher und Unternehmer können eine Zusatzvereinbarung hinsichtlich der Entgegennahme der an den Verbraucher adressierten Post, deren Öffnung und Weiterleitung an den Verbraucher treffen. Diese Vereinbarung ist diesem Vertrag als Anlage beigefügt.

10 Schlussbestimmungen und Unterschriften

Schriftform

(1) Änderungen und Ergänzungen dieses Vertrages bedürfen der Schriftform und sind von dem Unternehmer schriftlich zu bestätigen.

(2) Sollten einzelne Bestimmungen dieses Vertrages unwirksam sein, berührt dies nicht die Wirksamkeit dieses Vertrages im Übrigen.

(3) Sollten sich die gesetzlichen Bestimmungen gegenüber der jetzigen Ausgangslage ändern, verpflichten sich die Vertragsparteien, eine entsprechende Vertragsanpassung vorzunehmen.

(4) Die Anlagen … sind Bestandteil dieses Vertrages und wurden dem Verbraucher ausgehändigt.

(5) Gerichtsstand dieser Vereinbarung ist der Sitz des Unternehmers.

(Ort, Datum, Unterschriften)

Teil B – Muster und Checklisten

1 Mustersammlung

1.1 Vollmachten

1.1.1 Vorsorgevollmacht

Vorsorgevollmacht mit Unterstützungs- und Verfahrensbevollmächtigung

Wir, die Eheleute...

geboren am ... in ... und...,

geborene ..., geboren am ... in ...,

beide wohnhaft ...,

bevollmächtigen uns hiermit wechselseitig – jederzeit widerruflich – zur Vertretung in allen vermögensrechtlichen und persönlichen Angelegenheiten, soweit dies rechtlich möglich ist.Weiterhin bevollmächtigen wir hiermit – jeder für sich allein und jederzeit widerruflich – Herrn ... und Frau ... – jeden für sich allein handlungsbefugt und vertretungsberechtigt – uns in allen vermögensrechtlichen und persönlichen Angelegenheiten, soweit dies rechtlich möglich ist, zu vertreten.Soweit im nachstehenden Text die „ich"-Form verwendet wird, gilt dies für die jeweiligen von den Eheleuten im Einzelnen erteilten Vollmachten.Diese Vollmacht berechtigt, ohne dass die nachfolgende, nur beispielhafte Aufzählung eine Einschränkung bewirkt, insbesondere bei:

Vermögensangelegenheiten

- Zur Verwaltung meines gesamten beweglichen und unbeweglichen Vermögens.
- Zur Geltendmachung von Ansprüchen und Rechten jeder Art, zum Rechts- und Vermögenserwerb, zum Inkasso.
- Zur Verfügung über Rechte und Vermögen jeder Art, auch über meinen Grundbesitz. Des Weiteren können die Bevollmächtigten auch Banken und Sparkassen gegenüber alle Geschäfte vornehmen, die mit der Konto- und Depotführung in Zusammenhang stehen. Die Bevollmächtigten können also Konten einrichten, hierüber im Rahmen des eingeräumten Kreditrahmens verfügen und Konten auflösen sowie über die jeweiligen Guthaben durch Überweisungen, Barabhebungen und Schecks verfügen.
- Die Bevollmächtigten können weiterhin Depots lautend auf den Kontoinhaber einrichten, Depotanerkenntnisse abgeben und Aufträge zum An- und Verkauf von Wertpapieren vornehmen.

- Beim Ankauf von Wertpapieren umfasst die Bevollmächtigung auch Verfügungen über das Depot-Verrechnungskonto im Rahmen des Kontoguthabens sowie den für das Verrechnungskonto eingeräumten Kreditrahmen.
- Die Vollmacht umfasst auch die Beantragung von EC-Karten sowie PC-Banking. Die Bevollmächtigten können außerdem Kredite beantragen einschließlich einer Zwangsvollstreckungsunterwerfung, eingeräumte Kredite in Anspruch nehmen sowie Kontenabrechnungen, Kontoauszüge und Ähnliches entgegennehmen und anerkennen.
- Dingliche Rechte jeder Art an Grundstücken (Hypotheken, Grundschulden, Reallasten usw.) sowie an anderen Gegenständen zu bestellen, zu kündigen und aufzugeben.
- Zur Ausübung von Gesellschafterrechten.
- Zur Vertretung gegenüber der Eigentümergemeinschaft und dem Verwalter, insbesondere zur Teilnahme an Eigentümerversammlungen und zur Stimmrechtsausübung.
- Verfügungen von Todes wegen anzuerkennen oder anzufechten, Erbschaften anzunehmen oder auszuschlagen, mich als Erben, Pflichtteilsberechtigten, Vermächtnisnehmer, Schenker oder Beschenkten in jeder Weise, auch bei Vermögens- und Gemeinschaftsauseinandersetzungen zu vertreten und Erklärungen für mich abzugeben und alles zu tun, was zur vollständigen Regelung von Nachlässen und zu deren Teilung notwendig ist.
- Die Bevollmächtigten dürfen keine Schenkungen machen. Ausgenommen sind Schenkungen, durch die einer sittlichen Pflicht oder einer auf den Anstand zu nehmenden Rücksicht entsprochen wird.

Verträge, Erklärungen, Anträge

- Verträge jeglicher Art unter beliebigen Bedingungen abzuschließen.
- Vereinbarungen mit Kliniken, Alters- und/oder Pflegeheimen abzuschließen und zum Zwecke hierfür Sicherungshypotheken auch für den Sozialhilfeträger zu bestellen.
- Erklärungen jeder Art (Einwilligungen, Anfechtungen, Kündigungen, Austritte, Rücktritte, Widerrufe, Verzichte etc.) abzugeben und entgegenzunehmen.
- Zur Vertretung in Steuerangelegenheiten sowie zur Vertretung und Beantragung von Renten- Versorgungs-, Beihilfe-, Pflegeversicherungs- u.a. Versicherungsleistungen, Sozialhilfe, Grundsicherung sowie sonstigen Angelegenheiten und zu deren Empfangnahme.
- Zu geschäftsähnlichen Handlungen (Mahnungen, Fristsetzungen, Anträgen, Mitteilungen etc.) und zu allen Verfahrenshandlungen, auch i.S.v. § 13 SGB X.
- Rechtsstreitigkeiten für mich als Kläger oder Beklagter durch alle Rechtszüge zu führen und hierbei die Rechte eines Prozess- oder Verfahrensbevollmächtigten in vollem Umfang des § 81 ZPO bzw. des § 10 FamFG auszuüben, Bevollmächtigte zu bestellen, Vergleiche abzuschließen, Verzichte zu erklären und Ansprüche an-

zuerkennen, Wiedereinsetzung in den vorigen Stand, einstweilige Verfügungen und Arreste zu erwirken, und mich in allen gerichtlichen und außergerichtlichen Verfahren als Gläubiger oder Schuldner, Kläger oder Beklagter oder in allen sonstwie in Frage kommenden Eigenschaften zu vertreten.

- Diese Vollmacht erstreckt sich auch auf meine Vertretung bei allen öffentlichen Registern.

Vertretung im digitalen Rechtsverkehr

(Nach einem Formulierungsvorschlag von *Herzog*, Skript zum 19. Deutschen Erbrechtsymposium 2016, S. 36, 37.)

Diese Vollmacht ermächtigt insbesondere auch zur Regelung, Abwicklung und Nutzung meines gesamten digitalen Vermögens und Lebensbereiches, gleich ob die Inhalte geschäftlicher, vermögensrechtlicher, privater oder höchstpersönlicher Natur sind.

Dies erfasst insbesondere

- Alle Hard- und Software (ob auf einem PC, Tablett, Smartphone oder sonst.),
- E-Mails sowie E-Mail-Accounts und sonstige Accounts,
- Homepage, Domains, Apps, Widgets und Ähnliches,
- Access-Provider-Verträge und insgesamt sämtliche Zugänge und Verbindungen zum www, Clouds und sonstigen Netzwerken,
- Soziale Netzwerke gleich welchen Inhaltes und Blogs,
- Benutzer- oder Firmenprofile und Bewertungen,
- Internetdepots, Paypal und sonstige Onlinezahlungsmittel sowie Onlineabos,
- Online verwahrte oder abrufbare Dokumente und Bilder oder Videos gleich welcher Art,
- Onlinevertragsbeziehungen einschließlich Onlinekonten,
- Onlineguthaben und Nutzungsrechte (z.B. über I-tunes, Audible, Kindle oder Ähnliches)

Die Vorsorgevollmacht berechtigt insbesondere

- zur Nutzung von vorhandenen Passwörtern,
- zur Geltendmachung von Auskunftsansprüchen gegenüber den Anbietern digitaler Nutzungen im Hinblick auf Passwörter, sonstiger Zugangsdaten sowie das Recht, diese zurückzusetzen bzw. zu erneuern und zur Entgegennahme der neuen Passwörter und Zugangsdaten,
- zur Geltendmachung sämtlicher Haupt- und Nebenrechte, die mir aus dem Vertrag zustehen, insbesondere auf Herausgabe der Inhalte, die Entscheidung darüber, ob und welche Inhalte gelöscht werden und welche bestehen bleiben bzw. hinzugefügt werden, sowie über die Kündigung inklusive der Abwicklung der Vertragsbeziehungen sowie der Herausgabe der Daten an den Vorsorgebevollmächtigten,

- sowie generell zur Abgabe und Entgegennahme aller hiermit zusammenhängenden Willenserklärungen inklusive Neuverträgen und sonstiger Handlungen und Informationen.

Zu diesem Zweck befreie ich sämtliche Anbieter und sonstige Personen weitestmöglich vom Telekommunikationsgeheimnis (insbesondere auch nach dem TKG) und von sonstigen Geheimhaltungspflichten gegenüber dem hier Bevollmächtigten.

Persönliche Angelegenheiten

- Die Vollmacht umfasst das Recht, die Herausgabe meiner Person von jedem zu verlangen, der mich meinen Bevollmächtigten gegenüber widerrechtlich vorenthält.
- Die Vollmacht umfasst das Recht, meinen Umgang auch mit Wirkung für und gegen Dritte zu bestimmen.
- Die Vollmacht berechtigt über meinen Fernmeldeverkehr zu entscheiden, zur Entgegennahme, zum Anhalten und Öffnen meiner Post und zur Entgegennahme von Wahlunterlagen.
- Die Vollmacht berechtigt meine Bevollmächtigten, Strafanzeigen und/oder Strafanträge bei den zuständigen Stellen in meinem Namen zu stellen.
- Die Vollmacht berechtigt zu meiner Totensorge und über Art und Umfang meiner Bestattung zu entscheiden.

Aufenthalt, Wohnungsangelegenheiten und Heimaufnahme

Die Vollmacht berechtigt zur Bestimmung meines Aufenthaltsortes, zur Aufhebung und Begründung meines Wohnsitzes, auch in einem Alten- oder Pflegeheim, zur Kündigung eines Wohnraummietverhältnisses sowie zur Auflösung meines Haushaltes und zur Verfügung über das Inventar. Eine Zuführung in ein Alten- oder Pflegeheim und eine damit einhergehende Auflösung meines Haushaltes soll jedoch nur dann erfolgen, sofern eine häusliche Versorgung nach Absprache mit meinem Hausarzt unter keinen Umständen mehr möglich ist und dadurch eine stationäre Pflege notwendig wird.

Gesundheits- und Behandlungsvorgänge

- Die Bevollmächtigten dürfen in eine Untersuchung meines Gesundheitszustandes, eine medizinische Behandlung oder einen medizinischen Eingriff, **auch mit neuen, noch nicht zugelassenen Medikamenten und Behandlungsmethoden** einwilligen, auch wenn diese erhebliche unerwünschte Nebenwirkungen haben oder haben können oder die Gefahr besteht, dass ich dabei sterbe oder einen schweren, länger dauernden gesundheitlichen Schaden erleide. Sie müssen dafür die vorherige Genehmigung des Betreuungsgerichts einholen, soweit dies gesetzlich bestimmt ist. Maßnahmen ohne eine erforderliche Genehmigung des Betreuungsgerichts dürfen nur durchgeführt werden, wenn mit einem Aufschub Gefahr verbunden ist.
- Die Bevollmächtigten werden des Weiteren ausdrücklich dazu ermächtigt, die Einwilligung in eine Untersuchung meines Gesundheitszustandes, eine Heilbe-

handlung oder einen ärztlichen Eingriff zu verweigern oder eine zuvor erteilte Einwilligung zu widerrufen, auch wenn die Gefahr besteht, dass ich dabei sterbe oder einen länger dauernden gesundheitlichen Schaden erleide. Sie bedürfen dazu der Genehmigung des Betreuungsgerichts, soweit dies gesetzlich bestimmt ist.

- Bei der Zustimmung oder Verweigerung zu einer Untersuchung meines Gesundheitszustandes, zu einer medizinischen Behandlung oder zu einem medizinischen Eingriff verfüge ich, dass von meinen Bevollmächtigten alle Maßnahmen mit den Ärzten intensiv beraten werden, möglichst unter Beiziehung meines Hausarztes, derzeit **Frau/Herr Dr. med. ...**, und nur nach Maßgabe meiner gesondert abgefassten Patientenverfügung vorgenommen werden.
- Soweit ich in Gesundheits- oder Behandlungsfragen selbst eine Erklärung abgegeben bzw. meinen eigenen Willen kundgetan habe, hat einzig und allein mein Wille maßgeblich zu sein.
- Die Bevollmächtigten haben zu kontrollieren und durchzusetzen, dass mein in meiner Patientenverfügung erklärter Wille von den Ärzten und dem Pflegepersonal berücksichtigt wird.

Sie dürfen zur Wahrnehmung meiner Patientenrechte meine Krankenunterlagen einsehen und in deren Herausgabe an Dritte einwilligen.

Freiheitsentziehende Maßnahmen, Unterbringung, ärztliche Zwangsmaßnahmen

- Meine Bevollmächtigten können über Handlungsweisen, die meine Bewegungsfreiheit einschränken oder aufheben (durch Verschließen der Zimmer- und/oder der Wohnungs- und/oder der Stationstüre, Anbringen von Bettgittern, Fixierungsgurten, Verwendung spezieller Pflegedecken oder Pflegehemden oder anderen Fixierungsmitteln, Verabreichen von (sedierenden) Psychopharmaka, Ausstattung mit Signalsendern, Anbringen von Trickschlössern, Arretieren des Rollstuhls, Wegnahme der Straßenbekleidung, Verhindern des Verlassens einer Einrichtung durch Aufsichtspersonal etc.) und auch über eine Unterbringung in einem Pflegeheim, einer geschlossenen Anstalt oder einem Krankenhaus entscheiden, die mit der Freiheitsentziehung verbunden sind, solange dies erforderlich ist, weil auf Grund einer psychischen Krankheit oder geistigen oder seelischen Behinderung die Gefahr besteht, dass ich mich selbst töte, oder mir erheblichen gesundheitlichen Schaden zufüge, oder zur Abwendung eines drohenden erheblichen gesundheitlichen Schadens eine Untersuchung meines Gesundheitszustandes, eine Heilbehandlung oder ein ärztlicher Eingriff notwendig ist und ohne meine Unterbringung nicht durchgeführt werden kann, weil ich aufgrund einer psychischen Krankheit oder geistigen oder seelischen Behinderung die Notwendigkeit der Unterbringung nicht erkennen und nicht nach dieser Einsicht handeln kann. Sie müssen dafür die Genehmigung des Betreuungsgerichts einholen, soweit dies gesetzlich bestimmt ist. Maßnahmen ohne eine erforderliche Genehmigung des Betreuungsgerichts sind nur zulässig, wenn mit einem Aufschub Gefahr verbunden ist; die Genehmigung ist in diesem Fall unverzüglich nachzuholen. Meine Bevollmächtigten haben die Maßnahmen zu beenden, wenn die Voraussetzungen dafür wegfallen, und die Beendigung dem Betreuungsgericht anzuzeigen.

- Widerspricht eine ärztliche Maßnahme zur Abwendung eines drohenden erheblichen gesundheitlichen Schadens meinem natürlichen Willen (ärztliche Zwangsmaßnahme), so können meine Bevollmächtigten in sie nur einwilligen, wenn ich aufgrund einer psychischen Krankheit oder einer geistigen oder seelischen Behinderung die Notwendigkeit der ärztlichen Maßnahme nicht erkennen oder nicht nach dieser Einsicht handeln kann, zuvor versucht wurde, mich von der Notwendigkeit der ärztlichen Maßnahme zu überzeugen, die ärztliche Zwangsmaßnahme im Rahmen der Unterbringung erforderlich ist, um einen drohenden erheblichen gesundheitlichen Schaden abzuwenden, der erhebliche gesundheitliche Schaden durch keine andere mir zumutbare Maßnahme abgewendet werden kann und wenn der zu erwartende Nutzen der ärztlichen Zwangsmaßnahme die zu erwartenden Beeinträchtigungen deutlich überwiegt. Die Einwilligung in die ärztliche Zwangsmaßnahme bedarf der Genehmigung des Betreuungsgerichts. Meine Bevollmächtigten haben die Einwilligung in die ärztliche Zwangsmaßnahme zu widerrufen, wenn ihre Voraussetzungen weggefallen sind. Sie haben den Widerruf dem Betreuungsgericht anzuzeigen.

Unterstützungs- und Verfahrensbevollmächtigter

- Als Unterstützungsbevollmächtigten über diese Vollmacht und als Verfahrensbevollmächtigten für alle im Zusammenhang mit dieser Urkunde und der Patientenverfügung der Vollmachtgeber gegebenenfalls notwendigen Verfahrenspflegschaften (§§ 276, 297 Abs. 5, 298 Abs. 3, 317 FamFG) bevollmächtige ich hiermit im rechtlich weitest möglichen Umfang als meinen Vertreter im Sinne der §§ 276 Abs. 4, 317 Abs. 4 FamFG Herrn Rechtsanwalt …, ersatzweise einen durch meine Bevollmächtigten zu bestimmenden Rechtsanwalt/Rechtsanwältin der deutschen Vereinigung für Vorsorge und Betreuungsrecht (dvvb).
- Als Unterstützungsbevollmächtigte/r soll er die Bevollmächtigten im Bedarfsfall bei ihrer Tätigkeit als Bevollmächtigte unterstützen und ihnen Leistungen seiner Netzwerkpartner vermitteln.

Entbindung von Schweigepflichten

Ich entbinde hiermit alle Stellen und Personen, die einer Schweigepflicht unterliegen (Ärzte, Rechtsanwälte, Steuerberater, Krankenkassen usw.), gegenüber meinen Bevollmächtigten (auch Unterstützungs- u. Verfahrensbevollmächtigter) von ihrer Schweigepflicht und bitte diese Stellen und Personen, meine Bevollmächtigten bei ihrer Arbeit zu unterstützen.

Handhabung der Vollmacht

Die Vollmacht wird mit der Unterzeichnung dieser Urkunde wirksam und berechtigt meine Bevollmächtigten zum sofortigen Handeln. Die Bevollmächtigten werden jedoch im Innenverhältnis, also ohne Nachweispflicht gegenüber Dritten, angewiesen, von dieser Vollmacht nur in Abstimmung mit dem Vollmachtgeber oder dann

Gebrauch zu machen, wenn der Vollmachtgeber durch Alter oder Krankheit daran gehindert ist, für sich selbst zu sorgen. Im Innenverhältnis bestimme ich, dass die Bevollmächtigten Ziffer 1 und 2 erst dann berechtigt sind, von der Vollmacht Gebrauch zu machen, wenn der bevollmächtigte Ehegatte dauerhaft nicht mehr in der Lage ist, seine Tätigkeit ordnungsgemäß auszuüben.

Wirksamkeitsvoraussetzung der Vollmacht ist die Vorlage einer Ausfertigung dieser Vollmacht.

Die Bevollmächtigten sind vom Verbot des § 181 BGB umfassend befreit, können also im Namen des Vollmachtgebers auch Rechtsgeschäfte mit sich im eigenen Namen oder als Vertreter Dritter vornehmen. Untervollmacht darf im Rahmen der meinen Bevollmächtigten zuteil gewordenen Vertretungsmacht erteilt werden. Die Vertretungsmacht des Unterbevollmächtigten ist auf die Geschäfte des täglichen Lebens zu beschränken und berechtigt den Unterbevollmächtigten nur zur Verfügung über mein laufendes Girokonto im Rahmen des eingeräumten Limits. Entscheidungen, die die Zustimmung zu ärztlichen Behandlungen, zu Unterbringungen und zu unterbringungsähnlichen Maßnahmen betreffen, haben meine Bevollmächtigten immer persönlich zu treffen. Eine Unterbevollmächtigung ist - mit Ausnahme eines Rechtsanwalts/einer Rechtsanwältin - insoweit nicht möglich.

Die Vollmacht ist für den Vollmachtgeber jederzeit einseitig widerruflich, und zwar gegenüber jedem Bevollmächtigten gesondert.

Die Vollmacht bleibt in Kraft, auch wenn ich geschäftsunfähig werde oder sterbe. Meine Bevollmächtigten sind berechtigt, meinen Nachlass bis zur amtlichen Feststellung meiner Erben in Besitz zu nehmen, zu verwalten und Konten aufzulösen.

Betreuungsverfügung

Diese Vollmacht erteile ich zur Vermeidung einer rechtlichen Betreuung gemäß den §§ 1814, 164 ff. BGB. Sollte trotz meiner Vorsorgevollmacht die Einrichtung einer gesetzlichen Betreuung einmal zwingend erforderlich werden, so ist die Betreuung auf das unbedingt erforderliche Maß zu beschränken und sobald wie möglich wieder aufzuheben. Zu meinem Betreuer ist in diesem Fall einer meiner oben genannten Bevollmächtigten zu bestellen. Die Vollmacht gilt sogleich als Betreuungsverfügung.

Rechtswahl

Diese Vollmacht unterliegt hinsichtlich ihres Bestehens, ihres Umfangs, ihrer Änderung und Beendigung dem deutschen Sachrecht.

Salvatorische Klausel

Sollten einzelne Bestimmungen dieser Vorsorgevollmacht unwirksam sein oder werden, so soll das nicht die Wirksamkeit meiner Vorsorgevollmacht im Übrigen berühren.

Unwirksame Bestimmungen sollen entsprechend ihrem Sinn ausgelegt und durch wirksame ersetzt werden.

Schluss

Dieser Beurkundung ging eine eingehende Beratung durch Herrn Rechtsanwalt … über die verschiedenen Möglichkeiten der rechtlichen Vorsorge für ein selbstbestimmtes Leben und deren Tragweite voraus. Über den Umfang und die Bedeutung der Vollmacht, insbesondere auch hinsichtlich einer freiheitsentziehenden Unterbringung oder einer für mein Leben oder meine Gesundheit gefährlichen Behandlung oder Untersuchung, wurde ich von ihm und dem amtierenden Notar belehrt. Mir ist bewusst, dass die Erteilung dieser Vollmacht ein besonderes Vertrauensverhältnis zwischen dem Vollmachtgeber und den Bevollmächtigten voraussetzt. Ich erkläre, dass ich die Tragweite überblicke und die Vollmacht in dem vorstehend umschriebenen Umfang erteilen will.

Der Notar hat mich auf die Möglichkeit des jederzeitigen Widerrufs dieser Vollmacht hingewiesen. Ich wurde darüber belehrt, dass die Vertretungsmacht so lange fortbesteht, bis alle Ausfertigungen dem Vollmachtgeber zurückgegeben oder für kraftlos erklärt sind.

Ausfertigung, Abschriften, Sonstiges

Wir beantragen je eine Ausfertigung für jeden Bevollmächtigten zu unseren Händen. Weitere Ausfertigungen können jedem Bevollmächtigten bis zu einem Widerruf jederzeit erteilt werden. Eine beglaubigte Abschrift für Herrn Rechtsanwalt … (Name), LG-Fach … (Nummer), … (Ort).

Eintragung im Zentralen Vorsorgeregister

Die Erfassung dieser Urkunde einschließlich der darin enthaltenen personenbezogenen Daten im zentralen Register der Bundesnotarkammer für Vorsorgeurkunden **wird gewünscht / nicht gewünscht.**

Diese Niederschrift wurde den Erschienenen vom Notar vorgelesen, von ihnen genehmigt und von ihnen und dem Notar wie folgt eigenhändig unterschrieben.

1.1.2 Einschränkungen der Vollmacht

Sollen die Bevollmächtigten Einschränkungen unterworfen werden, bietet sich folgende Formulierung an:

Vorsorgevollmacht

Wir, die Eheleute …, geboren am … in … und …, geborene …, geboren am … in …, beide wohnhaft … bevollmächtigen uns hiermit wechselseitig – jederzeit widerruflich – zur Vertretung in allen vermögensrechtlichen und persönlichen Angelegenheiten, soweit dies rechtlich möglich ist.

Weiterhin bevollmächtigen wir hiermit – jederzeit widerruflich –

1. unseren Sohn …
2. unsere Tochter …

uns in allen vermögensrechtlichen und persönlichen Angelegenheiten, soweit dies rechtlich zulässig ist, wie folgt zu vertreten:

Soweit im nachstehenden Text die „Ich-Form" verwendet wird, gilt dies für die jeweiligen von den Eheleuten im Einzelnen erteilten Vollmachten.

In Vermögensangelegenheiten haben die Bevollmächtigten Ziff. 1 und Ziff. 2 für Rechtsgeschäfte, durch die der Vollmachtgeber im Einzelfall mit nicht mehr als 10.000,00 EUR verpflichtet wird, jeweils Alleinvertretungsbefugnis; im Übrigen nur gemeinschaftliche Vertretungsbefugnis.

In persönlichen Angelegenheiten sind die Bevollmächtigten Ziff. 1 und 2 im Außenverhältnis allein vertretungsberechtigt. Sie sollen sich im Innenverhältnis gleichwohl untereinander abstimmen.

1.1.3 Einschränkung der Vollmacht für den Bereich der Patientenverfügung

Möchte man einen von mehreren Bevollmächtigten - typischerweise einen nahen Angehörigen - nicht mit der Entscheidung über den Abbruch lebenserhaltender Maßnahmen bzw. dem Nichtergreifen solcher belasten, muss in die Vollmacht eine Einschränkung aufgenommen werden. Diese könnte wie folgt lauten:

Einschränkungen der Vollmacht

Ein gegenseitiger Widerruf dieser und anderer den Bevollmächtigten durch die Vollmachtgeber erteilten Vollmachten (z.B. Bankvollmachten) durch die Bevollmächtigten untereinander ist nicht möglich. Auch sind die Bevollmächtigten nicht berechtigt, die dieser Vollmacht zugrundeliegenden Verträge zu kündigen.

Die bevollmächtigte Mutter der Vollmachtgeberin, Frau … ist von der Vertretung insoweit ausgeschlossen, als Erklärungen im Zusammenhang mit den Patientenverfügungen der Vollmachtgeber abzugeben sind.

1.1.4 Sorgerechtsvollmacht

Generalvollmacht und Sorgerechtsverfügung

§ 1 Sorgerechtsvollmacht

Für den Fall, dass wir, die Eheleute … geborene …, geboren am … in … und …, geboren am … in …, beide derzeit wohnhaft in … die elterliche Sorge für unsere gemeinsamen Kinder …, geboren am … in …, …, geboren am … in … und …, geboren am … in … sowie für unsere weiteren gemeinsamen Kinder teilweise oder insgesamt nicht mehr selbst wahrnehmen können

bevollmächtigen wir

1. ..., geborene ..., geboren am ... in ..., wohnhaft ... in ... und

2. ..., geborene ..., geboren am ... in ..., wohnhaft ... in ...

und zwar je einzeln und mit Alleinvertretungsbefugnis ausgestattet,

in allen Angelegenheiten die elterliche Sorge für unsere Kinder betreffend für uns zu handeln und für unsere Kinder verbindlich tätig zu werden, soweit eine Stellvertretung rechtlich zulässig ist.

Insbesondere ermächtigt diese Vollmacht die Bevollmächtigten – ohne dass mit der folgenden Aufzählung eine Einschränkung der Vollmacht verbunden ist – den Aufenthalt unserer Kinder sowie den persönlichen Umgang unserer Kinder zu bestimmen und die Herausgabe unserer Kinder von Dritten zu verlangen, Fragen der Gesundheitssorge zu entscheiden und Einwilligungen in ärztliche Behandlungen und Maßnahmen zu erteilen sowie Aufgaben der Vermögenssorge wahrzunehmen. Die Bevollmächtigten sind auch ermächtigt, Schulverträge und Lehrverträge abzuschließen. Sie sind berechtigt, uns gegenüber der Schule und Lehrern sowie bei Elternversammlungen zu vertreten. Sie sind ferner ermächtigt Ausbildungsverträge abzuschließen und in rechtsgeschäftliches Handeln unserer Kinder einzuwilligen bzw. Genehmigungen zu erteilen.

§ 2 Handhabung der Vollmacht

Die Vollmacht berechtigt die Bevollmächtigten zum sofortigen Handeln. Ein Nachweis darüber, dass wir an der Ausübung der elterlichen Sorge verhindert sind, ist Dritten gegenüber nicht zu führen. Es ist auch kein Nachweis darüber zu führen, dass die Ausübung der Vollmacht entsprechend unseren Weisungen, welche in einer gesonderten Vereinbarung festgelegt sind, entspricht.

§ 3 Untervollmacht

Die Bevollmächtigten sind befugt; Untervollmacht zu erteilen, sofern Angelegenheiten des täglichen Lebens betroffen sind. In Angelegenheiten von erheblicher Bedeutung für unsere Kinder ist eine Unterbevollmächtigung nicht möglich.

§ 4 Einschränkung der Vollmacht

Eine Vertretung in Angelegenheiten, die uns als Sorgeberechtigte höchstpersönlich betreffen, ist damit nicht verbunden. Insbesondere dürfen die Bevollmächtigten keinen Zwang gegenüber unseren Kindern ausüben oder Dritten die Ausübung von Zwang gestatten. Ausgeschlossen ist auch die Einwilligung in eine freiheitsentziehende Unterbringung.

§ 5 Sorgerechtsverfügung

Sollte das Ruhen unserer beider elterlichen Sorge durch ein Gericht festgestellt werden, so möchten wir, dass einer derjenigen der von uns genannten Bevollmächtigten zum Vormund unserer Kinder bestellt wird, der bereit und in der Lage ist, unsere Kinder in seinen Haushalt aufzunehmen. Wir möchten nicht, dass unsere Kinder voneinander getrennt werden.

§ 6 Salvatorische Klausel

Sollten einzelne Bestimmungen dieser Generalvollmacht und Sorgerechtsverfügung unwirksam sein oder werden, so soll das nicht die Wirksamkeit der Vollmacht und Sorgerechtsverfügung im Übrigen berühren. Unwirksame Bestimmungen sollen entsprechend ihrem Sinn ausgelegt und durch wirksame ersetzt werden.

Vorgelesen, genehmigt und unterschrieben:

Ort, Datum Unterschrift

1.1.5 Sorgerechtsvollmacht (Grundverhältnis)

Vereinbarung

zwischen

den Eheleuten ...

wohnhaft ...*(Adresse)* **in ...***(Ort)*

– Auftraggeber –

und

1. **..., geborene ..., geboren am ... in ..., wohnhaft ... in ... und**
2. **..., geboren am ... in ..., wohnhaft ... in ...**

– Beauftragte –

wird nachfolgende Vereinbarung getroffen, die das Grundverhältnis der am Datum erteilten Sorgerechtsvollmacht der Auftraggeber regelt.

§ 1 Allgemeine Anweisungen

Die Beauftragten haben sich bei der Ausübung der Sorgerechtsvollmacht an den erzieherischen Wertevorstellungen und Zielen der Auftraggeber zu orientieren. Die Kinder sollen im Geiste der Auftraggeber erzogen werden. Die Auftraggeber sollen die Kinder der Auftraggeber nach Kräften unterstützen und ihren individuellen Fähigkeiten entsprechend fördern. Bereits begonnene Förderungsmaßnahmen sind fortzuführen.

Entscheidungen von erheblicher Bedeutung für die Kinder der Auftraggeber, wie z.B. die Wahl der Schule, Abschluss eines Ausbildungsvertrages, sind nach Möglichkeit mit den Auftraggebern abzusprechen.

§ 2 Einschränkung des Auftrages

Die Beauftragten dürfen in Angelegenheiten erheblicher Bedeutung keine Untervollmacht erteilen. Sie dürfen gegenüber den Kindern keinen Zwang ausüben oder die Anwendung von Zwang Dritten gestatten.

§ 3 Bedingung für die Ausübung der Vollmacht

Wir möchten, dass unsere Kinder gemeinsam in den Haushalt des die Sorgerechtsvollmacht Ausübenden aufgenommen werden. Die Kinder dürfen nicht voneinander getrennt werden. Die Aufnahme unserer Kinder in den Haushalt bestimmen wir als Bedingung für die Ausübung der Sorgerechtsvollmacht. Diese ist demnach von demjenigen auszuüben, der bereit und in der Lage ist, die Kinder in seinen Haushalt aufzunehmen.

Die Vollmachtausübung ist nicht durch die Aufnahme aller Kinder in den Haushalt des Bevollmächtigten bedingt, wenn eines unserer Kinder aufgrund seines eigenen freien Willensentschlusses, z.B. aufgrund der Wahl seines Ausbildungsortes oder eines Auslandsstudiums, nicht in den Haushalt des Bevollmächtigten aufgenommen werden möchte.

Die Beurteilung der Frage, ob die Erfüllung der Bedingung gewährleistet oder diese entbehrlich ist, legen wir in der Hand von Frau Rechtsanwältin …, kanzleiansässig …, in deren Kanzleiräume die Sorgerechtsvollmacht verwahrt wird. Die Rechtsanwältin ist ermächtig, die Sorgerechtsvollmacht an einen der Bevollmächtigten auszuhändigen.

§ 4 Beginn und Beendigung

Der Vertrag wird mit seiner Unterzeichnung wirksam. Die Beauftragten dürfen von der ihnen erteilten Vollmacht erst Gebrauch machen, wenn Ihnen diese durch die vorgenannte Rechtsanwältin ausgehändigt wurde.

Dieser Vertrag erlischt nicht mit dem Eintritt der Geschäftsunfähigkeit der Auftraggeber. Allerdings endet der Vertrag mit dem Tod der Auftraggeber.

Dieser Vertrag kann von den Auftraggebern jederzeit gekündigt werden. Die Beauftragten können diesen Vertrag nur bei Vorliegen eines wichtigen Grundes kündigen. Ein wichtiger Grund für die Beauftragten zur Kündigung liegt insbesondere dann vor, wenn sie sich nicht mehr in der Lage sehen, zum Wohle der Kinder zu handeln und für deren Wohl zu sorgen. Die Kündigung bedarf der Schriftform.

Ist nach einer Kündigung eines der Beauftragten kein Beauftragter vorhanden, der bereit und in der Lage ist, die Kinder der Auftraggeber bei sich aufzunehmen, ist der kündigende Beauftragte verpflichtet, beim Familiengericht das Ruhen der elterlichen Sorge feststellen zu lassen und die Bestellung eines Vormunds für die Kinder anzuregen. Gleiches gilt, wenn feststeht, dass die Auftraggeber auf Dauer nicht mehr in der Lage sein werden, die elterliche Sorge auszuüben oder ihre Weisungs- und Widerrufsbefugnisse gegenüber den Beauftragten auszuüben.

§ 5 Auskunft- und Rechenschaftspflicht

Für die Auskunfts- und Rechenschaftspflicht gelten die §§ 667 BGB ff., allerdings mit der Maßgabe, dass die Darlegungs- und Beweislast für die Unrichtigkeit der Zusammenstellung der Einnahmen und Ausgaben und hierbei insbesondere für den Verbleib der Einnahmen und dafür, dass über nicht mehr vorhandene Vermögenswerte nicht nach den Weisungen oder im Interesse der Auftraggeber bzw. deren Kindern verfügt worden ist, denjenigen trifft, der sich darauf beruft.

Die Beauftragten verpflichten sich, soweit sie die Sorgerechtsvollmacht ausüben, hierüber einmal vierteljährlich den Auftraggebern zu berichten. Sofern die Auftraggeber nicht mehr in der Lage sind, die Berichte geistig zu erfassen, sind diese gegenüber der in § 3 genannten Rechtsanwältin zu erteilen.

§ 6 Haftung

Die Haftung der Beauftragten ist auf Vorsatz und grobe Fahrlässigkeit beschränkt.

§ 7 Schlussbestimmungen

Zusatzvereinbarungen zu diesem Vertrag bedürfen der Schriftform.

§ 8 Salvatorische Klausel

Sollte eine Bestimmung dieses Vertrages ungültig sein oder werden, oder eine Lücke aufweisen, wird die Gültigkeit des Vertrages im Übrigen dadurch nicht berührt. Anstelle der unwirksamen Regelung gilt die Regelung als vereinbart, die dem Willen der Vertragsparteien am nächsten kommt. Entsprechendes gilt für die Ausfüllung einer Lücke.

(Ort, Datum)

Auftraggeber Beauftragte

1.1.6 Ergänzung Vorsorgevollmacht von Eltern

Korrespondierend zu dieser Regelung sollte in die Vorsorgevollmacht der Eltern folgende Ermächtigung aufgenommen werden:

Aushändigung der Sorgerechtsvollmacht, Widerruf und Verfahrensvollmacht

Die Vollmachtgeber haben in einer separaten Erklärung eine Sorgerechtsvollmacht erteilt. Die bevollmächtigte Rechtsanwältin ist ermächtigt, bei Eintritt der Bedingung, die Sorgerechtsvollmacht an den Bevollmächtigten auszuhändigen, die weisungsgemäße Ausübung der Vollmacht zu überwachen und Weisungsbefugnisse für die Auftraggeber wahrzunehmen und die Sorgerechtsvollmacht bei Vorliegen einer Kindeswohlgefährdung zu widerrufen.

Der bevollmächtigen Rechtsanwältin wird im Rahmen eines familiengerichtlichen Verfahrens über das Feststellen des Ruhens der elterlichen Sorge und einer Bestellung eines Vormunds sowie eines Verfahrens nach §§ 1776 ff. BGB vollumfassend Verfahrensvollmacht erteilt. Für das Verfahren nach §§ 1776 ff. BGB wird die Vollmacht von den Vollmachtgebern als gesetzliche Vertreter für ihre Kinder erteilt.

Wir haben ferner in einer gesonderten Erklärung eine Sorgerechtsverfügung dahingehend getroffen, dass im Falle unserer beider Handlungsunfähigkeit die Mutter der Ehefrau, …, ersatzweise Frau … zum Pfleger bzw. Vormund über unsere Kinder, dies sind derzeit unsere Tochter …, geboren am … in …, unser Sohn …, geboren am … in … und unser Sohn …, geboren am … in … bestellt wird. Wir erteilen schon jetzt Frau Rechtsanwältin … ausdrücklich Verfahrensvollmacht, die Interessen unseres Kindes in einem etwaigen familiengerichtlichen Verfahren über die Bestellung eines Pflegers/Vormunds zu vertreten.

1.1.7 Ergänzung zur Sorgerechtsvollmacht: Geschäftsbesorgungsvertrag Eltern – Rechtsanwalt

Der Geschäftsbesorgungsvertrag zwischen den Eltern und dem beauftragten Rechtsanwalt ist wie folgt zu ergänzen:

Handlungsanweisungen in Bezug auf die Kinder der Auftraggeber

Für den Fall, dass die Auftraggeber beide nicht mehr in der Lage sind, das Sorgerecht über ihre Tochter ... und ihre Söhne ... und ... sowie etwaige weitere gemeinsame Kinder auszuüben, haben die Auftraggeber eine Sorgerechtsvollmacht erklärt und eine Sorgerechtsverfügung abgegeben. Der Sorgerechtsvollmacht liegt eine gesonderte Vereinbarung der Auftraggeber und der Bevollmächtigten zugrunde, die konkrete Weisungen die Ausübung der elterlichen Sorge betreffend enthalten. Die Sorgerechtsvollmacht wird von der Beauftragten verwahrt.

Die Beauftragte wird angewiesen, die Vollmacht nur an jenen Bevollmächtigten herauszugeben, der bereit und in der Lage ist, alle unsere Kinder in seinen Haushalt aufzunehmen. Ausgenommen hiervon ist, wenn eines unserer Kinder auf eigenen Wunsch hin, z.B. wegen der Wahl seines Ausbildungsortes nicht in den Haushalt aufgenommen werden kann. Die Beauftragte ist ermächtigt, die Vollmachtsurkunde nach Überprüfung des Eintritts der Bedingung an den Bevollmächtigten auszuhändigen.

Die Beauftragte wird angewiesen, Streitigkeiten zwischen den Bevollmächtigten, welche im Rahmen der Ausübung der Sorgerechtsvollmacht entstehen, oder aufkommende Unstimmigkeiten zwischen den Bevollmächtigten zu schlichten und zu klären. Sofern erforderlich soll die Beauftragte die Feststellung des Ruhens der elterlichen Sorge beim Familiengericht anregen und die Sorgerechtsverfügung der Auftraggeber durchsetzen.

Das Einkommen und Vermögen der Auftraggeber sollen für das Wohl und die Pflege der Auftraggeber und zum Wohle und zur Förderung ihrer Kinder eingesetzt werden.

Schenkungen an die Kinder der Auftraggeber dürfen auch außerhalb der Grenzen einer sittlichen Pflicht erfolgen.

1.1.8 Vereinfachte Vorsorgevollmacht

Vorsorgevollmacht

Hiermit bevollmächtige ich,

... geborene ..., geboren am ... in ...,

wohnhaft ...*(Adresse)* **in ...***(Ort)*

im Vollbesitz meiner geistigen Kräfte und in Kenntnis der Tragweite meiner Anordnungen zur Vermeidung einer rechtlichen Betreuung gemäß §§ 1814 ff. BGB,

Herrn ..., geboren am ... in ...,

wohnhaft ...

und

Herrn ..., geb. am ... in ...

wohnhaft ...

– nachstehend Bevollmächtigte genannt –

und zwar je einzeln und alleinvertretungsberechtigt, jedoch mit den unten gesondert aufgeführten Einschränkungen und jederzeit frei widerruflich

mich in allen persönlichen und vermögensrechtlichen Angelegenheiten, soweit eine Stellvertretung gesetzlich zulässig ist, gerichtlich und außergerichtlich zu vertreten und meine Rechte zu wahren. Die Rechtshandlungen der Bevollmächtigten sollen dieselbe Wirksamkeit haben, wie wenn ich sie selbst ausführen würde.

Über die Möglichkeiten der rechtlichen Vorsorge und der Tragweite der hier erteilten Vollmacht wurde ich eingehend anwaltlich beraten.

Insbesondere ermächtigt diese Vollmacht zu folgenden Handlungen, wobei die nachfolgende Aufzählung **nicht** abschließend ist:

Vermögensangelegenheiten

- Zur Verwaltung und Verfügung meines gesamten beweglichen und unbeweglichen Vermögens.
- Zur Geltendmachung von Ansprüchen und Rechten jeder Art, zum Rechts- und Vermögenserwerb, zum Inkasso.
- Zur Vornahme aller Geschäfte und Handlungen, die mit einer Konto- und Depotführung in Zusammenhang stehen. Die Bevollmächtigten sind auch zum Onlinebanking berechtigt.
- Zur Ausübung von Gesellschafterrechten, insbesondere zur Teilnahme an Veranstaltungen und zur Stimmrechtsausübung.
- Verfügungen von Todes wegen anzuerkennen oder anzufechten, Erbschaften anzunehmen oder auszuschlagen, mich als Erbin, Pflichtteilsberechtigte, Vermächtnisnehmerin, Schenker oder Beschenkte in jeder Weise, auch bei Vermögens- und Gemeinschaftsauseinandersetzungen, zu vertreten und Erklärungen abzugeben und alles zu tun, was zur vollständigen Regelung von Nachlässen und zu deren Teilung notwendig ist.

Verträge, Erklärungen, Anträge

- Verträge jeglicher Art für mich unter beliebigen Bedingungen abzuschließen sowie Vergleiche jeder Art einzugehen.
- Vereinbarungen mit Kliniken, Alters- und/oder Pflegeheimen für mich abzuschließen.
- Erklärungen jeder Art (Einwilligungen, Anfechtungen, Kündigungen, Austritte, Rücktritte, Widerrufe, Verzichte, Mahnungen, Fristsetzungen etc.) für mich abzu-

geben und entgegenzunehmen, insbesondere auch die Kündigung von Wohnraummietverträgen zu erklären und/oder entgegenzunehmen.

- Zur Vertretung in Renten-, Versorgungs-, Beihilfe-, Steuer-, Pflegeversicherungs-,Versicherungs-, und sonstigen Angelegenheiten und zur Beantragung von Leistungen jeder Art wie Renten, Versorgungsbezüge, Pflegeversicherungsleistungen, Grundsicherung oder Sozialhilfe.
- Diese Vollmacht erstreckt sich auch auf meine Vertretung gegenüber Gerichten, Behörden, öffentlichen Registern und Amtspersonen sowie gegenüber allen natürlichen und juristischen Personen.

Persönliche Angelegenheiten

- Jederzeit die Herausgabe meiner Person zu verlangen.
- Meinen Umgang auch mit Wirkung für und gegen Dritte zu bestimmen.
- Über meinen Fernmeldeverkehr zu entscheiden, zur Weiterleitung, Entgegennahme, zum Anhalten und Öffnen meiner Post und zur Entgegennahme von Wahlunterlagen.
- Strafanzeigen und/oder Strafanträge bei den zuständigen Stellen in meinem im Namen zu stellen.
- Zu meiner Totensorge und zur Regelung meiner Beerdigung.

Aufenthalt, Wohnungsangelegenheiten und Heimaufnahme

- Zur Bestimmung meines Aufenthaltsortes und zur Aufhebung und Begründung meines Wohnsitzes, auch in einem Alters- oder Pflegeheim sowie zur Auflösung meines Haushaltes und zur Verfügung über das Inventar.

Gesundheits- und Behandlungsvorsorge

- Zur Einwilligung in eine Untersuchung meines Gesundheitszustandes, eine Heilbehandlung oder einen ärztlichen Eingriff, auch mit risikoreichen oder neuen, noch nicht zugelassenen Medikamenten und Behandlungsmethoden, auch wenn diese erhebliche unerwünschte Nebenwirkungen haben oder haben können, oder wenn die begründete Gefahr besteht, dass ich auf Grund der Maßnahme sterbe oder einen schweren und länger dauernden gesundheitlichen Schaden erleide.
- Zur Nichteinwilligung oder zum Widerruf einer Einwilligung in eine Untersuchung meines Gesundheitszustandes, eine Heilbehandlung oder einen ärztlichen Eingriff, auch mit risikoreichen oder neuen, noch nicht zugelassenen Medikamenten und Behandlungsmethoden, auch wenn die Maßnahme medizinisch angezeigt ist und die begründete Gefahr besteht, dass ich auf Grund des Unterbleibens oder des Abbruchs der Maßnahme sterbe oder einen schweren und länger andauernden gesundheitlichen Schaden erleide.
- Zur Entscheidung über Beginn oder Beendigung von lebenserhaltenden oder lebensverlängernden Maßnahmen, auch wenn dies meinen Tod herbeiführt oder beschleunigt.

- Zur Wahrnehmung meiner Patientenrechte. Die Bevollmächtigten sollen insbesondere auch kontrollieren und durchsetzen, dass der in meiner Patientenverfügung erklärte Wille berücksichtigt wird. Sie dürfen dazu meine Krankenunterlagen einsehen und entscheiden, ob erhobene Daten und Untersuchungsergebnisse Dritten zugänglich gemacht werden. Die Bevollmächtigten dürfen auch darüber entscheiden, ob eine Obduktion meines Leichnams erfolgen soll.

Freiheitsentziehenden Maßnahmen, Unterbringung

- Zur Entscheidung über Handlungsweisen, die meine Bewegungsfreiheit einschränken oder aufheben (z.B. durch Verschließen der Zimmer- und/oder der Wohnungs- und/oder der Stationstüre, Anbringen von Bettgittern, Fixierungsgurten etc.) und auch über eine Unterbringung in einem Pflegeheim, einer geschlossenen Anstalt oder einem Krankenhaus, die mit einer Freiheitsentziehung verbunden sind, solange dies erforderlich ist, weil auf Grund einer psychischen Krankheit oder geistigen oder seelischen Behinderung die Gefahr besteht, dass ich mich selbst töte, oder mir einen erheblichen gesundheitlichen Schaden zufüge, oder zur Abwendung eines drohenden erheblichen gesundheitlichen Schadens eine Untersuchung meines Gesundheitszustandes, eine Heilbehandlung oder ein ärztlicher Eingriff notwendig ist und ohne meine Unterbringung nicht durchgeführt werden kann, weil ich aufgrund einer psychischen Krankheit oder geistigen oder seelischen Behinderung die Notwendigkeit der Unterbringung nicht erkennen und nicht nach dieser Einsicht handeln kann.

Ärztliche Zwangsmaßnahmen

Die Bevollmächtigten dürfen zur Abwendung eines mir drohenden erheblichen gesundheitlichen Schadens in notwendige ärztliche Zwangsmaßnahmen einwilligen.

Gegen meinen natürlichen Willen dürfen die Bevollmächtigten in eine ärztliche Untersuchung, eine medikamentöse oder sonstige ärztliche Heilbehandlung oder einen ärztlichen Eingriff aber nur einwilligen, wenn ich auf Grund einer psychischen Krankheit, oder geistigen oder seelischen Behinderung die Notwendigkeit einer ärztlichen Untersuchung, einer ärztlichen Heilbehandlung oder eines ärztlichen Eingriffs nicht erkennen oder nicht nach dieser Einsicht handeln kann, zuvor versucht wurde, mich von der Notwendigkeit der ärztlichen Maßnahme zu überzeugen und die ärztliche Zwangsmaßnahme erforderlich ist, um einen drohenden erheblichen gesundheitlichen Schaden von mir abzuwenden und der erhebliche gesundheitliche Schaden durch keine andere zumutbare Maßnahme abgewendet werden kann und der zu erwartende Nutzen der ärztlichen Zwangsmaßnahme die zu erwartenden Beeinträchtigungen deutlich überwiegt.

Die Einwilligung zu ärztlichen Zwangsmaßnahmen darf den in meiner Patientenverfügung getroffenen Entscheidungen nicht widersprechen.

Handhabung der Vollmacht

Die Vollmacht wird mit der Unterzeichnung dieser Urkunde wirksam; sie berechtigt die Bevollmächtigten zum sofortigen Handeln.

Im Außenverhältnis ist die Vollmacht mit den vorgenannten Einschränkungen gültig. Damit ist insbesondere der Nachweis gegenüber dritten Personen, denen diese Vollmacht vorgelegt wird, dass ich auf Grund einer psychischen Krankheit oder einer körperlichen, geistigen oder seelischen Behinderung meine Angelegenheiten ganz oder teilweise nicht mehr besorgen kann oder will, oder dass ich geschäftsunfähig bin oder dass Zweifel an meiner Geschäftsfähigkeit bestehen, nicht erforderlich.

Die Bevollmächtigten dürfen im Rahmen der ihnen zuteil gewordenen Vertretungsmacht Untervollmacht erteilten, soweit Angelegenheiten des täglichen Lebens im Sinne des § 1687 Abs. 1 Satz 2 BGB zu besorgen sind. Eine darüber hinaus gehende Unterbevollmächtigung ist nicht möglich. In Fragen der Gesundheitssorge darf keine Untervollmacht erteilt werden.

Die Vollmacht und die ihr zugrundeliegenden Verträge bleiben in Kraft, auch wenn ich geschäftsunfähig werde oder sterbe.

Entbindung von Schweigepflichten

Alle Stellen und Personen, die einer Schweigepflicht unterliegen (Ärzte, Rechtsanwälte, Steuerberater, Krankenkassen etc.), sind hiermit gegenüber den Bevollmächtigten von ihrer Schweigepflicht entbunden und zur Erteilung von Auskünften und zur Ermöglichung der Einsichtnahme der Bevollmächtigten in Akten und Unterlagen verpflichtet.

Betreuungsverfügung

Sollte trotz dieser Vorsorgevollmacht die Einrichtung einer rechtlichen Betreuung einmal zwingend erforderlich werden, so soll dies diese Vollmacht nicht berühren. Die Betreuung ist auf das unbedingt erforderliche Maß zu beschränken und sobald als möglich wieder aufzuheben. Zu meinem Betreuer ist in diesem Fall einer meiner Bevollmächtigten zu bestellen.

Salvatorische Klausel

Sollten einzelne Bestimmungen dieser Vorsorgevollmacht unwirksam sein oder werden, so soll das nicht die Wirksamkeit der Vorsorgevollmacht im Übrigen berühren. Unwirksame Bestimmungen sollen entsprechend ihrem Sinn ausgelegt und durch wirksame ersetzt werden.

Belehrung

Der beurkundende Notar hat auf die Möglichkeit der Registrierung von Vorsorgevollmachten beim zentralen Vorsorgeregister der Bundesnotarkammer hingewiesen.

Vorgelesen, genehmigt und eigenhändig unterschrieben:

Ort, Datum   Unterschrift

1.1.9 Bankinterne Vollmacht

(Fundstelle: bmjv.de, Abruf am 5.5.2023)

Konto-/Depotvollmacht/Schrankfachvollmacht – Vorsorgevollmacht

(Abgestimmt mit den im Zentralen Kreditausschuss zusammenarbeitenden Spitzenverbänden der Kreditwirtschaft)

Konto-/Depot-/Schrankfachinhaber/Vollmachtgeber

Name und Anschrift	
Name und Anschrift der Bank/Sparkasse	

Ich (nachstehend der „Vollmachtgeber" genannt) bevollmächtige den nachstehend genannten Bevollmächtigten

Name, Vorname (auch Geburtsname)		Geburtsdatum	
Anschrift		Telefon-Nummer	

den Vollmachtgeber im Geschäftsverkehr mit der Bank/Sparkasse zu vertreten. Die Vollmacht gilt für alle bestehenden und künftigen Konten und Depots des Vollmachtgebers bei der vorgenannten Bank/Sparkasse und für von dem Vollmachtgeber von der Bank/Sparkasse gemietete Schrankfächer.

Im Einzelnen gelten folgende Regelungen:

1. Die Vollmacht berechtigt gegenüber der Bank/Sparkasse dazu
   - über das jeweilige Guthaben (zum Beispiel durch Überweisung, Barabhebungen, Schecks) zu verfügen,
   - Zahlungsaufträge und Einzugsaufträge zu erteilen, zu ändern und zu widerrufen,
   - Festgeldkonten und sonstige Einlagenkonten sowie Girokonten auf Guthabenbasis einzurichten,
   - eingeräumte Kredite in Anspruch zu nehmen,
   - von der Möglichkeit vorübergehender Kontoüberziehungen im banküblichen Rahmen Gebrauch zu machen,
   - An- und Verkäufe von Wertpapieren (mit Ausnahme von Finanztermingeschäften) und Devisen zu tätigen und die Auslieferung an sich zu verlangen,
   - Abrechnungen, Kontoauszüge, Wertpapier-, Depot und Erträgnisaufstellungen sowie sonstige die Konten/Depots und Schrankfächer betreffenden Mitteilungen und Erklärungen entgegenzunehmen und anzuerkennen,

- Freistellungsaufträge zu erteilen oder zu ändern,
- Für sich Debitkarten* und Zugang zum Online-Banking oder Telefonbanking zu beantragen sowie die entsprechende Online-Banking- oder Telefonbanking-Vereinbarung zu ändern.

2. Die Vollmacht umfasst auch den Zugang zu den von dem Vollmachtgeber von der Bank/Sparkasse gemieteten Schrankfächern.
3. Zur Erteilung von Untervollmachten ist der Bevollmächtigte nicht berechtigt.
4. Die Vollmacht kann vom Kontoinhaber jederzeit gegenüber der Bank/Sparkasse widerrufen werden. Widerruft der Kontoinhaber die Vollmacht gegenüber dem Bevollmächtigten, so hat der Kontoinhaber die Bank/Sparkasse hierüber unverzüglich zu unterrichten. Der Widerruf gegenüber der Bank/Sparkasse und deren Unterrichtung sollten aus Beweisgründen möglichst schriftlich erfolgen.
5. Die Vollmacht erlischt nicht mit dem Tod des Kontoinhabers; sie bleibt für die Erben des verstorbenen Kontoinhabers in Kraft. Widerruft einer von mehreren Miterben die Vollmacht, so kann der Bevollmächtigte nur noch diejenigen Miterben vertreten, die seine Vollmacht nicht widerrufen haben. In diesem Fall kann der Bevollmächtigte von der Vollmacht nur noch gemeinsam mit dem Widerrufenden Gebrauch machen. Die Bank/Sparkasse kann verlangen, dass der Widerrufende sich als Erbe ausweist.
6. Zur Auflösung der Konten und Depots und zur Kündigung des Schrankfachmietvertrages ist der Bevollmächtigte erst nach dem Tod des Vollmachtgebers berechtigt; bei mehreren Konto-/Depot-/Schrankfachinhabern besteht diese Berechtigung für den von allen Konto-/Depot-/Schrankfachinhabern entsprechend bevollmächtigten Vertretern erst nach dem Tode aller Konto-/Depot-/Schrankfachinhaber.

* Begriff institutsabhängig, zum Beispiel ec- bzw. Maestro-Karte oder Kundenkarte.

Wichtige Hinweise für den Vollmachtgeber
Ab wann und unter welchen Voraussetzungen der Bevollmächtigte von dieser Vollmacht Gebrauch machen darf, richtet sich nach den gesondert zu treffenden Vereinbarungen zwischen dem Kontoinhaber und dem Bevollmächtigten. Unabhängig von solchen Vereinbarungen kann der Bevollmächtigte gegenüber der Bank/Sparkasse **ab dem Zeitpunkt der Ausstellung** dieser Vollmacht von ihr Gebrauch machen.
Die Bank/Sparkasse prüft **nicht**, ob der „Vorsorgefall" beim Vollmachtgeber eingetreten ist.

Ort, Datum — Unterschrift des Vollmachtgebers

Der Bevollmächtigte zeichnet:

Ort, Datum — Unterschrift des Bevollmächtigten = Unterschriftsprobe

Ihre Bank/Sparkasse ist **gesetzlich** verpflichtet, den Bevollmächtigten anhand eines gültigen Personalausweises oder Reisepasses zu identifizieren. **Zur Erteilung der Konto-/Depot-/Schrankfachvollmacht suchen Sie daher bitte in Begleitung Ihres Bevollmächtigten ihre Bank/Sparkasse auf.**

1.2 Vereinbarung zwischen Vollmachtgeber und Bevollmächtigten (Regelung des Innenverhältnisses)

Vereinbarung

zwischen

Herrn/Frau

...

– Auftraggeber/in –

und

Herrn/Frau

...

und

Herrn/Frau

...

– Beauftragte –

wird nachfolgende Vereinbarung getroffen, die das Grundverhältnis der am ... vor dem Notar ... mit dem Amtssitz in ... unter der Urkundenrolle Nr. UR ... beurkundeten Vorsorgevollmacht der/des Auftraggebers/in regelt.

§ 1 Präambel

Die Beauftragten haben im Rahmen ihrer Möglichkeiten sicherzustellen, dass der/die Auftraggeber/in sein/ihr Leben bei größtmöglicher Eigenständigkeit und Selbstständigkeit bis zuletzt nach seinen/ihren eigenen Wünschen und Vorstellungen realisieren kann. Sie haben die bei dem/der Auftraggeber/in entstehenden geistigen und körperlichen Defizite nach Möglichkeit auszugleichen und ihre Tätigkeit dabei an den Grundsätzen und Werten zu orientieren, die der/die Auftraggeber/in in der Vergangenheit selbst für sich herangezogen hat. Sie haben die Angelegenheiten des/der Auftraggebers/in nach bestem Wissen und Gewissen so zu besorgen, dass sie dem Wohl des/der Auftraggebers/in entsprechen. Im Übrigen sind die Beauftragten zur sorgfältigen und gewissenhaften Ausführung aller Angelegenheiten dem/der Auftraggeber/in wie ein rechtlicher Betreuer gemäß § 1901 BGB im Rahmen dieses Vertrages und der ihr erteilten Vollmacht unter Einhaltung der Gesetze und der sonstigen Rechtsvorschriften verpflichtet.

§ 2 Geschäftsbesorgung in persönlichen Angelegenheiten

Die Beauftragten verpflichten sich insbesondere, zur rechtlichen Organisation und Abstimmung der persönlichen Versorgung der/des Auftraggebers/in, wie z.B. zur Beauftragung und Überwachung häuslicher Pflege- und Versorgungsdienste, zur aus Gesundheitsgründen notwendigen Zuführung zur ärztlichen Behandlung oder zur Organisation einer notwendig werdenden Aufnahme in einem Krankenhaus oder einer Pflegeeinrichtung (Betreutes Wohnen, Alten- oder Pflegeheim, Reha-Einrichtung etc.), sowie zum Abschluss und zur Überwachung der hierfür erforderlichen Verträge.

Der/Die Auftraggeber/in wünscht seinen/ihren Lebensabend bei größtmöglicher Selbstständigkeit in seiner/ihrer Wohnung in ... zu verbringen, solange dies aufgrund seines/ihres Gesundheitszustandes und seiner/ihrer Pflegebedürftigkeit medizinisch vertretbar ist. Allgemeine Gefahren im Haushalt für Gesundheit und Leben des/der Auftraggebers/in (Stürze, Verletzungen, Gefahr einer hilflosen Lage etc.) sollen nach dem ausdrücklichen Wunsch des/der Auftraggebers/in kein Grund für eine Unterbringung in einer Pflegeeinrichtung (Betreutes Wohnen, Alten- oder Pflegeheim etc.) sein.

Bei der Geschäftsbesorgung der persönlichen Angelegenheiten der/des Auftraggebers/in sind insbesondere auch die in der Patientenverfügung der/des Auftraggebers/in niedergelegten Wünsche und Vorstellungen zu beachten.

§ 3 Geschäftsbesorgung in Vermögensangelegenheiten

Die Geschäftsbesorgung in Vermögensangelegenheiten umfasst insbesondere den Geschäftsverkehr mit Banken und Behörden, auch Steuerbehörden, die Antragstellung für Leistungen nach dem Pflegeversicherungsgesetz und die Vertretung gegenüber Sozialversicherungsanstalten, wie Kranken-, Renten-, Pensionskassen und Versorgungswerken sowie gegenüber Krankenversicherungen und Beihilfestellen.

Der/Die Auftraggeber/in verpflichtet sich, bei der Vermögensverwaltung mitzuwirken und den Beauftragten die notwendigen Auskünfte und Unterlagen zur Verfügung zu stellen.

Die Beauftragten verpflichten sich zur ordnungsgemäßen Verwaltung des Vermögens der/des Auftraggebers/in unter Einhaltung der geltenden Rechts- und Steuervorschriften. Das Vermögen der/des Auftraggebers/in ist getrennt vom Vermögen der Beauftragten zu verwalten.

Die Beauftragten haben Vermögensverfügungen für der/des Auftraggebers/in nur nach dessen/deren Weisungen und/oder im Interesse der/des Auftraggebers/in zu treffen und sind dabei nur dem Wohl der/des Auftraggebers/in verpflichtet.

Das Einkommen und das Vermögen der/des Auftraggebers/in sollen für das Wohl und die Pflege der/des Auftraggebers/in eingesetzt werden.

Die Beauftragten haben das Vermögen der/des Auftraggebers/in nach vernünftigen wirtschaftlichen Grundsätzen rentierlich anzulegen. Bei der Anlagestrategie hat Sicherheit grundsätzlich Vorrang gegenüber Wachstum.

Im Falle einer dauernden Unterbringung der/des Auftraggebers/in in einem Alters- oder Pflegeheim oder Hospiz etc. sind die Beauftragten berechtigt, den Haushalt der/des Auftraggebers/in aufzulösen.

§ 4 Einschränkung der Vollmacht

Entscheidungen, die im Zusammenhang mit der Durchsetzung des in der Patientenverfügung der/des Auftraggebers/in erklärten Willens stehen, dürfen von den Beauftragten nur zusammen mit dem/der Kontrollbevollmächtigten getroffen werden.

Vor einer dauerhaften Heimunterbringung der/des Auftraggebers/in sowie der Auflösung des Haushaltes der/des Auftraggebers/in ist die Zustimmung der/des Kontrollbevollmächtigten in schriftlicher Form einzuholen. Die vorherige Einholung der Zustimmung der/des Kontrollbevollmächtigten kann unterbleiben, wenn mit dem Aufschub eine Gefahr für die Auftraggeber verbunden ist. In diesem Fall ist die Einholung der Zustimmung unverzüglich nachzuholen.

Die Beauftragten dürfen in Vertretung der/des Auftraggebers/in keine Bürgschaften erklären oder Schenkungen machen. Ausgenommen sind Schenkungen, mit denen einer sittlichen Pflicht oder dem Anstand entsprochen wird oder die nach den Lebensverhältnissen der/des Auftraggebers/in üblich sind oder seinen/ihren Wünschen entsprechen.

Die Beauftragten dürfen in Vertretung der/des Auftraggebers/in keine Änderung von Bezugsberechtigungen von Lebensversicherungen der/des Auftraggebers/in vornehmen.

Die Veräußerung, Übertragung und Belastung von Immobilien der/des Auftraggebers/in darf nur mit Zustimmung der/des Kontrollbevollmächtigten vorgenommen werden. Die Zustimmung ist vor der beabsichtigten Verfügung einzuholen. Sie bedarf der notariellen Beglaubigung. Ausgenommen vom Zustimmungserfordernis sind Belastungen zu Gunsten des Sozialhilfeträgers.

Depots der/des Auftraggebers/in dürfen nur mit Zustimmung der/des Kontrollbevollmächtigten aufgelöst werden. Die Zustimmung ist vor der beabsichtigten Auflösung einzuholen. Sie bedarf der Schriftform.

§ 5 Rangverhältnis der Beauftragten

Die Beauftragten sind in der Vorsorgevollmacht der/des Auftraggebers/in mit einer gleichrangigen Einzelvertretungsberechtigung nebeneinander ausgestattet. Die Bevollmächtigung ist von den Beauftragten einvernehmlich auszuüben, vorrangig soll jedoch nach Möglichkeit … handeln.

§ 6 Aufgabenübertragung

Die Beauftragten dürfen Aufgaben aus diesem Vertrag nicht im Ganzen auf Dritte übertragen oder die Erledigung aller Angelegenheiten einem Dritten überlassen. Die Beauftragten dürfen von ihnen ausgewählte Vertrauenspersonen mit der Erledigung einzelner Angelegenheiten betrauen, soweit Angelegenheiten des täglichen Lebens im Sinne des § 1687 Abs. 1 Satz 2 BGB zu besorgen sind. Eine darüber hinausgehende Übertragung ist nur auf einen Rechtsanwalt oder eine Rechtsanwältin der Deutschen Vereinigung für Vorsorge- und Betreuungsrecht e.V. (dvvb) möglich.

§ 7 Vergütung

Die Beauftragten erhalten für ihre Tätigkeit als Bevollmächtigte der/des Auftraggebers/in keine Vergütung. Die Beauftragten können jedoch ihre bei der Führung der Bevollmächtigung entstehenden Auslagen dem Vermögen der/des Auftraggebers/in entnehmen.

§ 8 Anwendbarkeit gesetzlicher Bestimmungen

Auf diesen Vertrag finden die Regelungen der §§ 662 ff. BGB Anwendung, soweit nachfolgend nicht Abweichendes geregelt ist.

§ 9 Beginn und Beendigung

Der Vertrag wird mit seiner Unterzeichnung wirksam. Die Beauftragten dürfen von der ihnen erteilten Vorsorgevollmacht nur dann und insoweit Gebrauch machen, als der/die Auftraggeber/in aufgrund körperlicher oder geistiger Krankheit oder Behinderung seine/ihre Angelegenheiten ganz oder teilweise nicht mehr selbst besorgen kann oder will oder soweit sie von dem/der Auftraggeber/in hierzu im Einzelfall ermächtigt ist.

Dieser Vertrag erlischt nicht mit dem Eintritt der Geschäftsunfähigkeit oder durch den Tod der/des Auftraggebers/in.

Dieser Vertrag kann von dem/der Auftraggeber/in jederzeit gekündigt werden. Die Beauftragten können diesen Vertrag nur bei Vorliegen eines wichtigen Grundes kündigen. Ein wichtiger Grund für die Beauftragten zur Kündigung liegt insbesondere dann vor, wenn ihnen die weitere Tätigkeit als Bevollmächtigte für den/die Auftraggeber/in nicht mehr zugemutet werden kann. Kündigen die Beauftragten ohne wichtigen Grund, so haben sie dem/der Auftraggeber/in den daraus entstehenden Schaden zu ersetzen. Die Kündigung bedarf der Schriftform.

Bei einer Kündigung haben die Beauftragten beim zuständigen Betreuungsgericht eine Betreuung für den/die Auftraggeber/in anzuregen, falls der/die Auftraggeber/in zum Zeitpunkt der Kündigung aufgrund einer psychischen Krankheit oder einer körperlichen, geistigen oder seelischen Behinderung seine/ihre Angelegenheiten ganz oder teilweise nicht besorgen kann und diese zu diesem Zeitpunkt nicht von einem anderen Bevollmächtigten wahrgenommen werden. Die Beauftragten sind in diesem Fall verpflichtet, die Geschäfte des/der Auftraggebers/in bis zur Bestellung eines Betreuers fortzuführen.

§ 10 Auskunfts- und Rechenschaftspflicht

Die Auskunfts- und Rechenschaftspflicht des § 666 BGB findet auf diesen Vertrag nur insoweit Anwendung, als dass die Beauftragten nur die geordnete Zusammenstellung der Einnahmen und Ausgaben, versehen mit den entsprechenden Belegen für die Dauer ihrer Tätigkeit schulden. Über Einzelbeträge der für den/die Auftraggeber/in verwendeten Gelder bis zu einem Betrag von 100,00 € (in Worten: einhundert Euro) und bis zu einen Gesamtbetrag von 1.000,00 € (in Worten: eintausend Euro) pro Monat wird kein Verwendungsnachweis von den Beauftragten geschuldet.

Alternativ:

Die Beauftragten sind von der Auskunfts- und Rechenschaftspflicht befreit. Sie sind somit nicht verpflichtet, dem/der Auftraggeber/in Auskunft darüber zu erteilen, welche tatsächlichen Handlungen oder welche Rechtsgeschäfte sie in Ausübung ihrer Vollmacht getätigt haben. Des Weiteren sind sie nicht verpflichtet, dem/der Auftraggeber/in eine geordnete Zusammenstellung der Einnahmen und Ausgaben im Rahmen der Ausübung der Bevollmächtigung zu erteilen. Ebenso müssen die Beauftragten für Ausgaben, die sie für den/die Auftraggeber/in getätigt haben, keine Nachweise führen, insbesondere keine Belege vorlegen.

Die Darlegungs- und Beweislast für die Unrichtigkeit der Zusammenstellung der Einnahmen und Ausgaben und hierbei insbesondere für den Verbleib der Einnahmen und dafür, dass über nicht mehr vorhandene Vermögenswerte nicht nach den Weisungen oder im Interesse des/der Auftraggebers/in verfügt worden ist, trifft denjenigen, der sich darauf beruft.

§ 11 Haftung

Die Haftung der Beauftragten ist auf Vorsatz und grobe Fahrlässigkeit beschränkt.

§ 12 Schlussbestimmungen

Zusatzvereinbarungen zu diesem Vertrag bedürfen der Schriftform.

§ 13 Salvatorische Klausel

Sollte eine Bestimmung dieses Vertrages ungültig sein oder werden, oder eine Lücke aufweisen, wird die Gültigkeit des Vertrages im Übrigen dadurch nicht berührt. Anstelle der unwirksamen Regelung gilt die Regelung als vereinbart, die dem Willen der Vertragsparteien am nächsten kommt. Entsprechendes gilt für die Ausfüllung einer Lücke.

(Ort, Datum)

Auftraggeberin Beauftragte

1.3 Geschäftsbesorgungsvertrag zwischen Vollmachtgeber und Rechtsanwalt als Bevollmächtigter

Geschäftsbesorgungsvertrag

zwischen

Herrn/Frau

...

– nachstehend Auftraggeber/in genannt –

und

Herrn/Frau Rechtsanwalt/Rechtsanwältin

...

– nachstehend Beauftragte/r genannt –

wird nachfolgender Vertrag geschlossen, der das Innenverhältnis für die am ... vor dem Notar ... mit dem Amtssitz in ... unter der Urkundenrolle-Nr. ... beurkundete Vorsorgevollmacht des/der Auftraggebers/in regelt. Die nachfolgenden Regelungen des Innenverhältnisses der Vorsorgevollmacht des/der Auftraggebers/in gelten auch für einen Vertreter oder eventuellen Rechtsnachfolger der/des Beauftragten.

§ 1 Präambel

Der/die Beauftragte hat sicherzustellen, dass der/die Auftraggeber/in sein/ihr Leben bei größtmöglicher Eigenständigkeit und Selbstständigkeit bis zuletzt nach seinen/ihren eigenen Wünschen und Vorstellungen realisieren kann. Er/sie hat soweit möglich die bei dem/der Auftraggeber/in entstehenden körperlichen und geistigen Defizite auszugleichen und seine/ihre Tätigkeit dabei an den Grundsätzen und Werten zu orientieren, die der/die Auftraggeber/in in der Vergangenheit selbst für sich herangezogen hat. Er/sie hat die Angelegenheiten der/des Auftraggebers/in nach bestem Wissen und Gewissen so zu besorgen, dass sie dem Wohl der/des Auftraggebers/in entsprechen. Im Übrigen ist der/die Beauftragte zur sorgfältigen und gewissenhaften Ausführung aller Angelegenheiten der/des Auftraggebers/in unter Einhaltung der Gesetze und der sonstigen Rechtsvorschriften verpflichtet.

§ 2 Geschäftsbesorgung in persönlichen Angelegenheiten

Der/die Beauftragte verpflichtet sich insbesondere, die Organisation der persönlichen Betreuung der/des Auftraggebers/in durchzuführen, wie z.B. die Beauftragung häuslicher Pflege- und Versorgungsdienste, die aus Gesundheitsgründen notwendige Zuführung zu einer ärztlichen Behandlung oder die Organisation einer notwendig werdenden Aufnahme in einem Krankenhaus oder in einer Pflegeeinrichtung (Betreutes Wohnen, Alten- oder Pflegeheim, Reha-Einrichtung, Hospiz etc.) sowie den Abschluss und die Überwachung der hierfür erforderlichen Verträge.

Die Aufenthaltswahl hat sich an den Wünschen der/des Auftraggebers/in sowie an seinem/ihrem Gesundheitszustand und insbesondere dem Grad ihrer Pflegebedürftigkeit zu orientieren, wobei ärztliche Empfehlungen von dem/der Beauftragten zu beachten sind.

Der/Die Auftraggeber/in wünscht, seine/ihre bisherigen Lebensgewohnheiten in der ihnen vertrauten Umgebung so lange wie möglich beizubehalten. Allgemeine Gefahren im eigenen Haushalt für die Gesundheit und das Leben der/des Auftraggebers/in (Stürze, Verletzungen, Gefahr einer hilflosen Lage etc.) sollen nach dem ausdrücklichen Wunsch der/des Auftraggebers/in kein Grund für eine Unterbringung in einer Pflegeeinrichtung (Betreutes Wohnen, Alten- oder Pflegeheim etc.) sein.

§ 3 Geschäftsbesorgung in Vermögensangelegenheiten

Die Geschäftsbesorgung in Vermögensangelegenheiten umfasst insbesondere den Geschäftsverkehr mit Banken und Behörden, auch Steuerbehörden, die Antragstellung für Leistungen nach dem Pflegeversicherungsgesetz und die Vertretung gegenüber Sozialversicherungsanstalten, wie Kranken-, Renten-, Pensionskassen und Versorgungswerken sowie gegenüber Krankenversicherungen und Beihilfestellen.

Der/Die Auftraggeber/in verpflichtet sich, bei der Vermögensverwaltung mitzuwirken und dem/der Beauftragten die notwendigen Auskünfte und Unterlagen zur Verfügung zu stellen.

Die Vermögensverwaltung durch den/die Beauftragte/n beginnt mit der ersten Vermögensverfügung des/der Beauftragten.

Der/die Beauftragte verpflichtet sich zur Erstellung eines Vermögensverzeichnisses über das bei Aufnahme der Vermögensverwaltung vorhandene Vermögen innerhalb von drei Monaten nach Aufnahme der Vermögensverwaltung. Wertgegenstände sind in das Vermögensverzeichnis nur aufzunehmen, soweit sie im Einzelfall einen Wert von 100,00 € (in Worten: einhundert Euro) überschreiten.

Der/die Beauftragte verpflichtet sich zur ordnungsgemäßen Verwaltung des Vermögens der/des Auftraggebers/in unter Einhaltung der geltenden Rechts- und Steuervorschriften. Das Vermögen der/des Auftraggebers/in ist getrennt von dem Vermögen des/der Beauftragten oder von ihm/ihr verwalteter Vermögen Dritter zu verwalten. Die Führung von Sammelkonten ist unzulässig.

Der/die Beauftragte hat Vermögensverfügungen für den/die Auftraggeber/in nur nach deren/dessen Weisungen und/oder in seinem/ihrem Interesse zu treffen und ist dabei nur dem Wohl der/des Auftraggebers/in verpflichtet.

Das Vermögen der/des Auftraggebers/in ist nach vernünftigen wirtschaftlichen Grundsätzen gemeinsam zu verwalten und rentierlich anzulegen. Bei der Anlagestrategie hat Sicherheit grundsätzlich Vorrang gegenüber Wachstum.

Das Einkommen und das Vermögen der/des Auftraggebers/in sollen für das Wohl und die Pflege der/des Auftraggebers/in eingesetzt werden.

§ 4 Einschränkung der Vollmacht

Der/die Beauftragte darf in Vertretung der/des Auftraggebers/in keine Bürgschaften erklären oder Schenkungen machen. Ausgenommen sind Schenkungen, mit denen einer sittlichen Pflicht oder dem Anstand entsprochen wird oder die nach den Lebensverhältnissen der/des Auftraggebers/in üblich sind oder ihren Wünschen entsprechen.

Der/die Beauftragte darf in Vertretung des/der Auftraggebers/in keine Änderung von Bezugsberechtigungen von Lebensversicherungen der/des Auftraggebers/in vornehmen.

Die Veräußerung, Übertragung und Belastung von Immobilien der/des Auftraggebers/in dürfen nur mit Zustimmung des Kontrollbevollmächtigten vorgenommen werden. Die Zustimmung ist vor der beabsichtigten Verfügung einzuholen. Sie bedarf der öffentlich beglaubigten Form. Ausgenommen sind Belastungen zu Gunsten des Sozialhilfeträgers.

Depots des/der Auftraggebers/in dürfen nur mit Zustimmung des Kontrollbevollmächtigten aufgelöst werden. Die Zustimmung ist vor der beabsichtigten Auflösung einzuholen. Sie bedarf der Schriftform.

§ 6 Aufgabenübertragung

Der/die Beauftragte kann den Auftrag nicht im Ganzen auf Dritte übertragen oder die Erledigung aller Angelegenheiten einem Dritten überlassen. Der/die Beauftragte kann einen anwaltlichen Vertreter oder Kanzleimitarbeiter mit der Erledigung einzelner Angelegenheiten betrauen. Entscheidungen, die die Zustimmung oder Verweigerung zu einer medizinischen Behandlung oder deren Abbruch oder zu einem medizinischen Eingriff, zu einer Unterbringung oder unterbringungsähnlichen Maßnahme oder die die Aufhebung oder Begründung des Wohnsitzes betreffen, hat der/die Beauftragte oder ein anwaltlicher Vertreter immer persönlich zu treffen; eine Beauftragung von Kanzleimitarbeitern ist insoweit nicht zulässig. Kanzleimitarbeiter sind sorgfältig anzuleiten und zu überwachen.

Der/die Beauftragte haftet ohne Ausnahme für die Tätigkeit von Kanzleimitarbeitern wie für seine/ihre eigene Tätigkeit.

Der/die Beauftragte ist darüber hinaus berechtigt, auf Kosten des/der Auftraggebers/in einzelne Angelegenheiten durch einen von ihnen mit der üblichen Sorgfalt ausgewählten Dritten (z.B. Rechtsanwalt, Steuer- oder Rentenberater) erledigen zu lassen. Der/die Beauftragte haftet nicht für die durch diese Personen verursachten Schäden oder Fehler; Schadensersatzansprüche gegen diese Personen sind im Namen des/der Auftraggebers/in durch den/die Beauftragte/n geltend zu machen.

§ 7 Rechnungslegung und Auskunft

In Abweichung zu § 666 BGB ist der/die Beauftragte nur zu einer jährlichen Rechnungslegung über die Zeiträume, in denen die Vermögensverwaltung durch seine/ihre Person erfolgt, in Form einer geordneten Zusammenstellung der Einnahmen und Ausgaben, versehen mit den entsprechenden Belegen, soweit diese erteilt zu werden pflegen und den Betrag von 10,00 € überschreiten, und zu einer jährlichen Vermögensaufstellung, die über den Ab- und Zugang des Vermögens Auskunft gibt, verpflichtet und haben darüber Auskunft zu erteilen. Das erste Rechnungslegungsjahr beginnt mit der ersten Vermögensverfügung der/des Beauftragten.

Über alle Zahlungs- und Buchungsvorgänge, die durch den/die Auftraggeber/in oder seinem/ihrem weiteren Bevollmächtigten veranlasst worden sind, besteht keine Abrechnungspflicht des/der Beauftragten. Diese Buchungen sind in der Rechnungslegung als von dem/der Auftraggeber/in veranlasste Buchungen zu kennzeichnen.

Der Beauftragte hat die EC- und Kreditkarten usw. des/der Auftraggebers/in einziehen zu lassen, sobald er/sie erkennt, dass die Gefahr des Missbrauchs der EC- und Kreditkarten des/der Auftraggebers/in besteht.

Über quittierte Barbeträge zur Bestreitung der gewöhnlichen Lebenshaltungskosten des/der Auftraggebers/in bis zu einer Höhe von 1.000,00 € (in Worten: Eintausend Euro) pro Monat besteht keine Abrechnungspflicht des/der Beauftragten. Empfangszeichnungsberechtigt sind insoweit auch Mitarbeiter beauftragter Haus- und Pflegedienste oder von Alten- und Pflegeheimen.

Der/die Beauftragte hat die Rechnungslegung des/der Auftraggebers/in spätestens drei Monate nach Ablauf des Rechnungslegungszeitraumes vorzulegen.

Der/Die Auftraggeber/in hat, sofern er/sie keine Beanstandungen hat, innerhalb eines Monats nach Rechnungslegung des/der Beauftragten mit befreiender Wirkung Entlastung zu erteilen.

Sofern der/die Auftraggeber/in die Vermögensverwaltung beanstandet und keine Entlastung erteilt oder nicht mehr in der Lage ist, die Entlastung zu erteilen, ist die Rechnungslegung unverzüglich dem Kontrollbevollmächtigten vorzulegen.

Die Darlegungs- und Beweislast für die Unrichtigkeit der Zusammenstellung der Einnahmen und Ausgaben und hierbei insbesondere für den Verbleib der Einnahmen und dafür, dass über nicht mehr vorhandene Vermögenswerte nicht nach den Weisungen oder im Interesse des/der Auftraggebers/in verfügt worden ist, trifft in Abweichung zu § 666 BGB denjenigen, der sich darauf beruft.

§ 8 Vergütung und Auslagenersatz

Der/die Beauftragte erhält für seine/ihre Tätigkeit und die Tätigkeit eines anwaltlichen Vertreters sowie für die Tätigkeit seiner/ihrer Kanzleimitarbeiter eine Vergütung in Höhe von ... EUR (in Worten: ... Euro) in der Stunde. Die kleinste abzurechnende Zeiteinheit beträgt fünf Minuten. Für den Ersatz von Auslagen gelten die einschlägigen Vorschriften des Rechtsanwaltsvergütungsgesetzes (RVG). Vergütung und Auslagenersatz sind monatlich nachträglich zu zahlen; der/die Beauftragte kann diese bei Fälligkeit dem Vermögen der Auftraggeber entnehmen.

Auf die Vergütung und die Auslagen ist zusätzlich die jeweils geltende gesetzliche Umsatzsteuer zu entrichten.

Der/die Beauftragte hat die Art seiner/ihrer Tätigkeit und den dafür benötigten Zeitaufwand sowie seine/ihre Auslagen, soweit diese nicht in der Vergütung beinhaltet sind, zu dokumentieren. Soweit üblich, sind für Auslagen Belege vorzulegen, wenn der Betrag im Einzelfall 10,00 EUR übersteigt.

Soweit der/die Beauftragte spezifisch anwaltliche Dienste leistet, können diese nach der Rechtsanwaltsvergütungsverordnung (RVG) abgerechnet werden.

§ 9 Wertsicherung

ollte sich der vom Statistischen Bundesamt herausgegebene Verbraucherpreisindex für Deutschland (Basis 2010 = 100) – im Folgenden: der Index – gegenüber dem Stand bei Vertragsschluss oder der letzten Vergütungsanpassung um mehr als 5 % nach oben oder unten verändern, verändert sich die Vergütung ab dem Monat, der auf den Eintritt der Voraussetzungen folgt um 100 % der Veränderung nach oben oder unten.

Ausgangswert für die erste Anpassung ist der Indexstand bei Vertragsschluss, für alle folgenden Anpassungen jeweils der Wert der letzten vorangegangenen Anpassung.

Die Anpassung erfolgt, ohne dass es einer besonderen Aufforderung durch den/die Beauftragte/n bedarf.

§ 10 Beginn, Dauer und Beendigung der Geschäftsbesorgung

Der Geschäftsbesorgungsvertrag wird mit der Unterzeichnung dieses Vertrages wirksam.

Der/die Beauftragte darf seine/ihre Rechte aus diesem Vertrag jedoch erst ausüben, wenn der/die weitere Bevollmächtigte nicht willens oder in der Lage ist, rechtzeitig für den/die Auftraggeber/in zu handeln oder wenn sie von einem der Auftraggeber oder einem der weiteren Bevollmächtigten dazu aufgefordert werden (Beginn der Geschäftsbesorgung).

Der Geschäftsbesorgungsauftrag erlischt nicht mit dem Eintritt der Geschäftsunfähigkeit oder dem Tod des/der Auftraggebers/in.

§ 11 Kündigung durch den/die Auftraggeber/in

Die Kündigung durch den/die Auftraggeber/in ist jederzeit und ohne Angabe von Gründen zulässig; sie bedarf der Schriftform.

§ 12 Kündigung durch den/die Beauftragte/n

Die Kündigung durch den/die Beauftragte/n ist mit einer Frist von einem Monat bei Vorliegen eines wichtigen Grundes möglich. Sie bedarf der Schriftform. Ein wichtiger Grund liegt auch vor, wenn Umstände eintreten, aufgrund derer dem/der Beauftragten die Geschäftsbesorgung nicht mehr zugemutet werden kann, beispielsweise wenn die Vollmacht keiner Kontrolle mehr unterliegt oder wenn der/die Auftraggeber/in vermögenslos wird oder den Vertrag gekündigt hat.

Im Fall seiner/ihrer Kündigung hat der/die Beauftragte für den/die Auftraggeber/in, soweit keine anderweitige Bevollmächtigung mehr vorliegt, unverzüglich beim zuständigen Betreuungsgericht eine Betreuung anzuregen, falls der/die Auftraggeber/in zu diesem Zeitpunkt aufgrund einer psychischen Krankheit oder einer körperlichen, geistigen oder seelischen Behinderung seine/ihre Angelegenheiten ganz oder teilweise nicht besorgen können. In diesem Fall hat der/die Beauftragte seine/ihre Tätigkeit fortzuführen, bis ein gesetzlicher Betreuer bestellt worden ist. Für seine/ihre Tätigkeit nach Kündigung bis zur Bestellung eines Betreuers erhält der/die Beauftragte die vereinbarte Vergütung.

§ 13 Pflichten beim Tod der/des Auftraggeberin/ des Auftraggebers

1. Information der nächsten Angehörigen und des Bestattungsdienstes.

2. Sichern und verwalten des Nachlasses für die Erben, bis diese oder ein Testamentsvollstrecker tätig werden.

§ 14 Kontrolle der Beauftragten

Der/Die Beauftragte unterliegt der Kontrolle durch den in der Vorsorgevollmacht des/der Auftraggebers/in benannten Kontrollbevollmächtigten.

§ 15 Schlussbestimmungen

Zusatzvereinbarungen zu diesem Vertrag bedürfen der Schriftform.

Der Gerichtsstand ist ....

§ 16 Salvatorische Klausel

Sollte eine Bestimmung dieses Vertrages ungültig sein oder werden oder eine Lücke aufweisen, wird die Gültigkeit des Vertrages im Übrigen dadurch nicht berührt. Anstelle der unwirksamen Regelung gilt die Regelung als vereinbart, die dem Willen der Vertragsparteien am nächsten kommt. Entsprechendes gilt für die Ausfüllung einer Lücke.

(Ort, Datum)

Auftraggeber Beauftragte

1.4 Geschäftsbesorgungsvertrag zwischen Vollmachtgeber und Rechtsanwalt als Kontrollbevollmächtigter

Geschäftsbesorgungsvertrag

zwischen

Herrn/Frau

...

– nachstehend Auftraggeber/in genannt –

und

Herrn Rechtsanwalt

...

– nachstehend Beauftragter genannt –

wird nachfolgender Vertrag geschlossen, der die Kontrolle über die am ... vor dem Notar ... mit dem Amtssitz in ... unter der Urkundenrolle-Nr. UR ... beurkundeten Vorsorgevollmacht des/der Auftraggebers/in und die Tätigkeit als Verfahrensbevollmächtigte für alle im Zusammenhang mit der Vorsorgevollmacht und Patientenverfügung des/der Auftraggebers/in ggf. notwendigen Verfahrenspflegschaften (vgl. §§ 276, 297 Abs. 5, 298 Abs. 3, 317 FamFG) regelt. Die nachfolgenden Regelungen gelten auch für einen Vertreter und einen eventuellen Rechtsnachfolger des Beauftragten.

§ 1 Rechte und Pflichten als Kontrollbevollmächtigter

Die Rechte des Beauftragten als Kontrollbevollmächtigter richten sich im Wesentlichen nach der Vorsorgevollmacht des/der Auftraggebers/in. Der Beauftragte hat seine Rechte als Kontrollbevollmächtigter nach eigenem pflichtgemäßen Ermessen auszuüben.

Mit zuverlässiger Kenntnis des Beauftragten von Unstimmigkeiten zwischen dem/der Auftraggeber/in und seinen/ihren Bevollmächtigten oder bei Unstimmigkeiten zwischen diesen untereinander oder diesen und dritten Personen im Zusammenhang mit ihrer Bevollmächtigung oder im Fall eines Missbrauch der Vollmacht durch einen der Bevollmächtigten des/der Auftraggebers/in hat der Beauftragte als Kontrollbevollmächtigter seines/seiner Auftraggebers/in, die Rechte und Interessen des/der Auftraggebers/in wahrzunehmen und durchzusetzen. Dabei soll der Beauftragte nach Möglichkeit immer auf eine gütliche Einigung hinwirken.

Nach den Bestimmungen der Vorsorgevollmacht unterliegen folgende Rechtsgeschäfte der Zustimmung des Kontrollbevollmächtigten:

- die Veräußerung, Übertragung und Belastung der Immobilien des/der Auftraggebers/in mit Ausnahme von Belastungen zu Gunsten des Sozialhilfeträgers,
- die Auflösung von Depots des/der Auftraggebers/in,
- die dauerhafte Heimunterbringung sowie die Auflösung des Haushaltes des/der Auftraggebers/in,
- Widerruf der Vollmacht durch den/die Auftraggeber/in

Der Kontrollbevollmächtigte entscheidet über die Erteilung oder Versagung der Zustimmung nach eigenem pflichtgemäßen Ermessen. Er ist bei seiner Entscheidung lediglich an das Wohl des/der Auftraggebers/in gebunden. Die Zustimmung ist zu versagen, wenn das beabsichtigte Rechtsgeschäft dem Wohl des/der Auftraggebers/in zuwiderläuft.

Bei Veräußerungsgeschäften oder Belastungen ist insbesondere zu prüfen, ob finanzielle Mittel für den/die Auftraggeber/in, bspw. für seine/ihre Pflege und/oder Gesundheit, durch die Veräußerung oder Belastung beschafft werden müssen und ob sichergestellt ist, dass die erzielten Erlöse tatsächlich für den/die Auftraggeber/in Verwendung finden. Der Beauftragte darf insoweit von den Bevollmächtigten die entsprechenden Nachweise anfordern. Er hat nach Möglichkeit den Bevollmächtigten weniger einschneidende Alternativen aufzuzeigen und diese mit ihnen zu erörtern.

Vor Erteilung der Zustimmung zu einer dauerhaften Heimunterbringung hat der Beauftragte soweit möglich den/die Auftraggeber/in persönlich anzuhören. Er hat zu prüfen, ob durch Hinzuziehung weiterer pflegerischer Dienstleistungen eine adäquate Pflege in der Wohnung des/der Auftraggebers/in auch weiterhin gewährleistet werden kann. Hierzu darf er/sie auf Rechnung des/der Auftraggebers/in fachkundigen Rat, bspw. des eines Arztes der Fachrichtung Palliativmedizin, einholen. Die Zustimmung ist zu erteilen, wenn eine adäquate Pflege zu Hause nicht mehr gewährleistet werden kann.

Bei Erteilung der Zustimmung zum Widerruf der Vollmacht durch den/die Auftraggeber/in hat der/die Beauftragte zu prüfen, ob der Widerruf aufgrund eines autonomen Entschlusses des/der Auftraggebers/in erfolgt ist und ob er/sie die Bedeutung und Tragweite seines/ihres Widerrufs überblicken kann. Der Beauftragte darf hierfür die Untersuchung des/der Auftraggebers/in durch einen Neurologen oder Psychiater verlangen, wenn Anhaltspunkte dafür bestehen, dass der/die Auftraggeber/in nicht mehr in der Lage ist, seine/ihren Willen frei von Einflüssen Dritter zu bilden und die Bedeutung und Tragweite seines/ihres Widerrufs zu überschauen.

Des Weiteren darf der Beauftragte von dem Bevollmächtigten, dessen Vollmacht widerrufen werden soll, einen schriftlichen Bericht über die Ausübung der Vollmacht sowie Einsicht in dessen Vermögensverwaltung verlangen, um zu prüfen, ob die Bevollmächtigung ordnungsgemäß und zum Wohle des/der Auftraggebers/in geführt wurde.

Stellt der Beauftragte fest, dass die Vollmacht ordnungsgemäß ausgeübt wurde und der Widerruf aufgrund der Beeinflussung des/der Auftraggebers/in durch Dritte erfolgte und/oder er/sie nicht mehr in der Lage ist, frei von dieser Beeinflussung zu entscheiden, ist die Zustimmung zum Widerruf zu versagen.

§ 2 Pflichten als Verfahrensbevollmächtigter

Als Verfahrensbevollmächtigter verpflichtet sich der Beauftragte, die Interessen des/der Auftraggebers/in in allen im Zusammenhang mit der Vorsorgevollmacht und den Patientenverfügungen des/der Auftraggebers/in ggf. notwendigen Verfahrenspflegschaften selbstständig und nicht weisungsgebunden wahrzunehmen. Er hat die verfahrensgemäßen Rechte des/der Auftraggebers/in zu wahren. Insbesondere hat der Beauftragte den tatsächlichen oder mutmaßlichen Willen des/der Auftraggebers/in zu erforschen und in das Verfahren einzubringen. Dies geschieht in erster Linie durch eine persönliche Anhörung und Befragung des/der Auftraggebers/in.

§ 3 Vergütung und Auslagenersatz

Der Beauftragte erhält für seine Tätigkeit und die Tätigkeit seiner Kanzleimitarbeiter eine Vergütung in Höhe von … EUR (in Worten: … Euro) in der Stunde. Für den Ersatz von Auslagen gelten die einschlägigen Vorschriften des Rechtsanwaltsvergütungsgesetzes (RVG). Vergütung und Auslagenersatz sind monatlich nachträglich zu zahlen; der Beauftragte erhält diese durch die Bevollmächtigten des/der Auftraggebers/in aus dem Vermögen des/der Auftraggebers/in.

Auf die Vergütung und den Auslagenersatz ist zusätzlich die jeweils geltende gesetzliche Umsatzsteuer zu entrichten.

Der Beauftragte hat die Art seiner Tätigkeit und den dafür benötigten Zeitaufwand sowie seine Auslagen, soweit diese nicht in der Vergütung beinhaltet sind zu dokumentieren. Soweit üblich, sind für Auslagen Belege vorzulegen, wenn der Betrag im Einzelfall 10,00 EUR übersteigt.

§ 4 Wertsicherung

Sollte sich der vom Statistischen Bundesamt herausgegebene Verbraucherpreisindex für Deutschland (Basis 2010 = 100) – im Folgenden: der Index – gegenüber dem Stand bei Vertragsschluss oder der letzten Vergütungsanpassung um mehr als 5 % nach oben oder unten verändern, verändert sich die Vergütung ab dem Monat, der auf den Eintritt der Voraussetzungen folgt, um 100 % der Veränderung nach oben oder unten.

Ausgangswert für die erste Anpassung ist der Indexstand bei Vertragsschluss, für alle folgenden Anpassungen jeweils der Wert der letzten vorangegangenen Anpassung.

Die Anpassung erfolgt, ohne dass es einer besonderen Aufforderung durch den Beauftragten bedarf.

§ 5 Beginn, Dauer und Beendigung der Geschäftsbesorgung

Die Geschäftsbesorgung beginnt mit der zuverlässigen Kenntnis des Beauftragten von Unstimmigkeiten zwischen dem/der Auftraggeber/in und dem/der Bevollmächtigten oder zwischen diesen und dritten Personen oder von einem Missbrauch der Vollmacht durch den/die Bevollmächtigte/n des/der Auftraggebers/in sowie bei der Tätigkeit als Verfahrensbevollmächtigter des/der Auftraggebers/in.

Der Geschäftsbesorgungsvertrag erlischt nicht mit dem Eintritt der Geschäftsunfähigkeit oder dem Tod des/der Auftraggebers/in.

Die Kündigung durch den/die Auftraggeber/in ist jederzeit und ohne Angabe von Gründen zulässig, sie bedarf der Schriftform. In diesem Fall hat der Beauftragte unverzüglich den/die Bevollmächtigte/n des/der Auftraggebers/in von der Kündigung in Kenntnis zu setzen.

Die Kündigung durch den Beauftragten ist mit einer Frist von einem Monat bei Vorliegen eines wichtigen Grundes möglich. Sie bedarf der Schriftform. Ein wichtiger Grund liegt auch dann vor, wenn Umstände eintreten, aufgrund derer dem Beauftragten die Geschäftsbesorgung nicht mehr zugemutet werden kann, z.B. wenn der/die Auftraggeber/in vermögenslos wird.

Im Fall seiner Kündigung hat der Beauftragte für seinen/seine Auftraggeber/in unverzüglich beim zuständigen Betreuungsgericht eine Kontrollbetreuung anzuregen, falls sein/seine Auftraggeber/in zu diesem Zeitpunkt aufgrund einer psychischen Krankheit oder einer körperlichen, geistigen oder seelischen Behinderung den/die Bevollmächtigten nicht mehr überwachen kann und der Beauftragte zu diesem Zeitpunkt eine Kontrolle des/der Bevollmächtigten des/der Auftraggebers/in für erforderlich hält und der Vorstand der deutschen Vereinigung für Vorsorge- und Betreuungsrecht e.V. (dvvb) keinen neuen Kontrollbevollmächtigten bestellt. In diesem Fall hat der Beauftragte seine Tätigkeit fortzuführen, bis das Vormundschaftsgericht über die Notwendigkeit der Bestellung eines gesetzlichen Kontrollbetreuers eine Entscheidung getroffen hat.

§ 6 Schlussbestimmungen

Zusatzvereinbarungen zu diesem Vertrag bedürfen der Schriftform.

Der Gerichtsstand ist ....

§ 7 Salvatorische Klausel

Sollte eine Bestimmung dieses Vertrages ungültig sein oder werden oder eine Lücke aufweisen, wird die Gültigkeit des Vertrages im Übrigen dadurch nicht berührt. Anstelle der unwirksamen Regelung gilt die Regelung als vereinbart, die dem Willen der Vertragsparteien am nächsten kommt. Entsprechendes gilt für die Ausfüllung einer Lücke.

(Ort, Datum)

Auftraggeber Beauftragter

1.5 Patientenverfügung

1.5.1 Muster: Patientenverfügung

Patientenverfügung

Von ...

1. Entbindung von der Schweigepflicht

Sollte ich durch Krankheit oder Unfall in einen Zustand geraten, in welchem ich meinen natürlichen Willen nicht mehr bilden und/oder verständlich äußern kann, ist zu benachrichtigen und über meinen Zustand unter Entbindung von der ärztlichen Schweigepflicht zu unterrichten:

... *(Name, Kontaktdaten, Telefon)*

und/oder

... *(Name, Kontaktdaten, Telefon)*

Vorgenannte Personen sind in einer gesonderten Vorsorgevollmacht u.a. für den Bereich der Gesundheits- und Behandlungsvorsorge umfassend von mir bevollmächtigt.

2. Wertvorstellungen

Unter diesem Punkt formulieren die Verfügenden ihre sehr persönlichen Beweggründe und Erfahrungen.

3. Eingangserklärung zur Patientenverfügung

Nachdem ich mich über die medizinische und rechtliche Bedeutung und die möglichen Konsequenzen einer Patientenverfügung umfassend informiert habe, erkläre ich in diesem Bewusstsein und im Vollbesitz meiner geistigen Kräfte für den Fall meiner dauernden oder auch nur vorübergehenden Entscheidungs- und Einwilligungsunfähigkeit nachfolgend meinen Patientenwillen als Ausdruck meines Selbstbestimmungsrechts.

Mir ist bewusst, dass diese Patientenverfügung auch für Situationen gilt, in denen ich noch Empfindungen haben kann.

Ich bitte die mich behandelnden Ärzte in eigener Verantwortung sehr sorgsam zu prüfen, welche ärztlichen Maßnahmen im Hinblick auf meinen Gesamtzustand und meine Prognose medizinisch indiziert sind, mir also einen Nutzen bringen. Medizinisch nicht indizierte Maßnahmen, also Maßnahmen ohne vernünftiges Therapieziel, sind zu unterlassen und meinen Bevollmächtigten erst gar nicht anzubieten.

Meinen Bevollmächtigten bitte ich sehr sorgsam zu prüfen, ob eine von den mich behandelnden Ärzten vorgeschlagene medizinisch indizierte Maßnahme meinem Willen entspricht oder nicht. Es ist insoweit die gesetzliche Pflicht meiner Bevollmächtigten, meinem Willen Ausdruck und Geltung zu verschaffen.

Im Zweifelsfall sollen meine Bevollmächtigten einen frei praktizierenden Arzt der Fachrichtung Palliativmedizin zu dem Gespräch mit den mich behandelnden Ärzten beiziehen. Insoweit sind die mich behandelnden Ärzte von der Schweigepflicht entbunden.

Im Rahmen einer palliativmedizinischen Behandlung wünsche ich jede medizinische Maßnahme, soweit sie der Linderung meiner Beschwerden dient, auch wenn ich diese Maßnahme nachfolgend im Rahmen dieser Patientenverfügung als kurativmedizinische Maßnahme ablehne. Soweit eine Einwilligung in eine solche palliativmedizinische Maßnahme zu ihrer Wirksamkeit einer ärztlichen Aufklärung bedarf, verzichte ich hiermit auf eine diesbezügliche ärztliche Aufklärung.

Ich wünsche nicht, dass in der akuten Situation eine Änderung oder die Aufgabe meines nachfolgend beurkundeten Willens unterstellt wird, z.B. wegen des Fehlens einer aktuellen Bestätigung meines Willens, solange keine konkreten Anhaltspunkte für eine im Zustand der Einwilligungs- und damit Entscheidungsfähigkeit erfolgte Änderung meines Willens vorliegen.

Sollte ich von selbst oder auf Befragung diese Patientenverfügung ganz oder teilweise widerrufen und Zweifel an meiner Einwilligungsfähigkeit bestehen, so verlange ich, dass durch ein Kurzgutachten eines Facharztes für Neurologie oder Psychiatrie festgestellt wird, dass ich noch die notwendige Einsichts- und Willensfähigkeit für einen Widerruf meiner Patientenverfügung habe. Sollte dies nicht der Fall sein, so hat es bei meinen in dieser Patientenverfügung niedergelegten Entscheidungen zu verbleiben. Ich möchte nicht, dass mir nur aufgrund eines Erstarkens des Lebenswillens, eines situativ-spontanen Verhaltens oder aus Worten und Gesten ein Widerruf meiner Patientenverfügung unterstellt wird, obwohl dies nach den gesetzlichen Regelungen möglich wäre.

Meine Bevollmächtigten haben alle rechtlichen Mittel in Anspruch zu nehmen, um meinen nachfolgend dargelegten Patientenwillen durchzusetzen. Jede Missachtung meiner Patientenverfügung durch die mich behandelnden Ärzte soll als Straftat gegen die körperliche Unversehrtheit meiner Person strafrechtlich verfolgt werden.

4. Mein Patientenwille

a) In der Sterbephase

Wenn infolge einer schweren Krankheit z.B. einer Krebserkrankung, oder infolge einer direkten Gehirnschädigung durch Unfall, Schlaganfall, Entzündung oder bei einer indirekten Hirnschädigung infolge Wiederbelebung, Schock oder Lungenversagen oder bei einer sonstigen unheilbaren, tödlich verlaufenden Krankheit oder bei schweren Verletzungen oder anhaltender Bewusstlosigkeit, Koma oder vegetativem Wachkoma oder bei einem minimalen Bewusstseinszustand (Minimal Conscious State) oder Locked-In-Syndrom oder bei erkennbarer Aufgabe meines Lebenswillens (z.B. andauernder Verweigerung von oraler Nahrungsaufnahme und/oder Flüssigkeitsaufnahme) mein Sterben aller Wahrscheinlichkeit nach absehbar bevorsteht oder schon begonnen hat, wünsche ich keine kurzfristig lebensrettenden Maßnahmen (z.B. durch einen Notarzt), insbesondere keine Wiederbelebung bei Herzstillstand, Atemstillstand und/oder bei Stoffwechselentgleisungen.

Weiter verlange ich in diesem Fall, dass keine intensivmedizinischen Behandlungen und keine sonstigen lebenserhaltenden Maßnahmen wie eine maschinelle Beatmung oder Atemunterstützung und auch keine künstliche Ernährungs- oder Flüssigkeitszufuhr mit einer Magensonde durch den Mund, die Nase oder die Bauchdecke oder über einen venösen Zugang mehr vorgenommen bzw. schon begonnene lebenserhaltende Maßnahmen sofort abgebrochen werden, wenn nach menschlichem Ermessen der mich behandelnden Ärzte (ungeachtet der Möglichkeit einer Fehlprognose) aller Wahrscheinlichkeit nach davon auszugehen ist, dass mit der Behandlung oder den Maßnahmen nur noch der bevorstehende oder bereits eingetretene natürliche Sterbevorgang hinausgeschoben oder verlängert wird.

Ich möchte nach Möglichkeit nicht in einem Krankenhaus sterben und wünsche daher auch keine Krankenhauseinweisung in der Sterbephase, sondern nur eine Sterbebegleitung in Form einer Basisbetreuung in meiner gewohnten Umgebung, auf einer palliativmedizinischen Station eines Krankenhauses oder Pflegeheims oder in einem Hospiz. Falls nötig, soll ein SAPV-Team meinen Hausarzt bei meiner Versorgung unterstützen oder diese teilweise oder ganz übernehmen und mittels einer Rund-um-die-Uhr-Rufbereitschaft sicherstellen, dass unnötige Krankenhauseinweisungen vermieden werden.

Zu dieser Basisbetreuung gehören eine menschenwürdige Unterbringung, menschliche Zuwendung, ausreichende Körperpflege, insbesondere auch eine umfassende Pflege aller Schleimhäute insbesondere der Mundhöhle zur Vermeidung des Durstgefühls, Lindern von Atemnot und Übelkeit, Angst- und Unruhezuständen sowie eine Ernährungs- und Flüssigkeitszufuhr auf natürliche Weise, solange mein Wille dem nicht erkennbar entgegensteht. Vor allem gehört zu dieser Basisbetreuung eine umfassende palliativmedizinische (schmerztherapeutische) Behandlung mit einer Symptomkontrolle entsprechend dem Ausmaß meiner Beschwerden, die mein Sterben als natürlichen Prozess des Lebens zulässt und mir möglichst viel Lebensqualität bietet. Eine damit möglicherweise verbundene Bewusstseinsausschaltung oder eine Verkürzung meines Lebens nehme ich bewusst in Kauf.

b) Vor Eintritt der Sterbephase für den Fall eines nicht aufhaltbaren schweren Leidens, einer schweren Verletzung oder für den Fall dauernder Bewusstlosigkeit

Wenn infolge einer unheilbaren, tödlich verlaufenden Krankheit oder Hirnschädigung (wie vorstehend unter a) beschrieben) oder bei schweren Verletzungen oder bei anhaltender Bewusstlosigkeit, Koma oder vegetativem Wachkoma oder bei einem minimalen Bewusstseinszustand (Minimal Conscious State) oder Locked-In-Syndrom oder bei erkennbarer Aufgabe meines Lebenswillens, schon vor dem Endstadium meines Lebens und vor dem Eintritt des Sterbevorgangs aller Wahrscheinlichkeit nach keine Aussicht mehr auf eine nachhaltige Besserung meines Zustandes im Hinblick auf Lebenserwartung und Lebensqualität besteht und ein weitgehend beschwerdefreies, bewusstes und umweltbezogenes Leben mit eigener Persönlichkeitsgestaltung und Kommunikationsfähigkeit nach menschlichem Ermessen der mich behandelnden Ärzte (ungeachtet der Möglichkeit einer Fehlprognose) aller Wahrscheinlichkeit nach nicht mehr möglich erscheint, so wünsche ich, dass an mir keine weitere Diagnostik und keine auf Lebenserhaltung gerichteten Maßnahmen in Form von Wiederbelebung, Operationen, Amputationen, Organersatz, Herzschrittmacher, maschineller Beatmung, Dialyse, Bluttransfusion, Verabreichung von Medikamenten (z.B. Antibiotika, Zytostatika, Herz und Kreislauf stärkende Mittel), künstlicher Ernährungs- oder Flüssigkeitszufuhr mit einer Magensonde durch den Mund, die Nase oder die Bauchdecke oder über einen venösen Zugang mehr vorgenommen werden bzw. bereits begonnene Maßnahmen sofort abgebrochen werden. Ich möchte nicht, dass mein Leben in dieser Situation durch den Einsatz kurativer Medizin noch verlängert wird, sondern nur noch, dass meine Lebensqualität mit Hilfe der Palliativmedizin (Schmerztherapie) für mich verbessert wird bis zum Eintritt meines Todes. Ich wünsche in diesem Fall auch keine lebensrettenden Maßnahmen mehr (z.B. durch einen Notarzt), insbesondere keine Wiederbelebung bei Herzstillstand, Atemstillstand und/oder bei Stoffwechselentgleisungen und auch keine Krankenhauseinweisung.

c) Vor Eintritt der Sterbephase für den Fall einer Altersdemenz oder Alzheimer-Krankheit oder vergleichbarer Erkrankungen des Gehirns

Für den Fall, dass ich an einer Altersdemenz oder Alzheimer-Krankheit oder an einer vergleichbaren gesundheitlichen Entwicklung meines Gehirns leide, die so weit fortgeschritten ist, dass ich kein weitgehend beschwerdefreies, bewusstes und umweltbezogenes Leben mit eigener Persönlichkeitsgestaltung und Kommunikationsfähigkeit mehr führen kann sowie im Wesentlichen auf fremde Hilfe angewiesen bin, verfüge ich, dass keine künstliche Ernährungs- oder Flüssigkeitszufuhr über eine Magensonde, weder durch die Nase noch durch die Bauchdecke oder über einen venösen Zugang erfolgen darf. Ich weiß, dass ich dann mangels Flüssigkeits- und Ernährungszufuhr an dem natürlichen Verlauf einer solchen Krankheit versterben kann. Ich wünsche in einem solchen Fall keine Verlängerung meines Lebens durch eine künstliche Ernährungs- und/oder Flüssigkeitszufuhr. Dies soll auch dann gelten, wenn mein Verhalten in dieser Situation für Dritte, z.B. für Pflegepersonal, einen meiner Patientenverfügung widersprechenden Lebenswillen erkennen lässt.

Ebenso wünsche ich in dem vorbeschriebenen Zustand keine lebensrettenden Maßnahmen mehr (z.B. durch einen Notarzt), insbesondere keine Wiederbelebung bei Herzstillstand, Atemstillstand und/oder bei Stoffwechselentgleisungen und auch sonst keine auf Lebenserhaltung gerichteten Maßnahmen, wie sie unter b) beschrieben sind, und auch keine weitere Diagnostik.

Allerdings erkläre ich mich mit einer subcutanen Flüssigkeitszufuhr zur Symptomkontrolle einverstanden.

d) Bei Auftreten neuropsychiatrischer Symptome wie z.B. Verwirrtheit und/ oder Aggression

Bei Auftreten erster Anzeichen von neuropsychiatrischen Symptomen wie z.B. Verwirrtheit und/oder Aggressionen ist sofort eine zunächst niedrig dosierte Behandlung mit Neuroleptika (z.B. Haloperidol) einzuleiten, um eine weitere Steigerung dieser Zustände nach Möglichkeit zu verhindern.

e) Vor Eintritt der Sterbephase für den Fall einer schweren Erkrankung oder schweren Verletzung, bei der eine palliativmedizinische Sedierung medizinisch indiziert ist

Für den Fall, dass nach Ausschöpfung aller palliativmedizinischer Optionen, wie Schmerztherapie nach dem Drei-Stufen-Schema der Weltgesundheitsorganisation (WHO), einer Behandlung einer Atemnot (Dyspnoe) mit Morphin und von Ängsten mit Benzodiazepinen (z.B. Lorazepam), einer Symptomkontrolle, einer psychologischen und spirituellen Begleitung ich noch immer unerträgliches Leid empfinde, wie zum Beispiel durch unerträgliche Schmerzen, unstillbare Blutungen, unerträgliche Destruktion des Körpers, Atemnot (Dyspnoe), Angst und schwere Unruhe, so möchte ich als Ultima Ratio zur Leidensminderung eine palliative Sedierung. Sollte meine Erkrankung und mein damit verbundenes Leiden irreversibel sein, möchte ich eine kontinuierliche tiefe Sedierung ohne künstliche Nahrungs- und Flüssigkeitszufuhr, auch wenn ich mich noch nicht in der unmittelbaren Sterbephase befinde. Sollte ich zu Beginn der Sedierung bei vorhandener Einwilligungsfähigkeit keinen gegenteiligen Willen äußern, so möchte ich keine intermittierende Sedierung.

Bloße Unruhezustände sollen jedoch insbesondere vor einer Abklärung der möglichen Ursachen keinesfalls mit einer standardisierten Dauermorphingabe mittels eines Morphin-Perfusors behandelt werden.

f) Reanimation

Ungeachtet der unter Buchstrabe a) bis e) aufgeführten Situationen erkläre ich mich mit einer Reanimation nach Herzstillstand aufgrund meines fortgeschrittenen Alters nicht einverstanden.

Alternativ:

Ungeachtet der unter Buchstrabe a) bis e) aufgeführten Situationen erkläre ich mich einverstanden, allerdings mit der Auflage, dass von allen weiteren Maßnahmen der Lebenserhaltung Abstand zu nehmen ist, falls bei Anwendung der prognostischen Kriterien nach Reanimation nach spätestens 72 Stunden nicht überzeugend deutlich werden sollte, dass ich auf dem Wege bin, das Bewusstsein wieder zu erlangen.

g) Tracheotomie

Ungeachtet der unter Buchstabe a) bis e) aufgeführten Situationen sollen die mich behandelnden Ärzte bei einer Tracheotomie zur künstlichen Beatmung genauestens prüfen, ob diese aufgrund meines körperlichen Gesamtzustandes noch sinnvoll ist, auch wenn keine infauste Prognose vorliegt.

h) Vergleichbare Situationen

Vergleichbare, hier nicht ausdrücklich erwähnte Krankheitszustände vor Eintritt der Sterbephase sollen entsprechend beurteilt werden.

i) Basisbetreuung in den Phasen b) bis e), h)

Ich wünsche in den unter b) bis e) beschriebenen und in diesen vergleichbaren Situationen h), vor Eintritt der Sterbephase nur noch eine Basisbetreuung, wie sie oben für den Fall der Sterbephase unter a) beschrieben ist.

Mir ist bekannt, dass die von mir in den vorbeschriebenen Situationen gewünschte vollständige Einstellung der Nahrungs- und Flüssigkeitszufuhr bei ausreichender Basispflege wie unter a) beschrieben, kein qualvolles Verhungern und Verdursten zur Folge hat, sondern nach unterschiedlicher Dauer zu einer terminalen Niereninsuffizienz und einer damit einhergehenden schmerzfreien Urämie führt.

5. Gewebe- oder Organspende/Obduktion

Ich widerspreche der Entnahme von Gewebe oder Organen oder Organteilen meines Körpers nach meinem Tod.

Mit einer Obduktion zur Befundklärung bin ich einverstanden, sofern sie von der Staatsanwaltschaft oder einem meiner Bevollmächtigten verlangt wird.

Alternativ:

Mit einer Organ- und Gewebeentnahme bin ich nach Feststellung meines Hirntodes einverstanden. Mit lebensverlängernden Maßnahmen, die zum Zwecke der Organ- bzw. Gewebeentnahme erforderlich sind, bin ich einverstanden, auch wenn ich diese vorstehend abgelehnt habe.

6. Seelsorgerische Betreuung

Des Weiteren bitte ich um seelsorgerische Betreuung, wenn möglich, durch meine/meinen persönlichen Seelsorger/in, derzeit … und/oder …

Ort, Datum Unterschrift

ANLAGE zur Patientenverfügung

Bestätigung eines medizinischen Aufklärungsgesprächs

wurde bei voller Einsichts- und Urteilsfähigkeit in einem eingehenden Gespräch über die medizinische Bedeutung und die möglichen Konsequenzen der vorstehenden Patientenverfügung unterrichtet, seine/ihre Fragen hierzu wurden beantwortet.

Ort, Datum Stempel und Unterschrift des Arztes

Bestätigung eines rechtlichen Aufklärungsgesprächs/Belehrung

wurde bei voller Einsichts- und Urteilsfähigkeit in einem eingehenden Gespräch über die rechtliche Bedeutung und die möglichen Konsequenzen der vorstehenden Patientenverfügung unterrichtet, Fragen hierzu wurden beantwortet. Über die Möglichkeit des jederzeitigen Widerrufs dieser Patientenverfügung wurde belehrt.

Ort, Datum Stempel und Unterschrift des Rechtsanwalts

1.5.2 Lebenserhaltende Patientenverfügung

Patientenverfügung

von ...

1. Entbindung von der Schweigepflicht

Sollte ich durch Krankheit oder Unfall in einen Zustand geraten, in welchem ich meinen natürlichen Willen nicht mehr bilden und/oder verständlich äußern kann, ist zu benachrichtigen und über meinen Zustand unter Entbindung von der ärztlichen Schweigepflicht zu unterrichten:

... *(Name, Kontaktdaten, Telefon)*

und / oder

... *(Name, Kontaktdaten, Telefon)*

... und ... sind in einer gesonderten Vorsorgevollmacht u.a. für den Bereich der Gesundheits- und Behandlungsvorsorge umfassend von mir bevollmächtigt.

2. Eingangserklärung zur Patientenverfügung

Nachdem ich mich über die medizinische und rechtliche Bedeutung und die möglichen Konsequenzen einer Patientenverfügung umfassend informiert habe, erkläre ich in diesem Bewusstsein und im Vollbesitz meiner geistigen Kräfte für den Fall meiner dauernden oder auch nur vorübergehenden Entscheidungs- und Einwilligungsunfähigkeit nachfolgend meinen Patientenwillen als Ausdruck meines Selbstbestimmungsrechts.

Mir ist bewusst, dass diese Patientenverfügung auch für Situationen gilt, in denen ich noch Empfindungen haben kann.

3. Persönliche Erfahrung

Im Jahr ... befand ich mich für die Dauer von neun Monaten nach einem schweren Schlaganfall im Koma. Nach Meinung der mich behandelnden Ärzte hatte ich keine Chancen auf Besserung mehr. Trotz dieser negativen Prognose erholte ich mich nahezu vollständig und bin wieder in der Lage, ein bewusstes und umweltbezogenes Leben zu führen. Ich möchte vor dem Hintergrund dieser Erfahrung keinesfalls, dass ich aufgegeben werde, solange mein Sterben noch nicht eingesetzt hat. Dies gilt auch im Falle einer Demenz oder Alzheimer Erkrankung. Sollte mein Sterbevorgang jedoch bereits begonnen haben, möchte ich keine lebensverlängernden Maßnahmen.

4. Mein Patientenwille

a) In der Sterbephase

Wenn infolge einer schweren Krankheit, z.B. einer Krebserkrankung, oder infolge einer direkten Gehirnschädigung durch Unfall, Schlaganfall, Entzündung oder bei einer indirekten Hirnschädigung infolge Wiederbelebung, Schock oder Lungenversagen oder bei einer sonstigen unheilbaren, tödlich verlaufenden Krankheit oder bei schweren Verletzungen oder anhaltender Bewusstlosigkeit, Koma oder vegetativem Wachkoma oder bei einem minimalen Bewusstseinszustand (Minimal Conscious State) oder Locked-In-Syndrom oder bei erkennbarer Aufgabe meines Lebenswillens (z.B. andauernder Verweigerung von oraler Nahrungsaufnahme und/oder Flüssigkeitsaufnahme) mein Sterben aller Wahrscheinlichkeit nach absehbar bevorsteht oder schon begonnen hat, wünsche ich keine kurzfristig lebensrettenden Maßnahmen (z.B. durch einen Notarzt), insbesondere keine Wiederbelebung bei Herzstillstand, Atemstillstand und/oder bei Stoffwechselentgleisungen.

Weiter verlange ich in diesem Fall, dass keine intensivmedizinischen Behandlungen und keine sonstigen lebenserhaltenden Maßnahmen wie eine maschinelle Beatmung oder Atemunterstützung und auch keine künstliche Ernährungs- oder Flüssigkeitszufuhr mit einer Magensonde durch den Mund, die Nase oder die Bauchdecke oder über einen venösen Zugang mehr vorgenommen bzw. schon begonnene lebenserhaltende Maßnahmen sofort abgebrochen werden, wenn nach menschlichem Ermessen der mich behandelnden Ärzte (ungeachtet der Möglichkeit einer Fehlprognose) aller Wahrscheinlichkeit nach davon auszugehen ist, dass mit der Behandlung oder den Maßnahmen nur noch der bevorstehende oder bereits eingetretene natürliche Sterbevorgang hinausgeschoben oder verlängert wird.

Ich möchte nach Möglichkeit nicht in einem Krankenhaus sterben und wünsche daher auch keine Krankenhauseinweisung in der Sterbephase, sondern nur eine Sterbebegleitung in Form einer Basisbetreuung in meiner gewohnten Umgebung, auf einer palliativ-medizinischen Station eines Krankenhauses oder Pflegeheims oder in einem Hospiz. Falls nötig soll ein SAPV-Team meinen Hausarzt bei meiner Versorgung unterstützen oder diese teilweise oder ganz übernehmen und mittels einer Rund-um-die-Uhr-Rufbereitschaft sicherstellen, dass unnötige Krankenhauseinweisungen vermieden werden.

Zu dieser Basisbetreuung gehören eine menschenwürdige Unterbringung, menschliche Zuwendung, ausreichende Körperpflege, insbesondere auch eine umfassende Pflege aller Schleimhäute insbesondere der Mundhöhle zur Vermeidung des Durstgefühls, Lindern von Atemnot und Übelkeit, Angst- und Unruhezuständen sowie eine Ernährungs- und Flüssigkeitszufuhr auf natürliche Weise, solange mein Wille dem nicht erkennbar entgegensteht. Vor allem gehört zu dieser Basisbetreuung eine umfassende palliativ-medizinische (schmerztherapeutische) Behandlung mit einer Symptomkontrolle entsprechend dem Ausmaß meiner Beschwerden, die mein Sterben als natürlichen Prozess des Lebens zulässt und mir möglichst viel Lebensqualität bietet. Eine damit möglicherweise verbundene Bewusstseinsausschaltung oder eine Verkürzung meines Lebens nehme ich bewusst in Kauf.

b) Vor Eintritt der Sterbephase für den Fall eines nicht aufhaltbaren schweren Leidens, einer schweren Verletzung oder für den Fall dauernder Bewusstlosigkeit

Wenn infolge einer unheilbaren, tödlich verlaufenden Krankheit oder Hirnschädigung (wie vorstehend unter a) beschrieben) oder bei schweren Verletzungen oder bei anhaltender Bewusstlosigkeit, Koma oder vegetativem Wachkoma oder bei einem minimalen Bewusstseinszustand (Minimal Conscious State) oder Locked-In-Syndrom, schon vor dem Endstadium meines Lebens und vor dem Eintritt des Sterbevorgangs aller Wahrscheinlichkeit nach keine Aussicht mehr auf eine nachhaltige Besserung meines Zustandes im Hinblick auf Lebenserwartung und Lebensqualität besteht und ein weitgehend beschwerdefreies, bewusstes und umweltbezogenes Leben mit eigener Persönlichkeitsgestaltung und Kommunikationsfähigkeit nach menschlichem Ermessen der mich behandelnden Ärzte (ungeachtet der Möglichkeit einer Fehlprognose) aller Wahrscheinlichkeit nach nicht mehr möglich erscheint, so wünsche ich dennoch, dass alles getan werden sollte, um mir möglichst ein langes Leben zu ermöglichen, auch. Die vorgenannten qualitativen Einschränkungen nehme ich in Kauf.

c) Vor Eintritt der Sterbephase für den Fall einer langsam zunehmenden schleichenden Erkrankung des Gehirns oder vergleichbarer Erkrankungen

Für den Fall, dass ich an einer langsam zunehmenden Erkrankung des Gehirns wie zum Beispiel Altersdemenz oder Alzheimer-Krankheit oder an einer vergleichbaren gesundheitlichen Entwicklung leide, bin ich mit einer künstlichen Ernährung oder Flüssigkeitszufuhr über eine Magensonde oder durch die Nase oder einen venösen Zugang einverstanden, sofern diese medizinisch indiziert ist.

1.5.3 PALMA-Verfügung

(Quelle: www.unimedizin-mainz.de, Abruf am 5.10.2022)

„PALMA"

Patienten-Anweisungen für lebenserhaltende Maßnahmen

– für Patienten in einer palliativen Situation **ergänzend** zur ausführlichen Patientenverfügung –

Für: …

(Name, Vorname, Geburtsdatum, Adresse)

Dieser Bogen ist speziell für die Notfallversorgung von Patienten in einer palliativen Situation konzipiert (dies meint auch eine terminale Pflegesituation am Lebensende) und fasst die ausführliche Patientenverfügung zusammen. Bitte vollständig und nur mit Hilfe eines beratenden Arztes ausfüllen. Pro Rubrik ist nur eine Antwort möglich, bei widersprüchlichen Angaben wird maximal behandelt. Ein vorhandener Bevollmächtigter sollte genannt werden

A	**Gewünschte Behandlung im Falle eines Herz-Kreislauf-Stillstandes:** □ Herz-Lungen-Wiederbelebung □ keine Wiederbelebung beginnen
B	**Gewünschte Behandlung in einer lebensbedrohlichen Situation bei vorhandener Herz-Kreislauf-Funktion:** □ maximale Therapie: volle medizinisch gebotene und mögliche Behandlung inkl. künstlicher Beatmung, Intensivtherapie etc. □ begrenzte Therapie (Basistherapie): Notfalltherapie vor Ort und ggf. Krankenhauseinweisung falls nötig, jedoch keine künstliche Beatmung oder Intensivtherapie. □ nur lindernde (palliative) Maßnahmen: keine lebenserhaltende Therapie, ausschließlich Beschwerdelinderung und Schmerztherapie, beruhigende Therapie bei Atemnot etc.
C	**Hintergrundinformationen** (schwere Vorerkrankungen, persönliche Erfahrungen etc.): (ggf. Arztbrief anfügen)
D	**Bevollmächtigung in Gesundheitsangelegenheiten:** Es besteht eine □ Vorsorgevollmacht gem. § 1814 Abs. 3 Ziff. 1 BGB □ gerichtlich bestellte Betreuung gem. §§ 1814 Abs. 1, 1823 BGB *(Name, Vorname, Geburtsdatum, Adresse, Telefon des Bevollmächtigten/ Betreuers)*
E	**Unterschriften:** Arztunterschrift und -stempel bestätigen die erfolgte Beratung. Der Bevollmächtigte/ Betreuer erklärt, die Patientenwünsche und den Inhalt der Verfügung zu kennen

Datum	Patient	Beratender Arzt (+ Stempel)	Bevollmächtigter/ Betreuer
...	...	...	...

ggf. erneute Bestätigung *(Datum, Unterschrift Patient)*:

...	...

1.5.4 Patientenverfügung bei freiwilligem Verzicht auf Nahrung und Flüssigkeit

(Angelehnt an *Boudewijn Chabot/Christian Walther*: Ausweg am Lebensende. Selbstbestimmtes Sterben durch freiwilligen Verzicht auf Essen und Trinken, 3. Auflage, München/Basel 2012)

Verfügung

betreffend meinem vorzeitigen Versterben durch freiwilligen Verzicht auf Nahrung und Flüssigkeit.

Ich ..., bin an ... erkrankt. Meine Erkrankung wird unweigerlich zum Tode führen. Seit jeher habe ich ein selbstbestimmtes Leben geführt. So will ich mein Leben auch selbstbestimmt durch konsequenten Verzicht auf Nahrung und Flüssigkeit beenden.

Wenn ich infolge des Verzichts auf Flüssigkeit und Nahrung nicht mehr ansprechbar bin möchte ich nicht, dass Maßnahmen ergriffen werden, um mein Leben zu retten. Mein Sterbewille ist in dieser Situation unbedingt zu beachten. Ich möchte auf keinen Fall eine Wiederbelebung oder eine künstliche Zufuhr von Kalorien, gleich auf welche Art auch immer. Eine Kalorienzufuhr ist nur dann gestattet, wenn diese als einzige Möglichkeit zur Verabreichung lindernder Medikamente palliativmedizinisch zwingend erforderlich ist.

Mein Todeseintritt darf auf keinen Fall verhindert werden, insbesondere nicht durch Hinzuziehen eines Notarztes. Sollte es zu einer lebensbedrohlichen oder lebensverkürzenden Situation kommen oder sich mein bestehendes Leiden verschlimmern, so soll die Minderung meines hiermit verbundenen Leidens das Ziel ärztlichen Handelns sein. Die ärztlichen Maßnahmen dürfen nicht zu einer Verlängerung meines Lebens führen.

Ich wünsche in dieser Situation eine Basisbetreuung. Zu dieser gehört eine menschenwürdige Unterbringung, menschliche Zuwendung, ausreichende Körperpflege, insbesondere auch eine umfassende Pflege aller Schleimhäute, insbesondere der Mundhöhle zur Vermeidung des Durstgefühls, sowie Lindern von Atemnot und Übelkeit, Angst- und Unruhezuständen. Vor allem gehört zu dieser Basisbetreuung eine umfassende palliativ-medizinische (schmerztherapeutische) Behandlung mit einer Symptomkontrolle entsprechend dem Ausmaß meiner Beschwerden, die mein Sterben als natürlichen Prozess des Lebens zulässt. Eine damit möglicherweise verbundene Bewusstseinsausschaltung oder eine Verkürzung meines Lebens nehme ich bewusst in Kauf.

Abschließend erkläre ich, diese Verfügung im Vollbesitz meiner geistigen Kräfte und in freiverantwortlicher Entscheidung nach reiflicher Überlegung getroffen zu haben.

Ort, Datum   Unterschrift

Ärztliche/Psychiatrische Bestätigung:

Hiermit bestätige ich, ..., mit ... ein ausführliches Gespräch zu seiner obigen Patientenverfügung geführt zu haben. Die Bedeutung dieser Verfügung ist ihm/ihr bewusst. Die Entscheidung wurde von ihm/ihr freiverantwortlich getroffen. Es bestehen aus fachärztlicher Sicht keine Hinweise dafür, dass ... in seiner Fähigkeit, einen freien Willen zu bilden, eingeschränkt ist.

Ort, Datum　　　　Unterschrift und Stempel

1.5.5 Behandlungswunsch

Behandlungswunsch

Sollte ich einmal nicht in der Lage sein, in mir angebotene Maßnahmen einzuwilligen oder diese abzulehnen, hat mein Bevollmächtigter oder ein für mich gerichtlich bestellter Betreuter bei der Entscheidung meine in dieser Verfügung niedergelegten Wünsche und Anweisungen zu beachten.

Die nachstehenden Anordnungen habe ich nach reiflicher Überlegung und ärztlicher Beratung mit meinem Hausarzt ... getroffen. Mein Arzt hat mich über die medizinische Bedeutung und Folgen ausführlich aufgeklärt. Mir ist bekannt, dass ich diese Verfügung jederzeit widerrufen kann, solange ich in der Lage bin, einen freien Willen zu bilden. Mein hier niedergelegter Wunsch ist zu beachten, bis ich diesen ausdrücklich widerrufen habe.

Mir ist bewusst, dass ich in dieser Erklärung nicht alle denkbaren Fälle erfassen kann. Sofern ich nachfolgend bestimmte Situationen nicht bedacht haben sollte, ist mein Wille durch Auslegung zu ermitteln, wobei als Basis hierfür die nachfolgend getroffenen Entscheidungen und Erfahrungen zugrunde zu legen sind.

Persönlich habe ich bereits Erfahrungen mit der jahrelangen Pflege meiner bettlägerigen Mutter gemacht. Deren Leiden und Sterben habe ich miterlebt. Aus dieser Erfahrung heraus bin ich zur Überzeugung gelangt, dass ich nicht über Jahre hinweg leiden möchte. Sollte ich – aus welchem Grund auch immer – nicht mehr in der Lage sein, ein umweltbezogenes Leben mit eigener Persönlichkeitsentfaltung und Kommunikationsfähigkeit zu führen möchte ich keine lebensverlängernden Maßnahmen. In diesem Fall möchte ich nur eine palliativ-medizinische Behandlung, auch wenn diese eine Lebensverkürzung zur Folge hat.

1.5.6 Buddhistische Patientenverfügung

Bei der Erstellung von Vorsorgevollmachten und Patientenverfügungen mit religiösem Hintergrund ist insbesondere darauf zu achten, dass dem Bevollmächtigten die Totensorge übertragen wird, da sich der Umgang mit dem Leichnam nach den religiösen Regeln richtet.

Das folgende Muster basiert auf den Anschauungen des Diamantweg-Buddhismus, welcher wiederum auf den Lehren der tibetischen Karma-Kagyü-Schule gründet.

(Erstellt von RA Michael Opitz, Regensburg in Zusammenarbeit mit Lama Ole Nydahl)

I. Patientenverfügung

1. Maßnahmen zur Lebensverlängerung

Alternative 1: Keine Maßnahmen zur Lebensverlängerung gewünscht

Sollte ich, ..., in der konkreten Situation außerstande sein, meinen Willen zu bilden oder verständlich zu äußern, weise ich hiermit von mir bevollmächtigte Personen sowie einen etwa für meine Person bestellten Betreuer an, meinen nachfolgend niedergelegten Willen zu verwirklichen:

Wiederbelebungsmaßnahmen und lebensverlängernde oder lebenserhaltende Maßnahmen, insbesondere Intensivtherapien oder der Einsatz der sogenannten Apparatemedizin sowie Organübertragungen und künstliche Beatmung, sowie eine künstliche Ernährung jeglicher Art, insbesondere über eine Magensonde, haben zu unterbleiben, wenn

a) mein Grundleiden nach ärztlicher Überzeugung unumkehrbar ist und bei einem natürlichen Verlauf meiner Krankheit ohne vorgenannte Maßnahmen mein Tod ohnehin in kurzer Zeit eintreten würde (Hilfe beim Sterben) oder

b) ich dauerhaft in einem Koma liege, z.B. wegen schwerer Dauerschädigung des Gehirns oder dauernden Ausfalls lebenswichtiger Organfunktionen, selbst wenn der Tod noch nicht absehbar ist (Hilfe zum Sterben, Behandlungsabbruch). Dies gilt insbesondere für Zustände der Dauerbewusstlosigkeit oder eines Wachkomas; oder

c) meine Fähigkeit, Einsichten zu gewinnen, Entscheidungen zu treffen und mit anderen Menschen in Kontakt zu treten nach ärztlicher Einschätzung unwiederbringlich erloschen ist, selbst wenn der Tod noch nicht absehbar ist. Eine künstliche Ernährung oder künstliche Beatmung soll in diesen Fällen jedoch nur unterlassen bzw. eingestellt werden, wenn das Erfordernis einer solchen künstlichen Ernährung oder künstlichen Beatmung irreversibel ist.

Dies gilt insbesondere, aber nicht nur, für Fälle einer direkten Gehirnschädigung (z.B. durch Unfall, Schlaganfall oder Entzündung) sowie einer indirekten Gehirnschädigung (z.B. nach Wiederbelebung, Schock oder Lungenversagen) sowie für Fälle eines weit fortgeschrittenen Hirnabbauprozesses (z.B. bei Demenzerkrankungen).

Mir ist bekannt, dass in vorgenannten Situationen die Fähigkeit zu Empfindungen erhalten sein kann.

In derartigen Fällen sind jedoch pflegerische Maßnahmen, insbesondere Mundpflege und Anfeuchten der Atemluft zur Vermeidung des Durstgefühls, sowie ärztliche Maßnahmen durchzuführen, um Schmerzen, Luftnot, Angst, Unruhe und Erbrechen zu verhindern bzw., soweit dies nicht möglich ist, diese Zustände so weit wie möglich zu lindern.

Dies gilt auch dann, wenn diese Maßnahmen lebensverkürzend wirken oder zu einer Bewusstseinsausschaltung oder -trübung führen.

Ergänzung Regelung zur Todestagbestimmbarkeit

Ausnahmeweise für den Fall, dass der Todeszeitpunkt nach medizinischem Kenntnisstand auf den Tag bestimmbar ist, etwa weil der Hirntod eingetreten ist und bei einem Abschalten der Geräte der Tod in einer vorherbestimmbaren Zeitspanne eintreten wird, verfüge ich, dass jede nur mögliche außerordentliche Maßnahme zur Lebensverlängerung so lange angewandt wird, dass ich beim nächsten Neumond oder bei Vollmond sterben kann.

Alternative 2: Maßnahmen zur Lebensverlängerung gewünscht

Ich wünsche **jede nur mögliche** außerordentliche Maßnahme zur Lebensverlängerung, wie zum Beispiel künstliche Wasser- und Nahrungszufuhr, Sauerstoffzufuhr, künstliche Beatmung, Medikation, Bluttransfusion und Dialyse, auch wenn mein Grundleiden nach gesicherter medizinischer Erkenntnis einen unabwendbaren Verlauf zum Tode genommen hat. Der Arzt möge insbesondere Schmerzen, Atemnot, Angst und Verwirrung entgegenwirken, es sei denn, dass damit das Risiko einer Lebensverkürzung verbunden sein sollte.

2. Spiritueller Beistand

Ich wünsche mir für den Fall, dass mein Grundleiden nach gesicherter medizinischer Erkenntnis einen unabwendbaren Verlauf zum Tode genommen hat, spirituellen Beistand durch einen buddhistischen Lama (Geistlichen) oder eine sonstige dazu autorisierte Person der Karma Kagyü Linie unter der Leitung S.H. 17. Karmapa Trinlay Thaye Dorje.

Ich möchte, dass das buddhistische Zentrum der Karma Kagyü Linie unter der Leitung S.H. 17. Karmapa Trinlay Thaye Dorje meines Wohnortes über meinen Zustand **umgehend** informiert wird.

3. Organspende

Alternative 1: Organspende nicht zulässig

Einer Verwendung meiner Organe oder weiterer Körperteile insbesondere zu Zwecken der Organspende oder der Forschung stimme ich **nicht** zu.

Alternative 2: Organspende zulässig mit Ausnahme des Herzens

Einer Verwendung meiner Organe oder weiterer Körperteile **mit Ausnahme meines Herzens** insbesondere zu Zwecken der Organspende oder der Forschung stimme ich zu, die Entnahme soll jedoch unter Vollnarkose erfolgen.

Alternative 3: Organspende zulässig

Einer Verwendung meiner Organe oder weiterer Körperteile insbesondere zu Zwecken der Organspende oder der Forschung stimme ich zu, die Entnahme soll jedoch unter Vollnarkose erfolgen.

4. Arzneimittelprüfung

Alternative 1: Keine Arzneimittelprüfung

Ebenso möchte ich **nicht**, dass Arzneimittel und Medizinprodukte im Rahmen einer klinischen Prüfung bei mir angewandt werden, selbst wenn die Anwendung nach den gesicherten Erkenntnissen der medizinischen Wissenschaft angezeigt ist, um mein Leben zu retten, meine Gesundheit wiederherzustellen oder mein Leiden zu erleichtern.

Alternative 2: Arzneimittelprüfung zulässig

Arzneimittel und Medizinprodukte dürfen im Rahmen einer klinischen Prüfung bei mir angewandt werden.

5.

Nach Eintritt des Herztodes – also wenn mein Herz aufgehört hat zu schlagen – soll mein Körper für einen Zeitraum von 40 Minuten völlig in Ruhe gelassen werden, bis mein Bewusstsein nach buddhistischer Überzeugung meinen Körper verlassen hat.

Ich wünsche dazu, dass alle Anwesenden einschließlich aller Angehörigen entweder den Raum verlassen oder sich völlig ruhig verhalten, nicht sprechen oder laut beten sowie sich nach Möglichkeit hinsetzen. Lediglich buddhistisch-spirituelle Tätigkeiten, Handlungen und Lautäußerungen nach den Traditionen der Karma Kagyü Linie unter der Leitung S.H. 17. Karmapa Trinlay Thaye Dorje sind ausdrücklich gewünscht und gestattet.

Der oder die Bevollmächtigte ist ausdrücklich ermächtigt und befugt, alle Anwesenden einschließlich aller Angehörigen des Raumes zu verweisen oder entfernen zu lassen, wenn meinen Wünschen nicht entsprochen wird.

6.

Jeder mich behandelnde Arzt sowie alle weiteren zuständigen Personen, dem von mir, dem Bevollmächtigten oder in anderer Weise eine Ausfertigung dieser Patientenverfügung vorgelegt wird, ist ausdrücklich beauftragt und angewiesen, seine Entscheidungen über mich betreffende Behandlungsmaßnahmen ausschließlich nach meinen oben formulierten Wünschen zu treffen.

7.

Nachdem diese Patientenverfügung notariell beurkundet worden ist, sehe ich es nicht als erforderlich an, sie in den kommenden Jahren schriftlich oder notariell zu bestätigen. Sollte ich wider Erwarten an den Bestimmungen dieser Patientenverfügung nicht festhalten wollen, werde ich die die Patientenverfügung enthaltenden Ausfertigungen dieser Urkunde einziehen.

II. Verfügung zur Totenfürsorge

1.

Das Ereignis meines Todes soll unverzüglich an die E-Mail-Adresse phowa@diamondway-center.org bzw. in sonstiger Art und Weise an ein Buddhistisches Zentrum der Karma Kagyü Linie unter der Leitung S.H. 17. Karmapa Trinlay Thaye Dorje gemeldet werden. Dabei sollen mein Name, Geburtstag, Sterbetag und Sterbezeit sowie eine kurze Beschreibung der Todesumstände angegeben und nach Möglichkeit ein kleines Digitalfoto mitgeschickt werden.

2.

Jede zuständige Person, der von mir, dem Bevollmächtigten oder in anderer Weise eine Ausfertigung dieser Verfügung zur Totenfürsorge vorgelegt wird, ist ausdrücklich beauftragt und angewiesen, seine Entscheidungen über mich betreffende Behandlungsmaßnahmen ausschließlich nach meinen oben formulierten Wünschen zu treffen.

3.

Ich sehe es nicht als erforderlich an, meine Patientenverfügung und meine Totenfürsorgeverfügung in den kommenden Jahren schriftlich oder notariell zu bestätigen. Sollte ich wider Erwarten an den Bestimmungen dieser Verfügung zur Totenfürsorge nicht festhalten wollen, werde ich die die Verfügung zur Totenfürsorge enthaltenden Ausfertigungen dieser Urkunde einziehen.

Ort, Datum Unterschrift

1.5.7 Körperspende-Vermächtnis

Besteht der Wunsch, seinen Leichnam der medizinischen Ausbildung zur Verfügung zu stellen, kann dies durch eine sog. Körperspende-Vermächtnis in einer letztwilligen Verfügung erfolgen. Auch hier ist wieder darauf zu achten, dass korrespondierend dazu dem Bevollmächtigten die Totensorge übertragen wird.

Letztwillige Verfügung

Hiermit bestimme ich, dass mein Körper nach meinem Tod dem Institut … zur Aus- und Weiterbildung von Ärzten zur Verfügung gestellt wird. Nach Abschluss der Studien wünsche ich eine Feuerbestattung auf der Ehrengrabstätte des Instituts … in … / auf dem Friedhof in ….

Nach meinem Tod ist sofort zu benachrichtigen …. Außerhalb der Öffnungszeiten kann auch benachrichtigt werden ….

Sollte sich herausstellen, dass mein Körper oder einzelne Organe zur Herstellung von dauerhaften anatomischen Präparaten gebraucht werden, stelle ich meinen Körper auch hierfür zur Verfügung. Ich bin darüber unterrichtet, dass eine Beisetzung dieser Präparate bzw. des gesamten Leichnams dann entfällt.

(Ort, Datum Unterschrift)

Diese Verfügung gilt nur so lange ich im Einzugsgebiet der Universität … versterbe.

1.5.8 Psychiatrische Patientenverfügung

Psychiatrische Patientenverfügung

der/des …

Vorbemerkung

Ich habe Herrn/Frau … in einer separaten Vollmacht umfassend mit meiner Vertretung, auch im Bereich der Gesundheitssorge beauftragt.

Ich leider unter … (Beschreibung der psychischen Erkrankung). Wegen meiner Erkrankung war ich bereits des Öfteren in psychiatrischen Kliniken untergebracht. Folgende Medikamente wurden mir verordnet: … In meiner letzten Unterbringung wurde mir das Medikament … zwangsweise verabreicht.

Meine Erkrankung hat in akuten Phasen folgende Auswirkungen ... (nähere Beschreibung des Krankheitsbildes in akuten Phasen).

Verfügung

Im Bewusstsein meiner Erkrankung und nach gründlicher Abwägung der Vor- und Nachteile einer Medikation lehne ich eine Behandlung mit den nachgenannten Medikamenten ab:

- …
- …
- …

Des Weiteren schließe ich folgende Behandlungsformen aus:

- …
- …
- …

Stattdessen dürfen mir folgende Heilmittel angeboten werden:

- … *(Medikament/Heilmittel)* mit einer Tageshöchstdosis von …
- … *(Medikament/Heilmittel)* mit einer Tageshöchstdosis von …

Unterbringung

Ich möchte nicht untergebracht werden, auch wenn die Gefahr besteht, dass ich mich selbst töte oder mir einen erheblichen gesundheitlichen Schaden zufüge oder wenn zur Abwendung eines mir drohenden erblichen gesundheitlichen Schadens eine Untersuchung meines gesundheitlichen Zustandes oder ein ärztlicher Eingriff notwendig sein sollte. Mein Bevollmächtigter wird angewiesen, eine Unterbringung meiner Person mit allen Mitteln zu verhindern, auch wenn hierdurch die Gefahr besteht, dass hierdurch mein Leben oder meine Gesundheit gefährdet ist. Von einer etwaigen bestehenden Garantenpflicht wird mein Bevollmächtigter hiermit ausdrücklich befreit.

Zwangsbehandlung

Ich möchte keiner Zwangsbehandlung unterzogen werden, auch nicht, wenn diese zur Abwendung eines drohenden erheblichen gesundheitlichen Schadens erforderlich ist und ich nicht in der Lage bin, die Notwendigkeit der Behandlung einzusehen. Mein Bevollmächtigter wird angewiesen, eine Zwangsbehandlung meiner Person mit allen Mitteln zu verhindern, auch wenn durch das Unterlassen der Behandlung eine erhebliche Gefahr für Leib und Leben für mich besteht. Von einer etwaigen bestehenden Garantenpflicht wird mein Bevollmächtigter hiermit ausdrücklich befreit.

Eine Änderung dieser Verfügungen während eines Aufenthalts in einer psychiatrischen Einrichtung schließe ich hiermit aus!

Ort, Datum Unterschrift

Fachärztliche Bestätigung

Hiermit bestätige ich, dass Herr/Frau ... die vorstehende Verfügung im Zustand voller Willens- und Einsichtsfähigkeit getroffen hat. Die vorstehenden Regelungen wurden mit Herrn/Frau ... ausführlich besprochen. Über die medizinischen Auswirkungen und Risiken habe ich Herrn/Frau ... belehrt.

(Ort, Datum)

1.6 Widerspruch gegen Organentnahme

Werden Länder bereist, die gesetzlich die Einwilligung in eine Organentnahme unterstellen - wie z.B. Österreich - empfiehlt es sich, hiergegen schriftlich zu widersprechen und den Widerspruch registrieren zu lassen. Eine Registrierung erfolgt nur, wenn das Formular vollständig ausgefüllt wurde. Formulare stehen z.B. zum Download im Internet unter www.transplantation-information.de.

Widerspruch gegenüber einer Organentnahme - Erwachsene (im Sinne des Widerspruchsregisters gelten Personen ab 16 Jahren als Erwachsene)

Ich, ...

Vorname (in BLOCKSCHRIFT) Nachname (in BLOCKSCHRIFT)

... ...

Geburtsdatum Sozialversicherungsnummer (10-stellig) □ weiblich □ männlich

Adresse: ...

gebe hiermit meinen Widerspruch gegenüber einer allfälligen Organentnahme bekannt.

Ich wünsche eine Registrierungsbestätigung

- □ per Post an die oben aufgeführte Adresse (bitte ein adressiertes und frankiertes Rückkuvert beilegen)
- □ an folgende E-Mail-Adresse: ...
- □ an folgende Fax-Nummer: ...

Ort, Datum Unterschrift

1.7 Betreuungsverfügung

Betreuungsverfügung

von …,

geborene …,

geboren am … in …

wohnhaft …

Sollte für mich einmal eine rechtliche Betreuung angeordnet werden müssen, so wünsche ich, dass zu meinem Betreuer bestellt wird

Herr/Frau …

…

ersatzweise

Herr/Frau …

Für die Ausübung der Betreuung treffe ich folgende Anordnungen:

1. Für den Aufgabenkreis der Aufenthaltsbestimmung

Mein Betreuer hat sicherzustellen, dass ich so lange als möglich in meiner eigenen Wohnung leben kann. Allgemeine Gefahren in meinem Haushalt für meine Gesundheit und Leben (Stürze, Verletzungen, Gefahr einer hilflosen Lage etc.) sollen kein Grund für eine Unterbringung in einer Pflegeeinrichtung (Betreutes Wohnen, Pflegeheim etc.) sein.

Sollte ich mich in einem Zustand **geistiger Verwirrung** befinden und dabei Weglauftendenzen aufzeigen, hat mein Betreuer dafür Sorge zu tragen, dass ich in einem geschützten Umfeld verbleibe. Hierfür erkläre ich mich bereits jetzt mit dem Ergreifen notwendiger freiheitsentziehender Maßnahmen wie z.B. das Einschließen in einem Raum oder das Verbringen in eine geschlossene Station oder Anlegen von Signalarmbändern oder das Verabreichen von sedierenden Medikamenten einverstanden. Mein Betreuer wird angewiesen, alles erdenklich Mögliche zu tun, um zu vermeiden, dass ich in eine hilflose Lage in der Öffentlichkeit gerate.

Für den Fall einer **Demenzerkrankung** wünsche ich, in einer speziell auf die Bedürfnisse Demenkranker ausgerichtete Einrichtung oder einer speziell ausgerichteten Abteilung einer Pflegeeinrichtung untergebracht zu werden.

Sollte ich in eine Pflegeeinrichtung zu einem Zeitpunkt umziehen müssen, in welchem ich noch ein Haustier halte, möchte ich nicht von diesem getrennt werden. Mein Betreuer hat dies bei der Wahl des Heimes zu beachten. Es kommt demnach nur eine Verbringung in ein Heim in Frage, welches bereit ist, mein Tier mit aufzunehmen.

Sollte ich nicht mehr in der Lage sein, für mein Haustier zu sorgen und ist eine Versorgung des Tieres auch nicht durch andere Personen in meinem Umfeld gewährleistet, so möchte ich, dass mein Tier an Herrn/Frau … übergeben wird. Herr/Frau … erhält für Nahrung und medizinische Versorgung des Tieres einen monatlichen Pauschalbetrag in Höhe von 200,00 EUR. Sollte mein Einkommen hierfür nicht ausreichen, ist der monatliche Betrag aus meinem Vermögen zu entnehmen.

2. Für den Aufgabenkreis der Gesundheitssorge

Im Zusammenhang der Gesundheitssorge und der Entscheidungen im Rahmen der Patientenverfügungen hat sich mein Betreuer an meine Patientenverfügung zu halten und dieser Geltung zu verschaffen. Meine Patientenverfügung soll jedoch den Behandlern erst dann vorgelegt werden, wenn deren Anwendungsbereich eröffnet ist.

Ich wünsche generell, dass vor der Einwilligung in die Beendigung einer lebenserhaltenden Maßnahme eine angemessene Wartezeit eingehalten wird. Die Beurteilung der Angemessenheit der Wartezeit obliegt meinem Betreuer.

Mit einer Behandlung mit noch nicht zugelassenen Medikamenten bin ich einverstanden. Ebenso bin ich mit der Teilnahme an Studien, insbesondere im Bereich von Demenzerkrankungen einverstanden. Eine Behandlung / Teilnahme ist jedoch ausgeschlossen, wenn der Anwendungsbereich meiner Patientenverfügung eröffnet ist.

3. Für den Aufgabenkreis der Vermögenssorge

Sollte ich in ein Pflegeheim auf Dauer umziehen müssen, so möchte ich, dass mein Haus nach Ablauf einer Wartezeit von 9 Monaten verkauft wird. Folgende Gegenstände möchte ich in das Heim nach Möglichkeit mitnehmen:

- …
- …
- …

Folgende Gegenstände sind bei Auflösung meines Hausrates meinem Patenkind … zu übereignen

- …
- …
- …

Der übrige Hausrat ist zu entsorgen.

Mein Einkommen und Vermögen sollen vorrangig für meine pflegerische und medizinische Versorgung eingesetzt werden. Wichtig ist mir auch, dass ich qualitativ hochwertige Nahrung aus biologisch nachhaltiger Produktion angeboten bekomme. Den Konsum von Fleisch aus Massentierhaltung lehne ich strikt ab. Ebenso den Verzehr von Hühnereiern aus Käfighaltung und von Betrieben, die männliche Küken töten.

Wegen der Versorgung meines Haustieres wird auf die vorstehende Bestimmung Ziff. 1 letzter Absatz verwiesen.

Mein Betreuer wird angewiesen, meinem Patenkind ... zu Geburtstagen, Weihnachten und besonderen Anlässen einen Betrag in Höhe von ... EUR bzw. zwischen ... EUR und ... EUR zu besonderen Anlässen wie z.B. Hochzeit, Führerschein Erwerb einer Immobilie zu tätigen, soweit hierfür ausreichend liquide Mittel zur Verfügung stehen.

Mein Betreuer erhält neben der Erstattung seiner konkret entstandenen Auslagen anstelle der gesetzlichen Pauschalvergütung eine Vergütung in Höhe von ... EUR je Stunde. Die kleinste abzurechnende Zeiteinheit beträgt hierbei 5 Minuten.

Ort, Datum Unterschrift

2 Checklisten

2.1 Vorsorgevollmacht – Außenverhältnis

Checkliste: Vorsorgevollmacht – Außenverhältnis

Wer soll bevollmächtigt werden?

– Für den Fall, dass mehrere Personen bevollmächtigt werden, sollen diese einzelvertretungsbefugt sein oder nur zusammen handeln können?

– Was soll der Bevollmächtigte alles regeln können?

Umfang der Vollmacht

– Sinnvoll wäre es, wenn der Bevollmächtigte Sie umfassend vertreten kann. Sie können die Vertretung allerdings beschränken auf
  - nur persönliche Angelegenheiten
  - nur vermögensrechtliche Angelegenheiten
  - nur bestimmte vermögensrechtliche Angelegenheiten

– Soll Ihr Bevollmächtigter Untervollmachten erteilen können?

– Soll Ihr Bevollmächtigter Rechtsgeschäfte in Ihrem Namen und mit sich selbst abschließen können?

– Soll der Bevollmächtigte die Vollmacht nach Ihrem Tod ausüben können? Wenn ja, in welchem Umfang?
  - soll er den Nachlass bis zur Feststellung Ihrer Erben nur verwalten oder
  - soll er über den Nachlass auch verfügen dürfen?
– Soll Ihr Bevollmächtigter auch Zugriff auf Online-Accounts haben?

Vermögensrechtliche Angelegenheiten

– Soll Ihr Bevollmächtigter für Sie erwerben, veräußern und belasten können?
– Soll Ihr Bevollmächtigter alle Geschäfte vornehmen, die mit der Kontoführung in Zusammenhang stehen?
– Soll diese Vollmacht insbesondere auch gegenüber Banken, Volksbanken, Sparkassen und anderen Geldinstituten gelten?
– Soll Ihr Bevollmächtigter berechtigt sein, Verträge sonstiger Art abzuschließen bzw. Vereinbarungen mit Kliniken, Alters- und Pflegeheimen abzuschließen?
– Soll Ihr Bevollmächtigter das Recht haben, Immobilien zu verwalten? Soll er in diesem Zusammenhang Ihre Rechte als Wohnungseigentümer wahrnehmen dürfen (Stimmrechtsausübung bei WEG-Versammlungen)?
– Soll Ihr Bevollmächtigter über Grundstücke verfügen können?

2.2 Vorsorgevollmacht – Innenverhältnis

Checkliste: Vorsorgevollmacht – Innenverhältnis

Was soll der Bevollmächtigte regeln dürfen, wie soll er handeln?

– Immobilien, Kapitalvermögen, sonstiges Vermögen
– Welche Weisungen in Bezug auf die Verwaltung Ihres Vermögens (Immobilien, Kapitalvermögen, sonstiges Vermögen) möchten Sie erteilen?

Immobilienvermögen

– Weisungen in Bezug auf Verwaltung (Vermietung, Verpachtung)
– Weisungen in Bezug auf die Verfügung über Immobilienvermögen (Belastung, Veräußerung)
– Soll die Übertragung des Immobilienvermögens im Wege der vorweggenommenen Erbfolge möglich sein?
  - Wenn ja, unter welchen Bedingungen, Vorbehalten und Absicherungen?

Kapitalvermögen

– Form der Kapitalanlage?
– Hinzuziehung bestimmter Berater bei der Auswahl der Kapitalanlage?
– Sonstige Weisungen?

Schenkungen, Spenden

- Darf Ihr Bevollmächtigter Schenkungen machen?
- Wenn ja, an welche Personen? Auch an sich selbst?
- Soll eine Begrenzung aufgenommen werden?

Persönliche Angelegenheiten

- Haben Sie einen besonderen Wohnwunsch, bspw. ein bestimmtes Pflegeheim?
- Wie ist im Falle von freiheitsentziehenden Maßnahmen zu entscheiden? Lehnen sie solche grundsätzlich ab?
- Welche Personen sind über Ihren neuen Aufenthaltsort zu benachrichtigen?
- Möchten Sie den Umgang mit bestimmten Personen ausschließen?
- Sollen Vereinsmitgliedschaften bei einem Umzug in ein Pflegeheim gekündigt werden? Wenn ja, welche?

Handlungsanweisungen nach dem Tod

- Gibt es bereits einen Bestattungsvorsorgevertrag?
- Wurde bereits ein Nutzungsrecht an einer Grabstätte erworben? Haben Sie einen Friedwaldvertrag geschlossen?
- Wie möchten Sie bestattet werden
  - Erdbestattung
  - Erdbestattung
  - Feuerbestattung
  - Anonym
  - Friedwald
- Wer ist von Ihrem Tod zu benachrichtigen?
- Soll eine Todesanzeige geschaltet werden?
- Möchten Sie, dass eine Trauerfeier abgehalten wird?
- Soll eine bestimmte Person auf Ihrer Trauerfeier einen Beitrag leisten (Rede, Musikstück)?
- Soll ein Dauergrabpflegevertrag geschlossen werden, welcher noch aus Ihrem Nachlass zu finanzieren ist?

2.3 Widerruf der Vollmacht

Checkliste: Widerruf der Vollmacht

Vorfragen

- Wem gegenüber wurden Vollmachten erteilt?
- Privatpersonen
- Banken
- Wie viele Ausfertigungen/Urschriften wurden ausgehändigt?
- Welche Unterlagen wurden dem Bevollmächtigten übergeben?
- Ist eine Person vorhanden, die Ihnen bei der Regelung Ihrer Angelegenheiten behilflich sein kann?

Widerrufserklärung

- Sämtliche dem Bevollmächtigten erteilten Vollmachten gegenüber dem Bevollmächtigten widerrufen
- Nachweis des Zugangs sichern
- Aufforderung zur Herausgabe der Vollmachtsurkunde (Ausfertigung, Urschrift, Abschriften)
- Aufforderung zur Herausgabe von Unterlagen
- Aufforderung zur Auskunftserteilung
- Welche Rechtsgeschäfte wurden anhand der Vollmacht getätigt?
- Was wurde durch Ausübung der Vollmacht erlangt?
- Aufforderung zur Rechenschaftslegung durch Erteilung einer geordneten und systematischen Aufstellung sämtlicher Einnahmen und Ausgaben nebst Beifügen von Belegen.
- Falls die Vollmachtsurkunde nicht zurückgegeben wird, Kraftloserklärung beantragen

2.4 Patientenverfügung

Beschreibung persönlicher Wertvorstellungen

Wenn persönliche Wertvorstellungen, Einstellungen zum eigenen Leben und Sterben und religiöse Anschauungen schriftlich niedergelegt werden, können sie als **Ergänzung und Auslegungshilfe** von Patientenverfügungen dienen. Dies gilt besonders dann, wenn eine Patientenverfügung „in gesunden Tagen“ erstellt wird.

In einer Patientenverfügung festgelegte Wünsche zum Ob und Wie medizinischer Maßnahmen in kritischen Krankheitssituationen beruhen meist auf persönlichen Wertvorstellungen, Lebenshaltungen, religiösen Anschauungen, Hoffnungen oder Ängsten. Um die Festlegungen in einer Patientenverfügung besser nachvollziehen zu können, kann es für das Behandlungsteam ebenso wie für Bevollmächtigte, Betreuerin oder Betreuer hilfreich sein, die persönlichen Auffassungen dahinter zu kennen. Das ist insbesondere dann wichtig, wenn es Auslegungsprobleme gibt oder wenn die konkrete Situation nicht genau derjenigen entspricht, die in der Patientenverfügung beschrieben werden. Insofern kann die schriftliche Festlegung eigener Wertvorstellungen eine wichtige Ergänzung einer Patientenverfügung sein.

Folgende exemplarische Fragen dienen als Anregung, über die eigenen Lebenseinstellungen und Wertvorstellungen nachzudenken.

Fragen zur Selbstreflexion

Das bisherige Leben

- Wurde ich enttäuscht vom Leben?
- Würde ich es anders führen, wenn ich nochmals von vorn anfangen könnte?
- Bin ich zufrieden, so wie es war?

Das zukünftige Leben

- Möchte ich möglichst lange leben oder ist mir die Qualität des Lebens wichtiger als die Lebensdauer, wenn beides nicht in gleichem Umfang zu haben ist?
- Welche Wünsche/Aufgaben sollen noch erfüllt werden?
- Wovor habe ich Angst im Hinblick auf mein Sterben?

Eigene leidvolle Erfahrungen

- Wie bin ich mit Krankheit oder Schicksalsschlägen fertig geworden?
- Was hat mir in schweren Zeiten geholfen?)

Die Beziehungen zu anderen Menschen

- Welche Rolle spielen Familie oder Freunde für mich?
- Kann ich fremde Hilfe gut annehmen oder habe ich Angst, anderen zur Last zu fallen?

Das Erleben von Leid, Behinderung oder Sterben anderer

- Welche Erfahrungen habe ich damit?
- Löst das Angst bei mir aus?
- Was wäre für mich die schlimmste Vorstellung?

Die Rolle der Religion in meinem Leben

- Was bedeutet mir mein Glauben angesichts von Leid und Sterben?
- Was kommt nach dem Tod?

Die Beschäftigung mit diesen und ähnlichen Fragen kann helfen, sich darüber klar zu werden, was jemand in bestimmten Situationen an ärztlicher Hilfe in Anspruch nehmen will oder nicht. Eine schriftliche Dokumentation der eigenen Wertvorstellungen kann zudem die Ernsthaftigkeit einer Patientenverfügung unterstreichen.

Teil C – Hinweise zu den Rechtsgrundlagen

Im Zusammenhang von Vorsorgevollmachten und Patientenverfügungen sind zahlreiche Rechtsgrundlagen relevant. Um stets die aktuell gültige Fassung zu konsultieren, empfiehlt es sich, die Normen im Internet oder in entsprechenden Datenbanken nachzulesen.

Liste relevanter Rechtsgrundlagen

- *Bürgerliches Gesetzbuch (BGB)*
  - *§§ 125-138: Willenserklärung*
  - *§§ 164-181: Vertretung und Vollmacht*
  - *§§ 491 Verbraucherdarlehensvertrag*
  - *§§ 662-687: Auftrag, Geschäftsbesorgungsvertrag und Zahlungsdienste*
  - *§§ 1814-1881: Rechtliche Betreuung*
- *Beurkundungsgesetz (BeurkG)*
  - *§ 19 Unbedenklichkeitsbescheinigung*
  - *§ 20a Vorsorgevollmacht*
  - *§§ 36-38: Niederschriften*
- *Betreuungsorganisationsgesetz (BtOG)*
- *Gesetz über das Verfahren in Familiensachen und in den Angelegenheiten der freiwilligen Gerichtsbarkeit (FamFG)*
  - *§§ 271-311: Verfahren in Betreuungssachen*
- *Grundbuchordnung (GBO)*
  - *§ 29 (Eintragungen in das Grundbuch)*
- *Sozialgesetzbuch (SGB) Elftes Buch (XI) – Soziale Pflegeversicherung*
  - *§ 18 Verfahren zur Feststellung der Pflegebedürftigkeit*
  - *§§ 28, 28 a (Leistungsarten)*
  - *§§ 36-43: Leistungen bei häuslicher Pflege, teilstationäre Pflege und Kurzzeitpflege, vollstationäre Pflege*
- *Sozialgesetzbuch (SGB) Zwölftes Buch (XII) – Sozialhilfe*
  - *§ 80 Rahmenverträge*
- *Verordnung über das Zentrale Vorsorgeregister (Vorsorgeregister-Verordnung – VRegV)*

Stichwortverzeichnis

T

U

V

W

Z